Brasil em contra-reforma
Desestruturação do Estado e perda de direitos

Dados Internacionais de Catalogação na Publicação (CIP)
(Câmara Brasileira do Livro, SP, Brasil)

Behring, Elaine Rossetti
    Brasil em contra-reforma : desestruturação do Estado e perda de direitos / Elaine Rossetti Behring. — 2. ed. — São Paulo : Cortez, 2008.

    Bibliografia.
    ISBN 978-85-249-0981-8

    1. Brasil - Condições econômicas 2. Brasil - Condições sociais 3. Brasil - Política e governo 4. Capitalismo - Brasil - História 5. Direitos civis - Brasil 6. O Estado I. Título.

03-6579
CDD-320.10981

Índices para catálogo sistemático:
1. Brasil : Estado : Contra-reforma : Ciência política   320.10981

Elaine Rossetti Behring

Brasil em contra-reforma
Desestruturação do Estado e perda de direitos

2ª edição
9ª reimpressão

BRASIL EM CONTRA-REFORMA
Elaine Rossetti Behring

Capa: Márcia Carnaval
Preparação de originais: Ana Maria Barbosa
Revisão: Maria de Lourdes de Almeida
Composição: Linea Editora Ltda.
Coordenação editorial: Danilo A. Q. Morales

Nenhuma parte desta obra pode ser reproduzida ou duplicada sem autorização expressa da autora e do editor.

© 2003 by Autora

Direitos para esta edição
CORTEZ EDITORA
Rua Monte Alegre, 1074— Perdizes
05014-001 — São Paulo-SP
Tel.: (11) 3864-0111   Fax: (11) 3864-4290
E-mail: cortez@cortezeditora.com.br
www.cortezeditora.com.br

Impresso no Brasil — abril de 2018

Sumário

Agradecimentos 7

Lista de siglas 9

Prefácio — Contra a Corrente 15

Introdução 19

Capítulo 1: Capitalismo contemporâneo e Estado 31

    1. A reação burguesa nos anos 1980 e 1990 33

        1.1. Mudanças no mundo da produção: as tecnologias e a nova condição do trabalho e de sua reprodução 34

        1.2. Livre-cambismo universal: as características e conseqüências da mundialização do capital 40

    2. O Estado no neoliberalismo 57

    3. Fetichismo, dominação e hegemonia 65

Capítulo 2: A formação do capitalismo brasileiro — Interpretações do passado e do presente 77

    1. História, teoria e método na análise das formações sociais 78

    2. Capitalismo e democracia: traços e tensões da formação social brasileira 84

    3. O Brasil dos anos 1990: contra-reforma e destruição 113

Capítulo 3: Brasil: entre o futuro e o passado, o presente dilacerado 127

    1. Crise econômica e processo de democratização no Brasil dos anos 1980 130

2. O passaporte brasileiro para a mundialização: a ofensiva neoliberal dos anos 1990 149

   2.1. Os estragos do *outsider* e o início da contra-reforma 149

   2.2. O Plano Real e a recomposição burguesa no Brasil 155

Capítulo 4: A contra-reforma do Estado brasileiro: projeto e processo 171

   1. A expressão intelectual: O projeto "social-liberal" em Bresser Pereira 172

   2. A expressão institucional: o Plano Diretor da reforma do Estado 176

   3. Os convidados para o debate 183

   4. Uma crítica preliminar à concepção da "reforma" do Estado 196

Capítulo 5: Ilustrações particulares da contra-reforma 213

   1. A flexibilização nas relações de trabalho 214

   2. As privatizações e a relação com o capital estrangeiro 228

   3. A condição da seguridade social pública no Brasil 248

      3.1. Os direitos sociais: Perda ou restrição 261

      3.2. O financiamento da seguridade social e o ajuste fiscal 271

Considerações finais 281

Bibliografia 289

Agradecimentos

"Que bobagem falar que é nas grandes ocasiões que se conhece os amigos! Nas grandes ocasiões é que não faltam amigos. Principalmente neste Brasil de coração mole e escorrendo. E a compaixão, a piedade, a pena se confundem com amizade. Por isso tenho horror das grandes ocasiões. Prefiro as quartas-feiras."

Mário de Andrade

É difícil enumerar todas as pessoas que compartilharam das "quartas-feiras" que constituíram a realização deste livro. Esta foi uma etapa da vida que conjugou pesquisa e reflexão intelectual, intensa atividade política e mudanças pessoais importantes. Por isso, o suporte, a compreensão das tensões e ausências, a interlocução — acadêmica ou não — foram fundamentais para chegar ao resultado agora publicado. Este é apenas mais um produto parcial de um projeto de vida, e, como tal, esteve repleto de participações especiais. Então, não poderia deixar de registrá-las, com muita gratidão e carinho.

Meus pais, sempre acompanhando atenta e afetuosamente meu crescimento, e minha avó, que mineiramente reza por mim todos os dias.

Iva, com seus incentivos, trocas, toques, provocações, e a leitura com sugestões preciosas. Mione, Fredô e à pequena Julieta, que andam de pantufas no meu coração. Fernando, puros cuidado e sensibilidade. Kênia, vibração na vida.

Mais amigos queridos e que interferiram nessa produção: Marildo Menegat e Rossana Bossi — conversas profícuas; Ivana Bastos — sábados em meio aos artigos de jornais; Yolanda, Elane, Paulinho, Willian, Ana Inês, Reinaldo e Marcinha — acolhimento. E ainda: Marilda Iamamoto, Maria Inês Bravo, Carlos Montaño, Lúcia Barroco, Marcelo Braz, Maurílio Mattos, Hilda Correa e Léa Braga — projetos afetivamente compartilhados. Vera Kostolias: apoio e dedicação.

Meu orientador e amigo José Paulo Netto: interlocução profunda, produtiva, respeitosa e afetiva, que já dura mais de dez anos.

Conjunto CFESS/CRESS, lugar de militância democrática, plural, solidária e combativa — coisa rara num ambiente que fragmenta a esquerda, tornando-a dura ou esmorecida... Fora do tom. Aqui, cabe a referência a duas amigas e companheiras fundamentais, em nome das quais agradeço a todas as demais: Bete Borges e Zenite Bogea. Estes *cariños* são extensivos aos/as companheiros (as) do Comitê Mercosul de Organizações Profissionais de Serviço Social, espaço importante de exercício do reconhecimento das diferenças e de construção da unidade latino-americana. *Saludos!*

Professores que participaram desta caminhada, com suas provocações e dicas: Sulamis Dain, Eli Diniz, Ricardo Tauille, Ana Elizabete Mota, Maria Carmelita Yazbek, Carlos Nelson Coutinho, Aloisio Teixeira e Francisco de Oliveira.

Rigorosas, curiosas, ousadas e sensíveis pesquisadoras do orçamento da seguridade social na UERJ: Elaine Pelaez, Gisele Alcântara e Silvia Ladeira. Corajosa monitora, Maria Fernanda dos Santos.

UERJ, que ofereceu as condições institucionais com minha inserção no PROCAD parcial (1997 e 1998) e integral (1999 e 2000). FSS/UERJ, e Departamento de Política Social, do qual faço parte. Programa de Estudos do Trabalho e Reprodução Social (PETRES), ao qual se vincularam os dois projetos de pesquisa que informam partes deste livro, sendo o último um compromisso assumido no âmbito do PROCIÊNCIA, programa de dedicação exclusiva da UERJ. Aos professores, estudantes e funcionários da FSS/UERJ.

E, por fim, os sempre inquietos e exigentes assistentes sociais e estudantes de todo o Brasil, pela intensa interlocução que travamos em tantas aulas, conferências e eventos nestes anos.

Lista de Siglas

Abepss — Associação Brasileira de Ensino e Pesquisa de Serviço Social
Anatel — Agência Nacional de Telecomunicações
Aneel — Agência Nacional de Energia Elétrica
Anfip — Associação Nacional dos Auditores Fiscais da Previdência Social
ANP — Agência Nacional do Petróleo
BNDES — Banco Nacional de Desenvolvimento Econômico e Social
Cade — Conselho Administrativo de Defesa Econômica
CBAS — Congresso Brasileiro de Assistentes Sociais
Cepal — Comissão Econômica para a América Latina
CFESS — Conselho Federal de Serviço Social
Cress — Conselho Regional de Serviço Social
CFESS/Cress — Conjunto que reúne o CFESS e os Cress
CLT — Consolidação das Leis do Trabalho
CNS — Conselho Nacional de Saúde
CNAS — Conselho Nacional de Assistência Social
CNPq — Conselho Nacional de Pesquisa
CSN — Companhia Siderúrgica Nacional
CUT — Central Única dos Trabalhadores
Dasp — Departamento Administrativo do Serviço Público
Dieese — Departamento Intersindical de Estatística e Estudos Sócio-Econômicos
FAT — Fundo de Amparo ao Trabalhador

FEE — Fundação de Economia e Estatística do Rio Grande do Sul

FGTS — Fundo de Garantia por Tempo de Serviço

Fipe — Fundação Instituto de Pesquisas Econômicas (São Paulo)

Fiesp — Federação das Indústrias do Estado de São Paulo

FMI — Fundo Monetário Internacional

ECE — Empresas de capital estrangeiro

EUA — Estados Unidos da América

Ibama — Instituto Brasileiro do Meio Ambiente e dos Recursos Naturais

IBGE — Fundação Instituto Brasileiro de Geografia e Estatística

ICMS — Imposto sobre Circulação de Mercadorias e Serviços

IED — Investimento externo direto

Inesc — Instituto de Estudos Sócio-Econômicos

Inmetro — Instituto Nacional de Metrologia, Normalização e Qualidade Industrial

INSS — Instituto Nacional de Seguro Social

Ipea — Instituto de Pesquisas Econômicas Aplicadas

LBA — Legião Brasileira de Assistência

Loas — Lei Orgânica da Assistência Social

Mare — Ministério da Administração e da Reforma do Estado

MEC — Ministério da Educação

MPOG — Ministério do Planejamento, Orçamento e Gestão

MST — Movimento dos Trabalhadores Sem-Terra

OCDE — Organização de Cooperação e Desenvolvimento Econômico

OMS — Organização Mundial da Saúde

OS — Organização social

Oscip — Organização da Sociedade Civil de Interesse Público

PAS — Plano de Assistência Médica (município de São Paulo)

Pasep — Programa de Formação do Patrimônio do Servidor Público

PCS — Programa Comunidade Solidária

PDRE — Plano Diretor da Reforma do Estado

PIB — Produto Interno Bruto

PIS — Programa de Integração Social

Procon — Programa de Defesa do Consumidor

Proer — Programa de Estímulo à Reestruturação do Sistema Financeiro Nacional

Planfor — Plano Nacional de Qualificação do Trabalhador

PNAD — Pesquisa Nacional por Amostra de Domicílios

PUC-RJ — Pontifícia Universidade Católica do Rio de Janeiro

Siafi — Sistema Integrado de Administração Financeira

SUS — Sistema Único de Saúde

TCU — Tribunal de Contas da União

TQC — Total Quality Control

Unafisco — Sindicato Nacional dos Auditores Fiscais

USP — Universidade de São Paulo

"Viva o povo brasileiro!
— gritou Zé Popó da tribuna,
— com o punho fechado e voltado para cima.
— Viva nós!"

Viva o povo brasileiro, João Ubaldo Ribeiro

PREFÁCIO

Contra a corrente

O Serviço Social há muito foi retirado do registro assistencialista pelos seus estudiosos e militantes, que o colocaram, acertadamente, no terreno da política. Aliás, esse foi um movimento teórico-prático da maior importância: os que ainda são chamados de assistentes sociais constituem-se numa das categorias mais combativas e, por isso criativas, na política brasileira do último quartel de século. A categoria está em todos os conselhos de defesa e promoção de direitos sociais, numa incessante atividade. Deve-se dizer que sem os assistentes sociais a criação e a invenção de direitos no Brasil não teria conhecido os avanços que registra. Este livro de Elaine Rossetti Behring provém dessa matriz — que José Paulo Netto chamou de projeto ético-político profissional — e confirma de forma excepcional a vocação cidadã da categoria à qual pertence, e da qual é uma de suas principais lideranças.

Não fôsse esse pano de fundo, surpreenderia que o tratamento da questão do Estado aqui seja examinado sob o ângulo de sua reforma — e, neste caso, de uma contra-reforma —, no que é mesmo uma lição de teoria política aos cultores de uma anódina ciência política de corte anglo-saxão, que tem geralmente deslocado o exame do Estado para o âmbito de teorias produtivistas ou individualistas, como a "escolha racional" e suas congêneres. Em nosso tempo, esse deslocamento não é gratuito: é a própria despolitização da política.

Elaine Rossetti Behring recusa a despolitização e submete as modificações na estrutura e lugar do Estado ao exame rigoroso de uma teoria que vai buscar na economia política, na sociologia política, na sociologia do trabalho e nos estudos do serviço social a ancoragem necessária para examinar a contra-reforma do Estado. Mudanças constitucionais com o rótulo pirata de "reformas" têm sido um sistemático desmonte da estrutura estatal, com o objetivo mais grave e profundo de atingir e fazer retroceder os direitos sociais — mas nessa esteira, nem os direitos civis e políticos estarão a salvo — cuja construção foi produto da história de trabalhadores lutando contra a total mercantilização; vale dizer, impondo limites à exploração. Este é o caráter mais profundo dessas "reformas".

A exploração que Elaine faz concretamente do caso brasileiro sustenta ir adiante: trata-se de uma contra-revolução. À escala mundial no movimento da globalização, pois o Estado do Bem-Estar criou uma arena especial de disputa da propriedade privada não tanto no sentido clássico da socialização dos meios de produção, mas no sentido mais moderno de clivagens e vetos à antes indisputada ditadura do capital. E os fundos do bem-estar, por terem se tornado insubstituíveis no financiamento da acumulação de capital politizaram a reprodução do sistema. A reação neoliberal tenta, justamente, despolitizá-la outra vez, reconduzindo-a ao puro reino da mercadoria.

E o avanço das forças produtivas, com a formidável expansão da produtividade do trabalho cria, virtualmente, duas possibilidades: a primeira, de ampliação dos direitos, desde que o excedente social pode financiá-los quando tomam as formas de bens não-mercantis; e por outro, como já são anacrônicos os constrangimentos para a exploração da força de trabalho, a de re-mercantilização brutal. É na política que se decidem as vias para aproveitamento das virtualidades criadas pelo desenvolvimento, e o Estado tem sido o maior garantidor da universalização.

Justamente, pois, tais mudanças devem receber no âmbito da questão do Estado a denominação de "contra-reformas", que lhes dá Elaine Rossetti Behring. Poderia parecer, e é sobre isso que se assentam as premissas neoliberais, que se trata de menos Estado e mais exercício pleno da cidadania, numa "sociedade civil" que, por sua maturidade, prescindiria da tutela do Estado. Liberais e marxistas, cujas raízes iluministas são comuns, querem os primeiros dispensar o Estado para deixar livre o cidadão e os segundos suprimi-lo para pôr côbro à opressão de classes e à exploração.

Mas seria uma ilusão perigosa pensar que este é o caso do capitalismo contemporâneo, e pior ainda, do nosso país, pois o que a luta social e política do século XX ensinou é que se trata de expandir a universalização dos direitos e de disputar o controle do Estado, que permanece sendo a forma mais efetiva de universalização. E os direitos sociais constituem a forma mais moderna dessa universalização, travando a exploração. Justamente quando as classes passam a dispôr de instrumentos e mecanismos de intervenção nos negócios do Estado, através da expansão da democratização, então grupos e classes dominantes o que buscam é reduzir o espaço dessa intervenção. A contra-reforma do Estado, que é uma contra-revolução, é o movimento pelo qual o capital tenta anular os novos atores políticos e tampar outra vez a Caixa de Pandora da desarrumação da relação de dominação. Nem se trata, pois, de retirar a tutela do Estado sobre os cidadãos, nem estamos frente a um movimento de supressão do Estado pelo desaparecimento do conflito de classes. A esse canto de sereia neoliberal há que tapar os ouvidos, como Ulysses, e a melhor forma de fazê-lo é desmascarando na teoria e na prática os argumentos e "reformas". Amarrarmo-nos no mastro é a ação teórico-prática que se desenvolve na tese, agora livro, de Elaine e nas atividades das "assistentes" sociais.

Mas aqui não estamos em presença de conclusões apriorísticas. Com sua experiência de assistente social e de militância, de docência e pesquisa na área a qual vem se dedicando, munida de uma bibliografia — 300 títulos entre livros, artigos, documentos oficiais e jornais — e um método rigoroso, sob a orientação de José Paulo Netto, Elaine examina a trajetória do capitalismo contemporâneo e suas relações com o Estado, a formação do capitalismo brasileiro pelos seus mais eminentes intérpretes, a crise na qual submergiu a economia brasileira desde os anos 80, e a contra-reforma em operação a partir de Fernando Collor de Mello. Ainda um exame mais minucioso ilustra os casos de contra-reforma com a flexibilização nas relações de trabalho, as privatizações e a relação com o capital estrangeiro, as condições da seguridade social no Brasil, a perda de direitos sociais e o financiamento da seguridade social comprimida nas tenazes do ajuste fiscal. Uma atenção especial é dada ao período Fernando Henrique Cardoso, 1995-2002, sem dúvida nenhuma onde o desmonte do Estado e o desmanche — a expressão é de Roberto Schwarz — do precário Estado de Direito Social encontraram não apenas sua maior efetivação, mas sua formulação mais peçonhentamente precisa.

Este livro necessita ser lido com urgência, posto que o desmonte estatal e o desmanche do, repita-se, precário Estado de Direito Social brasileiro parece terem fincado raízes no pensamento político institucional, além de terem imposto fortes limitações à ação estatal. Uma nova conjuntura que deveria poder estimular a participação cidadã está trocando de sinais, na direção da hegemonia privatista. É hora de aumentar a vigilância e o livro de Elaine arma a ação para a intensa disputa no interior da sociedade e do Estado.

Ter feito parte de sua banca de exame de doutorado, na companhia de seu orientador, José Paulo Netto, de Aloisio Teixeira, Carlos Nelson Coutinho e Maria Carmelita Yazbek já foi um privilégio — esse sim! — e assinar o prefácio de seu livro então é quase ser marajá!

Francisco de Oliveira
primavera de 2003

Introdução

O Brasil seria uma nação inacabada ou realizada? De forma geral, os discursos oficiais e dos meios de comunicação remeteram sempre para uma idéia básica: o que se faz no presente é a construção das bases para um futuro de prosperidade e justiça social no Brasil — grande potência continental —, país onde "em se plantando, tudo dá...", e que possui um povo pacífico e trabalhador. Nesse sentido, os governos passaram, cada um deles reeditando o mote do *país do futuro*. Basta lembrar a propaganda em larga escala dos "Oito anos do Plano Real", em 2002, segundo a qual estavam lançados os fundamentos de um novo futuro — aquele que custa a chegar — com a combinação de estabilidade econômica e maior eqüidade. Esta última projeção, claro, foi sempre adiada... há quinhentos anos. Dessa forma, fomentou-se historicamente a esperança no futuro como cimento de legitimidade da dominação no presente.

A reflexão que resulta da pesquisa que realizei nos últimos anos, e que se consolida neste livro,[1] dirige-se à outra resposta à pergunta inicialmente formulada: o Brasil é uma nação realizada. Ocorre que sua realização — aqui entendida como seu caminho para o mundo capitalista moderno — deu-se sob a prevalência de um "drama crônico": o *mix* de heteronomia e

---

1. Faço referência à pesquisa realizada para a tese de doutorado intitulada *A Contra-Reforma do Estado no Brasil*, e defendida em 6 de setembro de 2002, no Programa de Pós-Graduação em Serviço Social da UFRJ, e avaliada por uma banca composta por: José Paulo Netto (orientador), Francisco de Oliveira, Maria Carmelita Yazbek, Aloísio Teixeira e Carlos Nelson Coutinho. A maioria das sugestões da banca foi incorporada aqui. Portanto, este livro é a tese com alguns ajustes necessários decorrentes das importantes observações desses interlocutores tão qualificados.

conservadorismo político, tão bem identificado por Florestan Fernandes, que refreou historicamente a incorporação econômica, política e cultural dos trabalhadores, da massa da população.

Nesse sentido, a nação realizou-se para poucos. O Brasil tornou-se o oitavo PIB do mundo até 1994 (depois disso, o PIB caiu para a 11ª posição entre os países, segundo o FMI), industrializou-se e urbanizou-se, pela via de modernizações conservadoras, conduzidas pelo alto. Foi um país que, fundado no desenvolvimentismo, promoveu saltos para a frente, cresceu a taxas impressionantes durante cinqüenta anos (em média, 5,6%, entre 1940 e 1980), mas mantendo uma também impressionante desigualdade social — a quarta pior distribuição de renda do planeta, conforme dados recentes do PNUD —, expressa na imensa concentração de renda e riqueza: construiu-se um pobre país rico. Isto significa que avançou um projeto nacional, mas sempre com seus benefícios limitados quanto ao acesso dos "de baixo" e mantendo uma relação de subordinação com as potências hegemônicas no mercado mundial. Houve algum crescimento do mercado interno, medidas de proteção social — graças às lutas sociais, expressando as contradições e conflitos de classes —, que resultaram em conquistas relevantes ao longo desse período. Parece-me incontestável que ocorreu um processo de modernização conservadora, que, apesar das imensas contradições, abria um futuro promissor, condicionado à possibilidade de que as forças progressistas e revolucionárias que se forjaram por dentro deste processo se colocassem no cenário político como alternativa de poder, realizando na seqüência uma agenda que combinasse tarefas democráticas, a exemplo da tão adiada reforma agrária, com medidas de cunho socialista, numa perspectiva de revolução permanente.

As perguntas que me incomodavam e insistiram em insinuar-se diziam respeito aos acontecimentos históricos no Brasil a partir de 1994, com alguns antecedentes desde 1990. Meu acompanhamento dos fatos enquanto professora na área das políticas sociais, cidadã e militante do movimento socialista no Brasil colocava uma questão básica e que atravessa o trabalho aqui desenvolvido: vivemos mais um processo de modernização conservadora, numa retomada da hegemonia das elites dominantes com alguns deslocamentos no seu interior, correspondentes às articulações heterônomas usuais e conduzida pelo alto? E complementando a questão, me perguntava: estas mudanças seriam uma reedição dos procedimentos de sempre, com um conteúdo econômico novo, afeito às alterações no mundo do trabalho e da regulamentação? Qual é a natureza e a profundidade estrutural das transformações empreendidas na era Cardoso, ou melhor, seus efeitos de longo prazo? E em quais condições econômicas, políticas, sociais e culturais se realiza a luta de classes neste "novo" velho Brasil e, dentro disso, quais passam a ser os desafios para a classe trabalhadora?

No início desta pesquisa, estive muito preocupada com os termos de síntese — a exemplo dos conceitos de modernização conservadora, de revolução passiva e de via prussiana — trazidos à discussão pelo pensamento social brasileiro, no campo da tradição marxista, para explicar nossa formação social, o que permaneceu um aspecto importante do trabalho, como o (a) leitor (a) constatará. Contudo, percebi que fundamentais não eram os termos de síntese, mas sim os processos que levaram a eles. Estas categorias teóricas principais foram pontos de chegada de projetos intelectuais monumentais, a exemplo de Florestan Fernandes e Caio Prado Jr., e conhecê-las significou vislumbrar interpretações riquíssimas da formação do capitalismo no Brasil, na perspectiva de forjar uma nova sociabilidade. Um projeto de estudo — aliás, uma espécie de "banho de Brasil" — que eu colocava em perspectiva desde o mestrado e está longe de ser esgotado aqui. Mas neste caminho pude perceber os limites destes conceitos, ou melhor, que nenhuma destas categorias seria suficiente para caracterizar as profundas transformações no Brasil dos anos 1990, especialmente pós-Plano Real. Isto porque os processos em foco são outros.

O conservadorismo político permaneceu como uma constante, mas adquirindo novas formas para estabelecer fontes de legitimidade, tais como o clientelismo moderno, ou neocorporativismo, a mobilização do voluntariado para o solidarismo que acompanha a ofensiva ideológica burguesa no Brasil, e a superutilização dos meios midiáticos para a difusão dos axiomas fundamentais da "nova modernidade". Do ponto de vista econômico, houve alguma modernização pela ponta, com trabalhadores usando celulares pré-pagos, por exemplo. Mas, ao lado disso, instaurou-se o desemprego generalizado, com o que se restringiu a possibilidade do consumo de massas e do mercado interno de massas, aberta no tempo do nosso fordismo à brasileira — que foi, deve-se registrar, extremamente tímido, apesar das promessas realizadas para parcela dos trabalhadores da posse do Fusca e da casa própria nos tempos áureos e "milagrosos".

Ao lado disso, houve uma imensa perda de soberania, com a destruição das possibilidades concretas de ruptura com a heteronomia, constituídas desde os anos 1930. Por outro lado, não foi alterada substantiva ou sequer significativamente a estrutura da desigualdade social brasileira.

A condição da seguridade social pública após a Constituição de 1988 — sempre no meu horizonte de estudo e de intervenção política, em função das demandas do Serviço Social brasileiro, em especial nos anos de formulação deste trabalho, quando estive na presidência do Conselho Federal de Serviço Social (CFESS, gestão 1999-2002) — talvez seja o principal indicador da natureza dos processos em curso: destrutiva e regressiva. Vislumbrei a hipótese de que o Brasil, muito provavelmente, não estaria andando para a frente, mas no sentido inverso, em nome de uma modernidade falaciosa e da inserção passiva na nova dinâmica do capitalismo contemporâneo.

Destas indagações decorre a eleição, como objeto de estudo, da "reforma" do Estado no Brasil. As aspas, evidentemente, vieram depois. A escolha deveu-se, portanto, à reflexão sobre a própria natureza do Estado como espaço de síntese das relações sociais, sob a hegemonia do capital, o que implica uma diretiva de classe, mas incorporando demandas dos trabalhadores expressadas no processo da luta de classes. Esta posição social essencialmente totalizadora do Estado — e, ainda, o lugar central que o discurso "reformista" lhe atribuía[2] — foram razões da minha escolha. Observando as propostas de deslocamento ou de refuncionalização do papel do Estado em sua intervenção nas relações sociais, eu poderia identificar os rumos gerais da "reforma", sua coerência interna, sua articulação com as mudanças econômicas e com a política social, e o alcance de seus impactos reais.

Este caminho se revelou profícuo, como se verá nas páginas a seguir, que expõem os argumentos que sustentam a caracterização geral a que cheguei: *de que se esteve diante de uma contra-reforma do Estado, que implicou um profundo retrocesso social, em benefício de poucos.* Esta caracterização relaciona-se ao abandono das possibilidades de ruptura com a heteronomia e de uma redemocratização política e econômica inclusiva dos trabalhadores e da maioria da população brasileira nos anos 1990. E vincula-se, ainda, à recusa de caracterizar como reforma processos regressivos. Na verdade, a auto-referência dos apologistas, os quais insistem em apontar o projeto da era FHC como reforma, é uma espúria e ideológica ressemantificação. Cabe lembrar que este é um termo que ganha sentido no debate do movimento

---

2. Vale dizer que a insatisfação para com o desenho, políticas e cultura no âmbito do Estado brasileiro era generalizada e expressada também no interior de uma agenda progressista para o país. Mas o centro da análise aqui desenvolvida será o projeto hegemônico e sua contra-reforma, que atropelou as perspectivas efetivamente democráticas, cuja retomada hoje depara com enormes desafios daí decorrentes.

operário socialista, melhor dizendo, de suas estratégias revolucionárias, sempre tendo em perspectiva a eqüidade. Portanto, o reformismo, ainda que se possa e deva criticá-lo, como o fez Rosa Luxemburgo, dentre outros, é um patrimônio da esquerda (Nogueira, 1998). No contexto de uma contra-reforma, portanto, o Estado ocupa uma posição mais distante do mediador civilizador vislumbrado pelos clássicos da política e de certa forma reeditado pela orientação keynesiana, datada e geopoliticamente situada (Behring, 2000a), passando a cuidar prioritariamente das condições gerais de reprodução do capital e dos excessos cometidos, no cenário de barbárie que se instaura com o comando do mercado livre, a exemplo da violência endêmica de que somos testemunhas ou vítimas.

Trata-se de um processo "destrutivo não-criador" — em concordância com Maria da Conceição Tavares (1999) —, cujo desvendar implica um sentido político claro para esta obra, qual seja, delinear os principais aspectos da contra-reforma do Estado tendo em vista a construção de contratendências, fundadas num movimento social contra-hegemônico, cujas possibilidades poderão se ampliar na nova correlação de forças aberta em 2003, com a chegada de Lula ao governo federal, à frente de uma coalizão de centro-esquerda. O novo governo encontra um país dilacerado e uma série de armadilhas econômicas — com destaque para a bomba dos juros em combinação com o endividamento externo e interno, somados à atitude predatória dos especuladores — e amarras jurídicas, a exemplo da Lei de Responsabilidade Fiscal, para que o Estado possa cumprir um papel estruturante e redistributivo. Portanto, a tarefa é a de uma corajosa reconstrução do Brasil após a avalanche — o dilúvio neoliberal com suas graves seqüelas —, que deixa de herança um país privatizado, profundamente endividado, ainda mais desigual e violento. Este livro procura contribuir para o conhecimento deste novo Brasil que emerge do Plano Real, ápice da experiência neoliberal no Brasil. Tenho a compreensão dos limites e dificuldades postos no estudo de um processo em andamento, bem como de que esta é uma tarefa para longos anos e muitas pessoas. Mas tenho a pretensão de dizer que esta é uma tentativa de compreensão sistemática, para compor um processo de reflexão coletiva.

Um objetivo, cabe dizer, que se coloca apenas para determinado campo social e seus intelectuais: o dos que têm compromissos sociais com a igualdade e a democracia e se propõem fazer história, criar, interferir no rumo das relações societárias mais amplas. Nessa direção, os que buscarem neste trabalho uma perspectiva asséptica, dentro das "melhores" tradições cientificistas da ciência social, hoje reificadas pelos estudos descritivos do pós-modernismo em sua versão conservadora, irão sofrer uma decepção. Aqui busquei ao limite integrar o rigor da pesquisa com um mirante de análise radicalmente crítico e com um claro sentido político (Löwy, 1987), o que tem relação com a tradição teórica que orienta este trabalho, tal como em minhas incursões anteriores já publicadas: a tradição marxista. Este ângulo analítico implica um raciocínio metodológico geral, qual seja, o de que não se pode analisar as mudanças recentes no Estado brasileiro de uma perspectiva unilateral, monocausal, a exemplo de um superdimensionamento das determinações da economia mundial ignorando a particularidade histórica brasileira, sob pena de empobrecer a discussão, tal como o fazem os formuladores da "reforma". Fez-se necessário buscar de maneira quase obsessiva uma maior consistência metodológica, articulando um conjunto de mediações e determinações políticas, econômicas, culturais e sociais — nacionais e internacionais — que, ao se relacionarem e interagirem na *totalidade concreta*, a sociedade burguesa e sua expressão particular no Brasil, delineiam a direção e o conteúdo da contra-reforma do Estado.

Como já anunciei, cheguei à conclusão de que estamos diante de uma contra-reforma do Estado, e não de um processo de modernização conservadora, ainda que com aspectos que podem remeter a este termo-síntese. Assim o têm feito vários autores, embora sua aplicação à realidade seja, na minha opinião, um tanto forçada e metodologicamente incorreta, considerando que os processos não têm que caber numa formulação, mas deve-se buscar as melhores caracterizações para reproduzir os processos como "concreto pensado". Pois bem: procurei demarcar a diferença do momento atual do país, no qual se inscreve a contra-reforma do Estado, de outros movimentos de mudanças estruturais ocorridos na história brasileira, dado seu atual caráter fortemente destrutivo e regressivo, bastante diferente das "fugas para a frente" do desenvolvimentismo. Devo esclarecer e advertir que não há no argumento qualquer saudosismo do nacional-desenvolvimentismo, o qual, ademais, gerou imensas desigualdades no Brasil, apesar dos resultados econômicos expressivos, e também por sua condução antidemocrática, na maior parte do tempo — características claramente enunciadas nas abordagens fundadas no conceito de modernização conservadora e revolução passiva.

A análise crítica aqui desenvolvida parte de uma perspectiva de que é possível implementar uma agenda progressista radicalmente democrática

— que vinha se desenvolvendo nos anos 1980 e que foi atropelada pelo projeto de tendência neoliberal em curso nos anos 1990. Uma agenda dos "de baixo", como dizia também o saudoso Florestan Fernandes, referência teórica e política importante neste trabalho. Para tanto, penso que a esquerda brasileira não pode abrir mão de alguns marcos do debate sobre a transformação societária na América Latina, definidos ao longo de uma dura história de "veias abertas". Estes marcos são: o reconhecimento de que estes países são essencialmente capitalistas, com particularidades que envolvem um *mix* de passado e presente, melhor dizendo, de que há uma dinâmica própria do capitalismo retardatário; a crítica da idéia de um desenvolvimento capitalista independente nessas paragens, conduzido em aliança com uma suposta "burguesia nacional progressista"; e, por fim, a compreensão de que uma agenda de radicalização da democracia supõe uma combinação estratégica entre tarefas democráticas e socialistas.

Cabe salientar que esta perspectiva vem orientando meu trabalho teórico e acadêmico, e também minha militância política. Sobre esta última, penso que este livro tem profunda sintonia e articulação com o que foi batizado nos anos 1990 de projeto ético-político profissional do Serviço Social brasileiro (Netto, 1999). Ele foi produzido no calor dos seus debates no âmbito da seguridade social pública; nos embates com o MEC em defesa das diretrizes curriculares que definimos coletivamente; na difícil condição do debate democrático na universidade pública em contexto de "confusão dos espíritos"; nos encontros/fóruns da categoria, a exemplo dos Encontros de Seguridade, CBAS, CFESS/Cress, Eness, e instâncias da Abepss, e nos fóruns internacionais, particularmente o Comitê Mercosul de Organizações Profissionais, dentre outros. É também uma produção acadêmica que reafirma a direção social e ético-política apontada nos documentos fundamentais do Serviço Social brasileiro: o Código de Ética do Assistente Social, as diretrizes curriculares da Abepss, a Lei de Regulamentação da Profissão. É, portanto, um trabalho que se nutriu do debate profissional e cuja devolução para a categoria, espero, tenha condições de fomentar uma reflexão sobre o Brasil, situando a seguridade social pública em sua articulação mais ampla com a economia e a política brasileiras. Penso que o conjunto CFESS/Cress avançou muito com a produção do documento intitulado "Carta de Maceió — Seguridade Social Pública: É possível!" (2000), no qual desenvolveu a importância estratégica da luta em defesa da seguridade no Brasil. Quando se propõe um debate sobre os impactos da contra-reforma do Estado sobre a seguridade, dentre outros aspectos, o objetivo é aprofundar essa discussão e fornecer mais elementos para a luta abraçada pelos assistentes sociais brasileiros.

Postas estas considerações, devo apresentar ao leitor o projeto geral deste livro. Tem-se, então, um primeiro capítulo que procura traçar algumas características do capitalismo mundializado contemporâneo, a partir da análise da crítica marxista da economia política atual, a exemplo das mudanças no mundo do trabalho e da financeirização, e seus impactos no Estado e na sociedade de classes. Destacam-se aí as requisições e imposições político-estratégicas das grandes potências — aliadas às empresas transnacionais — para as chamadas "reformas" ou os referidos "ajustes estruturais" em curso nos países da periferia, com fortes impactos para o Estado. Para esta análise buscou-se uma interlocução com autores que, de maneira geral, têm uma leitura arejada dos aportes marxianos, mas sem abrir mão da "ortodoxia" que se refere ao método, à lei do valor e à perspectiva política de superação do mundo do capital. Este capítulo pode ser considerado, em parte, uma atualização do meu livro *Política social no capitalismo tardio* (Behring, 1998).

O segundo capítulo inicia com uma breve discussão, a partir de Marx, sobre as questões que envolvem a generalização teórica da idéia de modo de produção e a dinâmica histórica de uma dada formação social, apontando a necessidade de delinear o conjunto de mediações entre um conceito e outro. Este é o caminho pelo qual se justifica buscar uma apreensão sistemática das categorias explicativas da formação social, econômica, política e cultural, formuladas no âmbito de um histórico e intenso debate no pensamento social brasileiro, desde Caio Prado Jr., Sérgio Buarque de Holanda e Gilberto Freyre, até os dias de hoje. Porém, destaquei o debate marxista sobre o Brasil, em especial o que está presente em Caio Prado Jr., Florestan Fernandes, Roberto Schwartz, Francisco de Oliveira e Carlos Nelson Coutinho, dentre outros. Há uma assumida ênfase na obra de Florestan Fernandes intitulada *A revolução burguesa no Brasil*, que pode ser considerada central para qualquer formulação sobre nosso processo de modernização, melhor dizendo, de formação capitalista. Assim, são discutidas categorias como modernização conservadora e revolução passiva, levantando-se o problema de seu potencial explicativo para as mudanças contemporâneas.

O terceiro capítulo está centrado na discussão da trajetória recente do capitalismo brasileiro, o papel do Estado e das classes sociais, mas sempre em articulação com os elementos apontados nos capítulos anteriores acerca da lógica do mercado mundial na contemporaneidade e da particularidade histórica brasileira. Dois processos estão aí destacados: a crise econômica profunda dos anos 1980 e a redemocratização do país. Por dentro das disputas de projetos societários de resposta para a crise econômica e o restabelecimento da democracia, vai se configurando a derrota de uma agenda progressista para o Brasil e a afirmação das chamadas "reformas orientadas para o mercado". Se as classes dominantes estiveram fragmentadas durante algum tempo, a coalizão em torno de Cardoso, após a aventura "collorida", configurou uma recomposição burguesa duradoura no país, apesar das tensões e fissuras internas, que se tornaram públicas e evidentes no segundo mandato de Cardoso, e que estiveram na base da vitória eleitoral de um projeto democrático-popular nas eleições gerais de 2002. O controle inflacionário, após anos de instabilidade, gerou a base econômica e ideológica para a legitimação política do novo núcleo de poder no país a partir de 1994, que vai desencadear o ajuste neoliberal de forma mais intensa e profunda que Collor, em especial com a auto-referida "reforma do Estado".

No quarto capítulo são apresentados a concepção e os principais argumentos teóricos e históricos dos ideólogos da "reforma", em suas expressões intelectual e institucional. Dentre estes, destaca-se Bresser Pereira, por suas inúmeras publicações a respeito e seu cargo de ministro de Estado, à frente do Ministério da Administração e da Reforma do Estado, no primeiro governo Cardoso. Após uma ampla interlocução com tais argumentos, foram elencadas várias pontuações críticas, dentre as quais a aparente esquizofrenia que existe na relação entre o discurso da "reforma" — em busca do equilíbrio fiscal — e os efeitos perversos da macroeconomia do Plano Real, que apontam numa direção contrária.

O quinto capítulo procura reconstruir a contra-reforma do Estado em alguns de seus aspectos particulares, demonstrando seus efeitos destrutivos duradouros para o país. Para esta tarefa, foi feita uma ampla pesquisa em jornais de grande circulação dos anos 1990, documentos oficiais e estudos e pesquisas sobre os temas especificamente tratados: a flexibilização do trabalho, as privatizações e a seguridade social.

Acredito que este é um percurso com reflexões que podem contribuir para desmistificar o "reformismo" dos anos 1990 e, ao fazê-lo, ajudar a retirar as aspas, engendrando a perspectiva de um novo projeto nacional que supere a si mesmo, com as novas possibilidades que se abrem. No entanto, o discurso e as práticas contra-reformistas continuam mantendo sua força na agenda política, apesar da vitória político-eleitoral. Estão insidiosamente presentes na mídia, na condescendência com a era FHC, na tentativa permanente de enfatizar Lula como continuidade, e não como ruptura. E se manifestam claramente em algumas das primeiras intervenções de membros do novo governo, especialmente na área econômica, bem como em projetos de "reforma" apresentados, a exemplo da Previdência Social. Isto mostra que a retomada do fio da radicalização democrática será uma tarefa exigente: a esperança deverá ser ainda mais ousada, se quiser mesmo vencer o medo.

"Talvez nossa reflexão deva começar por aí: pelo fato de que nossa sobrevivência está ameaçada. [...] Temos a chave do futuro da humanidade, mas para poder usá-la temos que compreender o presente. [...] Não podemos nos permitir desviar os olhos."

Êxodos, Sebastião Salgado

CAPÍTULO 1
Capitalismo contemporâneo e Estado

Os processos de "reforma" do Estado, contidos nos *planos de ajuste estrutural* em curso nos vários países, sobretudo na década de 1990,[1] apenas podem ser compreendidos no contexto das transformações mais profundas engendradas no mundo do capital, em especial a partir dos anos 1970. Portanto, inicio esta análise explicitando algumas determinações relevantes e transformações de largo prazo que permitem caracterizar quais razões socioeconômicas e políticas estão na base dos processos de "reforma" do Estado, orientados para o mercado. Ou seja, há a preocupação central de apanhar nexos causais, enfatizando o que existe de mais duradouro e estrutural nas relações sociais capitalistas contemporâneas, ainda que este "duradouro" seja paradoxalmente a própria instabilidade e a aceleração da compressão espaço-temporal de que nos fala Harvey (1993), tendo em vista ampliar/assegurar a rentabilidade do capital. A tarefa, portanto, é analisar a lógica do capital na contemporaneidade para compreender as requisições mais profundas dirigidas ao Estado capitalista.

Como já explicitei em trabalhos anteriores (Behring, 1993, 1998 e 2000a) e apesar do ambiente intelectual e cultural deste fim de milênio, sustento a posição de que a crítica marxista da economia política contém os mais ricos recursos heurísticos, categorias teóricas e aportes para um mergulho analí-

---

1. Segundo Montes (1996: 179), "mais de oitenta países se encontram submetidos a estes planos, cujas conseqüências internas estão sendo desoladoras e no nível internacional configuraram um novo marco das relações econômicas entre os países industrializados e os do Terceiro Mundo" (tradução minha).

tico nos processos sócio-históricos da sociedade burguesa e seus movimentos contínuos de transformação. Enquanto houver capitalismo, permanecem atuais o legado teórico-metodológico e as descobertas marxianas, em especial a lei do valor como *relação social* organizadora fundamental das relações econômicas, sociais e políticas no mundo da generalização universal das mercadorias. No entanto, se em Marx encontra-se o núcleo ontológico e categorial para uma crítica da sociedade burguesa, faz-se necessário buscar desenvolvimentos ulteriores na tradição marxista[2], tendo em vista apanhar determinações novas, numa condição de existência na qual "tudo o que era [(é)] sólido e estável se dissolve no ar", como caracterizaram Marx e Engels no seu *Manifesto do Partido Comunista*. Neste mesmo texto, eles apontam que a burguesia não pode existir sem revolucionar permanentemente os instrumentos de produção, as relações de produção e todas as relações sociais (1998: 8). Então, o desafio é entender o que muda no capitalismo contemporâneo, o sentido das transformações econômicas e sociais em curso — a condição geral da luta de classes — e as novas requisições para a intervenção do Estado.

No livro *Política social no capitalismo tardio* (Behring, 1998), estabeleço uma interlocução com as principais formulações no âmbito da tradição marxista acerca do capitalismo após a Segunda Guerra Mundial, quando se generalizaram padrões de proteção social no mundo do capital e quando há alterações importantes no papel do Estado.[3] A intenção era abordar o tema *política social* a partir da crítica marxista da economia política contemporânea. Hoje, é fundamental tomar como ponto de partida a sistematização ali consolidada, em especial o conceito de *capitalismo tardio*, de Ernest Mandel, e as conclusões a que cheguei, bem como atualizar essa interlocução. Isto porque as pressões para uma refuncionalização do Estado capitalista nos

---

2. Para uma visão geral do conjunto das formulações, diferenças e inflexões históricas relacionadas às várias correntes do marxismo, que permitem falar de uma já secular tradição marxista, consultar os doze volumes da *História do marxismo*, organizada por Eric Hobsbawn e publicada pela editora Paz e Terra. Também considero imprescindíveis para essa discussão três textos de Perry Anderson (1976, 1987 e 2000). Sobre a tradição marxista na América Latina e Brasil, ver Michael Löwy (1999) e, especificamente para o Brasil, uma discussão inicial em Leandro Konder (1988).

3. Nesse trabalho discuto as idéias de Paul Boccara e sua equipe sobre o capitalismo monopolista de Estado (CME); as teses de Paul Baran e Paul Sweezy acerca do capitalismo monopolista e o processo norte-americano; o conceito de crise fiscal do Estado em James O'Connor; os aportes fundadores da Escola da Regulação francesa, de Michel Aglietta; e o conceito de capitalismo tardio, de Ernest Mandel.

anos 1980 e 1990 estão articuladas a uma reação burguesa à crise do capital que se inicia nos anos 1970, vislumbrada por Mandel (1982). Esta reação aprofunda ou mantém algumas características enunciadas no conceito de capitalismo tardio, que supõe a chamada onda longa de estagnação — que se desenvolve desde final dos anos 1960 até os dias de hoje, segundo as melhores análises críticas dos processos contemporâneos[4] a que tive acesso. Mas acrescenta também elementos novos. A partir desse diálogo, busquemos a compreensão dos processos que vão requisitar a contra-reforma do Estado que é engendrada no âmbito dessa reação burguesa e a ela dá sentido,[5] e cujas características centrais passo a analisar.

1. A reação burguesa nos anos 1980 e 1990[6]

Houve uma resposta contundente do capital à queda das taxas de lucro da década de 1970, cujos fundamentos foram tratados em Mandel (1982) e Harvey (1993). Os anos 1980 foram marcados por uma revolução tecnológica e organizacional na produção, tratada na literatura disponível como reestruturação produtiva — confirmando a assertiva mandeliana (reforça-

---

4. Há uma constatação generalizada no campo da tradição marxista contemporânea de que o capital desencadeou uma reação implacável à queda das taxas de lucro ao longo dos anos 1980 e 1990, retomando níveis de rentabilidade por parte das empresas transnacionais e do capital financeiro, em especial, mas mantendo taxas de crescimento medíocres em todos os cantos do planeta, o que permite afirmar que não houve retomada de uma nova onda expansiva, apesar das autocomemorações neoliberais. Consultar: Anderson (1995); Chesnais (1996); Harvey (1993), Montes (1996) e Husson (1999). A clássica saída belicista da crise, configurada após os atentados a Nova Iorque de 11 de setembro de 2001, corrobora a tese da longa estagnação.

5. Os fundamentos da onda longa de estagnação a partir da análise das tendências de desenvolvimento parcialmente independentes dos elementos que compõem o valor estão nos textos de Mandel (1982 e 1990). São trabalhados em meu livro (Behring, 1998) e também resgatados na tese de doutorado de forma sumária, e com um diálogo com autores como Harvey e Husson (Behring, 2002: Capítulo 1). Dada a extensão do texto, este conteúdo será publicado em forma de artigo. Aqueles fundamentos devem ser tomados como pressupostos para uma compreensão da reação burguesa em curso, que será abordada neste capítulo e que requisita as "reformas" orientadas para o mercado.

6. Aqui desenvolvo observações adiantadas em Behring, 1998, (pp. 176-189). Acrescento novos aportes e determinações no sentido de melhor caracterizar os processos em curso nos anos 1990 e suas implicações para a retomada ou não de um processo duradouro de expansão, com destaque para seus impactos no Estado. E deixo de utilizar o termo globalização, incorporando o debate francês sobre a mundialização do capital em Chesnais (1996) e Husson (1999).

da por Husson,1999) da corrida tecnológica em busca do diferencial de produtividade do trabalho, como fonte dos superlucros (Mandel, 1982); pela mundialização da economia, diga-se, uma reformulação das estratégias empresariais e dos países no âmbito do mercado mundial de mercadorias e capitais, que implica uma divisão do trabalho e uma relação centro/periferia diferenciados do período anterior, combinada ao processo de financeirização (hipertrofia das operações financeiras); e pelo ajuste neoliberal, especialmente com um novo perfil das políticas econômicas e industriais desenvolvidas pelos Estados nacionais, bem como um novo padrão da relação Estado/sociedade civil, com fortes implicações para o desenvolvimento de políticas públicas, para a democracia e para o ambiente intelectual e moral. Estes são processos imbricados e interdependentes no seio da totalidade concreta, que é a sociedade burguesa contemporânea, mas que vou abordar separadamente para efeito didático.

1.1. Mudanças no mundo da produção: as tecnologias e a nova condição do trabalho e de sua reprodução

No mundo da produção e do trabalho difundiu-se nos anos 1980 o modelo japonês, o ohnismo/toyotismo, fundado nas possibilidades abertas pela introdução de um novo padrão tecnológico: a revolução microeletrônica. É a chamada produção flexível, que altera o padrão rígido fordista. Este supunha a linha de montagem de base técnica eletromecânica, com uma estrutura organizacional hierarquizada e uma relação salarial que apontava para a produção em massa, para um consumo de massa, viabilizada por meio dos acordos coletivos de trabalho que definiam certa distribuição dos ganhos de produtividade do trabalho (Aglietta, 1991 e Harvey, 1993). Esta relação salarial também pressupunha um sistema de proteção social a partir do Estado.

Por sua vez, a nova base técnica é caracterizada pela microeletrônica digital, miniaturizada. A introdução dessa tecnologia na produção parte das pesquisas de um engenheiro — John Persons — da Força Aérea dos EUA (1949), que vislumbrou a possibilidade de acoplar o computador à máquina-ferramenta universal, introduzindo o controle numérico (Tauille, 1988). Criou-se, então, a máquina-ferramenta de controle numérico, que passa a ser progressivamente um novo núcleo de convergência tecnológica, até porque sua utilização é de importância estratégica no setor de bens de capital, aumentando a precisão na produção.[7] Dessa forma, cria-se a possibilidade de automatizar a produção em pequena escala, quebrando ainda mais o saber/poder do trabalhador na operação das máquinas — o programador de controle numérico computadorizado passa a ser uma força de trabalho de importância estratégica nas empresas.[8] Nessa nova forma produtiva, forja-se uma articulação entre descentralização produtiva e avanço tecnológico por meio da rede microeletrônica de informações. Contrapondo-se à verticalização fordista, a produção flexível é, em geral, horizontalizada/descentralizada. Trata-se de terceirizar e subcontratar uma rede de pequenas/médias empresas, muitas vezes até com perfil semi-artesanal e familiar.

A produção é conduzida pela demanda e sustenta-se na existência do estoque mínimo. O *just in time* e o *kanban* asseguram o controle de qualidade e o estoque. Um pequeno grupo de trabalhadores multifuncionais ou polivalentes opera a ilha de máquinas automatizadas, num processo de trabalho intensificado, que diminui ainda mais a *porosidade* no trabalho e o desperdício. Diminui também a hierarquia no chão de fábrica, já que o *grupo* assume o papel de controle e chefia. Acrescente-se a pressão patronal pelo sindicalismo por empresa — *sindicalismo de envolvimento* — e a pressão do desemprego, e tem-se o caldo de cultura para a adesão às novas regras (Coriat, 1994).

Como o toyotismo é baseado em tecnologias capital-intensivas e poupadoras de mão-de-obra, os efeitos sobre a força de trabalho têm sido devastadores, caracterizando um processo de *heterogeneização, fragmentação e complexificação da classe trabalhadora* (Antunes, 1995; Mattoso, 1996). Observam-se os fenômenos do aprofundamento do *desemprego estrutural*, da rá-

---

7. Entre 1949 e 1959, o governo americano investiu cerca de 62 milhões de dólares em pesquisas a partir da idéia de Persons, e a Força Aérea americana "exerceu um papel fundamental para o início de seu [máquinas ferramentas de controle numérico] processo de difusão" (Tauille, 1988: 35). Desde então, lançada a base da nova convergência tecnológica, os desenvolvimentos estão mais sofisticados, especialmente com a expansão das descobertas e conhecimentos no campo da informática e sua aplicação na produção.

8. O já referido trabalho de Tauille (1988) é fundamental para uma compreensão da difusão da nova base técnica e suas implicações para os trabalhadores, para a competitividade das empresas e para as relações entre os países no mercado mundial. Por exemplo, a "vantagem comparativa" de possuir uma mão-de-obra barata, atribuída aos países de Terceiro Mundo, e que atraiu as empresas em busca de uma maior rentabilidade do capital, diminui sensivelmente com a introdução da nova base técnica, que prescinde de uma força de trabalho desqualificada e em número grande (1988: 43).

pida destruição e reconstrução de habilidades, da perda salarial e do retrocesso da luta sindical.

Para Harvey (1993), há uma radical reestruturação do mercado de trabalho, no sentido de regimes e contratos de trabalho mais flexíveis e da redução do emprego regular em favor do trabalho em tempo parcial, temporário ou subcontratado. Ele vê um grupo de trabalhadores *centrais*, que têm maior estabilidade, perspectivas de promoção e reciclagem, bons salários diretos e indiretos, e se caracterizam por sua adaptabilidade, flexibilidade e mobilidade. Na *periferia*, Harvey identifica outros dois grandes grupos de trabalhadores. No primeiro, tem-se os *empregados em tempo integral* com habilidades menos especializadas, que possuem alta taxa de rotatividade e menos oportunidades que os trabalhadores centrais. No segundo, e este grupo é o que mais tem crescido, tem-se os *trabalhadores em tempo parcial*, casuais, com contrato por tempo determinado e sem direitos assegurados: são os subcontratados.

Para Antunes (1995), esta configuração do mercado de trabalho revela uma processualidade contraditória que combina a desproletarização do trabalho industrial fabril com uma subproletarização (com aumento do assalariamento). Impõe-se, então, simultaneamente, uma tendência à qualificação e intelectualização dos trabalhadores centrais, de maneira paralela a desespecialização e desqualificação da maioria deste "subproletariado moderno", embora existam também formas de inserção "por conta própria" fortemente especializadas.

Estes processos abalam as condições de vida e de trabalho da classe trabalhadora e vêm desencadeando mudanças nas formas de sua organização política. Presencia-se a queda dos índices de sindicalização, bem como a dificuldade de organizar politicamente o *subproletariado moderno*. Há óbices em tecer alianças entre os segmentos *centrais* e os *precarizados/subcontratados* — e o que dizer dos definitivamente expulsos, *inempregáveis, desfiliados* e expostos à *vulnerabilidade de massas*, segundo Castel (1998)?[9] Nesse con-

---

9. Em Castel (1998) tem-se um estudo histórico-teórico importante e denso, que não se afasta — como muitos intelectuais franceses — da referência ao trabalho e à sociedade salarial, para caracterizar a questão social. No entanto, penso que seria mais rigoroso não utilizar a idéia de uma "nova questão social", muitas vezes derivada do raciocínio de Castel, mas referirmo-nos a novas expressões da questão social, já que esta é tão velha quanto o mundo do capital, cujas contradições são repostas em expressões renovadas. De outro ângulo, penso que as saídas social-democratas reafirmadas ao final do trabalho de Castel são bastante discutíveis, dado o esgotamento deste projeto nos últimos anos, pela pressão das tendências sinalizadas por vários analis-

texto, impõem-se tendências neocorporativas e individualistas. Esses processos apontam para obstáculos na constituição de uma *consciência de classe para si*, minando a solidariedade de classe e enfraquecendo a resistência à reestruturação produtiva. Telles (1994) oferece elementos instigantes para pensar a relação entre a reestruturação produtiva, a reprodução da pobreza e a cidadania, chamando a atenção para a dificuldade de articulação dos sujeitos políticos em função, também, da *fratura de identidades* promovida pela condição de precariedade. A reestruturação produtiva, como sabemos, vem sendo conduzida em combinação com o ajuste neoliberal, o qual implica a desregulamentação de direitos, no corte dos gastos sociais, em deixar milhões de pessoas à sua própria sorte e "mérito" individuais — elemento que também desconstrói as identidades, jogando os indivíduos numa aleatória e violenta luta pela sobrevivência. Assinala-se, então, que o caráter da organização do trabalho na revolução tecnológica em curso é *desagregador da solidariedade de classe e regressivo.*

Hoje, cerca de 6,7% dos trabalhadores da OCDE estão desempregados, o que representa mais de 30 milhões de pessoas (cf. www.oecd.org), bem como há retomada da extração da mais-valia absoluta no setor terceirizado, semi-artesanal e familiar, especialmente na periferia do mundo do capital. Alain Lipietz (1988), numa análise da introdução "capenga" do fordismo no Terceiro Mundo, fala inclusive de uma *taylorização sanguinária*, referindo-se à estratégia da acumulação dos chamados *tigres asiáticos* com sua combinação perversa entre estagnação do poder aquisitivo, extensão da jornada de trabalho e patriarcado, num contexto de reserva inesgotável de força de trabalho, em sua maioria feminina e disponível para as indústrias têxtil e eletrônica.

Husson (1999) acrescenta alguns elementos a mais quanto à fixação dos salários e sua relação com o desemprego, no contexto das brutais políticas econômicas neoliberais. Ele aponta que, entre 1982 e 1994, a parte dos salários no valor acrescentado das empresas baixou de 69% para 60%, enquanto a taxa de desemprego passava de 8% para 12,4% na França. Os dados franceses mostram que a austeridade salarial não gerou empregos, diferente dos supostos fundamentos e argumentos "científicos" do *mainstream*

---

tas, alguns deles presentes na caracterização do capitalismo contemporâneo que compõe este capítulo. Também é muito polêmica a referência teórica e conceito-chave utilizado em sua análise, de solidariedade social, emprestado de Durkheim. Apesar dessas restrições, é uma obra importante e que merece ser conhecida e discutida, já que avança no conhecimento das mutações e metamorfoses sociais produzidas no âmbito da reestruturação capitalista em curso.

econômico. As políticas de desindexação dos salários foram justificadas em nome do combate à inflação e, de fato, caiu a parte dos salários junto com a inflação, configurando um verdadeiro bloqueio da progressão dos salários. Para ele, a desvalorização da norma salarial tomou formas variadas: pressão para a baixa dos salários dos jovens contratados a prazo; menor progressão ao longo da carreira; ascenso do emprego temporário com baixos salários. Husson lembra o "teorema" do chanceler alemão conservador Helmut Schmidt, que sintetiza o argumento neoliberal, segundo o qual "os lucros de hoje são os investimentos de amanhã e os empregos de depois de amanhã" (1999: 75), num encadeamento virtuoso, onde o desemprego presente seria um processo de *destruição criadora* e o custo que se teria a pagar por um futuro melhor. No entanto, a retomada da rentabilidade não gerou um nível de investimento verdadeiramente dinâmico, e o emprego foi mais suprimido que criado.

Outro argumento é a competitividade exterior, mas Husson constata o óbvio: que os demais países também praticam a mesma política. Dessa forma, a melhoria do saldo exterior, se dá mais por uma moderação do crescimento do mercado interno, fundada na contenção salarial. Ainda assim, o discurso dominante considera elevado o custo do trabalho e pressiona para que baixem também os salários indiretos, diga-se, os encargos sociais, numa lógica de baixa permanente do custo do trabalho. Para isso, na França e no continente europeu, de maneira geral, tem-se desencadeado medidas a partir dos Estados nacionais — e aí se coloca a perspectiva contra-reformista —, que por vezes enfrentaram a contestação das ruas, a exemplo de baixar em 20% o salário mínimo para os jovens na França. Tais políticas fazem-se em nome da geração de empregos, mas na prática têm apenas segmentado os trabalhadores segundo idade, sexo e nível de qualificação, e fortalecido situações de precariedade. A iniciativa pública, portanto, "legitimou e encorajou um projeto de flexibilização que, em muitos aspectos, é um projeto de desconstrução da relação salarial" (Hussou, 1999: 81).[10]

Husson acusa a frivolidade, já anunciada por Marx, de argumentos do tipo: a introdução de tecnologias poupadoras de mão-de-obra destrói empregos em um setor, que podem ser absorvidos em outro, sem qualquer

---

10. Ver-se-á, no último capítulo, que este é um aspecto fundamental da contra-reforma do Estado no Brasil.

garantia de que outros setores possam compensar a perda — "se os houver" (Marx, *apud* Husson, 1999: 83). E recusa como tecnologista a idéia de que possa existir um novo projeto de civilização (capitalista) fundado em uma redução geral da duração do trabalho e num enriquecimento do tempo "libertado". O argumento de Husson para contestar essa corrente é o de que: na onda longa expansiva houve um crescimento médio de 5,4%, enquanto na depressiva este indicador caiu para 1,9%. A produtividade acompanhou o crescimento, caindo de 5,3% para 2,1%. Ou seja, não se verificou um ascenso vertiginoso da produtividade do trabalho com a introdução das novas tecnologias e formas de organização do trabalho. De forma que a principal determinante do desemprego é a de que as taxas de crescimento têm sido insuficientes para absorver o *stock* de desempregados acumulado desde o início dos anos 1970, porque o capital se dirige para a rentabilidade, e não para o atendimento de necessidades. Mais precisamente, o capitalismo prefere não produzir a produzir sem lucro. Portanto, para Husson, o mecanismo essencial do desemprego é "a divergência crescente que se instala entre a estrutura da procura social e as exigências de rentabilidade" (1999: 89). E a superação deste quadro não se realiza nesta sociedade, ainda que a redução da jornada de trabalho seja uma luta tática importante.

Um outro aspecto fundamental na relação com os trabalhadores em torno dos salários é a ligação maniqueísta entre aumento de salários, alta de preços e inflação. Com ela, é construída uma verdadeira chantagem permanente nas mesas de negociação em torno de que o aumento de salário promoveria a volta dos índices altos de inflação, bem como estimularia o desemprego. As negociações salariais no setor público orientam o setor privado e estão fundadas nessa dupla ameaça. Para Montes, o ataque aos salários — incluindo as regulamentações de patamares mínimos — não tem associação direta com as duas ordens de ameaças. Na verdade, isso apenas corrobora a importância do custo do trabalho para a rentabilidade do capital (1996: 72-5).

Mattoso (1996) realiza uma síntese das mudanças contemporâneas no mundo do trabalho, quando aponta que a reestruturação produtiva em curso encerra uma antinomia entre seguridade e insegurança, na passagem para esse novo regime de acumulação, que é acompanhado por um novo modo de regulamentação. Dentro disso, a insegurança se manifesta em algumas formas: *insegurança no mercado de trabalho*, com a não-prioridade ao pleno emprego como objetivo de governo, a destruição de empregos em plena expansão econômica, sobretudo no setor industrial, e a ampliação da desigualdade entre os desempregados em função da redução dos benefícios sociais; *insegurança no emprego,* que implica a redução da estabilidade e sub-contratação (formas atípicas ou contingenciais de emprego, diga-se, precárias); *insegurança na renda*, por meio da flexibilização dos salários, da diluição da relação entre salário e produtividade, da queda nos gastos sociais e fiscais das empresas, da deterioração da distribuição de renda, e, por fim, do crescimento da pobreza; *insegurança na contratação do trabalho* pela expansão do dualismo no mercado de trabalho e pelo risco da explosão jurídica do contrato coletivo de trabalho; e, por fim, *insegurança na representação do trabalho*, com a redução dos níveis de sindicalização.

Todas essas mudanças e essa insegurança generalizada expressam, na verdade, a agressividade do capital no sentido de aumentar a produtividade do trabalho, tendo em vista recuperar sua rentabilidade golpeada com o já referido esgotamento do ciclo anterior e sem o parâmetro das necessidades sociais das maiorias. A palavra de ordem da reestruturação produtiva — flexibilidade —, que remete Harvey (1993) a caracterizar o período como acumulação flexível, diz respeito a alcançar o máximo de produtividade da força de trabalho com o mínimo custo, ou seja, um processo de superexploração da força de trabalho para ampliar a taxa de mais-valia e de lucro, mas sem preocupação com o crescimento e com os efeitos de barbarização da vida social daí decorrentes, sintetizados em Mattoso como inseguranças. Então, pode-se concluir, trata-se de uma reação insuficiente no sentido de promover crescimento e algum nível de redistribuição de renda e acesso ao consumo para as maiorias — o que leva a uma crise de legitimidade do capitalismo e a um retrocesso nas conquistas democráticas. Mas é suficiente para resgatar a rentabilidade do capital, por sobre a derrota dos trabalhadores fundada na insegurança. Uma derrota desigual, *porque mediada pela história dos vários países, o que requer uma análise concreta das formações sociais concretas, diga-se, de como incorporam essas transformações —*, se considerarmos o novo espaço econômico e geopolítico produzido pela mundialização do capital, que se combina à reestruturação produtiva.

1.2. Livre-cambismo universal: as características e conseqüências da mundialização do capital

As metamorfoses do mundo do trabalho são acompanhadas pelo que alguns denominam de *globalização*, mas que, incorporando a contribuição de Chesnais (1996 e 1997), pode ser apontado como processo de *mundialização* da economia, de constituição de um *regime de acumulação mundial predominantemente financeiro*, ou melhor, "uma nova configuração do capitalismo mundial e dos mecanismos que comandam seu desempenho e sua regulação" (1996: 13).[11]

As perguntas iniciais de Chesnais (1996) são: a que os países "têm" que se "adaptar"? À grande mobilidade do capital adquirida com as novas tecnologias? Às imposições do capital financeiro, as quais sinalizam aos governos a política econômica a seguir, sob a chantagem em torno da desvalorização das moedas e do retorno da inflação? Às novas requisições da reestruturação produtiva para a relação capital/trabalho, com suas flexibilidades? À busca de vantagens comparativas num mercado para poucos e para que não ocorra uma verdadeira *desconexão forçada* do intercâmbio comercial generalizado e um processo de marginalização irreversível de regiões inteiras?

De outro ângulo, Husson (1999) afirma que o capitalismo triunfou para afundar-se no marasmo, perdendo sua legitimidade como fator de progresso, perdendo seu dinamismo (em que pesem as opiniões formadas em contrário). Para fazer esse balanço provocativo, Husson propõe um quadro teórico crítico e rigoroso, colocando em questão os processos em curso e recusando as saídas que buscam ser compatíveis com a economia mundializada, em vez de vislumbrar um outro funcionamento da economia. Chesnais e Husson são autores críticos, mas com uma interlocução diferenciada no campo da tradição marxista, o que será explicitado ao longo da argumentação que segue. Mas a contribuição de ambos é imprescindível para compreender a lógica e a dinâmica da mundialização do capitalismo contemporâneo. Vejamos.

O estudo de Chesnais parte do salto de crescimento a partir da década de 1980, e com uma nova qualidade, do *investimento externo direto* (IED). Há no seu raciocínio, o suposto de que a economia mundial é fortemente hierarquizada e articulada do ponto de vista econômico e político, ou seja, desigual e combinada, como na formulação de Trotsky. A importância de

---

11. Chesnais atribui o termo globalização às *business management schools* norte-americanas, que identificam este processo como sendo benéfico e necessário, ao qual todas as economias devem adaptar-se. Nesta ótica, a liberalização e a desregulamentação da economia são processos naturais. Tendo em vista a falta de nitidez conceitual e o conteúdo ideológico e pouco crítico dessa expressão bastante utilizada na mídia, Chesnais propõe uma outra abordagem (1996).

analisar o IED justifica-se por algumas características desse tipo de investimento: não tem liquidez imediata, ou seja, não se reduz a uma transação pontual; dá origem a fluxos de produção, comércio e repatriação de lucros de mais largo prazo; implica transferências patrimoniais e de poder econômico; e revela o componente estratégico das decisões de investimento das companhias, que passam por esvaziar concorrentes locais, sugar tecnologias, antecipar ações e reações de concorrentes e explorar os assalariados, evidentemente.

Chesnais identifica um crescimento do IED no setor de serviços. É possível perceber uma participação alta de IED nos serviços financeiros, especialmente bancos e seguros. Fala também do crescimento do *investimento internacional cruzado*. Trata-se da supremacia das aquisições e fusões sobre investimentos criadores de novas capacidades. Dentro disso, sinaliza o caráter *intratriádico*[12] do IED, que se concentrou em 80,8% nos países da OCDE ao final da década de 1980. Chesnais aponta um verdadeiro *boom* de IED *entre* os países industrializados, que corresponde a um decréscimo da recepção de IED por parte dos países em desenvolvimento — caiu de 30,6%, em 1967, para 19,2% em 1989 (1996: 65). Outra constatação é a de que um pequeno número de países do mundo em desenvolvimento — dezoito, e entre eles o Brasil — figurou pelo menos um ano neste fluxo. O que revela uma enorme concentração do IED, que inclui poucos no circuito do investimento mundial.[13] Esse *foco intratriádico* se repete na análise dos fluxos co-

---

12. Por tríade, entenda-se os grandes pólos da economia mundial, que se constituem em torno dos EUA, Alemanha e Japão.

13. Segundo Ramonet, dentro desse decréscimo do investimento nos países do mundo em desenvolvimento, a situação africana é dramática: "Por exemplo, no decorrer dos anos 1980, dez países em desenvolvimento receberam três quartas partes dos investimentos efetuados nos países do sul; nenhum deles era africano" (1998: 112). O editor do crítico jornal *Le Monde Diplomatique* faz uma análise do agravamento das condições sociais, econômicas e políticas do continente africano produzido pela mundialização em combinação com elementos regionais, que delineiam uma verdadeira catástrofe (1998: 111-7). Uma expressão concreta é o impacto da epidemia de Aids na África Sub-Sahariana, certamente a região mais pobre do planeta. Uma matéria de dezenove páginas da revista *Time* (fevereiro de 2001: 10-29) mostra os seguintes e aterradores números: 17 milhões de pessoas, das quais 3,7 são crianças, já morreram; 12 milhões de crianças estão órfãs hoje em função da epidemia; 8,8% da população africana está infectada (cerca de 25,3 milhões de pessoas). A matéria enfatiza as razões socioculturais do desenvolvimento rápido e devastador da epidemia, que não podem ser desprezados, principalmente tratando-se de uma doença sexualmente transmissível. Contudo, vêm à tona, também, as questões relacionadas ao desenvolvimento, à luta pela sobrevivência que obriga a um deslocamento constante dos trabalhadores na região, dentre outras questões.

merciais e dos acordos de cooperação tecnológica, onde a concentração e marginalização também se impõem de forma contundente, como se verá adiante.

Como o comércio mundial e a capacidade de investimento estão associados às transnacionais, Chesnais detém-se em uma caracterização das mudanças em suas estrutura e movimentos estratégicos. Ele incorpora o estudo de Michalet (1985, apud Chesnais, 1996) que estabelece três tipos de estratégias empresariais em nível internacional e anuncia um quarto. São elas: *estratégias de aprovisionamento*, características de transnacionais do setor primário, especializadas em integração vertical a partir de recursos situados no Terceiro Mundo; *estratégias de mercado*, com o estabelecimento de filiais intermediárias (também chamado de enfoque multidoméstico); *estratégias de produção racionalizada*, diga-se, integrada internacionalmente, com o estabelecimento de filiais montadoras; e, por fim, *estratégias tecno-financeiras* das empresas (1996: 75). As multinacionais de novo tipo valorizam seus ativos e vantagens competitivas, saem do seu setor de origem e montam *operações complexas*, combinando essas estratégias tendo em vista, em primeiro lugar, o lucro e, em segundo, crescer e durar. A rentabilidade do capital da empresa não pode basear-se apenas na produção e comercialização próprias, mas tem a ver com sua relação com outras empresas. Daí vêm *novas formas de investimento*, por meio de acordos de cooperação em torno de ativos imateriais (Pesquisa & Desenvolvimento — P&D), participações minoritárias para acompanhar processos de gestão, enfim, investimentos com poucos riscos e muitos ganhos diretos e indiretos para futuros processos de valorização. Outro aspecto em relação às transnacionais é a constituição de um mercado interno *entre* a matriz e as filiais, diga-se, a *internalização* de um conjunto de transações, reforçando as vantagens monopolistas da companhia, em especial no que refere à tecnologia, que fica protegida pelas transações internalizadas. Assim, as grandes companhias reduzem as incertezas, tornando uma verdadeira ironia falar em mercado *livre...*

Segundo Chesnais, a crise poupou os grandes grupos, que se expandiram por meio do IED cruzado e dominado pelas aquisições/fusões, na perspectiva de constituir esse verdadeiro mercado interno às corporações, melhor dizendo, aos oligopólios, forma que a oferta assume em nível mundial. O mercado mundial é um espaço de rivalidade, onde as corporações mantêm uma ambígua relação de dependência e concorrência entre si. A mundialização caracteriza-se por uma enorme concentração da oferta nos setores de alta tecnologia e de produção em escala, a exemplo de: automóveis, peças de vidro para automóveis, pneus, processamento de dados, material médico e produtos petroquímicos, principalmente. O processo de formação dos oligopólios aprofundou-se com a abertura dos antigos monopólios nacionais — uma forte requisição do que estou caracterizando como contra-reforma do Estado —, atingidos pelos processos de aquisição e fusões. Ao lado da rivalidade, as grandes corporações desenvolvem uma espécie de *comportamento correspectivo*, conforme já apontavam Baran e Sweezy (1978), no que diz respeito aos preços, e que Chesnais situa como estratégias para fazer frente aos riscos em tempos de mudança tecnológica rápida e radical. Crescem os chamados custos irrecuperáveis a fundo perdido para fazer frente à concorrência, bem como as vantagens dos efeitos dinâmicos de aprendizagem. Estes últimos referem-se a introduzir mais ou menos rápido novas tecnologias no processo produtivo. Em todos esses sentidos, a concentração e a formação de um mercado interno às corporações são vantajosos, já que a informação — considerando que a concorrência se expressa pela busca de rendas tecnológicas, como aponta Mandel (1982)[14] — representa uma variável fundamental na busca de rentabilidade do capital. A teleinformática permite às corporações um gerenciamento internacional eficiente dos custos, investimentos e lucros. Contudo, ao lado da internalização, há a externalização, diga-se, terceirização quando não é rentável internalizar. Mais uma vez a empresa-rede (ex.: Benetton ou Nike), via informática, tem condições de controlar e até internalizar as externalidades, numa quase-integração vertical.

Chesnais afirma que as decisões de localização da produção não são ditadas exclusivamente pelo custo da força de trabalho. Outros critérios entram em jogo, tais como uma maior demanda e o confronto direto com os rivais. Daí a forte tendência de ampliação do comércio e do IED dentro da tríade. Por outro lado, as liberalização e desregulamentação tornam-se vitais para o movimento centrífugo dos oligopólios, recuperando a liberdade de ação, organizando a produção e integrando vantagens, como, por exemplo, os diferenciais de custo da força de trabalho. Os oligopólios exploram

---

14. Vale dizer que Chesnais não faz nenhuma referência à Mandel nos trabalhos a que tive acesso. Portanto, qualquer relação entre a reflexão dos dois autores é de minha inteira responsabilidade. Mais adiante fica clara sua interlocução crítica com os regulacionistas e uma forte influência de Schumpeter e Keynes, opções teóricas que limitam sua análise que termina por tangenciar a questão da lei do valor, mas não desqualificam suas descobertas advindas de uma pesquisa, sem dúvida, rigorosa dos processos socioeconômicos em andamento.

ao máximo as desigualdades nacionais, inclusive reconstituindo-as. Veja-se essa citação de Michalet (*apud* Chesnais, 1996: 117): "O estabelecimento de um espaço multinacional integrado não significa que as multinacionais eliminem as desigualdades nacionais. Não podem fazê-lo, e não têm interesse de atuarem nesse sentido, [se quiserem continuar a] tirar proveito das diferenças existentes entre os países". Ou seja, tem-se a afirmação do necessário desenvolvimento desigual como fonte de superlucros e da recriação permanente de um espaço econômico heterogêneo (Mandel, 1982).

Vale, então, a observação de Husson (1994), para quem a mundialização engendra a formação de um mercado unificado com companhias mundializadas, bem como a configuração de uma base planetária de concepção, produção e distribuição de produtos e serviços, inclusive com uma redefinição das especialidades no mercado mundial. A mundialização é para ele um processo contraditório, desigual e assimétrico, intensificado pela revolução tecnológica, sobretudo com a horizontalização das empresas e sua ligação pela rede de informática; e pelo neoliberalismo, cuja essência é o afastamento dos obstáculos à circulação do fluxo de mercadorias e dinheiro, pela via da contra-reforma do Estado. Ela está longe de promover uma homogeneização do espaço econômico, reafirmando a idéia de um desenvolvimento desigual e combinado do capitalismo, cuja maior expressão é a permanente ameaça de crises reais do mercado financeiro, e que atingem diferenciadamente os países, segundo as características de sua inserção no mercado mundial.

Voltando à contribuição de Chesnais, tem-se que a encarniçada concorrência entre os oligopólios dá-se especialmente por meio do controle mundial dos insumos: matérias-primas no Terceiro Mundo e insumos tecnológicos — em geral dentro da tríade. Dada a importância destes últimos e o volume de recursos que envolve o setor de Pesquisa e Desenvolvimento (P&D) das empresas, desenvolvem-se acordos de cooperação técnica. Um terceiro nível de concorrência dá-se por meio da produção e da comercialização, buscando as vantagens das desigualdades entre os países. No que refere às vantagens de país, os EUA são o melhor exemplo — pelas dimensões do seu mercado financeiro, por sua força militar, por sua competência diplomática nos acordos comerciais e por sua força cultural, a exemplo da língua-veículo que é o inglês, predominando nas telecomunicações. Os países que não contam com esses elementos, por seu turno, têm que possuir algumas condições elementares para uma competitividade estrutural: um setor forte e competitivo de bens de capital, bancos que dão sustentação à inovação das empresas do país, infra-estrutura de serviços públicos e qualificação de mão-de-obra, bem como investimentos públicos em pesquisa — a ação do Estado, que não se tornou prescindível. Pelo contrário, esta última é um componente de *atratividade* de um país, considerando a concorrência entre os locais para trazer investimentos estrangeiros.

Analisando os investimentos dos grupos franceses, Chesnais constata que, no caso dos grupos que terceirizam atividades, as decisões de *deslocalização* associam-se ainda ao custo da força de trabalho. Nas indústrias tecnologicamente avançadas, além desse, são fatores sensivelmente diferentes que influem nessas decisões, a exemplo do controle sobre as redes de distribuição, em especial dentro da tríade. As políticas de diferenciação da oferta e a introdução da produção flexível impuseram uma maior proximidade entre produção e consumidores, o que também determina a localização. Assim, vem predominando cada vez mais a produção de "fluxo tenso", com terceirização nas proximidades, e voltada para um "mercado único" continental. O conceito de *deslocalização*, sempre associado a um IED, tem recebido algumas extensões. A mais importante diz respeito a deslocalizações sem IED, tirando proveito da liberalização do comércio exterior e da telemática e beneficiando-se dos baixos custos salariais e da ausência de legislação social.

Esta interessante caracterização de Chesnais sobre os movimentos atuais das transnacionais, aqui sintetizada, é complementada por algumas considerações fundamentais sobre a questão da tecnologia. Estas são as despesas industriais mais concentradas do mundo, por sua dimensão estratégica nas relações de concorrência e cooperação entre as empresas rivais.[15] Aqui, Chesnais confirma, no meu entendimento, a assertiva mandeliana da busca de superlucros por meio da concorrência tecnológica (Mandel, 1982 e Behring, 1998 e 2002). Nesse território fazem-se acordos de cooperação, alianças estratégicas das empresas entre si, e também entre Estados e empresas, fundamentalmente na tríade. Chesnais observa que a subvenção pública da pesquisa é encarada como uma questão de soberania, e muitas inovações tecnológicas advêm da indústria bélica — como se viu no caso do controle numérico referido no item anterior. Assim, se são estratégicos os laboratórios das corporações, o investimento público e a sustentação dos

---

15. Montes aponta que os países industrializados e suas empresas contam com cerca de 35 milhões de patentes. As patentes do mundo subdesenvolvido representam menos de 1% em nível mundial e, destas, apenas 4% são utilizadas nos primeiros (1996: 104).

Estados nacionais dos países industrializados também o são. No espaço privado, há uma tendência de concentração das atividades de P&D das empresas. Existe algum nível de deslocalização dos laboratórios, em geral para adaptação de produtos ao mercado local, mas a concentração é muito grande.

Há uma tendência das empresas de constituírem laboratórios semi-autônomos por produto, articulados e controlados via recursos informáticos. A disputa tecnológica encerra grande rivalidade entre os oligopólios, que exercitam nesse campo estratégias de "invasão recíproca", tendo em vista a sucção de tecnologias, seja por acordos desiguais, seja por meios suspeitos e ilícitos. A questão das patentes também se torna estratégica, ocupando a OMC (Organização Mundial do Comércio) com inúmeras regulamentações (regulamentam quando é de interesse!) impostas pelas grandes corporações, no sentido de impedir políticas tecnológicas independentes por parte dos países, e o Brasil é um dos que tiveram que se submeter e acertar o passo. A vontade política das corporações — aliadas a seus Estados nacionais de origem, que regulamentam as reservas de mercado — é criar barreiras de entrada à produção independente. De outro ângulo, as alianças estratégicas visam partilhar custos, diminuir o tempo de inovação e "invadir" praças alheias.

Se este quadro de concentração no campo das tecnologias visa "a formação de barreiras de entrada perante todas as outras companhias, o aparecimento de situações de 'ferrolho' tecnológico e a determinação do rumo das trajetórias tecnológicas, em proveito de um número muito pequeno de intervenientes" (Chesnais, 1996: 179), isso não significa um superimperialismo estável, baseado em oligopólios que têm relações harmônicas e cooperativas. Há uma *tensão permanente entre cooperação e concorrência*, com um precário equilíbrio entre as corporações, em função da ameaça permanente de prevalência de uns sobre os outros. Para as empresas menores resta fazer acordos e alianças em condição de subalternidade, mas que podem gerar, muito eventualmente, alguma mobilidade.

O autor volta a sua atenção para o já referido e gritante crescimento do IED no setor de serviços. Entre 1981 e 1990, este cresceu a uma taxa média anual de 14,9%, sendo 50,1% do IED total, em 1990. Os serviços financeiros ocupam nessas cifras um lugar de destaque, ao lado de seguros, serviços imobiliários e controle das grandes distribuidoras. Mas outro elemento que se destaca aqui é a aquisição de grandes infra-estruturas de serviços públicos nos processos de privatização, a partir da liberalização e desregulamentação engendradas sob a égide do neoliberalismo, no contexto de contra-reformas do Estado nos espaços nacionais. Chesnais fala da dificuldade conceitual e prática de contrapor hoje fronteiras entre serviços e indústria, em função da diversificação dessas últimas na direção dos serviços, estes com papel estratégico na acumulação. Os *transnacional integral conglomerates* buscam: o domínio sobre aspectos complementares dos quais depende parte da rentabilidade de suas operações; e o controle do movimento total de valorização do capital — questão da realização — com investimentos no processo de comercialização. O controle do circuito do capital, evitando riscos, está relacionado a investimentos em seguros e outros investimentos financeiros por meio da criação de empresas bancárias, de seguros e de publicidade, internalizando o circuito. As companhias transnacionais de serviços, tendo em vista a particularidade do setor, que necessita estar próximo e obter confiabilidade por parte dos seus consumidores, encontram dificuldades e tensões internas no seu processo de internacionalização, o que força a uma grande inventividade no campo das estratégias, com destaque para as franquias. Para Chesnais, a revolução multimídia colocou o setor de serviços de telecomunicações como a "menina dos olhos" quanto a novos territórios de valorização do capital, impulsionados pelas privatizações e desregulamentações.

Sobre o comércio exterior, Chesnais identifica seu crescimento com as seguintes características: formação de zonas de comércio mais densas em torno dos pólos da tríade (regionalização); polarização do intercâmbio, com crescente marginalização dos países excluídos da regionalização; modelação do intercâmbio pelas tendências do IED: comércio intracorporativo, exportações das filiais, terceirização transfronteiras; crescente anulação da distinção entre doméstico e estrangeiro nos mercados internos, em função da liberalização do comércio exterior; substituição do paradigma das vantagens comparativas, com ganhos para todos,[16] pelo de concorrência internacional com ganhadores e perdedores (1996: 214-5).

Nesse contexto, os países do chamado Terceiro Mundo acumulam perdas e desvantagens. Há um desequilíbrio enorme dos fluxos comerciais entre Norte e Sul e uma debilidade grande dos fluxos Sul — Sul, em comparação

---

16. Para Montes, o neoliberalismo procura sustentar, como ideologia, a teoria clássica das vantagens comparativas, mesmo que esta seja infirmada pelos fatos que mostram quem perde e quem ganha nas relações comerciais internacionais. Dentro disso, seus ideólogos justificam até as assimetrias norte — sul como sendo positivas (1996: 53-60).

com o vigoroso fluxo Norte — Norte. E não há apenas um Terceiro Mundo, mas diferenciações grandes entre os chamados "novos países industrializados" asiáticos, os países "em desenvolvimento" e os demais. Os países "em desenvolvimento", onde se inclui o Brasil, viram sua participação no comércio mundial diminuir de 22,9% para 15,4%, entre 1966 e 1987 (Chesnais, 1996: 219). Este resultado tem relação com a questão do endividamento e as políticas de ajuste estrutural desenvolvidas ao longo dos anos 1980, com continuação nos 1990, que implicaram para muitos uma desconexão forçada do circuito do mercado mundial, determinada pelo IED e não pelo comércio mundial. O IED destrói tipos de intercâmbio e constrói outros, em novas condições: entre as filiais. Isto também porque os Estados atuam de forma diferenciada na garantia da soberania e até do fortalecimento pragmático das empresas de origem nacional, dependendo de sua condição central ou periférica no processo de mundialização e, acrescento, opções político-econômicas. As conseqüências para os países "em desenvolvimento", submetidos ao ajuste neoliberal e sem desenvolver políticas de proteção, são apontadas pelo autor. Observemos:

> "[...] predominam os fluxos provenientes da matriz e do país de origem desta para as filiais. Isto é conseqüência direta da liberalização do comércio exterior. As conseqüências são bem conhecidas: aumento das importações e déficit comercial dos países em desenvolvimento, redução dos suprimentos locais, acarretando o fechamento de empresas e elevação do desemprego, e enfraquecimento do setor industrial, onde houver algum desenvolvimento industrializante." (Chesnais, 1996: 228)

Por fim, o autor destaca a esfera financeira como o posto avançado da mundialização do capital. A relação entre as esferas produtiva e financeira expressa-se sob novas formas. Os grupos industriais dispensam intermediários financeiros e ampliam suas operações de natureza financeira. Embora os capitais financeiros tenham nascido e continuem nascendo, segundo o autor, da esfera produtiva — a esfera financeira por si não cria nada —, ela é uma arena onde se desenvolvem estratégias para extrair parte da renda, num jogo onde alguém ganha e alguém perde. Há, hoje, um enorme, complexo e intrincado volume de transações, configurando longas cadeias de operações de créditos e débitos, envolvendo bancos, fundos de pensão, fundos mútuos e instituições especializadas. Essas operações têm uma autonomia relativa em relação à esfera produtiva e envolvem ativos maiores do que os PIB dos países da OCDE somados. Há efetivas transferências de riqueza — punção sobre os lucros industriais e serviços da dívida pública (punção de impostos) — para a esfera financeira, mas há também ativos cujo "valor" é largamente fictício e que se nutrem das transferências realizadas anteriormente (ou previsões arriscadas de transferências futuras). O fato é que existe *uma hipertrofia das operações financeiras*, cujos fluxos são quatro vezes maiores que os do comércio exterior e cerca de três vezes maiores que os IED. O lucro dos banqueiros é uma retenção sobre a mais-valia, assegurada pelas taxas de juros, processo que ganhou uma dimensão muito maior no contexto da mundialização.

A partir do fim do sistema de Breton Woods, em 1971, por iniciativa unilateral dos EUA no sentido da inconversibilidade do dólar em ouro, estimulando os câmbios flexíveis, para financiar sua dívida pública, o mercado de câmbio e os ativos financeiros imbricaram-se, iniciando uma primeira etapa da mundialização financeira.[17] Aquele, ao lado do "mercado de derivados", foi adquirindo importância fundamental. A queda da rentabilidade do capital industrial, em função da virada do ciclo pontuada por Mandel, gerou liquidez de capitais que vão buscar valorizar-se na esfera financeira, no mercado interbancário, que cresceu de cerca de duzentos bancos para milhares de instituições, ainda que haja cerca de cinqüenta maiores oligopólios. Dentro dessa punção de renda e riqueza, Chesnais questiona a natureza do endividamento dos países do Terceiro Mundo, bem como a resposta à crise de 1982, que impôs um fluxo de capital em sentido contrário, acompanhado pelas políticas de liberalização e desregulamentação, bem como das privatizações, quando não existia risco de *crash* bancário internacional em função das dívidas. Um comportamento basicamente fundado na agiotagem e desconectado de compromissos e necessidades dos países devedores.

Pouco antes da crise da dívida de 1982, Chesnais identifica o início de uma segunda etapa da mundialização financeira. Os governos dos países industrializados financiaram suas dívidas e praticaram sobrevalorizações cambiais e taxas de juros positivas. Os grandes fundos de pensão e mútuos norte-americanos, ingleses e japoneses, sobretudo, beneficiaram-se bastante desse processo, tornando-se atores decisivos da mundialização financei-

---

17. Sobre as razões da decisão unilateral norte-americana de impor os câmbios flutuantes, extinguindo a paridade fixa entre o dólar e o ouro e entre o dólar e as outras moedas, num verdadeiro calote nos que acreditaram em Bretton Woods, ver "A crise da onda longa", em Kucinski e Branford (1987).

ra. E os demais países passaram a acompanhar esses movimentos, tendo em vista atrair capitais numa espécie de efeito de contágio.

Chesnais distingue três processos no âmbito da mundialização financeira, ainda que reconheça seu entrelaçamento: a desregulamentação monetária e financeira, a desintermediação e a abertura dos mercados financeiros internacionais. O primeiro implicou uma quase perda total de controle por parte dos Bancos Centrais sobre as taxas de juros. Os operadores passaram a comandar e impor tendências, diminuindo a margem de manobra das autoridades monetárias. Além disso, foram gerados, com a desregulamentação, "novos produtos" financeiros, com o objetivo de gerenciar a instabilidade das taxas de juros e de câmbio, dando garantias aos operadores contra as incertezas. A desintermediação é a satisfação de necessidades de natureza financeira por fora das instituições tradicionais, com a transferência de fundos de poupança para fundos de maior rentabilidade. A abertura diz respeito à quebra das barreiras internas e das que separam os mercados nacionais dos externos, no sentido de tornar atrativos os títulos públicos e privados de determinado país.

A etapa mais recente da mundialização financeira incorpora os mercados emergentes, que são pequenos mercados bolsistas que mobilizam cerca de 15% dos capitais mundiais. Nessa ciranda de credores e devedores públicos e privados são introduzidas operações de alto risco, no mercado secundário, que envolvem, por exemplo, os chamados novos produtos financeiros, dentre os quais os chamados derivativos. As crises e as ameaças de pânico bancário, em função da quebra de elos frágeis dessa cadeia de credores, devedores e produtos financeiros de natureza fictícia, dão a dimensão dos estragos que a mundialização financeira tem causado e poderá causar.

Embora permaneça válida a distinção entre capital industrial, que se valoriza a partir da maximização da produtividade do trabalho e capital bancário, remunerado pelos juros, os grupos industriais incorporam ativamente ambas as dimensões da mundialização do capital, com forte interpenetração entre elas, bem como tensões internas entre os "produtivistas" e os "financeiros" na gestão das empresas, o que, acrescento, tende a se reproduzir entre os quadros das tecnocracias públicas. Existem formas de internalização de um fluxo financeiro entre a matriz e as filiais, a criação de bancos de empresa, ou aquisição/fusão de/com bancos já existentes, tendo em vista gerenciar o caixa e financiar a expansão do grupo.

A liberação do capitalismo das regras instituídas no breve interregno entre a Segunda Guerra e o fim de Breton Woods: este é o significado da mundialização do capital para Chesnais. Ele critica os regulacionistas por darem pouca importância às determinações internacionais que colocam em xeque a regulação fordista. Por exemplo, um crescimento do IED maior que os investimentos domésticos, em função da busca pela rentabilidade do capital, que diminuiu com a saturação da demanda de bens de consumo durável, com o poder de barganha dos trabalhadores no pacto fordista e sua contestação das deslocalizações. Com esse movimento, as corporações contribuíram para um enfraquecimento fiscal dos Estados nacionais, diminuindo sua capacidade de regulação nos moldes do *Welfare State*. Na periferia do mundo do capital, a condição de endividamento agrava a situação de países que sequer viveram plenamente a regulação fordista-keynesiana. Assim, a mundialização atinge três formas institucionais[18] de maneira contundente: os mecanismos de gestão da relação salarial; o mercado como gestor da moeda; a redução da capacidade de intervenção dos Estados. Chesnais sublinha o fato de que se houve aumento da rentabilidade do capital, não houve crescimento. O desemprego estrutural, o aumento das desigualdades de renda e regionais, e as ameaças de crise financeira levam à constatação de *um contexto de depressão econômica longa*, não em sentido mandeliano, mas em sentido schumpeteriano, segundo o autor. Os processos trabalhados ao longo do seu raciocínio, segundo ele, exercem um efeito depressivo sobre a acumulação. A busca incessante pela diminuição de custos e sua pressão para o desemprego e a desproteção, geram impactos na demanda efetiva, seja no consumo doméstico dos trabalhadores em queda, seja via crescimento das atividades rentistas, ou diminuição das despesas públicas. Numa nítida abordagem keynesiana, Chesnais constata o enfraquecimento da propensão para consumir, que se confirma pela enorme seletividade na localização do investimento, que com decisões em outra direção poderiam gerar contratendências de crescimento sustentado. A diminuição da capacidade de ação do Estado dificulta muito que os investidores enxerguem para além do imediato no mercado mundializado.

Portanto, para Chesnais, o agravamento das taxas de exploração engendrado pela reestruturação produtiva deve ser considerado, mas é um elemento menos decisivo no seu raciocínio. A característica fundamental

---

18. A linguagem de Chesnais é a da Escola da Regulação, ainda que com algumas críticas. Uma síntese do texto fundador e algumas idéias dessa corrente do pensamento econômico, que mantém vínculos com a tradição marxista, pode ser encontrada em Behring, 1998 (Capítulo 4) e, sobretudo, em Bruno (1997).

desses novos tempos do capital é sua ordenação pelas "operações e escolhas de formas de capital financeiro mais concentradas e centralizadas do que em qualquer período anterior do capitalismo" (1997: 21). Para compreender os processos em curso faz-se necessário, para ele, desvendar as determinações políticas e econômicas que delineiam *as escolhas de investimento do capital*, diga-se, a seletividade que hoje se exerce de forma brutalmente livre, considerada a hierarquia da economia-mundo. A mundialização do capital se inicia, em síntese, com a ascensão do que ele chama de "forças políticas anti-sociais" nos países da OCDE, referindo-se à Thatcher, Köhl e Reagan, na virada da década de 1970 para a de 1980, iniciando processos de liberalização, desregulamentação e privatização. A supressão unilateral do sistema Breton Woods pelos EUA foi estratégica nesse trânsito para a contra-revolução conservadora. Diferente do difundido mito do fim do Estado-nação, a mundialização acentua a hieraquia entre os países, na qual os EUA têm condição confortável de um ponto de vista militar[19] e, sobretudo, do ângulo financeiro. Tal posição permitiu aos EUA impor — com o apoio de outros países —, via agências multilaterais (Banco Mundial e FMI), ajustes estruturais privatizantes e desregulamentadores nos países mais fracos, processo este cuja conclusão deveria se dar na "Rodada do Milênio" de 1999, em Seattle,[20] na reunião da Organização Mundial do Co-

---

19. Supremacia militar e tecnológica cuja maior demonstração foi a Guerra do Golfo. Segundo Ramonet "Se se considera o número de vítimas militares, dos dois campos, nesse conflito — cerca de 100.000 soldados iraquianos para 115 americanos — a relação (1 para mil) é única na história militar do mundo" (1998: 110). A atual "guerra contra o terrorismo" segue já para cifras semelhantes, que poderão se multiplicar, caso os números da inominável invasão no Iraque por tropas americanas e inglesas sejam divulgados.

20. Tem havido, desde 1998, reações contundentes aos acordos da OMC e suas implicações regressivas sobre a maioria da população do mundo, bem como à desenfreada especulação financeira. Criou-se a Attac (Associação pela Taxação das Transações Financeiras para Ajuda aos Cidadãos), uma articulação mundial que participa da organização de mobilizações contra a mundialização, inclusive da organização do Fórum Social Mundial. Estas manifestações muitas vezes adquiriram um perfil bastante radicalizado nas formas de luta e demonstração; e também contam com uma composição social bastante interessante, reunindo dos sindicatos aos ecologistas e o movimento feminista. Com isso, Seattle, longe de ser o momento de comemoração do triunfo do capital, ganhou as manchetes dos jornais em função dos protestos. Depois veio a reunião de Washington e, em seguida, de Praga, onde o fim da reunião foi antecipado pela mobilização. Em Praga, faixas e cartazes diziam que "o mundo não está à venda" e a manifestação tornou-se uma batalha com a polícia que teve o saldo de mais de cem feridos (*O Globo*, 27/9/2000 e Sader, 2000). Ao lado destas, houve a Marcha Mundial das Mulheres, denunciando a feminização da pobreza e pressionando as agências multilaterais, com atos políticos em todo o mundo e que culminaram

mércio. Assim, "as formas atuais de 'adesão' exigem dos governos uma aplicação cada vez mais estrita não só de uma abordagem comum à liberalização e à desregulamentação, mas também de regras únicas, relativas à política monetária e fiscal e à relação salarial" (Chesnais, 1997: 27). Para tanto, generaliza-se uma política de defesa do capital de empréstimo, com taxas de juros positivas e inflação zero, combinada a uma política fiscal que visa aliviar a carga fiscal sobre o capital, transferindo-a para os rendimentos do trabalho: o receituário da contra-reforma brasileira dos anos 1990.

O período é marcado por uma mudança de propriedade do capital, e não pela criação de novos meios de produção, o que se confirma, como será visto, no caso brasileiro. A oferta é controlada pelos grandes oligopólios mundiais que têm condições de concorrência no nível mundial. O novo está menos na indústria e mais no papel do capital financeiro e capital bancário, especialmente os fundos de pensão, e sua fusão com o capital industrial (formação de empresas-rede), o que torna o mundo do capital ainda mais fetichizado. Todo esse poder do capital financeiro tem origem em um processo de transferência de rendimentos produtivos para os operadores por meio da dívida do Terceiro Mundo, da titularização da dívida pública dos países da OCDE, das taxas de juros positivas adotadas pelos países e do crescimento dos fundos de pensão. Outra característica da mundialização, como se viu, é a *deslocalização* do capital para países com baixo custo salarial. Trata-se de operações de subcontratação internacional que se tor-

---

numa grande reunião em Nova Iorque. Houve outras — e muitas manifestações de menor expressão, especialmente nos eventos do FMI/BM e do G8. Toda esta indisposição crítica para com a mundialização culminou no Fórum Social Mundial, em Porto Alegre, em janeiro de 2001, que reuniu cerca de 18 mil pessoas, representantes de organizações de todo o mundo, num contraponto ao Fórum Econômico Mundial, o qual reuniu em Davos e sob forte esquema de segurança, os banqueiros e representantes do *World Business*. Bernard Cassen, editor do *Le Monde Diplomatique*, refere-se ao Fórum Social Mundial como a expressão de um novo internacionalismo (*Jornal do Brasil*, 21/1/2001). Portanto, é possível afirmar que há perda de legitimidade e uma forte contestação deste "pior dos mundos" engendrado pela busca avassaladora de rentabilidade do capital, reacendendo esperanças na direção de uma ruptura da hegemonia neoliberal existente nos últimos anos. Os enfrentamentos de Gênova, e mais recentemente a invasão americana do Afeganistão e do Iraque colocam elementos novos na discussão do Fórum Social Mundial. Em janeiro de 2002, o FSM reuniu 51.300 pessoas de 210 etnias, em Porto Alegre. Na terceira versão do Fórum, após a imensa manifestação em Florença e os atos contra a guerra em todo o mundo, bem como pela expectativa gerada com o governo Lula, estiveram presentes 100 mil pessoas em Porto Alegre. Em 2004 o FSM será realizado na Índia, voltando para Porto Alegre em 2005. Conferir Whitaker (2000), Cattani (2001) e www.forumsocialmundial.org.br.

naram a principal forma de *integração seletiva* dos países mais frágeis na hierarquia da economia-mundo. Portanto, a partir dessas características gerais, Chesnais conclui que "o termo 'mundialização do capital' deva servir para designar o quadro político e institucional que permitiu a emersão, sob a égide dos EUA, de um modo de funcionamento específico do capitalismo, predominantemente financeiro e rentista, situado no quadro do prolongamento direto do estágio do imperialismo" (1997: 46).

A força e a influência no debate contemporâneo da contribuição de Chesnais está em deslindar, de forma minuciosa e rica em determinações, alguns processos fundamentais presentes na mundialização da economia. No entanto, parece-me que sua análise está excessivamente centrada na crise de demanda e um tanto afastada, ainda que não completamente, do fundamento da lei do valor, como subjacente a estes mesmos processos, posição que se revela pela ênfase nas decisões de investimento das empresas, um dado fundamental, mas que deve estar relacionado à questão da valorização. O enfoque de Chesnais é voltado para as dificuldades de realização. Nesse sentido, a contribuição de Husson (1999) é complementar, no que refere à natureza da mundialização do capital, em função de um quadro analítico mais completo. Observemos o que diz sobre a mundialização.

Para ele, a existência de um mercado global que se torna o horizonte estratégico das grandes firmas, movimento que foi ampliado pelo colapso das sociedades burocráticas do Leste, não pode ser visto como uma simples busca de saídas de escoamento da produção excedente ou mera aplicação de uma divisão internacional do trabalho por meio da deslocalização de segmentos com forte utilização de força de trabalho. Ele incorpora a contribuição de Chesnais em relação à predominância dos IED como determinante principal da mundialização, geridos pelos oligopólios mundiais, processo este que é fortalecido pela mutação tecnológica e pelas políticas neoliberais desregulamentadoras e privatizantes, retirando possíveis obstáculos. Um elemento novo da mundialização é que os interesses dos grandes grupos não coincidem necessariamente com os de seu Estado de origem, ainda que esta não seja uma tendência totalmente abrangente, sobretudo ao considerar potências como EUA, Japão e Alemanha que mantêm alguma coordenação entre firmas e Estado. Há uma reestruturação vertical da economia-mundo em torno dos países da tríade. Husson também aborda a questão da financeirização, que tem a ver com o modo de estruturação da economia mundial, e não com uma preferência do capital pelas aplicações financeiras especulativas em detrimento da produção, análise que pode incorrer em certo fetichismo das finanças. Nesse sentido, retoma a idéia marxista de que o juro é uma das formas da mais-valia e os títulos financeiros representam um direito de extração do excedente social. O desemprego, então, é indissociável do rendimento financeiro, isto porque o ascenso das taxas de juros significa "uma solução de partilha da mais-valia que permite uma redistribuição tanto social como geográfica, para os segmentos susceptíveis de a consumir, visto que as ocasiões de investimentos produtivos rentáveis não crescem à mesma velocidade que a liberação de mais-valia" (Husson, 1999: 102). A especulação provoca uma complexificação do ciclo do capital, mas não altera seu desenvolvimento geral, no qual a mais-valia socialmente produzida dirige-se para a acumulação ou para o consumo.

O autor observa que os chamados programas de ajuste estrutural para os países do Sul, e em seguida do Leste, são apoiados na teoria da abordagem monetária da balança de pagamentos, e fundados em *três interdições básicas: não proteger, não estimular a atividade pela criação de moeda, não controlar os fluxos de capitais.* As receitas de tal abordagem são: baixa das despesas públicas, privatizações, desvalorização, liberalização monetária e financeira, abertura das fronteiras, supressão das subvenções, dentre outros. Utilizando a pressão da dívida externa, as instituições internacionais (FMI e Banco Mundial) não só não promovem a possibilidade de pagamento da mesma, como desencadeiam políticas que se opõem ao desenvolvimento, embora o discurso reificador e tecnocrático tente provar o contrário.[21] A maior expressão dessa *oposição ao desenvolvimento* está nos efeitos sociais dilacerantes do ajuste, a competição desenfreada entre os países de Terceiro Mundo, visando disputar um lugar ao sol no mercado mundial, não priorizando seus mercados internos, sem falar da espoliação dos recursos naturais. De um outro ângulo, como mostrou Chesnais, a abertura comercial corrói a possibilidade de equilíbrio da balança comercial dos países. Decorre daí um quadro pessimista, no qual:

> "a concorrência direta não pode conduzir a um nivelamento, a uma convergência e ainda menos a uma 'recuperação'. Ela implica a expulsão ou, por outras palavras, a neutralização de setores não competitivos, e isso não diz

---

21. Uma contundente análise sobre o papel do FMI como um verdadeiro feitor da transferência de recursos do Terceiro Mundo para os bancos comerciais, sobretudo a partir da crise da dívida entre os anos de 1979 e 1982 pode ser encontrada em Kucinski & Branford (1987: 32-46).

respeito só a agricultura, mas a segmentos inteiros das indústrias tradicionais desenvolvidas com os modelos ditos 'de substituição de importações.'" (Husson, 1999: 106)

A possibilidade do surgimento de outros novos países industrializados (NPI) estreitou-se sobremaneira, até porque alguns conseguiram ocupar espaço significativo no mercado mundial aplicando políticas que não seguiram o receituário do Banco Mundial, com suas interdições. Este quadro leva a uma assimetria nunca dantes vista entre Norte e Sul, onde as relações comerciais passam a ocupar papel secundário, como caracterizou também Chesnais. Vê-se que, com a mediação da formação social de cada país, há, em geral, uma forte cooperação das classes dominantes locais na implementação do ajuste. O resultado é uma dominação ainda maior que nos períodos anteriores, com forte endividamento e dependência tecnológica externos.

Assim, o que se tem é um mundo fracionado, cujos mecanismos se reproduzem no interior das formações sociais. Uma dialética fracionamento/integração surge como central na dinâmica do capitalismo contemporâneo, onde o capital rejeita aquilo que não consegue integrar na sua lógica. Uma dialética que se delineia geográfica e socialmente, já que a linha divisória fundamental é traçada pela austeridade salarial. Para Husson, portanto, "pela primeira vez na sua história, o capitalismo só pode aparentar uma legitimidade restrita, no sentido em que a condição de sua eficácia é que a maioria da humanidade não ganhe nada com isso" (1999: 118), em que pese um desenvolvimento das forças produtivas capaz de prover as necessidades — numa outra lógica, evidentemente.

2. O Estado no neoliberalismo

> *"As pessoas já não querem saber disso.*
> *E não aceitam que seja dado o nome de* reforma *ao que, em*
> *sentido próprio, não passa de uma* contra-reforma, *um retorno*
> *à antiga ordem social, ao mundo abominável descrito por*
> *Dickens e Zola"*
>
> Ramonet, 1998: 77

Os instrumentos de "domesticação" do capitalismo, alguns deles duramente conquistados por meio da luta incansável entre interesses antagônicos de classes e seus segmentos, desde fins do século XIX e ao longo do XX, estão em questão. Destaca-se neste processo algumas funções do Estado desenvolvidas por ocasião do período fordista/keynesiano — a promoção de uma política expansiva e anticíclica, a articulação de um aparato produtivo autônomo, a garantia dos serviços públicos, a dotação de infraestrutura, a realização de alguma redistribuição de renda por meio das prestações sociais na forma de direitos, tudo isso fundado numa elevada produtividade e rentabilidade do capital — que deram suporte a um período de avanço sustentado do emprego e do consumo (Montes, 1996: 23 e 26), e que pareciam configurar avanços civilizatórios perenes. Segundo Montes, o neoliberalismo descobre os "perigosos efeitos" do *Welfare State*. São eles: a desmotivação, a concorrência desleal (porque protegida), a baixa produtividade, a burocratização, a sobrecarga de demandas, o excesso de expectativas. O perigo está especialmente no impulso aos movimentos sociais em torno de suas demandas. E a conclusão é: mais mercado livre e menos Estado social. Ou seja, tem-se:

> "retirada do Estado como agente econômico, dissolução do coletivo e do público em nome da liberdade econômica e do individualismo, corte dos benefícios sociais, degradação dos serviços públicos, desregulamentação do mercado de trabalho, desaparição de direitos históricos dos trabalhadores; estes são os componentes regressivos das posições neoliberais no campo social, que alguns se atrevem a propugnar como traços da pós-modernidade" (Montes, 1996: 38 — tradução minha).

Em relação ao Estado, portanto, existem fortes repercussões dos processos delineados anteriormente — a reestruturação produtiva e a mundialização — que configuram as linhas gerais de uma verdadeira *contra-reforma*. Esta adquire maior ou menor profundidade, dependendo das escolhas políticas dos governos em sua relação com as classes sociais em cada espaço nacional, considerando a diretiva de classe que hegemoniza as decisões no âmbito do Estado (Behring, 2002: 32-3). Escolhas que se relacionam e resultam também do tempo histórico em que esta *contra-reforma* se instaura nas diferentes formações sociais. Trata-se de uma *contra-reforma*, já que existe uma forte evocação do passado no pensamento neoliberal,[22] bem como um aspecto realmente regressivo quando da implementação de seu receituá-

---

22. Uma crítica teórica consistente e contundente ao pensamento neoliberal, suas fábulas e sua relação com o mundo real, diga-se, sua natureza ideológica, está em Montes (1996: Capítulos 1 e 2).

rio, na medida em que são observadas as condições de vida e de trabalho das maiorias, bem como as condições de participação política. Que linhas gerais são essas? As políticas neoliberais comportam algumas orientações/ condições que se combinam, tendo em vista a inserção de um país na dinâmica do capitalismo contemporâneo, marcada pela busca de rentabilidade do capital por meio da reestruturação produtiva e da mundialização: atratividade, adaptação, flexibilidade e competitividade.

No processo de enraizamento dessas novas condições, percebe-se a dissolução da unidade constitutiva do Estado e do capital nacionais. Os Estados nacionais têm dificuldades em desenvolver políticas industriais, restringindo-se a tornar os territórios nacionais mais *atrativos* às inversões estrangeiras. Os Estados locais convertem-se em ponto de apoio das empresas. Para Husson (1999), uma das funções econômicas do Estado — a qual Mandel caracteriza como sendo de assegurar as condições gerais de produção — passou a ser a garantia dessa *atratividade*, a partir de novas relações entre este e grupos mundiais, onde o primeiro tem um lugar cada vez mais subordinado. Dentro disso, os Estados nacionais restringem-se a: cobrir o custo de algumas infra-estruturas (sobre as quais não há interesse de investimento privado), aplicar incentivos fiscais, garantir escoamentos suficientes e institucionalizar processos de liberalização e desregulamentação, em nome da *competitividade*. Nesse sentido último, são decisivas as liberalizações, desregulamentações e flexibilidades no âmbito das relações de trabalho — diminuição da parte dos salários, segmentação do mercado de trabalho e diminuição das contribuições sociais para a seguridade; e do fluxo de capitais, na forma de IED e de investimentos financeiros em *portfólio*. Aqui, têm destaque os processos de privatização, reduzindo as dimensões do setor público, para livrar-se de empresas endividadas, mas principalmente para dar "guarida" aos investidores, em especial ao IED.

Daí decorre que "o Estado, que supostamente representa o interesse geral, dispõe a partir de agora de uma base mais estreita que a empresa mundializada cujos interesses orientam a ação deste mesmo Estado" (Husson, 1999: 121). Assim, assuntos de vocação particular orientam os de vocação geral e de interesse público, no quadro de uma dissociação entre o poder[23] econômico mundializado e o poder político nacional. Essa tendência não é acompanhada pela construção de instituições supranacionais capazes de suprimir todas as funções do Estado-nação, mas que exercem al-

---

23. Sobre as fontes de *poder* das grandes corporações, frente ao poder político nacional, conferir também o estudo de Gonçalves (1999).

guma coordenação sobre o mundializado território do capital. De forma que a mundialização altera as *condições* em que o Estado-nação articula os compromissos institucionalizados entre os grupos sociais no espaço nacional. Trata-se de gerir um forte fracionamento social e territorial. Há uma perda de coerência entre Estado, aparelho produtivo, moeda e sociedade, produzida pelo referido fracionamento e pelos movimentos de deslocalização do capital internacional, que terminam por requerer um Estado forte, que enfatiza "a lei e a ordem", presidindo os "grandes equilíbrios" sob o olhar vigilante das instituições financeiras (Husson,1999: 123).

Husson sustenta (1994 e 1999), em síntese, que há, com a mundialização, uma tendência à diminuição do controle democrático, com a configuração de um Estado forte e enxuto que *despreza o tipo de consenso social dos anos de crescimento*, com claras tendências antidemocráticas. Nesse sentido, a hegemonia burguesa no interior do Estado afirma-se de forma contundente com o neoliberalismo, cujas políticas engendram uma concepção singular de democracia, que abandona a perspectiva do Estado liberal de direito e de um tecido social mais denso e participativo em nome: da participação nos processos eleitorais, os quais se convertem — em muitas situações, mas não em todas, dependendo dos processos histórico-sociais internos dos países — em um mecanismo plebiscitário de legitimação do sistema; do reforço do Poder Executivo em detrimento dos demais poderes constitucionais; do freio ao desenvolvimento de uma sociedade civil capaz de interferir e controlar os processos decisórios; da animação, em contrapartida, de um "associacionismo *light*" e bem-comportado, que tem a função de amenizar as seqüelas da dura política econômica.

Corroborando o processo sinalizado, Montes afirma que:

> "a miséria e a liberdade, em última instância, não são compatíveis, porque [...] o poder tem que eliminar os riscos de que o desesperado use a liberdade para rebelar-se contra sua situação. A política neoliberal ocasiona graves prejuízos a muitas camadas da população e afoga na marginalidade uma parte não desprezível dela. A contrapartida política não pode ser outra que uma restrição das liberdades e uma desativação do potencial da democracia." (1996: 39 — tradução minha).

Considerando que essas condições referidas anteriormente — de gestão do fracionamento por parte do Estado-nação — não são as mesmas no interior da tríade e nos demais países, observa-se que enquanto os governos no interior da tríade atuam pragmaticamente em defesa da competitividade, sem abrir mão da sua soberania (especialmente com medidas protecionistas e suporte tecnológico, em aliança com os grandes grupos de origem nacional), o modelo de ajuste estrutural proposto pelo Banco Mundial e o FMI para a periferia reforça ainda mais essa perda de substância dos Estados nacionais. Estes últimos, ao reorientarem a parte mais competitiva da economia para a exportação (o que implica para alguns países um largo processo de desindustrialização e a volta a certas "vocações naturais"), conterem o mercado interno e bloquearem o crescimento dos salários e dos direitos sociais, e aplicarem políticas macroeconômicas monetaristas, com altas taxas de juros e o estímulo à depressão dos fatores de crescimento, forçando o desaparecimento de empresas e empregos, *encontram dificuldades de desempenhar suas funções de regulação socioeconômicas internas.*

Daí decorrem fortes impedimentos para o avanço da democracia. Na América Latina, por exemplo, assistiu-se a práticas políticas extremamente nefastas, que variaram da "fujimorização" peruana até o *Estado de legalidade formal* (Dallari, 1997) de Fernando Henrique Cardoso, no Brasil, por meio das excessivas medidas provisórias. Estes exemplos, e há um sem-número de outros, confirmam que, se houve regressão das formas abertas de ditadura em muitos países do mundo nos últimos anos, existem enormes dificuldades de consolidação de regimes realmente democráticos. Montes ilumina um outro aspecto relacionado à implementação da macroeconomia monetarista e seu impacto na democracia: "Aos bancos centrais se lhes outorga uma autonomia absoluta para cumprir o objetivo de garantir essa estabilidade, da qual nenhuma outra instituição goza no cumprimento de seus fins, vulnerabilizando princípios democráticos" (1996: 88 — tradução minha).[24]

Cabe desenvolver uma outra determinação em todo esse processo. Para além da mudança substantiva na direção da intervenção estatal engendrada pela mundialização, observa-se a chamada *crise fiscal do Estado.*[25] Da vi-

---

24. De onde se pode concluir que abrir mão da direção técnico-política do Banco Central é abrir mão de governar, considerando que este toma decisões estratégicas para o projeto nacional. Essa foi uma das principais pressões do mercado (impaciente e nervoso, como sempre...) sobre o governo Lula, nos primeiros momentos. É uma discussão em aberto, mas cujos riscos vêm sendo sinalizados ao novo governo por diversos analistas. Documento do Ministério da Fazenda, intitulado *Política econômica e reformas estruturais*, publicado em abril de 2003, apontava explicitamente para uma sensibilidade às pressões do mercado. Contudo, o tema está, no momento em que escrevo estas linhas, um pouco "de lado".

25. A primeira formulação sobre a crise fiscal do Estado encontra-se em O'Connor (1977). Uma síntese crítica de suas idéias, mas que incorpora alguns elementos, pode ser encontrada em Behring (1998, Capítulo 3).

rada para a onda longa com tonalidade depressiva a partir de 1973, decorre uma inflexão na receita e no gasto público. Como se viu, é o esgotamento dos anos de ouro do keynesianismo, com sua específica combinação entre capitalismo e social-democracia. Segundo a OCDE, no período de 1960-82, a receita média dos países-membros sobre o PIB aumentou de 26%, em 1960, para 42%, em 1982. Enquanto isso, o gasto médio sobre o PIB aumentou de 20%, em 1960, para 47%, em 1982. Assim, vai-se de um superávit em 1960 a um déficit em 1982. O momento da inflexão é justamente o ano de 1973, quando reverte o ciclo econômico para uma onda longa depressiva (OCDE, 1985; Mandel, 1990).

Ocorre que, dentre os aspectos da intervenção estatal que fazem parte de seu papel (Mandel, 1982), foram ampliadas as fronteiras da proteção social, seja por pressão dos segmentos de trabalhadores excluídos do pacto "welfareano" — setores não-monopolistas[26] — pela universalização dos gastos sem contrapartida, seja dos incluídos no mesmo pacto — trabalhadores dos setores monopolistas — com correções de benefícios maiores que a inflação. Os trabalhadores dos países de capitalismo central, estimulados pela condição do pleno emprego, reivindicaram uma cobertura maior e mais profunda no âmbito do *Welfare State*. Ao lado disso, já havia resistência dos contribuintes à ampliação da carga tributária. No contexto da reversão do ciclo econômico, a renda nacional caiu ao mesmo tempo que a carga tributária efetiva (o que é diferente da carga tributária potencial), enquanto aumentava o gasto em função das estratégias keynesianas de contenção do ciclo depressivo (déficit público), largamente utilizadas quando estourou a crise: aí reside a razão mais profunda da crise fiscal. Ou seja, se as demandas de proteção social por parte dos trabalhadores de fato se ampliaram, como constata O'Connor, a depressão dos fatores de crescimento e as tendências de queda da taxa de lucros propiciam as resistências para seu atendimento, num contexto em que passa a ser questionado o custo direto e indireto da força de trabalho.

Destaca-se, ainda, a tendência de crescimento da renúncia fiscal a partir da virada do ciclo. Dain (1996) chega a afirmar que esta consiste na explicação primeira da crise fiscal. Se fosse computada a carga tributária potencial (que inclui a renúncia), a questão do déficit, na opinião desta

---

26. Sobre a distinção entre setores não-monopolistas e setores monopolistas e sua pressão diferenciada sobre o fundo público, conferir O'Connor (1977).

autora, estaria minimizada. Para David Heald (1983), trata-se de uma redistribuição às avessas, que tende a se ampliar na crise, constituindo um *Welfare State* invisível, o qual beneficia o empresariado. Ou seja, a crise fiscal é induzida não apenas nem principalmente pelas pressões dos trabalhadores por maior proteção social. Este foi, na verdade, um argumento para a defesa neoliberal do corte dos gastos sociais, escamoteando as intenções reais de diminuição do custo do trabalho, ao lado da imposição de derrotas aos segmentos mais organizados dos trabalhadores. É evidente a reorientação do fundo público para as demandas do empresariado, combinada à queda da receita engendrada pelo ciclo depressivo e à diminuição da taxação sobre o capital, que alimentam a crise fiscal (Anderson, 1995 e Chesnais, 1996).

Para além do impacto da renúncia fiscal crescente no contexto da crise, *a reestruturação produtiva tem fortes implicações para a carga tributária.* A pulverização da grande indústria e o crescimento do mundo da informalidade desencadeiam a perda do *power of enforcement* do Estado e a baixa da arrecadação,[27] já que o controle fiscal de pequenas empresas e do trabalho informal encontra grandes dificuldades de operacionalização. Dain também chama atenção para o fato de que a regulação keynesiana se preparou para um contexto de desemprego conjuntural, diante do qual é admissível o *déficit* público para estimular a demanda efetiva. Entretanto, a revolução tecnológica infirma essa hipótese keynesiana como estratégia de largo prazo, haja vista o desemprego estrutural, a tendência à horizontalização das empresas e a mundialização.

Num contexto em que há pressão pelo aumento do gasto *vis-à-vis* à pressão para uma queda da receita, a disputa pelos *fundos públicos* intensifica-se. Então, sob o argumento da escassez de recursos, de conter o déficit público, ou mesmo, como no caso do Brasil hoje, de evitar a volta da inflação, preconiza-se o corte dos gastos estatais, para o "equilíbrio das contas públicas", como indicador de saúde econômica. Assim, promove-se, do ponto de vista fiscal, uma mudança de pauta regressiva. Segundo Montes,

---

27. No Brasil, a arrecadação tem aumentado, mas mantendo-se uma imensa renúncia fiscal e uma ainda maior punção da renda do trabalho, como se verá no Capítulo 5. Portanto, as tendências de baixa da arrecadação operam também entre nós, mas têm sido acompanhadas de uma intensificação da tributação regressiva (impostos indiretos), que não tem como contrapartida um Estado estruturante de políticas públicas redistributivas.

"estancou em muitos países, senão reduziu-se, o peso dos impostos no PIB. Os impostos indiretos, em linhas gerais muito mais regressivos que os diretos [...] ganharam terreno sobre os diretos. Estes perderam progressividade, isto quando não se cometeram reformas aberrantes como as que empreendeu Reagan aliviando a carga tributária das altas rendas e elevando a das rendas médias e baixas. Os impostos sobre o capital tenderam a reduzir-se. E, enfim, tratou-se de compensar reduções de contribuições sociais com elevações de impostos indiretos, como se fosse um ato fiscal neutro, quando comporta mudanças profundas na distribuição de renda e na repartição da carga tributária. Não é por casualidade que essa substituição das contribuições é uma reivindicação dos patrões a que prestam esmerada atenção os governos." (1996: 78 — tradução minha)

As políticas sociais entram neste cenário caracterizadas por meio de um discurso nitidamente ideológico. Elas são: paternalistas, geradoras de desequilíbrio, custo excessivo do trabalho, e devem ser acessadas via mercado. Evidentemente, nessa perspectiva deixam de ser direito social. Daí as tendências de desresponsabilização e desfinanciamento da proteção social pelo Estado, o que, aos poucos — já que há resistências e sujeitos em conflito nesse processo eminentemente político — vai configurando um Estado mínimo para os trabalhadores e um Estado máximo para o capital (Netto, 1993). Deve-se considerar também que a degradação dos serviços públicos e o corte dos gastos sociais levam a um processo de privatização induzida nesse terreno. Ou seja, há uma mercantilização e a transformação de políticas sociais em negócios — o que expressa processo mais amplo de supercapitalização (Mandel, 1982 e Behring, 1998) — tendo em vista a rentabilidade do capital (Montes, 1996: 76). Este último não prescinde de seu pressuposto geral — o Estado —, que lhe assegura as condições de produção e reprodução. Hoje, cumprir com esse papel é facilitar o fluxo global de mercadorias e dinheiro, por meio, como já foi sinalizado, da desregulamentação de direitos sociais, de garantias fiscais ao capital, da "vista grossa" para a fuga fiscal, da política de privatização, dentre inúmeras possibilidades que pragmaticamente viabilizem a realização dos superlucros e da acumulação. Nas lúcidas palavras de Montes, tem-se que "o neoliberalismo, mais que menos Estado, propugna outro Estado. O que pretende é mudar algumas de suas pautas, porém não tem asco da intervenção do Estado quando preserva e garante os privilégios do capital, individual ou coletivamente considerados" (1996: 86 — tradução minha).

Este é o caráter do ajuste estrutural proposto pelos organismos internacionais, como forma por meio da qual as economias nacionais devem *adaptar-se* às novas condições da economia mundial. Como bem apontam Grassi, Hintze e Neufeld (1994), estes mesmos organismos já admitem hoje o custo social e político do ajuste, tanto que passaram a ter preocupações em relação ao flagrante crescimento da pobreza e decadência de indicadores sociais nos países que vêm aplicando o receituário econômico do Banco Mundial e do FMI. Este interessante estudo das autoras argentinas mostra os discursos de consultores e dirigentes dessas agências, desnudando o caráter meramente compensatório da intervenção social presente em suas proposições. O estudo identifica ainda as divergências entre os vários organismos das Nações Unidas quanto à questão das estratégias de enfrentamento da pobreza. Porém, fundamentalmente, o ajuste tem passado pela desregulamentação dos mercados, pela redução do *déficit* fiscal e/ou do gasto público, por uma clara política de privatização, pela capitalização da dívida e um maior espaço para o capital internacional, inclusive como condição para empréstimos. Para a política social, a grande orientação é *a focalização das ações*, com estímulo a fundos sociais de emergência, e a mobilização da "solidariedade" individual e voluntária, bem como das organizações filantrópicas e organizações não-governamentais prestadoras de serviços de atendimento, no âmbito da sociedade civil. Aqui, observa-se a emersão de uma espécie de clientelismo (pós) moderno ou neocorporativismo, onde a sociedade civil é domesticada — sobretudo seus impulsos mais críticos — por meio da distribuição e disputa dos parcos recursos públicos para ações focalizadas ou da seleção de projetos sociais pelas agências multilaterais.

3. Fetichismo, dominação e hegemonia

Uma abordagem da lógica do capitalismo contemporâneo ficaria incompleta sem uma caracterização, mesmo breve, da grande ofensiva ideológica em curso. De fato, para manter-se como modo hegemônico de organização econômica, política e social, num mundo tão inseguro e cujo sentido não se orienta para o atendimento das necessidades sociais da maioria das pessoas, mas para a rentabilidade do capital, os arautos do neoliberalismo desencadearam inúmeras estratégias ideológicas e culturais. Dessa forma, buscaram constituir uma falsa consciência, a partir da difusão de uma visão de mundo conservadora da ordem existente, segundo a qual o mercado é a grande utopia. Tais estratégias têm sido bastante eficazes para garantir o consentimento de amplos segmentos e evitar uma radicalização da luta de classes. Para as expressões mais radicalizadas de demandas e insatisfações, restam o isolamento político e a coerção violenta.

Tem-se, dentro disso, a massificada divulgação, pelos mais variados instrumentos de mídia, de algumas "verdades incontestáveis" e aparentemente racionais — acompanhada da desqualificação dos argumentos em contrário —, no sentido de forjar um consentimento ativo e majoritário para as medidas econômicas e políticas tratadas nos itens anteriores. Para tanto, conta-se com o aval de amplas parcelas da comunidade científica. Eis o chamado *pensamento único*, ou seja, um conjunto sistemático de idéias e medidas difundidas pelos meios de comunicação de massas, mas também dentro dos ambientes bem pensantes, estes últimos assaltados por profundos pragmatismo e imediatismo. O pensamento único vigorou amplamente nos anos 1990, mas ainda mantém sua força neste início de milênio.

Portanto, a hegemonia (Anderson, 1995) do grande capital, que se expressa na sua capacidade de implementar as chamadas "reformas orientadas para o mercado", que envolvem as mudanças no mundo do trabalho, a redefinição do próprio mercado com a mundialização e a contra-reforma do Estado, só é possível a partir de um suporte ideológico que envolva em um véu de fumaça as conseqüências desastrosas desse projeto ao norte e ao sul do Equador, promovendo o que Santos (2000) chama de "a confusão dos espíritos". Assim, chega ao limite o fetiche do reino universal das mercadorias, com sua transformação das relações entre homens em relações entre coisas, que oculta a natureza dos processos econômicos e sociais de dominação e exploração entre indivíduos, grupos e classes sociais. O ambiente do neoliberalismo potencializa o fetiche da mercadoria e a reificação,[28] já que o caráter das relações sociais aparece ainda mais ocultado pelo espetáculo, pela difusão massificada do governo das coisas sobre os homens, com o que se aprofunda a alienação dos mesmos sobre sua condição material e espiritual. Não se pretende aqui esgotar uma qualificação do *ethos* que se procura formar nestes tempos neoliberais, mas delinear alguns de seus traços marcantes. Dentre eles, destaca-se o pós-modernismo como visão de mundo.

Fredric Jameson (1996) levanta questões importantes acerca da lógica cultural do capitalismo tardio, associada ao culto do fragmento, ao gosto do pensamento pós-moderno, especialmente no segmento que realiza o elo-

---

28. Sobre fetichismo e reificação na sociedade capitalista, consultar: Marx (1988: Seção I, 1.4), Bottomore (1988: 150 e 314/6) e Lukács (1989).

gio deste admirável mundo do capital,[29] com sua recusa da totalidade (como recurso heurístico ou como ontologia) e da razão moderna. A esta última é dirigida uma crítica que a reduz a uma dimensão instrumental, em detrimento de suas possibilidades emancipadoras. Jameson parte, ainda que com uma apreensão um tanto formal, de Mandel, cujo raciocínio tem por suposto, não explorando por inteiro as possibilidades de articulação entre os ambientes cultural e econômico que se poderiam inferir da obra mandeliana. Dessa forma, há certo mecanicismo na sua análise, no qual a idéia da cultura pós-moderna aparece como *reflexo* apenas da lógica do capitalismo tardio. Por outro ângulo, as ligações do mundo da cultura pós-moderna com a lógica do mercado, apesar de anunciadas, não são abordadas com maior profundidade, quando o conceito mandeliano de supercapitalização traz possibilidades bastante interessantes para a reconstrução desta mediação. Nesse sentido, Harvey (1993) enfrentou melhor a necessária ligação entre uma referência heurística geral e a por ele chamada "condição pós-moderna". Mas, mesmo com essas observações, a contribuição de Jameson é muito relevante. Vejamos.

Jameson propõe que se compreenda o pós-modernismo "não como um estilo, mas como uma dominante cultural: uma concepção que dá margem à presença e à coexistência de uma série de características, que, apesar de subordinadas umas às outras, são bem diferentes" (1996: 29). Uma dominante cultural e estética integrada à produção de mercadorias. A organização da produção no capitalismo tardio requer uma função estrutural da inovação estética e do experimentalismo, qual seja, produzir produtos que pareçam novidades, inventar necessidades. Ele sinaliza também o vínculo da dominante cultural pós-moderna com a dominação norte-americana sobre o "resto do mundo". Porém, o mais interessante em Jameson é essa idéia de uma *dominante cultural da época*, que possui alguns traços constitutivos, que se revelam pela análise crítica de obras de arte modernas em comparação com as pós-modernas.

---

29. Nem todos os pensadores pós-modernos são neoconservadores. Na verdade, trata-se de um movimento heterogêneo, que comporta certa celebração do transitório e do fragmento (a exemplo de Lyotard, dentre outros), mas também perspectivas mais críticas (a exemplo de Boaventura Santos, dentre outros). Boaventura de Souza Santos (1996) propõe que não existe uma teoria da pós-modernidade, mas concepções pós-modernas, que podem ser de celebração ou de oposição, campo no qual ele se coloca. Essas observações estão fundadas em anotações de aulas de José Paulo Netto, da disciplina Questões de Teoria Social, Cidadania e Serviço Social, Doutorado em Serviço Social — ESS/UFRJ.

Neste passo, ele aponta na estética pós-moderna os seguintes elementos: a falta de profundidade e a superficialidade; a ausência do gesto utópico — presente na arte moderna; a falta de espaço aberto ao espectador; o esmaecimento do afeto; certa frivolidade gratuita; o fim do indivíduo, da "pincelada única", embutido na massificação e mercantilização, com a crescente inviabilidade de um estilo pessoal, gerando o pastiche e a imitação, e metamorfoseando o que era estilo nos modernistas em códigos pós-modernistas; a canibalização aleatória dos estilos do passado, engendrando o simulacro — a cópia idêntica do que nunca existiu — resultante de um profundo ecletismo estilístico (a exemplo da arquitetura); o esmaecimento da temática moderna do tempo, da duração e da memória, ao lado de uma colonização insensível do presente pela modalidade da nostalgia, que desloca a história real, na impossibilidade de interferir (ou pretender-se a) ativamente em seu curso; o predomínio do espaço sobre o tempo; e uma ausência de personalidade, que denota a "morte do sujeito".

Esses traços remetem, para o autor, a uma crise da historicidade, na qual a produção cultural apresenta-se como um amontoado de fragmentos, uma prática da heterogeneidade e do aleatório. Há uma quebra das cadeias de significação nesse processo, que leva à esquizofrenia, ou seja, a redução da experiência estética ao significante material imediato, "a uma série de puros presentes não relacionados no tempo" (Jameson, 1996: 53), destituídos de intencionalidade e significados. Assim, o presente invade o sujeito, com uma intensidade avassaladora, produzindo certa euforia isolada. Jameson reconhece a heterogeneidade do ambiente intelectual e artístico e que há trabalhos interessantes advindos da perspectiva pós-moderna, o que não infirma sua leitura crítica. Um outro aspecto sinalizado é a relação dessa perspectiva com a revolução tecnológica, que fortalece a reprodução e a cópia. Falando sobre uma típica obra de arquitetura pós-moderna, Jameson mostra a relação indiferente que é estabelecida com o espaço urbano ao seu redor, projetada em sua parede de espelhos; de sua intenção de não fazer parte da cidade, mas de substituí-la, de criar um mundo à parte, em meio à desagregação urbana. Ele conclui: "O Bonaventure [...] satisfaz-se em 'deixar o tecido urbano degradado continuar a ser em seu ser' (para parodiar Heiddeger). Não se espera nenhum outro efeito, nenhuma transformação utópica protopolítica" (1996: 57). E, por dentro, este hiperespaço submete as pessoas à deslocalização, dificultando a capacidade de mapear sua posição, desnorteando a percepção corporal. Esta é a perspectiva pós-moderna, tomada por Jameson como a dominante cultural do capitalismo tardio, cuja complacência celebrativa do presente e a assertiva de que estamos numa sociedade pós-industrial são para ele inaceitáveis.

Jameson recusa a mera condenação moral do pós-modernismo, sugerindo pensar dialeticamente a evolução do capitalismo tardio, aqui do ponto de vista cultural, como "um progresso e uma catástrofe ao mesmo tempo" (1996: 73), inspirando-se no raciocínio de Marx no *Manifesto comunista*. Assim, se há uma dissolução da esfera autônoma da cultura, por meio da cooptação e colonização da criatividade pela mercantilização, há também uma expansão da linguagem estética para todas as instâncias da vida, cuja apreensão está longe de ser suficientemente analisada e teorizada. Esta nova linguagem cultural não é uma fantasia, mas uma realidade genuinamente histórica, diante da qual a esquerda não pode se intimidar ou reagir ortodoxamente. Uma agenda para uma nova arte política terá, segundo Jameson (1997: 79), que

> "se ater à verdade do pós-modernismo, isto é, a seu objeto fundamental — o espaço mundial do capital internacional —, ao mesmo tempo em que terá que realizar a façanha de chegar a uma nova modalidade, que ainda não somos capazes de imaginar, de representá-lo, de tal modo que nós possamos começar novamente a entender nosso posicionamento como sujeitos individuais e coletivos e recuperar nossa capacidade de agir e lutar, que está, hoje, neutralizada pela nossa confusão espacial e social. A forma política do pós-modernismo, se houver uma, terá como vocação a invenção e a projeção do mapeamento cognitivo global, em uma escala social e espacial."

Em Jameson, temos um interessante mapeamento do ambiente cultural e moral, de um ponto de vista estético, no qual a dominante cultural pós-moderna que festeja o capitalismo tardio fortalece a reificação e o fetichismo, sob novas formas neste renovado mundo do capital. Vale cotejar outros elementos e contribuições, agora do ponto de vista da cultura política ca desses tempos.

Nesse sentido, é importante observar o argumento de Mota (1995) acerca da existência de uma *cultura da crise*, elemento constitutivo do fazer político burguês no sentido da disputa ideológica e constituição de hegemonia, na década de 1980. Para a autora,[30] uma cultura política da crise recicla

---

30. O estudo de Mota (1995) está centrado na relação entre crise e hegemonia na sociedade brasileira, nos anos 1980 e início dos 1990, delineando a hipótese de que a burguesia brasileira

as bases da hegemonia do capital, mediando as práticas sociais das classes e formando um novo consenso. Ou seja, ainda que o capital esteja vivendo uma crise orgânica, e de larga duração, como procurei também sustentar ao longo deste capítulo, a autora aponta que esta não gera mecanicamente uma crise de hegemonia (1995: 38). Assim, o enfrentamento da crise relaciona-se à capacidade das classes de fazer política, disputando a condução do processo. Compõe essa disputa a difusão, por parte das classes dominantes, de uma *cultura da crise,* cujos componentes centrais são o pensamento privatista e a constituição do *cidadão-consumidor,*[31] com o sentido de assegurar a adesão às transformações no mundo do trabalho e dos mercados. O eixo central do convencimento repousa em que há uma nova ordem à qual todos devem se integrar, e que é inevitável se adaptar a ela. Estes são termos que compõem as justificativas do que estou caracterizando como uma contra-reforma do Estado. O discurso prossegue afirmando que outros projetos fracassaram, a exemplo das experiências socialistas e da social-democracia, do que se deduz mecanicamente uma relação entre crise capitalista/socialista e a intervenção maior ou menor do Estado. Uma espécie de satanização do Estado é central nesse argumento, tanto quanto a intensa exploração político-ideológica da implosão da União Soviética em 1991, como "prova" de que há apenas um caminho a seguir.

A crise, localizada no Estado, e a tecnologia — sempre tratada como se tivesse vida própria — vão requerer ajustes estruturais que atingem a todos de forma supostamente igual, e que exigem iguais sacrifícios de todos, continua o discurso corrente. Dessa forma, diluem-se as diferenças de classe num consentido e sofrido esforço geral de ajuste e de "reformas", cuja orientação socioeconômica encontra-se, por exemplo, no chamado Consenso de Washington (Fiori, 1994). Para os não-integrados, restam polí-

---

desencadeou uma atitude de disputa de hegemonia, não mais impondo seu projeto *pelo alto*, como em processos anteriores — retomarei, adiante, esta questão. O trabalho tem, ainda, um foco específico na questão da seguridade social, e seus argumentos a esse respeito serão incorporados em outro capítulo da tese. Para o momento, seus dois primeiros capítulos de natureza mais geral trazem elementos teóricos e históricos fundamentais para a discussão sobre a ofensiva ideológica neoliberal e a constituição de sua hegemonia.

31. Santos (2000) fala da incompatibilidade entre cidadania e consumismo. Este último, para ele, solapa as bases da cidadania. No entanto, penso ser fecunda e criativa a caracterização de Mota, na medida em que o discurso ideológico contemporâneo se apropria e ressemantifica determinados conceitos e termos — além da cidadania, a idéia de reforma. É fato que, nesta sociedade, ser cidadão reduz-se a participar do circuito do mercado.

ticas focalizadas de combate à pobreza, redes de proteção social e, no limite, a polícia. Todo o esforço volta-se para a instituição dos novos objetos de consenso. Segundo Mota, são eles: "a desqualificação teórica, política e histórica da existência de alternativas positivas à ordem capitalista e a negação de qualquer mecanismo de controle sobre o movimento do capital, seja enquanto regulação estatal, seja por meio de outros mecanismos democráticos de controle social, em favor da regulação do mercado" (1995: 97). Para ela, esses são traços gerais de uma cultura que compõe a ofensiva do grande capital em nível mundial, mas que assume traços particulares em cada formação social.

A interpretação da crise, adicionada à capacidade de difundi-la como visão de mundo ideológica (Löwy, 1987), vai se amalgamando em amplas camadas da sociedade como verdade e princípio orientador, formando uma cultura/*ethos* que é parte de uma contra-reforma intelectual e moral,[32] empreendida pela burguesia, ou seja, de natureza conservadora. Na verdade, uma espécie de contra-reforma no nível dos hábitos, dado o caráter regressivo das transformações em curso na realidade e na consciência dos homens, que é reforçada pela experiência estética analisada por Jameson.

Se a idéia de uma cultura da crise nos termos de Mota é elemento fundamental da confusão dos espíritos já desde os anos 1980, pode-se acrescentar outros ingredientes, sobretudo nos anos 1990. Observemos a reflexão de Milton Santos a esse respeito. Para ele, a realização do mundo atual requisita fábulas, a exemplo da morte do Estado, enquanto se assiste ao seu fortalecimento para atender aos interesses financeiros e de minorias; ou da aldeia global, como se as tecnologias estivessem à mão para todos, enquanto a maioria da população mundial está longe do chamado tempo real. Para Santos, se as novas tecnologias e seu uso na esfera da informação contêm potencialidades enormes no sentido da construção de uma nova sociabilidade, há que pensar a técnica tal como usada pelos homens: "As técnicas apenas se realizam, tornando-se história, com a intermediação da política..." (2000: 26). E o motor único do uso das técnicas é a valorização do

---

32. Os conceitos de hegemonia e reforma intelectual e moral são contribuições inestimáveis de Gramsci para a tradição marxista, considerando as mediações entre economia e política e o movimento dos sujeitos sociais, tornando-se indispensáveis para pensar a ofensiva ideocultural do grande capital que marca este período. Além dos textos de Gramsci (1978, 1984 e 1988), consultar: Gruppi (1978), Coutinho (1989a) Sales (1993) e Mota (1995). Os cadernos foram relançados no Brasil, pela editora Civilização Brasileira, a partir de um cuidadoso trabalho de organização dos textos de intelectuais gramscianos, dentre eles, Carlos Nelson Coutinho.

capital, a busca da mais-valia, por meio da competitividade. Para Santos, há uma crise estrutural do capitalismo, movida pela tirania do dinheiro e da informação. A perversidade do momento histórico atual está no império das fabulações, percepções fragmentadas e do discurso único invasivo do mundo, o que significa um *globaritarismo*. Ele denuncia o papel despótico da informação manipulada que é transmitida para a maioria da humanidade, que, em lugar de esclarecer, confunde. Por sua vez, a publicidade, forjando necessidades, configura-se como um novo "encantamento do mundo". O consumo, para Santos, é o grande fundamentalismo do nosso tempo, que, junto à competitividade, engendra o sistema ideológico da época. Ramonet agrega ao argumento de Santos uma fulminante ofensiva no sentido da padronização, homogeneização e uniformização dos padrões de consumo e dos costumes na chamada *world culture* (1998: 47). Harvey sinaliza também esse aspecto ao discutir o processo de ponta da compressão espacial e temporal — que não atinge a todos da mesma forma, evidentemente, mas tem conseqüências generalizadas, mediadas pela formação social e sua inserção no mundo do capital.[33] Vejamos.

> "A acumulação flexível foi acompanhada na ponta do consumo, por uma atenção muito maior às modas fugazes e pela mobilização de todos os artifícios de indução de necessidades e de transformação cultural que isso implica. A estética relativamente estável do modernismo fordista cedeu lugar a todo fermento, instabilidade e qualidades fugidias de uma estética pós-moderna que celebra a diferença, a efemeridade, o espetáculo, a moda e a mercadificação de formas culturais." (Harvey, 1993: 148)

A impressão de que a técnica é uma exterioridade que imprime uma nova dinâmica fora do controle dos homens, ou seja, a naturalização da técnica, acoplada a sua despolitização — lugares-comuns amplamente difundidos pela mídia — são fortes componentes de uma cultura insidiosa de dominação, fortalecendo o argumento da "necessária adaptação". Ao lado disso, o parâmetro da competitividade resulta num individualismo exacerbado e elimina toda forma de compaixão e de sociabilidade fundada

---

33. Em algumas passagens, Santos (2000) parece discordar dessa questão da compressão espaço-temporal, embora não faça nenhuma referência à Harvey (1993). Como ambos são geógrafos, muito provavelmente tiveram alguma interlocução, mas que desconheço. Parece-me indiscutível o argumento de Harvey acerca da compressão espaço-tempo. As observações de Santos, valorizando o território e suas particularidades também são importantes. Na verdade, os autores, a meu ver, estão tratando de dimensões diferentes da realidade, que se relacionam.

BRASIL EM CONTRA-REFORMA

na alteridade e na solidariedade, o que, em Jameson, remete ao esmaecimento dos afetos.

Para Santos, o globaritarismo[34] invade ideologicamente o mundo do trabalho, da política — com uma mercantilização da democracia — e até o mundo da pesquisa científica, no que ele caracteriza como um cerco às idéias, promovido pelo pensamento único, que leva a um descompromisso com a verdade por parte de muitos intelectuais, que em vez de se dedicarem a desmontar esses argumentos, aderem ao pragmatismo despótico reinante, numa verdadeira desqualificação do espaço acadêmico.[35] Esses aspectos engendram um violento "sistema da perversidade", que glorifica a esperteza e a avareza, em detrimento da sinceridade e da generosidade, sistema este que atravessa a sociedade e o Estado e mina as bases da democracia, mesmo sendo esta limitada e formal na sociedade burguesa. A democracia vê-se ameaçada, num quadro em que a política no âmbito do Estado, que supõe uma visão de conjunto, é substituída pela política empresarial. Então, o que se tem é uma não-política, inclusive social, com a transferência de ações — focalizadas — para o "terceiro setor", processo que caminha ao lado do crescimento da pobreza. Esta não-política é acompanhada da mobilização do voluntariado, de um lado, e de uma espécie de clientelismo modernizado, na relação entre Estado e organizações da sociedade civil, que também constitui espaço de construção de adesão e cooptação.

Santos acredita numa perda de legitimidade desse sistema em função da *escassez*[36] que envolve a maioria da humanidade e da potencialidade de

---

34. Sobre globaritarismo, conferir também Ramonet (1998).

35. Sobre a questão da condição do espaço acadêmico nesse contexto da competitividade, e da despolitização da pesquisa, vale conferir o claro artigo de Chaui (1998) sobre o que ela caracteriza como *universidade operacional*, no Brasil. Em que pese a preocupação com o caso brasileiro, penso que suas observações possuem uma perspectiva universal. Em outro artigo preciso, Chaui relaciona esta concepção de universidade com a "reforma" do Estado em curso (*Folha de S. Paulo*, 9/5/1999 — Caderno Mais).

36. Embora utilize o termo escassez, pareceu-me que Santos não o incorpora tal como na economia política clássica e o conservadorismo contemporâneo, limitando-o a uma representação da ausência de recursos para suprir necessidades por parte das maiorias. Quanto ao conceito, reitero a posição expressada em meu trabalho de 1998, quando afirmei: "Temos, hoje, um extraordinário desenvolvimento das forças produtivas, que nem sequer pode ser amplamente incorporado na produção, capaz de prover as necessidades básicas em nível mundial. [...] A crítica marxista é suficientemente clara quanto à caracterização da economia como administração da escassez: é uma ideologia. Assistimos, na realidade, à lógica do desperdício, da exclusão em meio à

articulação de um novo projeto que se aproprie dos aspectos positivos da técnica, e que é construído no espaço local, no cotidiano, fugindo ao relógio despótico do *just in time* e partindo da existência territorializada dos homens. Trata-se de uma visão bastante otimista das possibilidades de reversão da barbárie presente neste projeto de *modus vivendi*, via espaço local. Esta geração está assistindo/vivendo o império da barbárie (Menegat, 2001), da fragmentação e do fundamentalismo no espaço mundial internacionalizado, onde a capacidade destrutiva, material ou espiritual, desenvolvida mostra toda a sua perversidade. Penso que não é possível interferir neste curso apenas pela implementação de políticas racionais localizadas e *ad hoc*, ainda que elas sejam necessárias. Uma lógica que é global só pode ser enfrentada globalmente, motivo pelo qual movimentos de cunho internacional, a exemplo do Fórum Social Mundial, dentre outros, são esperanças importantes. Mas, o fundamental para a discussão da dinâmica do capitalismo contemporâneo e seus impactos sobre o Estado são os elementos da *dominante ideológica e cultural do período*, e que constituem a base de legitimidade para a contra-reforma que se pretende caracterizar.

---

abundância, e mesmo da subutilização do desenvolvimento das forças produtivas. Trata-se 'daquela aparente desordem que é, na verdade, o mais alto grau de ordem burguesa' (Dostoievski, 1862)" (Behring, 1998: 27).

"Ah, como passam as coisas deste mundo, nada do que se constrói é perene, nada do que se faz é bem lembrado além de seu tempinho, nada fica como está, nunca se volta, nunca se volta."

Viva o povo brasileiro, João Ubaldo Ribeiro

CAPÍTULO 2

A formação do capitalismo brasileiro — Interpretações do passado e do presente

Foram delineados, ao longo do capítulo anterior, traços gerais do capitalismo contemporâneo e suas repercussões na intervenção estatal, que implicam uma verdadeira *contra-reforma do Estado* que atingiu a maior parte do mundo do capital nas últimas duas décadas, com conseqüências mais ou menos regressivas, dependendo da *particularidade histórica* de cada região ou país. Agora, a análise se volta exatamente para a situação brasileira. Essa relação entre a dinâmica do capitalismo em geral e a inserção específica de determinado país, a partir de mediações que são estabelecidas pela sua formação econômica, política, social e cultural, não é efetivamente uma tarefa simples. No entanto, considero esse movimento absolutamente necessário, em que pese a magnitude das dificuldades que se interpõem a todo esforço de pesquisa que enfrente o desafio de apanhar esse conjunto de mediações, especialmente quando se trata de processos *in flux* (Fernandes, 1987: 262). Não é também uma tarefa nova, já que há um pensamento social brasileiro que empreendeu iniciativas consistentes nessa busca, que inspiram os vários intelectuais, pesquisadores e militantes que enveredam hoje por esse caminho.

O mergulho factual e analítico necessário para entender a lógica da contra-reforma do Estado no Brasil requer a fixação de alguns elementos teórico-metodológicos orientadores. Para isso, no presente capítulo encontra-se uma interlocução necessária — teórica, histórica e política — que ajuda a deslindar essas mediações na relação entre o capitalismo em geral e uma formação social particular, que, de certa forma, *filtram* as determinações gerais. O objetivo é também realizar uma discussão sobre a pertinência de algumas categorias-chave formuladas pelo pensamento social brasileiro em sua interlocução com a tradição marxista, diante dos processos que estão em curso hoje, tendo em vista desvelar a particularidade da contra-reforma do Estado brasileiro na última década.

1. História, teoria e método na análise das formações sociais

Ao problematizar a visão de classe social em Marx, Harvey (1990) chama a atenção para este conceito como personificação das relações econômicas entre capital e trabalho em geral, em que pese a permanente preocupação marxiana de situar implicações políticas, sociais e culturais dessa representação aparentemente dual, da qual ele se afasta quando a análise o requer, incorporando a riqueza e a dinâmica da história. Assim, segundo a interpretação de Harvey, em *O capital* justapõe-se a necessidade de delinear claramente o movimento de categorias centrais na lógica da sociedade burguesa e a história em curso. O que, ao meu ver, é coerente com a natureza ontológica da teoria social marxiana.[1] A cisão entre teoria e história no campo do marxismo foi uma operação teórica e metodologicamente equivocada, já amplamente criticada.[2] Para a presente reflexão, interessa exatamente essa idéia de que uma formação social é complexa, e que a diversidade de seus processos sociais não pode ser *reduzida* à predominância do modo de produção capitalista em seu estágio de desenvolvimento em determinado período, da mesma forma que seria incorrer em perdas irreparáveis na compreensão da realidade colocar em lugar secundário ou desprezar esta determinação fundamental. Numa ou noutra direção poderia estar em curso uma interpretação unilateral e a perda da dimensão de totalidade (Behring, 1998: 24-5). O espraiar e a hegemonia da relação capital/trabalho e da lógica do valor numa determinada formação social é um processo largo de *criação histórica* (Harvey, 1990: 38), adquirindo certas especificidades. Portanto, não é um movimento necessário e natural, mas resultado de um

---

1. Acerca da obra marxiana como uma ontologia do ser social, consultar Lukács (1979 e 1989) e Netto (1981a e 1981b).

2. Críticas consistentes e polêmicas da leitura estruturalista da obra marxiana podem ser encontradas nos seguintes textos: Coutinho (1972), Thompson (1981) e Vásquez (1980).

processo histórico determinado, no qual a lógica do valor vai organizando cada vez mais intensamente o conjunto das relações sociais, hegemonizando as relações econômicas e dinamizando as formas sociais fundamentais — as classes sociais —, a política e a história.[3] Portanto, "o conceito de valor não pode ser entendido independentemente do de luta de classes" (Harvey, 1990: 46 — tradução minha).

A preocupação com esta relação entre formação social e relações sociais de produção no capitalismo remete a um dos estudos clássicos de Marx sobre a história em erupção numa formação social particular, no caso a francesa: *O 18 de Brumário de Luís Bonaparte* (1976). Marx, no Prefácio à segunda edição, de 1869, adverte que esta obra nasceu sob a pressão direta dos acontecimentos franceses entre 1848 e 1852, e que se destina a mostrar como a luta de classes naquele país criou circunstâncias em que um personagem "medíocre e grotesco" como o segundo Napoleão — o sobrinho — pôde desempenhar um papel de herói. Interessam ao presente estudo suas observações argutas acerca da história, das classes, das bases materiais das relações políticas, no sentido de orientar metodologicamente a abordagem da lógica da contra-reforma do Estado no Brasil contemporâneo.

Marx inicia com uma difundida, estratégica e, contudo, algumas vezes esquecida afirmação: "Hegel faz notar algures que todos os grandes acontecimentos e personagens históricos se repetem por assim dizer uma segunda vez. Esqueceu-se de acrescentar: da primeira vez como tragédia, da segunda como farsa" (1976: 17). Que é complementada pelo que segue: "Os homens fazem a sua própria história, mas não a fazem arbitrariamente, nas condições escolhidas por eles, mas sim nas condições diretamente determinadas ou herdadas do passado. A tradição de todas as gerações mortas pesa inexoravelmente no cérebro dos vivos" (Idem). Daí que, se há uma ressurreição dos mortos ou uma evocação do passado aristocrático no golpe de Estado de Napoleão, na França de 1852, as condições econômicas, políticas e culturais são outras. Dessa forma, naquele presente havia um amálgama com elementos do passado, delineando a farsa, a qual, para Marx, não foi uma surpresa, mas um processo econômico, político e social de pos-

---

3. Em Moore Jr. (1983) tem-se um estudo denso e comparado das variadas formas que assumiram os processos de transição para o capitalismo, destacando o papel dos donos de terra e camponeses e as possibilidades ou não da constituição de sociedades democráticas. Trata-se do texto que funda o conceito de modernização conservadora, tantas vezes referido na historiografia e no pensamento social, em geral, no Brasil e América Latina.

sível apreensão. Tratava-se, na verdade, de um momento do processo político de consolidação da sociedade burguesa na França, no qual ainda faziam-se presentes elementos do passado. Detendo-se nos fatos, Marx vai mostrando ao longo do texto como se impôs a possibilidade do golpe napoleônico, conforme a burguesia francesa se fragmentava e se isolava de qualquer elemento popular de sustentação da República, permitindo o ascenso de Bonaparte como salvador da sociedade e da ordem. Refere-se à história da Assembléia Nacional Constituinte como a história da fragmentação burguesa republicana.

São muito interessantes as observações marxianas acerca da Constituição francesa, a qual previa um conjunto de liberdades e direitos dos cidadãos, desde que não chocassem com direitos iguais de outros e com a segurança pública. A Constituição deixava a futuras *leis orgânicas* a precisão dessas reservas quanto às liberdades ditas absolutas. Segundo Marx, "cada um dos parágrafos da Constituição contém a sua própria antítese, a sua Câmara Alta e a sua Câmara Baixa: no texto a liberdade, na margem a supressão dessa liberdade" (1976: 33). E mais: "esta Constituição, tão subtilmente tornada inviolável, era, tal como Aquiles, vulnerável num ponto, não no calcanhar, mas na cabeça, ou melhor, nas duas cabeças em que se perdia: a Assembléia Legislativa, por um lado; o presidente, por outro" (1976: 33-4).

Marx mostra como, diferente de 1789, 1848 foi um processo revolucionário que seguiu uma linha descendente. Uma seqüência cinzenta, na qual, um a um, os elementos progressistas — do movimento operário socialista, com Blanqui e seus companheiros, à Montanha (o partido auto-intitulado social-democrata na Assembléia Legislativa[4]) — foram sendo afastados. Quem desencadeou esse afastamento? O partido da Ordem (dividido entre uma burguesia industrial-financeira e um setor fundiário) em articulação e

---

4. Aos partidários da Montanha, democratas e pequenos burgueses, Marx dedica palavras repletas de ironia e sabedoria, como as que seguem: "Seguramente, os democratas acreditam nas trompetas cujos sons derrubaram as muralhas de Jericó. Todas as vezes que encontram à sua frente as muralhas do despotismo, esforçam-se por repetir o milagre" (1976: 56). Ou: "o democrata, porque representa a pequena-burguesia, por conseguinte, uma classe intermédia, no seio da qual se embotam os interesses de duas classes opostas, julga estar acima dos antagonismos de classe" (1976: 58). Por fim: "o democrata sai da mais vergonhosa derrota tão puro quanto inocente ele era quando entrou na luta, com a convicção recém-adquirida de que deve vencer não porque ele e o seu partido devem abandonar seu antigo ponto de vista, mas porque, pelo contrário, as condições devem amadurecer" (1976: 58).

com concessões ao presidente eleito, Napoleão, o qual, por sua vez, possuía uma base social militar e de pequenos camponeses — "já que o poder estatal não paira nos ares" (1976: 131) — e conspirava contra a Assembléia, tendo em vista a retomada de poderes imperiais. O golpe veio a ocorrer em 1852, em 2 de dezembro. O mais importante no estudo de Marx é como as classes e segmentos de classe se fundam "com base nas diferentes formas de propriedade" (1976: 50). Estas configuram condições determinadas de existência social sobre as quais "ergue-se toda uma superestrutura de impressões, de ilusões, de maneiras de pensar e de concepções filosóficas particulares" (Idem). Do que decorre a pertinente conclusão de que, "nas lutas históricas, se deve fazer ainda melhor a distinção entre a fraseologia e as pretensões dos partidos, a sua constituição e os seus verdadeiros interesses, entre aquilo que eles julgam ser e aquilo que na realidade são" (1976: 51). É evidente que não existe qualquer dualismo esquemático no que refere às classes, na análise histórica marxiana, num contexto de consolidação do capitalismo e onde as classes sociais fundamentais convivem com os espectros do passado feudal.

Outro aspecto que sobressai no estudo de Marx é a relação com o capital bancário estrangeiro, diga-se, o declarado reconhecimento, por parte dos bancos, de que Bonaparte era o guardião da ordem na França, interessados que estavam na manutenção dos créditos públicos. Vejamos o que diz Marx sobre os interesses dos banqueiros, que não mudaram essencialmente nos dias de hoje, mas ganharam dimensões maiores e, evidentemente, novas: "Uma parte de seu capital comercial é necessariamente aplicado nos títulos públicos rapidamente convertíveis. Os depósitos, o capital posto à sua disposição e que distribuem pelos comerciantes e pelos industriais, provêm em parte dos juros recebidos pelos possuidores de títulos públicos" (1976: 110). Como se procurou registrar, o intento marxiano de demonstrar como e por que a "violência sem frases" da autoridade heterônoma do executivo se impôs sobre a "violência da frase" do Poder Legislativo — porque faz da lei da classe dominante a sua vontade geral — contém importantes pontuações metodológicas para o estudo de um processo histórico em fluxo.

Ainda sobre a relação entre teoria e história, a partir da obra marxiana, tem-se a contribuição de Bensaid (1999), da qual extraio também alguns pontos de apoio para uma reflexão sobre o Brasil. Este breve resgate do *18 de Brumário* com suas sugestões e provocações para o presente mostra que Bensaid tem inúmeras razões para caracterizar a obra marxiana como um trovão que se tornou inaudível em virtude das desventuras da tradição marxista em seu mais de um século de existência. Para Bensaid, no entanto, na contemporaneidade, "as conturbações aceleradas do mundo permitem enfim que ele seja ouvido" (1999: 12). Há lugar, então, para uma "história profana", cujo devir é incerto e determinado pela luta e pela necessidade, na qual a teoria crítica da luta social e da transformação do mundo é imprescindível: a teoria da dinâmica do conflito, que trabalha nas fraturas, nas falhas, na discordância dos tempos.[5] É uma perspectiva teórico-política inaudível aos "insensíveis à arte do contratempo", e que foi traduzida por herdeiros e epígonos na "pequena música do positivismo" e nas "tranquilizadoras odes ao progresso" (1999: 15). Este trabalho de Bensaid é impressionante pela sua profunda e radical compreensão da obra marxiana, bem como por seu embate com Karl Popper (uma espécie de promotor inflexível de Marx e Hegel, e expressão intelectual da hegemonia neoliberal); e com representantes do chamado marxismo analítico e a desintegração metódica que operam na obra marxiana.

Em especial, Bensaid quer demonstrar a possibilidade de conjugar a crítica marxista da economia política e a teoria da história, a análise da luta social e a compreensão do devir histórico, mas fugindo aos determinismos unilaterais. Trata-se da direção na qual se coloca este livro: o amálgama de economia e política na história, diga-se, a perspectiva metodológica da totalidade. O autor reivindica Marx e Engels, em *A sagrada família*, segundo os quais a história é a atividade do homem que segue em busca dos fins dele mesmo. Portanto, é incerta, sem um *happy end* garantido e um sentido de progresso predeterminado. Donde decorre que, de certa forma e a um custo altíssimo, esse período de hegemonia neoliberal na história, paradoxalmente, liberta o marxismo para que possa expandir suas possibilidades e potencialidades como teoria crítica e alimentar a luta social, considerando que a lógica da emancipação está enraizada no conflito de projetos societários. Para Bensaid, a "tagarelice" de um Fukuyama torna-se a mera apologia da dominação, uma tirania, um simulacro da história puramente idealista. O projeto político e intelectual de Marx e Engels, por outro lado, aponta para uma outra escrita da história, que não é a realização de um destino genérico.

---

5. Daniel Bensaid produziu um outro importante trabalho com este título — *La discordance des temps — Essais sur les crises, les classes, l'histoire* (1995) —, ainda não traduzido para a língua portuguesa, no qual estão presentes alguns temas fundamentais e polêmicos no âmbito da tradição marxista.

Outra questão sinalizada por Bensaid, reafirmando elementos que aparecem em Marx como fundamento e em Harvey como apropriação contemporânea da obra marxiana, é que há uma relação desigual ou desenvolvimento desigual entre as esferas da produção material, da produção artística, das relações políticas e jurídicas, numa formação social concreta. Para ele, esta "não é redutível à homogeneidade da relação de produção dominante. As diferentes formas de produção (material, jurídica, artística) não andam no mesmo passo. Cada qual tem seu ritmo e temporalidade próprios" (1999: 40). Para Bensaid, tem-se que o presente aparece repleto de relações políticas e sociais a contratempo. Como no *18 de Brumário*, Marx diz também nos *Grundrisse* que se sofre no presente da parte dos vivos e dos mortos, e que o passado assombra o presente. Essa heterogeneidade das temporalidades se encontra e agrupa na esfera da política. Dessa forma, tem-se a leitura de um desenvolvimento não-linear do processo histórico em Marx, totalmente incompatível com um progresso em sentido único. Esta lógica não-linear foi apanhada dentro da tradição marxista em algumas poucas formulações, a exemplo da teoria do desenvolvimento desigual e combinado em Trotsky e a de "não-contemporaneidade" em Ernst Bloch, segundo o autor.

O efeito de se pensar linearmente a história pode ser o seguinte: "Pensado como 'atraso', em relação a uma norma temporal imaginária, o anacronismo acaba por impor-se não como anomalia residual, mas como atributo essencial do presente" (1999: 45). Portanto, se a dialética que rege as relações entre forças produtivas e relações de produção ilumina o desenvolvimento histórico, não se pode explicá-lo *exclusivamente* a partir daí, sob pena de perder o "aleatório da luta" no tempo presente, já que os tão referidos mortos articulam-se no presente, que por sua vez mantém diferenças essenciais em relação ao passado. Assim, trata-se de mergulhar criticamente nos processos em curso no presente, ainda que este esteja apinhado de espectros. Bensaid mostra que embora Marx tenha sido inúmeras vezes suspeito ou acusado diretamente de determinismo, este compreendia claramente a política como "dilaceramento do horizonte determinado" (1999: 55). Assim, a história não tem um curso normal, civilizado e universal, como, aliás, sinalizava Rosa Luxemburgo, delineando as possibilidades dos homens entre o socialismo e a barbárie. As *escolhas* dos caminhos coletivos e individuais dos homens não seguem uma lógica geral imanente. Daí decorre a possibilidade de reviravoltas históricas de natureza regressiva, como a que marca esta nossa passagem do século XX para o XXI. Ou a imposição de lógicas particulares determinando certo desenvolvimento do geral — as mediações históricas que se interpõem entre formação social e capitalismo, como modo de produção mundialmente dominante.

Toda essa reflexão preliminar sobre a relação entre passado e presente, o particular e o geral, a teoria e a história, faz-se necessária porque o processo de contra-reforma do Estado, objeto deste estudo, com seus ritmos, sujeitos e medidas, traz à tona no presente — "categoria temporal central de uma história aberta" onde se "inventa novas chances" (1999: 86) e possibilidades[6] — elementos de mudança e de permanência. Trata-se de um verdadeiro amálgama de determinações econômicas, políticas, sociais e culturais, fundindo passado e presente, cujo desvelar é imprescindível na construção do futuro. Este, por sua vez, está investido na capacidade dos sujeitos sociais de fazerem política. Isto porque há no Brasil "certo desenvolvimento do geral" nesses tempos de restauração, como diz Bensaid, nos quais se é verdade que a história não volta atrás, "metida em velhas e enganadoras vestimentas, ela pode, entretanto, incubar as piores novidades" (1999: 74).

2. Capitalismo e democracia: traços e tensões da formação social brasileira

A partir das referências anteriores, é possível buscar a contribuição de intérpretes da formação econômica, política, social e cultural do Brasil, onde pude identificar um campo de preocupações semelhante, qual seja, a busca do feixe de determinações, que envolvem o passado e o presente, que se interpõem na relação da formação social brasileira com a dinâmica do capitalismo em geral.

A preocupação em compreender a formação econômica, social, política e cultural do Brasil, que envolve uma dinâmica interna e determinações advindas da relação com o exterior, é antiga e diferenciada. A chamada questão nacional, que compreende a formação da nação e o processo de

---

6. Bensaid nos brinda com a seguinte reflexão acerca do suposto finalismo, atribuído ao marxismo por seus críticos ou reproduzido por interpretações problemáticas na própria tradição marxista, e das possibilidades históricas: "Na falta desse fim, de onde a humanidade contempla-ria com um olhar satisfeito sua obra realizada, na falta desse dia improvável em que a última palavra seria dita, a história profana esgota-se numa hemorragia de sentidos" (1999: 98).

modernização, diga-se, da constituição e consolidação do capitalismo, vem sendo enfrentada nas ciências sociais, na literatura, na poesia, no cinema, exercendo um verdadeiro fascínio naqueles que sobre o tema se debruçam (Ianni, 1992). Os anos 1920 e 1930, com a diversificação da economia e as novidades políticas trazidas pelas expressões populares (movimento operário, tenentismo, PCB), artístico-culturais (Semana de Arte Moderna — 1922) e a era Vargas (o novo desenho do Estado), foram especialmente fecundos para a historiografia e o pensamento social brasileiros: "poucas vezes o Brasil esteve tão a procura de si mesmo quanto nos anos 20 e 30" (Mota, 1999: 15). O roteiro é amplo,[7] mas parece existir um consenso mínimo em torno de três autores/trabalhos, como sendo verdadeiras matrizes, cuja contribuição gerou polêmicas e discípulos, e orientou políticas e ações das classes sociais. São eles: Gilberto Freyre, Sérgio Buarque de Holanda e Caio Prado Jr. Contudo, a direção dessas reflexões é múltipla, partindo de matrizes diferentes que fundam estilos de pensar o Brasil (Ianni, 1992: 41-5 e 1989: 64; Ricupero, 2000: 21-3; Mota, 1999: 11-22).

A interlocução que se quer empreender neste trabalho é com uma leitura dialética dos referidos processos, que permita observar a discordância dos tempos, e quais são os fantasmas que voltam a nos assombrar (ou não) nesta passagem do século XX para o XXI. Nessa perspectiva, são de Caio Prado Jr. algumas interpretações consistentes da constituição do capitalismo brasileiro, desde uma perspectiva marxista, dentre aquelas formulações deste campo sobre o Brasil.[8] Ele dialogou com um conjunto de autores

---

7. Ianni (1992) fornece o "caminho das pedras" no seu *A idéia de Brasil moderno*, com as principais referências do pensamento social brasileiro, a exemplo das que podem ser encontradas na p. 30.

8. Não vou realizar aqui um mergulho na contribuição de Prado Jr., mas destacar aspectos de seu legado sublinhados por leituras qualificadas, a exemplo de alguns textos reunidos na publicação organizada por D'Incao (1989), com destaque para o ensaio de Carlos Nelson Coutinho, e também de Octávio Ianni (1992), José Roberto do Amaral Lapa (1999) e Bernardo Ricupero (2000). Isto porque irei privilegiar a contribuição de Florestan Fernandes, que incorpora os aspectos mais importantes do projeto intelectual e político pradiano, como admite o próprio Fernandes (1989: 36) mas vai além, no tempo e na análise, constituindo-se também num clássico do pensamento social brasileiro. Vale dizer que as reflexões que seguem não pretendem esgotar este debate, sequer no campo do marxismo, do que decorre que alguns autores, tão importantes quanto Prado Jr. e Fernandes, não estarão em foco. Este é o caso de Nelson Werneck Sodré, contemporâneo de Prado Jr., e marxista, cujas reflexões influenciaram as formulações do Partido Comunista Brasileiro, a quem se dirigiu a crítica pradiana, especialmente acerca do caráter "feudal" da economia colonial brasileira. Mas este grande limite não retira a importância e os méritos de Sodré e outros intelectuais do PCB, embora delimite as escolhas aqui apontadas.

contemporâneos e anteriores ao seu tempo — os fecundos anos 1930[9] — e "inaugurou uma interpretação marxista da formação social brasileira, estabelecendo um horizonte intelectual novo, sem o qual não foi mais possível pensar a história e o pensamento no Brasil" (Ianni, 1989: 64, 77). Fernandes (1989) dá um depoimento pessoal sobre Prado Jr., no qual destaca sua independência e coragem intelectual, quando defendia posições divergentes da orientação hegemônica entre os comunistas dos anos 1930 e 1940 (cf. Coutinho, 1989b: 115), muitas vezes desobedecendo ao partido no auge do stalinismo, e seu rigor teórico e científico, no sentido de repousar os argumentos em sólidos levantamentos de dados estatísticos e documentação. Mas, para o amigo Florestan Fernandes, Prado Jr., ao assumir todas as conseqüências pessoais da ruptura que realizou com sua origem de classe — era de família abastada de São Paulo — demonstrou raro destemor e intrepidez frente às inúmeras sanções que sofreu ao longo de sua vida. Portanto, trata-se de um autor que reúne opção teórica e ação política, característica que delineia a busca intencional de vários interlocutores ao longo deste livro.

Em Prado Jr. destacam-se temas como o *sentido da colonização*, o qual se delineia a partir da intrincada e complexa articulação da dinâmica do mercado mundial com os movimentos internos da economia e sociedade brasileiras. O processo de colonização, na sua interpretação, serve à acumulação originária de capital nos países centrais. Os períodos imperial e da república não alteram significativamente essa tendência de subordinação e dependência ao mercado mundial, embora modifiquem-se as condições dessa relação. Assim, para Prado Jr., a acumulação originária, o colonialismo e o imperialismo são momentos de um *sentido* geral: uma sociedade e uma economia que se organizam para fora e vivem ao sabor das flutuações de interesses e mercados longínquos (Ianni, 1989: 68-9). Outro tema central para o historiador foi o *peso do escravismo* na sociedade brasileira, marcando de forma deletéria (Lapa, 1999: 267) a cultura, valores, idéias, ética, estética e ritmos de mudança. Exemplo disso é o conceito de trabalho, carregado

---

9. O ensaio de Leandro Konder (1989) dá uma noção clara do universo de interlocutores de Caio Prado Jr. e de como ele vai além, corajosamente, do projeto intelectual oficial do Partido Comunista. Para Konder, "Caio Prado Júnior, em 1933, realizou uma autêntica façanha ao superar o obstáculo interno, constituído pelas graves insuficiências teóricas de seus predecessores brasileiros no campo da 'interpretação materialista', e ao escapar da pressão externa, decorrente da codificação oficial do 'marxismo-leninismo'" (1989: 139). Gorender (1989: 251-2) também lembra o combate de Prado Jr. aos desdobramentos das teses do VI Congresso da Internacional Comunista na interpretação e condução da revolução brasileira pelo Partido Comunista Brasileiro.

até hoje de desqualificação, a qual é definidora da relação entre capital e trabalho no país (Ianni, 1989: 69-70).[10]

Enfim, um conceito orientador de sua análise — e metologicamente muito fecundo para o debate aqui realizado, o que justifica esta referência à Prado Jr. — é o de *desenvolvimento desigual e combinado*, segundo o qual é possível observar o Brasil como "uma formação social na qual sobressaem ritmos irregulares e espasmódicos, desencontrados e contraditórios", numa espécie de caleidoscópio de muitas épocas (Ianni, 1992: 60). O Brasil moderno seria, então, um "presente que se acha impregnado de vários passados" (Ianni, 1992: 63).

Coutinho (1989b) oferece importantes elementos para pensar a contribuição pradiana para o pensamento social brasileiro e a tradição marxista. Segundo ele, Prado Jr. busca, em sua obra historiográfica, uma compreensão do Brasil moderno, investigando "o presente como história" (1989b: 115), o que implica uma análise da gênese e perspectivas do presente. Nesse sentido, Coutinho identifica que estão implícitos no trabalho de Prado Jr. os conceitos de transição e modernização e que o historiador reconhece traços não-clássicos na nossa passagem para o capitalismo. Os conceitos formulados no âmbito da tradição marxista acerca de vias não-clássicas, lembra Coutinho, foram os de "via prussiana", em Lenin, e de "revolução passiva", em Gramsci. No entanto, Prado Jr. não estabeleceu contato com tais formulações e, para Coutinho, não dispunha de um estoque categorial muito rico no âmbito do marxismo, o que não lhe retira os "méritos pioneiros enquanto intérprete marxista da história brasileira" (1989b: 117). Ao contrário, Coutinho procura mostrar a contribuição pradiana para o conceito marxista de vias não-clássicas.

Prado Jr. identificou a adaptação brasileira ao capitalismo a partir da substituição lenta do trabalho escravo pelo trabalho livre nas grandes unidades agrárias, numa "complexa articulação de 'progresso' (a adaptação ao capitalismo) e conservação (a permanência de importantes elementos da antiga ordem)" (Coutinho, 1989b: 119). Ele então se aproxima do conceito de via prussiana, e também de modernização conservadora, em Moore Jr. (1983). Mas com diferenças: o que se adaptou conservadoramente ao

---

10. Neste sentido, são conhecidas as posições de Prado Jr. acerca dos "povos primitivos", com análises claramente discriminatórias e preconceituosas sobre os negros e índios (Lapa, 1999: 268 e 271), as quais não se pode fazer qualquer concessão, porque inaceitáveis.

capitalismo não foi o feudo e as relações de servidão, como na Alemanha, mas a exploração rural de tipo colonial, voltada para o mercado externo e fundada no escravismo. Daí sua recusa em falar de feudalismo no Brasil e as divergências com as formulações do PCB à época, bem como com o dualismo cepalino mais adiante. Para ele, segundo a análise de Coutinho, o Brasil possuía uma natureza capitalista. Na contra-corrente do dualismo, portanto, em Prado Jr. o "atraso" é funcional ao desenvolvimento do lado "moderno".

Sobre a possível proximidade de Prado Jr. com Gramsci, Coutinho ressalta sua análise da estrutura de classes no Brasil e da condução política dos processos de mudança, sempre acompanhados de conservação. Trata-se de uma visão próxima da idéia de revolução passiva, segundo a qual as mudanças são forjadas "pelo alto", sendo os levantes da época do império dotados de um "subversivismo esporádico elementar", mas incapazes de engendrar alterações mais profundas na ordem vigente. Coutinho infere que a seqüência brasileira que envolve a solução pelo alto da questão do Estado nacional e a modernização agrária prussiana — não seria melhor dizer à brasileira? — é diferente dos casos da Itália e da Alemanha, fato pelo qual sugere uma análise comparada de vias não-clássicas. Mas o fundamental, e que é destacado por Coutinho, foi o lançamento, com Prado Jr., de uma compreensão marxista da via não-clássica da transição para o capitalismo no Brasil. Para Coutinho, Prado Jr. captou bem a gênese do capitalismo brasileiro, mas há nele uma ênfase muito grande nos elementos de conservação, de reprodução do velho, em especial nas obras mais maduras, subestimando a envergadura da industrialização no país e as transformações estruturais dela decorrentes, e alimentando certo estagnacionismo. Outra lacuna, para Coutinho, estaria no debate da democracia política. Nesses dois últimos sentidos, percebe-se a influência do ambiente da esquerda no seu tempo. Contudo, essas questões não apagam a questão maior: o ensaio de Coutinho finaliza apontando que "sem a obra de Caio Prado a interpretação marxista do Brasil seria muito mais pobre" (1989b: 131).

O estudo de Ricupero (2000) sobre o trabalho de Prado Jr. resgata a originalidade e atualidade dessa experiência bem-sucedida de aproximação entre teoria marxista e realidade brasileira, carregada de intencionalidade política, ou seja, com os olhos no presente e nas possibilidades da revolução brasileira. Ricupero o vê como um precursor, ao lado de Mariátegui, em meio ao deserto intelectual e ao dogmatismo que marcaram o marxismo na América Latina na época de seus principais trabalhos,

BRASIL EM CONTRA-REFORMA

destacando sua apreensão do marxismo como abordagem, como método.[11] Assim, algumas de suas idéias são hoje correntemente aceitas: a de que não houve feudalismo no Brasil; a de um destino plasmado pelo sentido da colonização; a tensão pouco resolvida entre a situação colonial e a situação nacional; e uma compreensão do caráter truncado da industrialização brasileira, em função do sentido da nossa formação social. Ricupero observa uma tendência de retomada das idéias de Prado Jr. no contexto atual, quando o que parecia um processo consolidado de industrialização, engendrado pelo projeto desenvolvimentista, "não se encontra hoje em situação muito confortável" (2000: 235). Neste passo, segundo Ricupero (2000: 235),

> "dentro do desenvolvimento desigual e combinado que caracteriza o capitalismo, Caio Prado notou que o que marca países como o nosso, que estão entre a civilização e a barbárie e que não são, portanto, nem Oriente nem bem Ocidente, é esse convívio promíscuo entre o moderno e o arcaico, que se explica pela forma como o moderno se utiliza aqui do arcaico."

A interpretação dialética da formação social brasileira inaugurada por Caio Prado Jr. teve sua continuidade, talvez a mais destacada, considerando a orientação teórico-metodológica delineada, nas formulações do mestre Florestan Fernandes, especialmente em seu *A revolução burguesa no Brasil* (1987). Evidentemente, não se trata de uma continuidade linear. Há diferenças temporais e conceituais entre os dois grandes intérpretes do Brasil, mas há também preocupações comuns e claros fios de continuidade. Assim, a partir de um mesmo campo e perspectiva analítica, foram geradas interpretações distintas do Brasil. Um momento de divergência entre os dois, por exemplo, foi a interpretação do significado do golpe de 1964, como procuram demonstrar Sampaio Jr. & Sampaio (2000). Os mesmo autores pontuam, entretanto, elementos viscerais que aproximam Prado Jr. e Fernandes: a rejeição vigorosa de qualquer contemporização com o *status quo*, tendo em seu horizonte uma ruptura radical com as estruturas que perpetuam a desigualdade social no Brasil; a recusa da idéia de que exista uma burguesia nacional com interesses antagônicos ao imperialismo, capaz de realizar as tarefas democráticas inconclusas no país; a defesa da autonomia das forças operárias e populares. Portanto, a perspectiva da revolução como

---

11. Sobre o marxismo latino-americano e o papel de Mariátegui e Caio Prado Jr., consultar também a compilação organizada por Löwy (1999).

patamar radicalmente crítico e o método dialético[12] colocam os dois lado a lado, e, eventualmente, diante um do outro em interpretações por vezes distintas do processo sócio-histórico brasileiro.

Considerando que o estoque categorial de Florestan Fernandes é muito mais amplo e atual, vale realizar um mergulho mais profundo na sua interpretação do Brasil, que se encontra em *A revolução burguesa no Brasil* (1987). Trata-se de uma obra monumental, plena de erudição, e que contém um movimento dialético de síntese e superação do referido pensamento social anterior acerca da questão nacional. Neste trabalho, há uma exaustiva interlocução com o que Ianni caracterizou como o pensamento sobre a questão nacional, para além de Prado Jr., cuja influência é sensível. A bibliografia extensa que acompanha seu ensaio corrobora essa idéia de que há certo esgotamento das informações disponíveis, nesse esforço de pesquisa admirável. Na verdade, é uma síntese de quarenta anos de estudo sistemático que tem como resultado uma interpretação do Brasil, e que tem possibilidades de desdobramento como obra aberta (Odália, 1987: 241). A *summa sociologica* de Florestan Fernandes não é, evidentemente, universalmente aceita. Existem importantes críticas e exigências posteriores a serem consideradas. Utilizarei as notas de rodapé sinalizando-as quando pertinente, já que o objetivo dessa interlocução é buscar em Fernandes pistas para compreender a lógica que acompanha a contra-reforma do Estado no Brasil do final do século XX. Prossigo, então, em busca das marchas e contramarchas do explícito processo de *modernização conservadora* que marca a criação histórica da hegemonia das relações sociais de produção capitalistas no Brasil, com seu *mix* de pretérito, presente e futuro.

Fernandes persegue uma caracterização de "como a sociedade brasileira confere um estilo próprio à implantação e consolidação do capitalismo em seu interior" (Cohn, 1999: 396). Para ele, a revolução burguesa[13] não

---

12. Sobre questões de método em Caio Prado Jr. e a recusa de conceitos fechados e modelos abstratos para pensar a realidade brasileira, é muito instrutiva a visita ao texto "A revolução brasileira", que abre o livro do mesmo nome, publicado por Prado Jr. em 1966. Ver-se-á que a conexão entre as possibilidades da revolução e o conhecimento científico está em "saber o que se passa, e não o que é" (2000: 32) e que o método dialético é um "método de interpretação, e não um receituário de fatos, dogma, enquadramento da revolução histórica em esquemas abstratos preestabelecidos" (2000: 39).

13. Almeida (1987: 209-229) questiona a referência ao conceito de revolução burguesa para uma interpretação do Brasil. Para ele Fernandes não realiza uma discussão prévia que justifique o emprego deste conceito, cujo uso corrente refere-se aos casos clássicos de processos de moderni-

é um episódio, mas um processo estrutural, no qual o padrão burguês de civilização converte-se em necessidade histórico-social, engendrando transformações na economia, na sociedade e no Estado, com base numa complexa base psicocultural e política.[14] O processo específico brasileiro, em que pese alguns móveis do capitalismo terem sido introduzidos no país no contexto do estatuto colonial, só é realmente impulsionado com a criação do Estado nacional, e daí advém a importância da Independência.[15] Assim, foram decisivos processos como a ruptura com a homogeneidade da aristocracia agrária, ao lado do surgimento de novos agentes econômicos, sob a pressão da divisão do trabalho, na direção da construção de uma nova sociedade nacional. Contudo, esse movimento é marcado pela ausência de compromisso com qualquer defesa mais contundente dos direitos do cidadão por parte das elites econômico-políticas.

A importância da Independência reside no fato de que o poder deixa de exercer-se de fora para dentro, para "organizar-se a partir de dentro" (Fernandes, 1987: 31). Esta nova situação incorporava elementos de ruptura com a heteronomia. Entretanto, ao seu lado, coexistiam componentes conservadores, com propósitos de preservar uma ordem social sem condições materiais e morais para engendrar uma verdadeira autonomia, fundamental para a construção da nação. Nesse sentido, o elemento revolucionário, largamente inspirado no liberalismo, foi solapado pelo "predomínio de influências

---

zação capitalista. Cobra também do autor marcos históricos mais precisos para sua caracterização. Para este autor, este é um tema comparativo por excelência, procedimento metodológico que não é utilizado por Fernandes de forma explícita, já que para Almeida, este comparatismo está presente de forma implícita. Fernandes, segundo este autor, possui um modelo típico ideal de revolução, que é o clássico. Nesse sentido, chega a caracterizar a obra como eclética. A crítica de Almeida fala da obra de Fernandes como paradigma perdido e como manipulação ideológica de um paradigma histórico. Ao final de seu ensaio um tanto duro, fica claro onde reside o incômodo do autor: sua incompreensão do método dialético, presente na articulação operada por Fernandes, que fica clara ao final do ensaio. Daí fazer exigências à obra que fogem, no meu entendimento, à proposta de Fernandes. O que não quer dizer que não existam tensões e questões a serem pontuadas. Gorender (1987: 254-5) também aponta sua discordância sobre a aplicabilidade do conceito de revolução burguesa no Brasil, mas partindo de razões bastante diferentes de Almeida e manifestando forte proximidade com as conseqüências políticas do estudo de Fernandes.

14. Fernandes faz algumas referências a Moore Jr. (1983) ao longo do seu estudo. Lendo os dois autores, percebi certa proximidade metodológica, de estilo e preocupações.

15. Mais de uma vez, Fernandes remete à trajetória de Mauá para exemplificar a incompatibilidade entre o sistema colonial e iniciativas mais arrojadas de natureza tipicamente capitalista. Conferir também Ianni (1992: 14).

histórico-sociais que confinavam a profundidade da ruptura com o passado", ainda que aquele fosse o "fermento histórico do comportamento social inteligente" (1987: 33), diga-se, uma espécie de dinamizador.

Na verdade, para Fernandes, o liberalismo é filtrado pelas elites nativas por meio de uma lente singular: a eqüidade configura-se como emancipação dos estamentos e realização de certo *status* desfrutado por eles, ou seja, sem incorporação das massas; na visão de soberania, supõe-se que há uma interdependência vantajosa entre as nações, numa perspectiva passiva e complacente na relação com o capital internacional; o Estado é visto como meio de internalizar os centros de decisão política e de institucionalizar o predomínio das elites nativas dominantes. Então, se o liberalismo — com suas contradições e ambigüidades, entre a utopia e a ideologia[16] — trouxe, nos primórdios da formação do Estado nacional brasileiro, dividendos positivos, tais como uma mudança no horizonte cultural das elites ou a organização moderna dos poderes, não conseguiu dinamizar em toda a profundidade a construção de uma ordem social nacional autônoma. Ao contrário, *uma marca da nossa formação social é a heteronomia, a dependência.*[17] Fernandes vai mostrando o significado da Independência e de seu componente cultural liberal para a formação da sociedade e do Estado nacionais: de como o senhor colonial metamorfoseia-se em senhor-cidadão, elemento

---

16. Sobre o trânsito das visões sociais de mundo entre ideologias e utopias, além de Mannheim (1976), incorporado no raciocínio de Fernandes sobre o liberalismo, o trabalho de Löwy (1987) é uma referência importante.

17. Miriam Limoeiro Cardoso destaca a posição metodológica de Florestan Fernandes, rigorosamente marxista e dialética, em seu estudo sobre a lógica da dominação burguesa no Brasil. No entanto, critica o uso da noção de dependência, qualificando-o como uma sobrecarga decorrente da herança sociológica anterior de Fernandes, que precede sua adesão à problemática marxista. Diz ela: "É como se operasse com amarras teóricas, conceituais" (1987: 246). Com algumas delas ele rompe, mas com outras mantém uma tensa ambivalência, trabalhando, por exemplo, com determinadas oposições e dualismos que advêm do marco dependentista. Contudo, para ela, apesar da sobrecarga, o que prevalece em Fernandes é o marco mais geral de uma análise do desenvolvimento capitalista no Brasil em sua articulação com o imperialismo. Suas observações sobre os limites da teoria da dependência são bastante pertinentes e devem ser conferidas, bem como uma crítica da mesma natureza que é apontada por Gorender (1987: 253). Em Netto (1987: 292-5) encontra-se uma discussão sobre a inflexão no pensamento de Florestan Fernandes a partir do golpe de 64. Para ele, esse momento demarca sua passagem do sociólogo profissional para o pensamento socialista, que ultrapassa a sociologia enquanto território demarcado da produção de conhecimentos. É exatamente esse trabalho que ora analiso — *A revolução burguesa no Brasil* — que opera com maturidade esta passagem, segundo Netto (1987: 298).

exclusivo da sociedade civil, na qual *os outros* não contavam. Assim, *a democracia não era uma condição geral da sociedade: estava aprisionada no âmbito da sociedade civil*, da qual faziam parte apenas os estamentos,[18] os quais utilizavam o Estado nacional nascente para o patrocínio de seus interesses gerais.

Se os estamentos procuram adaptar o Estado nacional à continuidade de sua dominação, as requisições da construção de um Estado independente e com alguma capacidade decisória não permitem que o passado permaneça intacto. Portanto, "o liberalismo não aparece no cenário histórico social como conexão da preservação do passado" (Fernandes, 1987: 46). Daí decorre uma tensão, também pradiana, entre o "velho" e o "novo", entre manter os privilégios estamentais ou formar o substrato de uma sociedade nacional. Há tensão também entre o sistema competitivo de classes nascente e o sistema estamental. No estudo de Fernandes, a ideologia liberal se coloca no Brasil como momento de *vontade indecisa*. Já a utopia liberal não se realizou entre nós.

Um trabalho que aprofunda e reforça essa questão apreendida por Fernandes é o de Roberto Schwarz, ao realizar de forma magistral a crítica da literatura brasileira, em particular da obra de Machado de Assis. Em "As idéias fora do lugar" (1977), Schwarz fala da tensão na relação entre as idéias liberais — que têm sua difusão associada ao trabalho livre — e uma sociedade escravista. Para ele, a retórica liberal européia entre os brasileiros é uma espécie de comédia ideológica, uma impropriedade, um escândalo no país do favor, do clientelismo e da escravidão. Era inevitável o discurso liberal num Brasil que acabara de realizar a Independência em nome dos ideais da Revolução Francesa e com articulações econômicas claras com o mundo do capital. Para Schwarz, contudo, "o favor é nossa mediação

---

18. Cohn esclarece essa noção de estamento, segundo a qual: "um conjunto de indivíduos se agrega conforme um critério de inclusão ou exclusão no desfrute de uma série de vantagens vinculadas ao intercâmbio social: contatos, uniões, prestígio e [...] privilégios (vale dizer, garantias exclusivas quanto aos seus interesses particulares enquanto membros do estamento, 'pessoas gradas'). A organização estamental, portanto, é como que voltada para dentro: tem mais a ver com a capacidade de fechar-se para o exterior e oferecer a seus membros a garantia de acesso restrito a posições valorizadas". Em contraste, "a classe [...] associa seus membros conforme um critério que premia o sucesso na disputa pelo aproveitamento de oportunidades, sobretudo econômicas, oferecidas na sociedade, sem respeitar limites. Seus membros agem como se estivessem em um campo aberto, cujo exemplo acabado é o mercado concorrencial. A classe abre-se para fora num registro competitivo e conflituoso, se preciso for" (1999: 397-8). A preocupação de Fernandes é exatamente observar como uma sociedade organizada sob o princípio estamental passa a organizar-se sob o princípio da classe.

quase universal" (1977: 16), o que desmente as idéias liberais e origina um padrão particular na relação entre as classes e segmentos de classe, e também das instituições do Estado, que disfarça a violência das relações de produção no Brasil, desde a escravidão até os dias de hoje. Tanto é que houve um desenho formal moderno e liberal de instituições como a burocracia e a justiça, mas internamente estas eram regidas por relações de clientela, numa coexistência estabilizada entre princípios distintos. Segundo Schwarz: "Aí a novidade: adotadas as idéias e razões européias, elas podiam servir e muitas vezes serviram de justificação, nominalmente 'objetiva', para o momento de arbítrio que é da natureza do favor" (1977: 17). Nesse sentido, para o autor, o liberalismo no Brasil não opera como ideologia que falseia a realidade. Com o liberalismo nas condições brasileiras, perde-se o pé na realidade, o pensamento torna-se um despropósito ornamental, no contexto de uma cumplicidade alinhavada pelo favor. Assim, o desacordo entre representação e contexto é funcional para a coesão social e a dominação das elites econômico-políticas, que, por sua vez, possuem até hoje a lepidez ideológica sinalizada por Schwarz, gravitando em torno das idéias produzidas no centro do capitalismo mundial. Tanto é que no Segundo Império, período de que trata seu texto e do qual vinha tratando Fernandes, "as idéias liberais não se podiam praticar, sendo ao mesmo tempo indescartáveis" (1977: 22). E mais: "Por isso, pouco ajuda insistir na sua falsidade. Mais interessante é acompanhar-lhes o movimento, de que ela, a falsidade, é parte verdadeira" (Idem)[19]. Schwarz considera fundamental para conhecer o Brasil a apreensão desses deslocamentos no campo das idéias delineando as relações sociais: "vividos e praticados por todos como uma espécie de fatalidade" (Idem).[20]

---

19. Mais adiante, quando analiso a narrativa da "reforma" do Estado, esta observação de Schwarz me parece fundamental, tendo em vista uma compreensão mais profunda do projeto em curso, para além da denúncia da falsidade de seus argumentos em contraste com a realidade. Mas como tal fenômeno parece persistir, tudo indica que se trata de um traço cultural de longa duração entre nós.

20. Roberto Schwarz desenvolve ainda mais as teses de "As idéias fora do lugar" em seu outro livro *Um mestre na periferia do capitalismo — Machado de Assis* (1990), onde estabelece a mudança profunda ocorrida na obra machadiana, quando do aparecimento das *Memórias Póstumas de Brás Cubas*, sintonizada com o contexto material e intelectual e moral do final dos Oitocentos. A maturidade de Machado traz uma relação de continuidade e ruptura com sua obra anterior. A ruptura, em destaque, está num narrador menos coibido no que refere à caracterização dos proprietários, ou seja, num olhar para este segmento que se torna radicalmente crítico e desesperançado de seu papel progressista, já que Machado detecta/revela uma operação íntima das elites:

Isto posto, voltemos para Fernandes, no sentido de continuar a observar a lógica em que se insere esta dialética articulação entre impropriedade e funcionalidade do liberalismo no período analisado. Para ele, a expansão interna do capitalismo não era exatamente uma escolha, porque decorria de uma posição prévia do país na economia internacional — donde percebe-se uma conexão com a idéia do sentido da colonização, em Prado Jr. No entanto, os ritmos do ímpeto *modernizador*, diferenciações no interior dos estamentos e capacidade de concretizar utopias se definiram a partir de dentro.

A composição entre passado e presente, moldando o futuro capitalista e burguês e a relação dialética entre orientação ideológica e política dos atores — sua visão social de mundo —, o aparato institucional e a inserção material que vão diferenciando e complexificando interesses na sociedade brasileira, são apanhados por Fernandes como tensões e fricções históricas, como uma articulação singular e plena de sentido dos *tempos discordantes*, que delineiam uma sociedade e um Estado nacionais particulares.

A Independência, nesta interpretação, foi menos um resultado de transformações econômicas significativas internas que um elemento propulsor das mesmas, na medida em que os mecanismos centrais da vida econômica passam a gravitar e se organizar nesse âmbito. Com ela, tem início uma diferenciação dos papéis econômicos, articulada a alguma internalização do fluxo da renda. Dessa forma, era engendrada a economia de mercado, com novos padrões de consumo, que são oriundos também da urbanização. Tratava-se de um estilo muito próprio de modernização: sob controle e tutela dos estamentos dominantes, numa espécie de despotismo esclarecido, via segura para o "progresso".

O Estado brasileiro nasceu sob o signo de forte ambigüidade entre um liberalismo formal como fundamento e o patrimonialismo como prática no sentido da garantia dos privilégios estamentais. Para Fernandes, tem-se "a impossibilidade de romper frontalmente com o passado e de optar claramente por um certo futuro", o que gerou um "Estado-amálgama", realizador de "funções mutuamente exclusivas e inconsistentes" (1987: 68). Desenvolve-se também nessa época a noção de *política econômica*, com tentativas deliberadas de orientar o desenvolvimento econômico, envolvendo o Estado em "obrigações" que deveriam ser assumidas pela iniciativa privada, segundo o liberalismo *sui generis* corrente.

---

a suspensão do remorso. Vale conferir este desenvolvimento do estudo de Schwarz, em especial no Capítulo 8 da Parte I e a Parte II.

Fernandes constata que a autonomização do país inicia-se como fenômeno político. Porém dinamiza tendências de integração, diferenciação e crescimento econômicos, num processo que não estabelece ruptura com o passado recente, escravista e patrimonialista. Ele afirma ainda que a evolução histórica referida não é causada exclusivamente por alterações no mercado mundial. Mesmo que estas estivessem pressionando pelo fim do estatuto colonial, envolvia sujeitos que queriam ver mantidos alguns favores e vínculos de dependência fundamentais, já que a produção rural era voltada basicamente para a exportação.

A economia colonial passou, portanto, por adaptações às condições internas de uma economia capitalista nacional. E, ao seu lado, constituiu-se um setor competitivo, bem como se configurou um novo estilo de vida, numa espécie de transplante cultural. Segundo Fernandes, "estamos diante de uma evolução histórica em que o 'setor velho' da economia não se transformou nem se destruiu para gerar o 'setor novo'. Daí se originou um paralelismo econômico estrutural, tão orgânico e profundo quão persistente" (1987: 80-1).

Portanto, a Independência cria as condições para o florescimento do espírito burguês, mas não em toda a sua plenitude, e sem romper com o entrosamento congenitalmente heteronômico com o mercado externo, do que decorre uma não equiparação entre autonomização econômica e autonomização política. Cria-se uma *situação de mercado*, em acordo com possibilidades e limites socioeconômicos e culturais de expansão do mercado interno, numa economia voltada para a exportação. Fernandes recusa uma visão fragmentada da referida situação de mercado com ênfase analítica no mercado interno ou externo, reivindicando uma perspectiva metodológica "integrativa e totalizadora" (1987: 87). Donde, nesta nova situação, tem-se uma ordem legal e política controlada de dentro e para dentro e uma economia produzindo para fora e consumindo de fora: "um mercado interno nuclearmente heteronômico e voltado para fora" (1987: 88). Fernandes fala do quão emaranhada e desnorteante é a revolução burguesa num país periférico, de economia colonial, na qual a transplantação de processos capitalistas típicos se mistura com os já referidos processos locais. Nessa polarização, a noção de *capitalismo dependente*[21] se aplica, segundo o autor. Essa heteronomia, portanto, é uma marca estrutural do capitalismo brasileiro, e o processo de modernização, consolidando o capitalismo entre nós, tende-

---

21. Remeto o leitor à nota 17, onde estão as observações de Miriam Limoeiro Cardoso a respeito do uso do conceito de dependência por Fernandes.

rá a mantê-la. Até porque se há uma metamorfose dos estamentos, no sentido de seu aburguesamento, esta é acompanhada de uma aceitação dos controles estrangeiros na vida econômica do país, a qual "processava-se sob forte identidade de interesses e, até, sob laços profundos de lealdade e de simpatia" (1987: 98).

No setor novo, urbano e cada vez mais diferenciado, vai se concentrar certa insatisfação com a situação heteronômica do país, com críticas dirigidas à escravidão. Por seu perfil capitalista mais típico, estes segmentos tinham condições, ainda que limitadas, de se libertarem da estagnação estrutural do setor agrário exportador, impulsionando a modernização econômica. O complexo comercial, particularmente, terá um papel estratégico. Fernandes, como Prado Jr., identifica em dois sujeitos uma situação histórica especial no sentido de engendrar a revolução burguesa: os fazendeiros de café e os imigrantes, construtores pioneiros do Brasil moderno. Estes promoveram novas adaptações e comportamentos, desagregando a ordem escravocrata e senhorial, política e economicamente.

Contudo, vale destacar que os fazendeiros de café, apesar de seu protagonismo na consolidação da lógica do lucro e da capitalização entre nós, se caracterizavam também por um forte conservantismo político, tendo em vista a garantia de fatores de estabilidade para a continuidade da concentração de capital comercial e financeiro dentro da ordem: a política de defesa permanente do café. Duros homens de negócios, completos egoístas e sistematicamente oportunistas, segundo o autor, mantiveram alguns símbolos estamentais de *status*, mas sempre em busca da riqueza e do lucro. Ao longo de três quartos de século, foram consolidando uma posição republicana e incorporando o trabalho livre.

A pressão estrutural promovida pela expansão do capital comercial e bancário no sentido de ajustar a economia interna aos padrões capitalistas irá colocar em pauta a questão do trabalho livre e do mercado interno, o que conduziu à vinda massiva da figura do imigrante, a qual preencheu os espaços vazios com uma racionalidade adaptativa e versátil. Traziam uma mentalidade capitalista, sendo que uma pequena parcela destes impulsionou a indústria. Já outra, majoritária, engrossou as fileiras do proletariado nascente. O imigrante como agente econômico obedecia à lógica da aventura e da audácia, não projetando seus interesses no largo prazo, ou pensando-se como construtor de um novo mundo. Sua busca era imediata, sua ação também. Essa cultura marcou, para Fernandes, o desenvolvimento ulterior do capitalismo brasileiro. Outro aspecto é que os imigrantes que se tornaram capitalistas tiveram também uma tendência ao conservadorismo político, tendo em vista legitimar-se e assegurar condições ótimas de acumulação, do que decorre o não-fortalecimento do liberalismo, em seus componentes mais utópicos, e sua continuidade como ornamento ilustrado, bem como a manutenção da heteronomia.

Assim, estes são os ingredientes da entrada brasileira no capitalismo, num processo de transição condicionado pelos dinamismos do mercado mundial e marcado pela *adaptação* do sistema colonial aos novos tempos. Para Fernandes, a estrutura colonial revelou *plasticidade* nesse processo de adaptação, mas pouca *elasticidade* e até *rigidez* na absorção do novo. A ordem escravocrata e senhorial era particularmente resistente à introdução da competitividade como fundamento da vida social, o que viria lenta, mas irreversivelmente, a desagregá-la. Dentro disso, o ritmo da revolução política foi mais rápido, e os da econômica e social, mais lentos, especialmente esta última. O Estado nacional nasce antes da ordem competitiva, a qual vai se impondo, mas a partir de um feixe de mediações e adaptações, que levam à seguinte conclusão de Fernandes (1987: 156):

> "A coletividade arcava com os riscos e suportava, por mecanismos diretos e indiretos, a posição privilegiada do agente econômico. Isso indica que a competição não se inseria nas vias socialmente construtivas que relacionaram, nas sociedades capitalistas avançadas, propriedade privada, livre iniciativa e redistribuição da renda e poder. Ela foi rapidamente redefinida, tanto economicamente, quanto social e politicamente como um fator de distribuição estamental — e portanto fortemente desigual da renda e do poder."

A diferenciação no âmbito da divisão social do trabalho trouxe o surgimento de camadas intermediárias, mas que se colaram à lógica descrita acima, somando para a sua preservação. Mais tarde, esses segmentos irão tornar-se, em parte, membros das chamadas "classes médias", mas, segundo Fernandes, apegadas "à modernização e à democratização como meros expedientes de privilegiamento de seus interesses e do seu destino social" (1987: 160), e cumprindo uma obscura missão histórica de "fiadores da perpetuação crônica do 'poder conservador'" (1987: 161) e de privilégios sobreviventes da sociedade colonial e imperial.[22]

---

22. Lembremo-nos das sábias palavras de Marx sobre as camadas médias, no *18 de Brumário*, citadas na nota 4 deste capítulo. Mas também são fundamentais as observações de Schwarz sobre as relações de favor como via de integração desses segmentos (cf. Schwarz, 1977: 16).

Um aspecto dessa transição, também de natureza duradoura na formação social brasileira, é a incongruência entre as normas legais e as normas práticas. Nessa época, tem-se uma coexistência exótica entre a escravidão e os privilégios da aristocracia agrária e o *status* de cidadão, preconizado pela ordem social competitiva, no seu sentido mais utópico. Esta última perspectiva ganha força com a desagregação progressiva do regime escravista e eclode no movimento abolicionista, ainda que este fosse limitado ideológica e politicamente. Na verdade, era amplamente hegemonizado por um espírito de elite que delimitava o horizonte do conflito: sem as massas, sem irmanar-se com os negros e mulatos (no que Fernandes distancia-se de Prado Jr.). Ao contrário, disciplinando-os: "fortalecendo-se os laços que prendiam os homens aos seus níveis sociais, aos correspondentes códigos de honra e ao mito de que o Brasil é ingovernável sem a versão autocrático-paternalista do despotismo esclarecido" (1987: 165).

Esse conjunto de reflexões leva Fernandes a algumas sínteses fundamentais para qualquer discussão sobre a dinâmica da sociedade brasileira no passado e no presente, e que, portanto, muito interessam ao estudo aqui desenvolvido sobre a recente contra-reforma. Sua idéia central é a de que, ao ser incorporada em contextos histórico-sociais e socioculturais arcaicos, a competitividade concorre para manter o passado no presente. Daí resulta uma outra conexão fundamental: a de valores conservadores, particularistas e elitistas e a ordem social competitiva. Para Fernandes, portanto, na nova ordem, na qual o burguês moderno renasce do senhor antigo, "além da desigualdade de classes, conta poderosamente o privilegiamento dos privilegiados na universalização da competição como relação e processos sociais" (1987: 168).

Os lentos avanços da constituição de um setor novo e da urbanização vão evidenciar os entraves que o poder político e social da aristocracia agrária impunham ao processo de modernização, até do ponto de vista do capital estrangeiro. Entre uma visão de modernização mais acelerada e os interesses senhoriais, prevaleceu uma acomodação intermediária, na qual se barganhava certa contenção da heteronomia nos níveis econômicos e técnicos, ao lado de uma contenção do mercado interno moderno, neutralizando as vantagens econômicas da criação de um Estado nacional. Dessa forma, garantia-se o controle do ritmo da modernização, segundo os interesses dos antigos senhores, e uma acomodação limitada no tempo de formas econômicas opostas. Veja-se o que conclui Fernandes (1987: 176):

"Dessa acomodação resultou uma economia 'nacional' híbrida, que promovia a coexistência e a interinfluência de formas econômicas variavelmente 'arcaicas' e 'modernas', graças à qual o sistema econômico adaptou-se às estruturas e às funções de uma economia capitalista diferenciada, mas periférica e dependente (pois só o capitalismo dependente permite e requer tal combinação do 'moderno' com o 'arcaico', uma descolonização mínima, com uma modernização máxima)."

A transição — claramente não-clássica — para o capitalismo no Brasil, então, é marcada por uma *visão estreita do dinamismo do mercado interno* e sua direção volta-se para impedir qualquer crescimento a partir de dentro. Prevaleceram os interesses do setor agroexportador e o ímpeto modernizador não teve forças suficientes para engendrar um rumo diferente, já que promovia mudanças com a aristocracia agrária, e não contra ela.

A persistente presença do trabalho escravo teve impactos importantes no nascimento do trabalho livre e nas possibilidades políticas de um processo mais rápido e radicalizado de transição, com participação mais contundente do movimento operário: "em vez de fomentar a competição e o conflito, ele nasce fadado a articular-se, estrutural e dinamicamente, ao clima de mandonismo, do paternalismo e do conformismo, imposto pela sociedade existente, como se o trabalho livre fosse um desdobramento e uma prolongação do trabalho escravo" (Fernandes, 1987: 193). Trata-se de uma situação estrutural, também um componente central da problemática de Prado Jr., que vai retardar a consciência e a ação política operárias no Brasil. Estas, quando se colocam mais adiante na cena política, extrapolando o mandonismo e paternalismo tradicionais das elites, serão tratadas a partir da repressão policial e da dissuasão político-militar.

A partir dessas constatações, Fernandes caracteriza o *drama crônico* típico do capitalismo à brasileira, no qual "as impossibilidades históricas formam um círculo vicioso, que tende a repetir-se em quadros estruturais subseqüentes. Como não há ruptura definitiva com o passado, a cada passo este se reapresenta na cena histórica e cobra seu preço, embora sejam muito variáveis os artifícios da conciliação (em regra, uma autêntica negação ou neutralização da 'reforma')." (1987: 202) Uma síntese que remete aos fantasmas, tragédias e farsas sinalizadas por Marx na sua análise concreta de uma situação histórico-social concreta. Uma orientação fundamental para Prado Jr. e que dá direção ao estudo da lógica das mudanças empreendidas no país por parte das elites político-econômicas, como a que está em foco neste livro, onde o drama é reeditado, porém com um enredo específico. Porém Fernandes vai mais adiante: quer observar essa lógica fundadora em configurações mais maduras, o que muito interessa a este estudo por razões óbvias — a contra-reforma do Estado brasileiro está ocorrendo no contexto de um pleno amadurecimento do capitalismo brasileiro e reedita o drama crônico como negação da radicalização democrática, se auto-intitulando como "reforma". Vejamos.

A crise do poder oligárquico-escravista inaugura um processo de transição — "cinzento e morno" — que cria as bases para a concretização do poder burguês no país. Em vez de constituir instituições próprias nesse processo, ela converge para o Estado, procurando exercer pressão, orientar e controlar a aplicação de seu poder político, segundo interesses particulares. A burguesia brasileira não é "paladina da civilização ou instrumento da modernidade". Portanto, vai optar por mudanças graduais e adaptações ambíguas, polarizada por preocupações particularistas e um "entranhado conservantismo sociocultural e político" (Fernandes, 1987: 205). De outro lado, a influência modernizadora externa não ultrapassava os limites da criação de uma economia capitalista satélite, para não estimular sonhos de independência.

Assim, os interesses externos e internos convergiam e alimentavam uma dimensão autocrática do exercício do poder político. Se as diferenciações intra-elites foram acomodadas e toleradas, quaisquer manifestações dos de baixo, mesmo por um espaço político dentro da ordem, eram vistas como desafios insuportáveis. Fernandes fala de uma consolidação conservadora da dominação burguesa no Brasil, especialmente se se observa a imposição desta sobre a classe operária, marcada pela repressão ou pela cooptação/corrupção: "Isso faz com que a intolerância tenha raiz e sentido políticos; e que a democracia burguesa, nessa situação, seja de fato uma democracia restrita, aberta e funcional só para os que têm acesso à dominação burguesa" (1987: 212). Fernandes explicita que no contexto do difícil capitalismo dependente, o horizonte histórico da burguesia brasileira dificilmente seria/será suficientemente amplo, no sentido da realização de uma revolução nacional e democrática. Com isso, o autor demarca, em consonância com as idéias de Prado Jr., uma divergência no próprio campo da esquerda, que muitas vezes cultivou essa ilusão política.

Fernandes, então, dá um salto histórico[23] para o contexto mundial do capitalismo monopolista e da guerra fria, quando despontam novas ten-

---

23. Salto que reforça a pertinência da observação de Rodrigues (1987: 230-5) acerca de um desenvolvimento não tão suficiente da caracterização de Fernandes da ordem social competitiva.

dências dinâmicas para o processo de consolidação e desenvolvimento do capitalismo no Brasil, sobretudo a partir dos anos 1950, e a burguesia brasileira aderiu ao intitulado "desenvolvimento com segurança" — diga-se, ofereceu garantias econômicas, sociais e políticas ao capital estrangeiro, em especial norte-americano. De outro ângulo, tem-se o crescimento da classe operária e a pressão cada vez maior por um novo pacto social, tendo em vista realizar as promessas do Brasil republicano. Essas questões ganham densidade ao longo do século XX e a elas acrescenta-se uma tensão quanto ao crescimento do Estado, particularmente de suas funções econômicas. Para Fernandes, o golpe de 1964, a "solução" político-militar desses conflitos, é a aglutinação da burguesia em torno de uma contra-revolução autodefensiva, que veio para resolvê-los — pela força — e desencadear a aceleração e aprofundamento da acumulação capitalista no Brasil. Com a opacidade do regime militar, abriam-se novas condições para as elites associarem-se mais intimamente com o capital financeiro, reprimirem a subversão da ordem e se apropriarem literalmente do Estado,[24] num contexto de crescimento acelerado e sob controle. Assim, segundo Fernandes, a dominação burguesa mostrou-se como ela é. Evidentemente, mais uma vez houve a acomodação de interesses arcaicos, interferindo nos ritmos da modernização. No entanto, o golpe teve um significado fundamental para o autor: encerrou um capítulo da história econômica, arquivando definitivamente a chamada revolução democrático-burguesa. E abriu outro, o da revolução de cima para baixo, de natureza claramente autocrática, na qual a burguesia atinge a sua maturidade e plenitude no poder. Para Fernandes, o caráter autocrático e opressivo da dominação burguesa no Brasil apurou-se nesse momento, e "sem dúvida, continuará, mesmo que encontre formas eficientes de dissimulação" (1987: 220), provoca o autor.

Na perseguição das condições estruturais de desenvolvimento do capitalismo brasileiro, são vislumbrados três processos fundamentais: a incapacidade de romper com a associação dependente com o exterior (heteronomia); a incapacidade de desagregar completamente os setores arcaicos; e a incapacidade de superar o subdesenvolvimento gerado pela concentra-

---

Já o pouco destaque do autor para a "revolução" de 30 é atribuído por Rodrigues à natureza do trabalho de Fernandes, como interpretação da dominação burguesa que se afasta de momentos-chave, revelando-se como processo de consolidação.

24. Sobre as mudanças do papel do Estado e sua nova arquitetura institucional no pós-64, conferir o estudo de Martins (1985).

ção da riqueza. O comportamento particularista e egoísta da burguesia brasileira associada ao capital internacional engendrou uma exclusão parcial ou total dos não-possuidores do circuito capitalista, não universalizando o trabalho livre e não integrando o mercado interno. Fernandes sublinha o papel dos sujeitos na história, apontando o significado das escolhas políticas e econômicas realizadas, mostrando que seu horizonte nunca foi a idéia de nação, mas alvos coletivos particularistas, o que, a meu ver, repete-se hoje:

> "Desse ângulo, dependência e subdesenvolvimento não foram somente impostos 'de fora para dentro'. Ambos fazem parte de uma estratégia, repetida sob várias circunstâncias no decorrer da evolução externa e interna do capitalismo, pela qual os estamentos e as classes dominantes dimensionaram o desenvolvimento capitalista que pretendiam, construindo por suas mãos, por assim dizer, o capitalismo dependente como realidade econômica e humana." (1987: 223)

Fernandes periodiza o desenvolvimento do capitalismo brasileiro em três fases. A primeira é de eclosão de um mercado capitalista especificamente moderno, que iria da abertura dos portos até meados dos anos 1860. Nesse período, desencadeia-se um enlace entre a economia interna e o mercado mundial, fundado em novas relações com a cidade e suas populações e articulado ao escravismo. Trata-se de um padrão neocolonial de desenvolvimento que iria requerer os novos arranjos estruturais já sinalizados. A segunda fase é a da formação e expansão do capitalismo competitivo, na qual o sistema econômico se diferencia, inclusive com a fixação das bases para a industrialização, e que vai da década de 1860 até a década de 1950. A terceira é a fase de irrupção do capitalismo monopolista, marcada pelas operações comerciais, financeiras e industriais das grandes corporações no país, que se acentua nos anos 1950 e adquire caráter estrutural após o golpe de 1964.

A partir da segunda fase, tem-se a constituição de um mercado capitalista mais consolidado, acompanhado da montagem de uma estrutura econômica, que aparentemente nascia de decisões internas, mas na verdade mantinha um forte vínculo com os movimentos econômicos e geopolíticos das potências mundiais. Na verdade, tratou-se do desenvolvimento de um mercado competitivo induzido de fora, adaptando a economia brasileira aos dinamismos das economias centrais, mas sem desencadear maiores possibilidades de autonomia.

Isto porque o desenvolvimento capitalista brasileiro tem o fulcro de uma dupla e persistente articulação. Para Fernandes, houve uma espécie de aceitação natural de que: 1) o setor agrário permanecesse arcaico por longo tempo, contribuindo para uma acumulação originária de capital; e 2) a articulação dependente com as economias centrais seria a única saída para a industrialização e aceleração do desenvolvimento econômico interno. Promoveu-se o desenvolvimento acelerado, com forte sustentação do Estado, por meio da chamada substituição de importações e a dupla articulação se manteve. Decorrência disso foi a ausência de uma reforma agrária, mesmo que moderada, e a existência de um mercado altamente seletivo, que acompanhava a concentração social e racial da renda e desconsiderava as massas como consumidoras. A dominação imperialista cresceu ao invés de diminuir, com a diferenciação e aceleração do capitalismo, atuando a partir de dentro e com vantagens estratégicas imensas diante das empresas nacionais. O capital internacional reciclou o padrão de desenvolvimento, adaptando-o aos seus novos interesses. De um ponto de vista interno, os segmentos burgueses hegemônicos, ao manter a dupla articulação referida, fizeram uma história em circuito fechado, engendrando um capitalismo dependente com poucas condições de romper consigo mesmo.

Acerca da expansão do capitalismo monopolista, Fernandes chama a atenção para o advento do "socialismo num só país", que, com todas as suas limitações, difundia o apelo de um padrão de civilização alternativo. Este fato acirra a disputa de fronteiras e a partilha do mundo, por parte das nações imperialistas, movimento que adquire as seguintes características: reprimir os protestos contra as iniqüidades e conjurar o perigo comunista; controlar as estruturas políticas das sociedades hospedeiras; promover um desenvolvimento "com segurança", impedindo a conciliação concreta entre democracia, capitalismo e autodeterminação. Considerando as tendências já delineadas, a relação brasileira com esse momento foi mais uma vez *adaptativa*, constituindo-se como pólo dinâmico e economia monopolista dependente, na periferia do mundo do capital. Concorreram para isso decisões externas de alocação de recursos e deslocamento físico por parte das corporações, bem como decisões internas de viabilizar as decisões externas, sem as quais a irrupção do capitalismo monopolista entre nós não adquiriria tamanha intensidade. O apoio interno — das classes possuidoras e dos estratos empresariais influentes no Estado — foi decidido e decisivo.

O golpe de 1964 permite uma liberdade total de movimento, no sentido de empreender as transformações requeridas para uma adaptação ao capitalismo monopolista. Para Fernandes, a base das decisões internas também é psicossocial e política, envolvendo a ilusão de que o processo desencadeado levaria à superação dos entraves ao desenvolvimento sustentado, diluindo no tempo a dominação estrangeira e neutralizando os ritmos desiguais do capitalismo entre nós. Mesmo o suporte estatal não foi capaz de fazer um contrapeso às orientações ultraconservadoras, já que sua capacidade de fazê-lo estava associada à vontade política — inexistente — de identificação com interesses coletivos nacionais por parte das classes possuidoras e suas elites políticas e militares. Assim, o Estado converteu-se em captador de poupança externa e base de internacionalização da economia brasileira, em consonância com os interesses de classe que representava.

Fernandes reconhece que houve uma crise do poder burguês no início dos anos 1960, mas que se resolveu a partir de três eixos: a articulação entre a iniciativa privada interna e o mercado mundial; a capacidade de mobilização social e política da burguesia como classe possuidora e privilegiada; a conversão do Estado em eixo estratégico da reconstituição do poder burguês "estabelecendo uma conexão direta entre dominação de classe, concentração do poder político de classe e livre utilização, pela burguesia, do poder estatal daí resultante" (1987: 264). O resultado? A configuração política de uma versão tecnocrática da democracia restrita, que Fernandes qualifica como *autocracia burguesa*, via pela qual o capitalismo monopolista se consolida no Brasil. Fernandes antecipa que ao consolidar-se, o capitalismo monopolista, promove efeitos regressivos e mudanças estruturais — em especial a concentração operária, viabilizando a formação da consciência de classe e sua organização política. Tais vetores poderiam levar o capitalismo monopolista à crise no Brasil, com conseqüências imprevisíveis.

Em algumas páginas desse trabalho, que foi publicado em 1975, mas cuja elaboração inicia-se pelos idos de 1969, Fernandes aponta vários prognósticos corretos, a exemplo das possibilidades de irrupção de uma nova classe operária no contexto do capitalismo monopolista no Brasil, em favor de interesses próprios e com autonomia. Ao lado disso, ele menciona as potencialidades políticas dos setores urbanos e rurais, considerando as metamorfoses estruturais da economia do país, bem como das camadas médias, cuja mobilidade social torna-se cada vez mais complexa, o que as distanciaria do seu tradicional conservadorismo político. Trata-se de uma nova configuração dos "de baixo" que rompe com o monolitismo do poder burguês nacional em articulação com o capital internacional. Dessa forma, dialeticamente, a via autocrática e acelerada da consolidação do capitalismo monopolista no Brasil engendra os sujeitos e processos que irão derruí-la, seja na direção de uma democracia burguesa, seja na da constituição de uma ordem socialista (1987: 285). Assim, tem-se uma nova situação estrutural e histórica que abre vários caminhos.

Em síntese, segundo este estudo clássico, completa-se o trânsito para o capitalismo, mas com os traços da condição periférica, que são: uma forte dissociação pragmática entre capitalismo e democracia; a extrema concentração da riqueza; a drenagem para o exterior de significativa parcela do excedente econômico nacional; a persistência de formas pré-capitalistas de trabalho e a depressão do valor do trabalho assalariado. No que refere à relação com o capital estrangeiro, Fernandes sublinha que a burguesia nacional associada à internacional quer "manter a ordem, salvar e fortalecer o capitalismo, impedir que a dominação burguesa e o controle burguês sobre o capital se deteriorem" (1987: 294), consolidando a conjugação orgânica entre desenvolvimento desigual interno e dominação imperialista externa. Nesse processo, o Estado nacional não é uma peça contingente. Ao contrário, ele é o verdadeiro dínamo do poder burguês, na medida em que os meios privados de dominação de classe são insuficientes e as funções convencionais do Estado democrático burguês seriam ineficientes, considerando a violência do processo de adaptação às demandas do capitalismo monopolista. Daí que ocorre entre nós uma exitosa domesticação particularista do Estado e o exercício egoísta e irresponsável de uma liberdade de classe. Para Fernandes (1987: 346),

> "o Estado adquire estruturas e funções capitalistas, avançando, através delas, pelo terreno do despotismo político, não para servir aos interesses 'gerais' ou 'reais' da Nação, decorrentes da intensificação da revolução nacional. Porém, para satisfazer o consenso burguês, do qual se tornou instrumental, e para dar visibilidade histórica ao desenvolvimento extremista, a verdadeira moléstia infantil do capitalismo monopolista na periferia."

Portanto, tem-se uma combinação, no pós-64, entre a tradicional democracia restrita e a orientação modernizadora de um governo forte, num Estado sincrético (porque são mantidas algumas aparências democráticas), autocrático e oligárquico, requerido pela difícil administração de tempos históricos discordantes e pelo exercício da dominação burguesa. Mas não por muito tempo, já que as forças de contra-hegemonia desencadeadas pela própria modernização em breve solapariam esta forma de despotismo, pondo fim ao regime militar.

Aqui concluo o apanhado das principais idéias de Fernandes, nesta sua interpretação, que segue até a saturação do país de relações capitalistas de tipo monopolista, quando se completa o processo de modernização conservadora no Brasil, compreendendo-se modernização como maturação do capitalismo no país, e hegemonia desta relação social de produção, tendo o Estado como dínamo e suporte, e mantendo-se uma cultura política antidemocrática. Ou seja, trata-se da consolidação do capitalismo, mas mediado, filtrado por traços e tensões fundamentais da nossa formação social, o que remete ao conceito de modernização conservadora, cuja origem está em Moore Jr. (1983),[25] e que foi largamente utilizado para caracterizar nosso processo de transição para o capitalismo.

Pois bem, hoje estamos mais uma vez diante de mudanças importantes no mundo do capital, de natureza fortemente regressiva, a impor novas adaptações na periferia. Mas não se trata de transitar, considerando que nossa transição completou-se, configurando estruturalmente um capitalismo retardatário (Cardoso de Melo, 1991) e heterônomo, com espectros do passado mesclando-se ao presente. De forma que a idéia de modernização conservadora possui um enorme potencial explicativo do nosso processo acelerado de transição para o capitalismo competitivo e monopolista, deixando marcas indeléveis — o peso dos mortos sobre os vivos, de Marx — nos acontecimentos presentes. Parece ser um tanto forçado, ainda que as tenta-

---

25. Para Moore Jr., a modernização como revolução burguesa vinda de cima e seus vínculos com o fascismo, diga-se, as rotas reacionárias do Japão e da Alemanha, são processos caracterizados pelo enraizamento do capitalismo industrial sem revolução popular. Ele refere-se aos sistemas agrários repressivos da mão-de-obra — e o escravismo é o exemplo mais contundente — como desfavoráveis à democracia e parte importante do complexo institucional que leva ao fascismo — daí o significado da derrota do Sul na Guerra Civil Americana, e sua articulação com uma modernização pela via democrático-burguesa. Na seqüência, cita como uma subalternativa ao fascismo, dentro do mesmo padrão, a *modernização conservadora*, por meio de uma revolução vinda de cima (1983: 430). E, em nota de rodapé, sugere a possibilidade de vários países da América Latina estarem nessa via. Trata-se de uma aliança entre uma classe comercial e industrial demasiado fraca e dependente para tomar o poder, com a aristocracia proprietária de terras e a burocracia estatal, configurando um governo conservador e autoritário, mas não necessariamente fascista, e comportando um parlamento com poderes limitados. O Estado é um instrumento de reforma e motor da industrialização, além de manter os operários e camponeses no seu lugar, seja pela força, seja com políticas sociais. Vale dizer que tanto o varguismo, quanto o período pós-64 recorreram aos dois expedientes. A modernização conservadora exige algumas circunstâncias e condições: um governo capaz de arrastar os elementos mais reacionários das classes superiores; e a separação de governo e sociedade. A Alemanha e o Japão encontraram no militarismo e no fascismo a saída do dilema de modernizar sem alterar as estruturas sociais.

ções sejam inúmeras, transpor o referido conceito para as mudanças do Brasil dos anos 1990. Contudo, é evidente que há recorrências econômicas e políticas, as marcas a que fiz referência, nos processos que estiveram em curso nos anos 1990 e neste início de milênio, em especial no âmbito do Estado.

Cardoso de Melo (1991),[26] corrobora, com sua análise econômica, as conclusões de Fernandes. Ele reconstitui a passagem da economia colonial para a economia capitalista no Brasil, sendo a primeira indissociável do capitalismo competitivo da metrópole, como enfatizou também Fernandes. A partir dos processos de construção de Estados nacionais na América Latina, as decisões, apesar das pressões metropolitanas, são nacionais, diga-se, dependem de uma articulação de forças internas. Dentro disso, é importante considerar a articulação entre proprietários de terras, em especial dos setores agroexportadores, com a indústria, desde o latifúndio escravista enquanto foi economicamente rentável, até o assalariamento. Cardoso de Melo destaca o papel da economia mercantil escravista, como setor dinâmico capaz de promover uma diversificação da economia, ainda que de forma lenta e gradual conforme vimos em Fernandes. Ele mostra como em vários momentos, mesmo na crise de 1929-32, processos internos foram decisivos para determinados deslocamentos do investimento econômico e do centro de decisão política. Mas o fundamental aqui é a articulação entre os tradicionais proprietários de terras e a constituição mesma da burguesia no Brasil: seu vínculo orgânico e típico de processos de modernização conservadora (Moore Jr., 1983).

Este vínculo — um dos fantasmas recorrentes — se expressa em vários momentos e eventos da nossa história. Sua expressão maior é a dificuldade de realização da reforma agrária ou mesmo a extensão de direitos no campo, apesar dos avanços da industrialização e da urbanização, ou mesmo do desenvolvimento mais ostensivo de uma agroindústria no país, ain-

---

26. Economista e professor da Unicamp, Cardoso de Melo influenciou o debate acerca das características da transição brasileira para o capitalismo, sobretudo os economistas heterodoxos e marxistas, em seu trabalho *O capitalismo tardio* (1991), crítico à problemática cepalina da industrialização nacional a partir de uma situação periférica, como via de superação da pobreza e construção das bases econômicas da nação. O autor também critica a resposta da teoria da dependência, em especial na sua versão em Gunther Frank, mas também na teoria da dependência, de Cardoso & Faletto (1973), apesar do reconhecimento explícito do autor em relação a estes últimos, os quais empreenderam uma tentativa de enfatizar os fatores internos para uma compreensão da formação capitalista na América Latina.

BRASIL EM CONTRA-REFORMA

da que o campo brasileiro tenha se metamorfoseado, sobretudo a partir dos anos 1970 (Iamamoto, 2001). Veja-se a força de segmentos "tradicionais" no Legislativo e as dificuldades de aprovação de projetos nessa área e, na seqüência, dificuldades de implementação, mesmo no período de *ordem democrática limitada*, de 1946 a 1963 (Santos, 1987 e Vieira, 1995). O Estatuto da Terra, aprovado em 1963, foi um argumento de sustentação do apoio dos proprietários de terras ao golpe, diante do crescimento do movimento das Ligas Camponesas no país. Veja-se, hoje, as forças que compuseram a aliança, mesmo tensa, que deu sustentação ao governo FHC e, de outro ângulo, o movimento social que o colocou contra a parede — o Movimento dos Trabalhadores Sem Terra (MST) —, em que pesem os esforços do mesmo para desqualificá-lo. Ou os dados contundentes sobre a propriedade da terra no Brasil e sobre a distribuição de renda. Diante desses elementos, tudo indica que essa característica da modernização conservadora é uma espécie de eterno retorno, enquanto os trabalhadores não constituem um movimento contra-hegemônico radicalmente democrático, socialista e fundado numa vontade nacional popular profunda de mudanças.[27] Mas esta não é a única característica recorrente. Chaui (2000: 9) chama a atenção para a idéia de um *mito fundador* da brasilidade, que se articula ao drama crônico de Fernandes:

> "esse mito impõe um vínculo interno com o passado como origem, isto é, com um passado que não cessa nunca, que se conserva perenemente presente e, por isso mesmo, não permite o trabalho da diferença temporal e da compreensão do presente enquanto tal. [...] Um mito fundador é aquele que não cessa de encontrar novos meios para exprimir-se, novas linguagens, novos valores e idéias, de tal modo que, quanto mais parece ser outra coisa, tanto mais é a repetição de si mesmo."

O que ocorre no Brasil dos anos 1990 reitera, portanto, vários componentes desse mito: o autoritarismo no Estado e na sociedade, a cultura senhorial, o patrimonialismo, o clientelismo, a privatização do público, a tu-

---

27. Os primeiros passos do governo Lula têm sido oscilantes: concessões ao *agrobusiness*, ao nomear um de seus representantes para o Ministério da Agricultura, o que mostra a força dos espectros, agora metamorfoseados conforme a época do capitalismo mundializado; e a nomeação de um signatário de uma reforma agrária radical para um ministério exclusivo para este fim, combinada à prioridade desta reforma no Programa Fome Zero. Os resultados concretos dessa estranha convivência serão indicativos fundamentais para avaliar os avanços democráticos nos próximos anos.

tela, o favor. Nessa reedição, mais uma vez, "a classe dominante brasileira é altamente eficaz para bloquear a esfera pública das ações sociais e da opinião como expressão dos interesses e direitos de grupos e classes sociais diferenciados e/ou antagônicos" (Chaui, 2000: 92), por meio da difusão do mito de que somos um povo pacífico e ordeiro e que vive numa terra abençoada por Deus e pela natureza. Mito que atualiza a provocação de Paulo Prado em seu *Retrato do Brasil*, retomado na bela resenha de Nogueira (1999): o país inaceitável e triste, contaminado pela doença romântica — o que é retomado no ensaio de Chaui supracitado —, e com uma formidável capacidade para produzir leis e não implementá-las.

Interpretações do Brasil fundamentadas e inspiradas em Gramsci corroboram também o raciocínio presente nas linhas anteriores. Vale recorrer àquela que se coloca como a mais madura,[28] qual seja, a de Coutinho (1989a), quando faz remissão às categorias gramscianas para uma interpretação desse processo de transição para o capitalismo no Brasil, sua condição contemporânea e a estratégia da esquerda. A penetração do pensamento gramsciano no Brasil é recente — as primeiras traduções datam do final dos anos 1960 — e sua difusão foi lenta. As razões disso, para Coutinho, estão no ambiente cultural influenciado pelo marxismo-leninismo da Terceira Internacional, fortemente economicista. Nessa perspectiva, o Brasil era caracterizado como semicolonial e semifeudal, e a estratégia da esquerda voltava-se para pensar a possibilidade de uma revolução democrático-burguesa, tendo em vista desenvolver as condições para uma futura revolução socialista. Assim, segundo o autor, "não eram muitos os intelectuais brasileiros a compreender que o país — e, em grande parte, por causa da política econômica do regime militar tecnocrático — alcançara um nível de desenvolvimento capitalista pleno, e até mesmo de capitalismo monopolista de Estado" (1989: 120). Dentre estes poucos intelectuais estão Prado Jr. e Fernandes, certamente. Em que pese minha restrição explícita ao conceito de capitalismo monopolista de Estado (cf. Behring, 1998: Capítulo 1), tal colocação de Coutinho, a meu ver, reforça a importância das conclusões de Fernandes, bem como explica a crescente influência de Gramsci nas interpretações da formação social brasileira nas últi-

---

28. Também é sempre apontado o trabalho de Vianna (1978) como uma referência importante em se tratando de interpretações da realidade brasileira fundamentadas em Gramsci. No entanto, considerei a contribuição de Coutinho sintética, didática e profunda. Na verdade, trata-se de um interlocutor imprescindível, quando o tema é a relação entre Gramsci e o Brasil.

mas duas décadas. Para Coutinho, a perspectiva metodológica e alguns conceitos básicos conferem à obra gramsciana uma profunda universalidade, que contribui para "iluminar alguns aspectos decisivos de nossa peculiaridade nacional" (1989a: 120). Nesse sentido, Coutinho propõe relacionar o conceito de revolução passiva[29] ao de modernização conservadora, bem como trazer o conceito de Estado ampliado, para pensar o Brasil como uma formação social de tipo ocidental.

Sobre a revolução passiva, Coutinho aponta elementos que estão em Fernandes ou mesmo em Cardoso de Melo: as soluções elitistas, pelo alto e antipopulares em momentos-chave da história brasileira; a utilização em larga escala dos aparelhos repressivos; e o papel econômico do Estado. Soluções que tornaram o Brasil um país industrial moderno, urbano e complexo — diferente do que pensou Prado Jr. com sua ênfase na permanência. Um conceito também utilizado para a caracterização desse tipo de transição para a modernidade capitalista é o de via prussiana, de Lênin, como já se viu, o qual Coutinho considera insuficiente por se deter prioritariamente nos aspectos infra-estruturais do processo. Daí que a idéia de revolução passiva complemente a de via prussiana, destacando o momento político. Mas o fundamental é o real potencial explicativo da idéia de revolução passiva, a qual supõe um processo que paradoxalmente se constitui ao mesmo tempo de restauração e renovação. Assim, tem-se a reação à possibilidade de uma revolução popular, articulada à incorporação de algumas demandas e exigências progressistas e dos trabalhadores. Coutinho identifica na história brasileira o período Vargas como um exemplo de revolução passiva ou restauração progressista — e, eu acrescentaria, — de modernização conservadora. O período pós-64 pode ser abordado da mesma forma, como um processo de revolução passiva na direção da consolidação do capitalismo monopolista, como salientou Fernandes. Para Coutinho, o conceito de revolução passiva é um importante critério de interpretação de momentos decisivos da formação social brasileira. A revolução passiva encerra duas causas-efeitos destacadas pelo autor, com base em Gramsci: o fortalecimento do Estado em detrimento da sociedade civil, donde decorre o predomínio de formas ditatoriais da supremacia, em contraposição a formas hegemônicas; e a prática do transformismo.

---

29. Vale lembrar a articulação que Coutinho faz entre o conceito de revolução passiva e a tematização implícita em Prado Jr. da via não-clássica para o capitalismo no Brasil, e que foi incorporada algumas páginas atrás.

Neste passo, as transformações no Brasil têm sido o resultado de deslocamentos no interior das frações dominantes, que vêm delegando ao Estado as funções da dominação política, por meio de ditaduras sem hegemonia. Contudo, a revolução passiva não prescinde de um mínimo de consenso, o que vem se dando por meio da "assimilação pelo bloco no poder das frações rivais das próprias classes dominantes ou até mesmo de setores das classes subalternas" (1989a: 126). Coutinho explica que existem duas formas de transformismo identificadas por Gramsci na experiência italiana: molecular, em que personalidades políticas dos partidos democráticos de oposição se incorporam individualmente à classe política conservadora moderna; e de grupos radicais inteiros, que transitam para o campo moderado. Na história brasileira, Coutinho observa a trajetória de vários intelectuais como transformismo molecular. Mas identifica também no populismo a perspectiva do transformismo de grupos inteiros. A transição pela via da revolução passiva tende para uma sociedade com características "orientais", com uma forte sociedade política diante de uma sociedade civil gelatinosa. Tal afirmação poderia levar a pensar que a idéia de revolução passiva teria valor apenas historiográfico — e com ela também a de modernização conservadora, penso eu. No entanto, a "ocidentalidade" ou "orientalidade" de uma sociedade configura-se num processo histórico. Em busca de uma adequada interpretação marxista da sociedade brasileira, para situar o potencial explicativo do conceito de Estado ampliado para o Brasil, Coutinho identifica traços de "ocidentalidade" (Estado laico; existência de partidos políticos; a orientação liberal, ainda que muitas vezes formal como se viu; a existência de sindicatos); e outros de "orientalidade" (Estado forte; sociedade civil gelatinosa; o instituto da escravidão). No entanto, pela via da revolução passiva ou modernização conservadora, o Brasil vai consolidar um perfil "ocidental", segundo Coutinho, particularmente no plano econômico, e bem relativamente no que refere à socialização da política. Neste texto, que precede a maré neoliberal e está embebido do ascenso dos movimentos sociais dos anos 1980 e pelo processo de democratização do país, Coutinho é otimista quanto às possibilidades políticas de radicalização da democracia. Suas conclusões são de que as vias transversas da revolução passiva e do transformismo conduziram o Brasil para a "ocidentalização" e a construção de um Estado ampliado, o que tem uma série de conseqüências para a estratégia da esquerda.

Do ponto de vista do presente estudo, as conclusões de Coutinho orientadas por categorias gramscianas levam a inferências próximas das de Fer-

BRASIL EM CONTRA-REFORMA

113

nandes: nossa modernidade capitalista é esta que aí está, onde o custo da revolução passiva ou da modernização conservadora sempre se recoloca na cena histórica. Portanto, tudo indica, a sociedade brasileira não está em transição, mas vive de forma plena seu moderno e "ocidental" presente, no qual o passado se reapresenta como tragédia e farsa. Vejamos o que têm a dizer alguns intérpretes e pesquisadores dos anos 1990.

3. O Brasil dos anos 1990: contra-reforma e destruição

A partir dos anos 1990, o Brasil adentrou num período marcado por uma nova ofensiva burguesa, mais uma vez adaptando-se às requisições do capitalismo mundial.[30] É um momento histórico com características diferentes do pós-64. Mas, certamente, configura-se como uma contra-reforma social e moral, na perspectiva de *recompor* a hegemonia burguesa no país (Mota, 1995 e 2000). A dominação burguesa foi arranhada no processo de redemocratização, como explicitou o pleito eleitoral de 1989, no qual uma candidatura expressando aqueles processos de organização dos trabalhadores e das camadas médias, prognosticados por Fernandes, chegou perto de ganhar as eleições para a Presidência da República. Collor de Melo foi vitorioso naquele momento, mas não representava a vontade política efetiva da burguesia brasileira, como o demonstraram os fatos ulteriores que resultaram no seu *impeachment* em 1992.[31]

Veja-se o que Netto (1991) sintetiza acerca da herança do período pós-64 e que pode ser retomado para hoje, em linhas gerais: o regime político ditatorial-terrorista *modelou um país novo*, uma sociedade distinta da que existia antes — mesmo que reeditando características estruturais deste "antes". Esse processo teve articulação naquele momento com uma contra-revolução preventiva, no sentido de evitar tendências socialistas no Terceiro Mundo e na América Latina, em especial, bem como de assegurar uma inserção subalterna no sistema capitalista por parte de alguns países. Contu-

---

30. Sobre uma caracterização do capitalismo mundial a partir da crise dos anos 1970 e especialmente as mudanças em curso nos anos 1990 e suas requisições para a periferia do mundo do capital, ver o Capítulo 1.

31. No próximo capítulo estarei discutindo melhor a conjuntura político-econômica do Brasil dos anos 1980 e 1990.

do, o significado do curso dos acontecimentos, para Netto, deve ser buscado na particularidade histórica brasileira, nos seus movimentos endógenos. Nesse sentido, ele resgata as linhas de força da nossa formação social, já vistas no item anterior: o eixo de gravitação das atividades econômicas em torno do mercado externo; a ausência de uma nuclear e radical ruptura com o estatuto colonial; a burguesia sem impulsões de raiz para confrontar-se com o latifúndio ou realizar "clássicas" tarefas nacionais, em função de sua articulação com os centros externos; e o tempo histórico retardatário[32] da nossa industrialização. Assim, em vez de se desvencilhar de formas adversas a um desenvolvimento capitalista mais puro, a exemplo do latifúndio, redimensionou-se e *refuncionalizou-se* tais formas. E tudo isso acrescido de uma recorrente exclusão das forças populares dos processos de decisão política, seja por uma incorporação desfiguradora dessas forças, seja pela repressão (Netto, 1991: 17-9). Assim, em 1964, instaurou-se pela força um pacto contra-revolucionário e reacionário que visava conter vetores de reversão desse fio condutor da formação social brasileira, expressos no final dos anos 1960 pelas "reformas de base". Seja em seu momento reacionário e conservador, seja no rumo da antidemocracia militar, o golpe de 64 expressou uma continuidade das nossas piores tradições: a heteronomia, a exclusão e as soluções pelo alto. Mas de um outro ângulo construiu-se um novo país, reproduzindo um capitalismo dependente e associado, por meio de um *Estado refuncionalizado*, nos termos de Martins (1985). Nas palavras de Netto (1991: 31):

> "As linhas mestras deste 'modelo' concretizam a 'modernização conservadora' conduzida no interesse do monopólio: benesses ao capital estrangeiro e aos grandes grupos nativos, concentração e centralização em todos os níveis etc. — consagradas inclusive em tentacular repertório operativo e normativo (fora de qualquer controle democrático ou parlamentar) acionado por conselhos e coletivos diretamente atrelados ao grande capital."

Netto vai muito mais longe em sua análise do pós-64. Relendo sua contribuição, inclusive sobre a disputa ideológica no mundo da cultura e

---

32. Não vou utilizar o termo *tardio*, empregado por Netto, em referência ao trabalho de Cardoso de Melo (1991), para não sugerir qualquer confusão com a categoria mandeliana (1982) de capitalismo tardio. Portanto, vou trabalhar com a idéia de um *capitalismo retardatário*, a qual também é utilizada por Cardoso de Melo. Na verdade, ele só se refere ao termo tardio na conclusão do livro. Ao longo, é utilizada a expressão *capitalismo retardatário* (cf. Behring, 1998: 23).

a refuncionalização da universidade, adaptando esta última ao modelo tecnocrático, encontrei sugestões preciosas para abordar o que está acontecendo hoje, no contexto de uma rearticulação/recomposição da hegemonia burguesa no Brasil, em um novo quadro do capitalismo mundial. Melhor dizendo, está em curso um *novo* processo, o qual está promovendo *transformações duradouras* no Estado e na sociedade brasileira dos anos 1990, e que tem a envergadura das mudanças do pós-30 e do pós-64, e guarda nexos com o passado. Contudo, possui uma natureza específica, especialmente se consideramos que nossa transição para a modernidade completou-se com o crescimento acelerado do pós-64, particularmente do ângulo econômico. Um objetivo deste trabalho é, assim, compreender o rumo dessas transformações, seus vínculos com as tendências externas, situando seus elementos de continuidade e ruptura com o padrão histórico da formação social do país.

É possível vislumbrar nos processos recentes elementos de continuidade do drama crônico sinalizado por Fernandes, a exemplo da questão da democracia. No entanto, os de ruptura e progressividade não são tão evidentes nos anos 1990. No pós-64, em que pese o conservantismo político como elemento de continuidade, houve uma transformação no parque industrial brasileiro, induzida por uma singular articulação entre Estado, capital estrangeiro e capital nacional, este último num papel subordinado, mas cômodo (Oliveira, 1984: 114-134). Houve uma expansão limitada do mercado interno de consumo de massas e uma expansão das políticas sociais (Cignoli, 1985). Há um sentido de progresso, inclusão e projeto nacional — ainda que ilusório, como pontuou Fernandes — na idéia de modernização, mesmo que conduzida com concessões ao passado. Coloca-se agora a seguinte indagação: o que poderia ser considerado como modernização, palavra de ordem exaustivamente repetida nos anos 1990? Aloísio Teixeira sustenta[33] que o conceito de *ajustamento passivo* seria mais rico para uma caracterização dos processos em curso, dada a ausência de um projeto nacional e de um desenvolvimento efetivo das forças produtivas. Não estaríamos assistindo a uma verdadeira desconstrução — ao se falar de indústria, emprego e mercado interno — e obstrução — ao se falar em seguridade social e direitos sociais? Que deslocamentos houve no interior da burguesia brasileira?

---

33. Por ocasião de meu exame de qualificação, onde tive o privilégio de ouvir suas críticas e contribuições ao primeiro esboço desta obra.

Já Francisco de Oliveira, questionado em um debate[34] sobre a pertinência do conceito de *modernização conservadora* para uma explicação do Brasil contemporâneo, reafirmou-a e chamou a atenção para a formalidade da democracia no Brasil, do ponto de vista político. Reiterou a idéia de que toda a modernização é destrutiva, sob o aspecto econômico. No caso atual, estaria ocorrendo uma modernização pela ponta, de natureza tecnológica, e, por outro lado, reiteradora da subordinação. Para ele, há que observar quem são os segmentos hegemônicos nessa nova *revolução pelo alto*.

Darei seqüência a esta interlocução com outros autores, no sentido de melhor delinear este problema, cuja solução, em termos de uma caracterização mais precisa do que está ocorrendo, está em apanhar os processos, tarefa à qual me dedicarei nos próximos capítulos, quando adentra-se nas linhas gerais da "reforma" proposta para o Estado brasileiro, e o que efetivamente vem sendo realizado. Por hora, vale percorrer algumas reflexões e esforços para uma caracterização político-econômica mais geral dos anos 1990, em especial do período de governo de Fernando Henrique Cardoso, onde é desencadeada a auto-intitulada "reforma" do Estado, mas que é uma verdadeira contra-reforma, como se verá em breve. Pela importância central do Estado no processo de modernização, donde decorre o caráter estratégico de sua reforma nos dias de hoje, buscou-se uma interlocução tendo como foco a questão do Estado, porque este tema sempre tem uma natureza totalizadora, e pelo recorte da pesquisa desenvolvida.

Marco Aurélio Nogueira (1998), quando desenvolve suas idéias para uma reforma democrática do Estado brasileiro, sinaliza o processo de modernização capitalista no Brasil, que "se faz sem rupturas políticas fortes, sem construir uma institucionalidade democrática e sem incorporação social" (1998: 11). Para ele, há no Brasil revoluções sem revolução e que prescindem de uma sociedade civil protagonista. Daí que nossa "revolução burguesa" vem se fazendo sob o comando do Estado. Neste estudo provocativo sobre as "possibilidades da política", Nogueira destaca a complexidade da dialética entre permanência e mudança no processo de modernização do Brasil. Aqui, estaríamos marcados pela falta de sintonia entre os tempos da economia, da política, da sociedade e da cultura, do que decorre

---

34. Ciclo de debates sobre questões relacionadas ao trabalho no Brasil, promovido em 2000, pelo mestrado em Serviço Social da UERJ, quando Francisco de Oliveira atuava como professor visitante.

uma reiterada capitulação diante do passado. Assim, em sintonia com Fernandes, diz Nogueira: "nossa modernização tem sido conservadora, aliás, duplamente conservadora. Em primeiro lugar, porque se tem feito com base na preservação de expressivos elementos do passado" (1998: 266). Em segundo lugar, a modernização tem se dado de forma não-democrática, sem a participação popular, e sob hegemonia conservadora. Seria uma modernização sem modernidade, já que elementos decisivos desse encontro, numa acepção clássica, como a democracia e a cidadania, estão pouco presentes. Ainda no rastro de Fernandes, Nogueira observa o que tipifica a dominação burguesa no Brasil: o uso do Estado. Nogueira observa a força da *permanência* no país, e que o Estado atuou como um protagonista ao mesmo tempo modernizador e reprodutor do passado, sempre sob hegemonia de interesses conservadores. Para ele, reforçando o movimento realizado no item anterior, a idéia de *modernização conservadora* combina-se a outras categorias com forte potencial explicativo para o Brasil, tais como a *revolução passiva*, categoria que Gramsci extraiu da realidade italiana, marcada pela resolução de contradições sem rupturas clamorosas, ou o conceito de *via prussiana*, haja vista o protagonismo estatal no processo de modernização, com a conciliação de interesses de segmentos das classes proprietárias. Sobre as transformações em curso hoje, Nogueira (1998: 284) sintetiza:

> "No bojo desse programa político estrutura-se um plano inconfesso: mudemos o mundo tão depressa quanto possível, mas conservemos o fundamento mesmo da ordem pretérita — a exclusão social, a democracia minimalista, a oposição inofensiva, o domínio do grande capital, o individualismo aquisitivo. Em suma: façamos a revolução passiva, enclausurando a história num círculo de chumbo."

Ou seja, mais uma vez um projeto de mudança se faz com base nos mesmos expedientes. Portanto, Nogueira sublinha os elementos de permanência, sendo que categorias como modernização conservadora, revolução passiva e via prussiana seriam motes explicativos válidos para os acontecimentos dos anos 1990.

Juarez Guimarães (1996), num instigante artigo, debate a enorme capacidade hegemônica do projeto capitaneado por Fernando Henrique Cardoso, que não pode ser subestimada pela perspectiva democrático-popular. Para ele, o Brasil está vivendo um *terceiro ciclo de modernização conservadora*, que foi precedido por outros dois — o de Vargas e o da ditadura militar pós-64. Seu argumento, portanto, corrobora a hipótese central aqui desenvolvida de que as transformações ocorridas nos anos 1990 tiveram a profundidade e a importância desses ciclos anteriores, embora mantenha a caracterização — da qual discordo — de que se trata de uma nova modernização conservadora.

Esse novo ciclo, para Guimarães, contém algumas contradições que balizam possibilidades e limites na configuração da hegemonia neoliberal. A primeira e principal está na relação Estado/mercado, já que, ao mesmo tempo em que está previsto um fortalecimento do mercado, isto requer uma forte recomposição do Estado. A relação entre controle da inflação *versus* crescimento da dívida pública, que está no coração do Plano Real, e um conjunto de intervenções estatais contundentes, a exemplo do Proer, são a máxima expressão disso. Há, para Guimarães, um *fortalecimento qualitativo das forças de mercado* em relação ao Estado nacional, o que constitui a principal diferença quanto aos ciclos anteriores. *O Estado como alavanca do processo não tem a mesma importância, ainda que não a tenha perdido.* Outra contradição que se articula à anterior refere-se à perda de autonomia e soberania nacionais em função de uma ainda maior integração à ordem mundial. Trata-se de conciliar as requisições dessa nova inserção qualitativa com o equilíbrio interno.

A terceira contradição, mais explosiva e visível para Guimarães, é a crise social. Se o controle da inflação e o fôlego inicial de legitimidade por meio do crescimento imediato do consumo interno promovidos pelo Plano Real em 1994 foram suficientes para conter temporariamente a crise social, a tendência é de seu agravamento, por restrições políticas — a exemplo da base conservadora no Congresso, que impede a reforma agrária — e econômicas: o incentivo ao capital em detrimento de quaisquer iniciativas distributivas. Guimarães aponta que essas contradições não inviabilizam necessariamente o *projeto de modernização conservadora* e que seus condutores teriam condições e margens de manobra para administrá-las, como de fato tiveram: mesmo com a crise cambial de 1998, FHC chegou a um segundo mandato. Mas ele acrescenta uma última contradição e a mais difícil de administrar — a contradição democrática —, uma vez que o projeto requer, como está sinalizado em momentos anteriores dessa problematização, uma alta dose de uso da força na relação Estado/sociedade civil, bem como um forte conluio entre Estado e interesses privados nacionais e internacionais, com aumento da corrupção.

A economista Maria da Conceição Tavares (1999) assinala o rastro de desorganização sem precedentes na vida nacional, deixado "pelo mais amplo pacto conservador da nossa vida republicana" (1999: 8). Tavares, ainda que possivelmente não compartilhe plenamente dos pressupostos que orientam o trabalho de Guimarães — considerando suas posições keynesiano-estruturalistas no campo da economia —, coloca a nu aquelas contradições do projeto sinalizadas por ele, em um conjunto de artigos publicados ao longo do seu mandato parlamentar, reunidos no livro intitulado — numa referência explícita a Schumpeter[35] — *Destruição não criadora*. Nesse trabalho, a autora trava polêmicas importantes com o projeto hegemônico, a exemplo da ilusão da globalização, que percebe como "um conjunto de políticas que traduzem a iniciativa de uma potência dominante, os EUA, que se propõem exercer um papel hegemônico em relação a seus parceiros e competidores" (1999: 23). Critica a submissão do governo brasileiro a esse processo, como uma *contra-reforma conservadora*. Os efeitos destrutivos do Plano Real, nosso passaporte subordinado para a ilusão *globalitária*, são amplamente denunciados por Tavares: a perda de visão de longo prazo; a adaptação regressiva à abertura comercial irresponsável que atingiu o sistema produtivo brasileiro exatamente no setor de bens de capital, o qual deveria ser a sede de um desenvolvimento tecnológico mais independente. Segundo ela, houve queda dos níveis de produção nesse setor de 20%, acompanhada de um aumento das importações no mesmo, de cerca de 15% (1999: 86). E o aumento da produtividade que deveria compensar a sobrevalorização cambial, estimulando as exportações, deu-se mais pelo desemprego

---

35. Joseph Alois Schumpeter (1883-1950), economista austríaco que se dedicou ao estudo dos ciclos econômicos e sua relação com as inovações tecnológicas que ocorrem em ocasiões de investimento. Em um de seus livros mais pessimistas (Sandroni, 1992: 315) e mais conhecidos, *Capitalismo, socialismo e democracia*, escrito em 1942, este autor trata do processo da destruição criadora, no qual tem-se que o capitalismo possui um caráter evolutivo engendrado pelas inovações tecnológicas no âmbito das empresas. Segundo ele, "este processo de destruição criadora é básico para se entender o capitalismo. É dele que se constitui o capitalismo e a ele deve se adaptar toda empresa capitalista para sobreviver. [...] Todos os exemplos de estratégia econômica adquirem sua verdadeira significação apenas em relação a este processo e dentro da situação por ele criada. Necessitam ser observados no papel que desempenham na tempestade eterna da destruição criadora [...]. O problema usualmente estudado é o da maneira como o capitalismo administra a estrutura existente, ao passo que o problema crucial é saber como ele a cria e destrói" (Schumpeter, 1984: 103-9). A problemática de Schumpeter é bem própria da época de seu contemporâneo Keynes, inclusive com conclusões semelhantes: se há mudança promovida pela destruição criadora (ou criação destruidora, na tradução de Leonardo Burlamaqui, 1998), do que decorre a instabilidade e o conflito, há que regular estes processos por meio de políticas públicas, do Estado e de instituições. A mudança econômica, portanto, implica mudanças institucionais. Nesse sentido, Schumpeter reconcilia teoria econômica e sociologia.

industrial e pelas terceirizações que por um aumento real da produtividade. Sem falar que não houve incremento da "competitividade sistêmica" a partir de investimentos efetivos em infra-estrutura, o que está longe de ser garantido pelas privatizações.

Tavares ironiza a visão dos novos economistas, que imaginam a ocorrência de um processo de "destruição criadora", supostamente inspirados em Schumpeter, segundo a qual houve uma reestruturação passiva da indústria, em que os sobreviventes passariam a ser exemplos de eficiência. Para ela, um processo de desenvolvimento sustentável deve conceder um apoio estratégico ao setor de bens de capital, à população e ao espaço físico, o que é diferente da "desestruturação sistêmica" levada a efeito, em condições de fortíssima vulnerabilidade externa e ausência de projetos estratégicos.

Sua crítica ao Plano Real é contundente: "a inflação vai bem e o país vai mal..." (1999: 93). Do pecado original da sobrevalorização cambial acompanhado pela abertura comercial descontrolada desdobram-se vários outros: juros escorchantes; déficit público gigantesco; inadimplência generalizada; crise agrícola e desindustrialização. Estes, somados ao que a autora chama de *as três pragas contemporâneas* — desemprego estrutural, crise bancária e explosão do endividamento público —, são apontados como elementos destruidores de possibilidades de crescimento capitalista sustentável futuro. De uma ótica keynesiana e sistêmica, portanto, Tavares mostra as incongruências da política macroeconômica neoliberal e seus efeitos econômicos e sociais perversos, que estariam condenando o país a um *novo pacto neocolonial* e inviabilizando uma perspectiva democrática e sustentável economicamente. Assim resume a autora o que ela caracteriza como "marcha da insensatez" engendrada pelo modelo de política econômica, implantado no país a partir de 1994:

> "a) a instabilidade macroeconômica associada à absorção crescente de recursos externos, a qualquer preço, de qualquer prazo e de qualquer natureza; b) os impactos destrutivos em termos sociais e políticos sobre o emprego e os direitos sociais, além do desmantelamento do Estado e da Federação; e c) a alienação de patrimônios nacionais de empresas (estatais e privadas) e a exploração predatória de recursos naturais com perda de soberania sobre parte importante do território, sobretudo no caso da Amazônia." (1999: 107)

Tavares parece compartilhar da avaliação de Biondi (1999) sobre as privatizações, quando aponta que o patrimônio público está sendo "torrado" na ciranda financeira, sem diminuir um dólar na dívida externa ou um real da dívida interna, em que pesem as difundidas "falsificações primárias da realidade, como 'abater o estoque da dívida pública', 'diminuir o déficit fiscal', 'liberar recursos e capacidade gerencial para a área social' e outras invencionices similares" (1999: 146) e o "fundamentalismo ideológico neoliberal". Para ela, as privatizações no Brasil foram o paradigma do modelo de *política econômica destruidora*, com uma *agenda negativa de reformas*, conduzida pela aliança conservadora dominante. Nesse contexto, Tavares chama a atenção para o fato de que o conceito de seguridade social inscrito na Constituição foi varrido, já que funções sociais do Estado, como a saúde, a previdência e a educação devem ser "competitivas" com o setor privado, pela "reforma" do Estado proposta. Os que lutam por verbas para esses setores são desqualificados pelos tecnocratas de plantão:

> "Coitados, são espíritos obsoletos, que não entendem a boa técnica orçamentária moderna, que proíbe todo tipo de vinculação em nome da flexibilidade da despesa, em particular dos juros das dívidas públicas, que devem ter espaço para crescer, enquanto não for feito o enésimo ajuste fiscal e não terminarem as privatizações salvadoras!" (1999: 203).

Essa atitude de desmantelar o setor produtivo estatal lucrativo e sucatear ainda mais o setor público de interesse social joga água no moinho de três *tendências destrutivas*: desequilíbrios potenciais no balanço de pagamentos, crise fiscal permanente e desemprego estrutural. Tavares denuncia que o país não está mais pedindo empréstimos externos para o desenvolvimento, mas para desempregar diretamente. A abertura econômica produz a desindustrialização *lato sensu* (menor coeficiente de valor agregado gerado por unidade exportada com redução mais que proporcional do volume de emprego), em que cadeias produtivas inteiras estão sendo rompidas, num processo de "dessubstituição de importações". Tavares refere-se à recentralização fiscal e ao rompimento do conceito constitucional de federação, essencial na incipiente democracia brasileira, e faz ponderações importantes sobre a questão da concentração fundiária. Mas o fundamental é a constatação do *caráter destrutivo não criador e conservador* da agenda neoliberal no Brasil. Tratar-se-ia, então, de uma "modernização conservadora desequilibrada" (1999: 242), diferente de períodos anteriores de modernização, ainda que com o autoritarismo recorrente, e que implica uma fraude na transição democrática. Tavares critica o uso do conceito de via prussiana como paradigma explicativo do autoritarismo no Brasil. Para ela, nem o Estado Novo nem o regime pós-64 cumpriram as tarefas das chamadas revoluções burguesas tardias, a exemplo da questão da terra, da educação e da "endogeneização do progresso técnico", como ocorreu em países como Alemanha, Japão, Coréia do Sul e Taiwan. O Brasil possui as seguintes marcas históricas em sua formação social: revoluções "pelo alto", processos de modernização autoritários e excludentes, "fugas para a frente", interrompidas regularmente por regressões políticas e sociais, e pactos conservadores liberais. E essas marcas, conclui, estão reeditadas pelo atual pacto de poder, a partir de um apoderamento do Legislativo pelo Executivo, com os objetivos explícitos de arrancar as raízes do "varguismo" e do "Estado desenvolvimentista autoritário" e implantar uma suposta "nova ordem da sociedade civil" (1999: 266). Dos autores discutidos, Tavares é a única, como se viu, que busca qualificar a modernização conservadora, sem transpor este conceito imediatamente para a situação atual, chegando mesmo a enunciar timidamente a idéia de contra-reforma.

Posso fazer, nesse momento, uma síntese provisória da interlocução realizada com esse conjunto de autores. Tudo indica que se esteve, ao longo dos anos 1990, em meio a transformações que reeditam elementos do drama crônico de Fernandes ou do mito fundador de Chaui, ou seja, características recorrentes do nosso processo de modernização conservadora ou revolução passiva, sinalizadas por todos. Porém, ao lado disso, busca-se qualificar o momento presente, criar novas categorias síntese, como a de ajustamento passivo, ou mesmo adjetivar a modernização conservadora. Como se houvesse uma dificuldade de apanhar os elementos de continuidade e ruptura do momento presente, na sua relação com o passado e construção do futuro.

Penso que é possível encontrar essa caracterização, ao delinear um panorama geral das transformações políticas e econômicas em curso, que refuncionalizam o Estado brasileiro para uma *adaptação* — termo também largamente utilizado — aos fluxos do capitalismo mundial. Uma caracterização que deve ultrapassar a idéia de modernização conservadora e de revolução passiva, já que, se o Brasil entrou retardatário no mundo moderno, este foi o seu passaporte até o esgotamento do regime militar pós-64. O novo e atual passaporte para a mundialização reedita aspectos da nossa modernização peculiar que devem ser retidos na análise. Mas é também um processo que se realiza mobilizando os elementos de avanço da nossa modernização capitalista periférica e dependente, sob sua direção, considerando que os processos anteriores moveram-se pela lógica paradoxal restauração/revolução. Nota-se, particularmente, um caráter menos gelatinoso da sociedade civil no Brasil. No entanto, esta vem sendo manipulada ostensivamente, donde decorre que o conceito gramsciano de transformismo, nos dois sentidos, pode ser bastante útil para a abordagem da contra-reforma do Estado brasileiro. Mas não vou precipitar conclusões. O fundamental, agora, é chegar aos processos, com o que se poderá encontrar uma caracterização mais precisa das transformações em curso no Brasil dos anos 1990, em particular da contra-reforma do Estado.

"Palmas pra ala dos barões famintos
O bloco dos napoleões retintos
E os pigmeus do bulevar
Meu Deus, vem olhar
Vem ver de perto uma cidade a cantar
A evolução da liberdade
Até o dia clarear"

"Vai passar", Francis Hime e Chico Buarque

"Meu partido
É um coração partido
E as ilusões estão todas perdidas
Os meus sonhos
Foram todos vendidos
Tão barato que eu nem acredito
Ah! Eu nem acredito"

"Ideologia", Cazuza e Frejat

CAPÍTULO 3

Brasil: entre o futuro e o passado, o presente dilacerado

Já foram observadas as transformações do capitalismo contemporâneo, que atingem o conjunto do mundo do capital, impondo orientações para uma contra-reforma do Estado na direção da flexibilidade, competitividade, adaptabilidade e atratividade. Viu-se, na seqüência, algumas interpretações do nosso processo de modernização, ou seja, de como se espraiou a hegemonia das relações sociais capitalistas de produção e reprodução na formação social brasileira, com suas contradições e especificidades nacionais, avançando interpretações sobre os anos 1990.

No presente capítulo, a análise volta-se para o Brasil da última década, buscando identificar como se operou a relação com as tendências mundiais, sempre mediada pelas características da formação social brasileira. Neste sentido, procuro apanhar o máximo possível de mediações e determinações para uma compreensão da natureza dos processos de mudança em curso no âmbito do Estado brasileiro, integrando processos históricos e estruturais de abrangência internacional e nacional que configuram as "reformas orientadas para o mercado" de uma maneira geral e no Brasil em particular. Assim, compartilho das preocupações de Diniz, quanto aos reducionismos que vêm restringindo os estudos sobre a reforma do Estado e a exigência de "enfoques metodológicos capazes de captar o caráter multidimensional, a diversidade e a complexidade dos processos e fenômenos reais" (1998: 46), preocupação que também comparece em Velasco e Cruz (1998).

Para prosseguir a partir deste mirante (Löwy, 1987), faz-se necessário explicitar alguns antecedentes das mudanças ocorridas na década em questão, os anos 1990, e seus impactos sobre o Estado, já que a natureza regressiva e destrutiva da adaptação brasileira à lógica do capitalismo mundial, na última década mediada por nossos processos político-econômicos particulares, requisitou, em muitos aspectos, guinadas de rota, donde vem a convicção de que se tratou — e trata, porque na entrada do novo século e milênio esta direção hegemônica[1] ainda se mantém, apesar de alguns insucessos e arranhões flagrantes em sua base política[2] — de uma verdadeira contra-reforma.

Mesmo que o termo *reforma* seja apropriado pelo projeto em curso no país ao se auto-referir, partirei da perspectiva de que se está diante de uma apropriação indébita e fortemente ideológica da idéia reformista,[3] a qual é destituída de seu conteúdo progressista e submetida ao uso pragmático, como se qualquer mudança significasse uma reforma, não importando seu sentido, suas conseqüências sociais e direção sociopolítica. Nesse passo, concordo[4] com Nogueira quando afirma:

---

1. Para Oliveira, "a hegemonia significa a criação de um campo de significados unificado, que abre, entretanto, as brechas para sua própria negação [...] o contrato inscrito no campo do direito pode ser negado dentro do mesmo campo semântico. [...] O neoliberalismo renuncia à universalização e ultrapassa sorrateiramente — contraditoriamente, como nos advertiam os frankfurtianos — a soleira do totalitarismo" (1998: 202). Portanto, Oliveira aventa a possibilidade de que falar em hegemonia não expresse efetivamente a estratégia dos segmentos condutores da "reforma". É uma posição certamente polêmica, já que a maioria dos autores refere-se à disputa de hegemonia, sem necessariamente condicioná-la às formas democráticas, que todos no campo crítico denunciam: estão sendo vilipendiadas.

2. Certamente, a eleição de Lula representou a derrota e a fratura deste projeto. Contudo, as concessões feitas pela esquerda para chegar a uma vitória eleitoral, os compromissos econômicos firmados para acalmar os mercados, e as armadilhas deixadas após doze anos de contra-reformas não permitem ainda afirmar se haverá, de fato, ruptura com esta hegemonia a ser empreendida pelo governo Lula, exigindo grande cautela intelectual e política dos intelectuais e militantes. Os sinais definitivamente não têm sido empolgantes, mas não há dúvida de que se abre um novo período da luta de classes no país.

3. Uma ressemantificação, conforme Oliveira (1998), que não diz respeito apenas a esse termo, mas que envolve, por exemplo, o conceito de sociedade civil (Montaño, 2001 e Duriguetto, 2003), de solidariedade (Gusmão, 1998), dentre outros, o que faz pensar que se trata de uma estratégia político-ideológica para a busca de consensos e legitimidade, tendo em vista assegurar a direção intelectual e moral e, desta forma, a hegemonia do projeto neoliberal.

4. E mantenho, em conseqüência, uma discordância bastante pontual com Fiori, quando desqualifica a necessária relação que a meu ver existe entre reforma e esquerda (1997: 76). Contudo, esta é, sem dúvida, uma pontuação menor, frente à grande influência de suas reflexões ao longo da discussão que irei empreender adiante.

"Não é razoável imaginar que a reforma possa se converter na bandeira tremulante do neoliberalismo: há de se tentar, no mínimo, reafirmar a consangüinidade entre reformismo e esquerda e demonstrar que a concepção de reforma que tem a esquerda é a única capaz de se pôr a perspectiva de totalidade dos homens, dos iguais e, particularmente, dos desiguais." (1998: 17)

Este argumento fica mais claro em se considerando a história do século XX em nível mundial, na qual o que se pôde chamar de reforma associava-se ao *Welfare State* — uma reforma dentro do capitalismo, sob a pressão dos trabalhadores, com uma ampliação sem precedentes do papel do fundo público, desencadeando medidas de sustentação da acumulação, ao lado da proteção ao emprego e demandas dos trabalhadores, viabilizada por meio dos procedimentos democráticos do Estado de direito, sob a condução da social-democracia. É evidente que "entregou-se os anéis para não perder os dedos", já que também havia um verdadeiro pânico burguês diante da existência e do efeito — contágio da União Soviética como referência política, ideológica e econômica de contraponto ao mundo do capital, mesmo com suas contradições e limites flagrantes, com destaque para a questão democrática. Diante disso, que foi claramente uma reforma — uma tentativa temporal e geopoliticamente situada de combinação entre acumulação e diminuição dos níveis de desigualdade, com alguma redistribuição (Behring, 1998) —, o neoliberalismo em nível mundial configura-se como uma reação burguesa conservadora e monetarista, de natureza claramente regressiva, dentro da qual se situa a contra-reforma do Estado. Do ponto de vista da reforma anunciada na Constituição de 1988 no Brasil, em alguns aspectos embebida da estratégia social-democrata e do espírito "welfareano" — em especial no capítulo da Ordem Social —, pode-se falar também de uma contra-reforma em curso entre nós, solapando a possibilidade política, ainda que limitada, de uma *reforma* democrática no país, que muito possivelmente poderia ultrapassar os próprios limites da social-democracia, realizando inacabadas tarefas democrático-burguesas em combinação com outras de natureza socialista — ou seja, empreender reformas democráticas, num país como o Brasil, significa a ultrapassagem do Estado de direito burguês, já que elas tendem a ultrapassar a si mesmas, considerando-se a cultura visceralmente antidemocrática da burguesia brasileira, conforme se viu com Fernandes e Prado Jr.

Então, pelos dois caminhos, o que está em foco é a lógica e a abrangência da contra-reforma do Estado no Brasil, cujo sentido é definido por fatores estruturais e conjunturais externos e internos, de forma integrada.

Mas para uma contra-reforma, nas proporções que vou procurar dimensionar especificamente no que refere ao papel do Estado, foram fundamentais algumas condições gerais, que precedem os anos 1990. Assim, inicio a discussão trazendo aspectos da história recente do Brasil a partir do ocaso da ditadura militar pós-64, observando os percalços para o aprofundamento do processo de democratização do Estado e da sociedade brasileiros, engendrados pela crise econômica dos anos 1980 e os deslocamentos políticos no âmbito das classes sociais e segmentos de classe que viabilizaram o Plano Real como alternativa econômica, e Fernando Henrique Cardoso como condutor de uma ampla aliança política de sustentação da referida contra-reforma na última década.

1. Crise econômica e processo de democratização no Brasil dos anos 1980

Passo, então, a caracterizar algumas precondições econômicas, políticas, sociais e culturais que delinearam o contexto da formulação e implementação do Plano Real a partir de 1994, e a hegemonia do projeto neoliberal no Brasil, com seu conjunto de contra-reformas. Para tanto, vejamos como o país adentra os anos 1980, período no qual já está em curso, no plano internacional, o que qualifiquei como uma reação burguesa à crise do capital iniciada nos anos 1970.[5] Percebe-se que o ritmo da adesão brasileira às orientações conservadoras esteve bastante condicionado, de um lado, ao processo da transição democrática — mais uma vez fortemente controlado pelas elites para evitar a constituição de uma vontade popular radicalizada (Sader, 1990: 1), configurando o que O'Donnel denominou como "transição transada" (1987) e Fernandes chamou de uma transição conservadora sem ousadias e turbulências (1986: 18-9); e de outro, à resistência ao desmonte de uma estrutura produtiva de ossatura sólida construída no período substitutivo de importações, mantendo-se, evidentemente, a heteronomia como marca estrutural, identificada por Fernandes.[6] Esta última característica, aliás, mostrou todo o seu vigor nos anos 1990, quando observamos as opções econômicas e políticas do conservadorismo predominante, a partir da derrota eleitoral dos setores democrático-populares em 1989.

---

5. Ver Capítulo 1.
6. Ver Capítulo 2.

Aqueles condicionantes — a transição democrática e a complexa estrutura industrial —, a meu ver, corroboram o argumento de Fiori (1997: 142) sobre o caráter tardio da adesão brasileira ao neoliberalismo.[7] Para ele, este fato potencializou os efeitos destrutivos imediatos das medidas adotadas.

Como o país adentra nos anos 1980? A compreensão do problema do recrudescimento do endividamento externo e suas conseqüências, a partir de 1979, segundo a bibliografia consultada,[8] é crucial para responder a esta pergunta. Neste momento, tem-se um aprofundamento das dificuldades de formulação de políticas econômicas de impacto nos investimentos e na redistribuição de renda, não só no Brasil, mas no conjunto da América Latina, bem como são encontrados elementos para pensar a condição da democracia no continente. O estudo de Kucinski & Branford (1987) é particularmente instrutivo pela riqueza de dados sobre o processo de endividamento externo da América Latina e do Brasil. Mas seu maior mérito é o ângulo de análise, já que situa a chamada "crise da dívida" do início dos anos 1980, e seus impactos para a configuração da "década perdida", no contexto da onda longa de estagnação (Mandel, 1982).[9] Para os autores, localiza-se no processo do endividamento as principais decorrências da reorientação da política econômica norte-americana em busca da hegemonia do dólar, e o início das pressões cujos resultados derrubaram a possibilidade de ruptura com a heteronomia, contida no desenvolvimentismo, este, por sua vez, fundado na substituição de importações.[10] Segundo Toussaint (1998), nesse

---

7. Ademais, a implementação das reformas orientadas para o mercado, em que pese a pressão pela sua universalização no chamado Terceiro Mundo, em especial após a crise da dívida, deparou-se com as condições internas de cada país, determinando ritmos e escolhas. Tanto é que alguns países inclusive se anteciparam à onda neoliberal, a exemplo do Chile de Pinochet e da Argentina, no período de Martinez de Hoz, época em que no Brasil estava em curso o desenvolvimentismo sob a condução ditatorial de Geisel (Velasco e Cruz, 1998). Outros, como a Índia, vêm implementando medidas de ajuste de forma bastante lenta. Daí decorre um reforço das observações metodológicas que venho sinalizando ao longo desta exposição.

8. Bibliografia que estará sendo referenciada ao longo deste item. Todos os autores, inclusive aqueles que hoje assinaram o projeto contra-reformista — mas evidentemente dentro de um raciocínio diferente de seus críticos — sinalizam a crise da dívida como um processo decisivo para a entender os impasses da "década perdida" na América Latina e no Brasil.

9. Um outro trabalho sobre a questão do endividamento dos países do chamado Terceiro Mundo e também nessa linha de abordagem é o de Eric Toussaint (1998), um importante articulador do Fórum Social Mundial e do Comitê para a Anulação da Dívida Externa do Terceiro Mundo.

10. Teixeira aponta limites na idéia de substituição de importações para uma caracterização do período em foco, nos seguintes termos: "É claro que esse processo (montagem da maior e mais

período partiu-se de taxas de juros baixas e até negativas para um salto percentual em torno de 19% em 1981 e 27,5% em 1982, por parte dos credores, de forma que houve uma inversão explosiva da transferência de divisas em prazos muito curtos, mas que foi acompanhada também da queda das exportações de matérias-primas, nos países ao sul da linha do Equador. Ocorreu um verdadeiro estrangulamento da economia latino-americana, a qual, entre 1980 e 1985, obteve indicadores catastróficos, a exemplo de: investimento interno bruto em queda de 26,9%; PIB *per capita* em queda de 8,9%; fluxo de importações em queda de 41,0%; e um crescimento médio do PIB de 2,3% entre 1981 e 1985, ou seja, pífio (Kucinsky & Brandford, 1987).

A busca desenfreada de saldos comerciais para cobrir a dívida, a partir da prioridade para as exportações,[11] provocou uma profunda recessão na região, que atingiu os países de forma desigual, dependendo de sua inserção no mercado mundial e situação interna. Daí que os mais endividados — Brasil e México, cuja estrutura econômica era diversificada e menos dependente de importações — tiveram maior capacidade de resistência à devastação econômica (se não é observada a devastação social...) promovida pelo endividamento, diferenciando-se de países como Bolívia e Costa Rica, nos quais a dívida passou a ser maior que o PIB (1987: 28)![12] Pelo exposto, os autores identificaram o comprometimento do futuro latino-americano, em função da incapacidade de investimento e da contenção do mercado interno, promovidos pelo esforço de transferência de dólares, numa

---

completa estrutura industrial da periferia capitalista) não correspondeu de forma alguma a um conceito rigoroso de industrialização por 'substituição de importações', ainda que produtos importados tenham passado a ser fabricados internamente. A industrialização brasileira, tal como ocorreu a partir da segunda metade dos anos 50 obedeceu, isso sim, ao que se poderia, com muito mais propriedade, denominar de 'industrialização por internacionalização do mercado interno'" (2000: 3). No entanto, ao longo do texto adotei a formulação corrente, segundo a qual o desenvolvimentismo engendrou um processo de substituição de importações, no qual o capital estrangeiro corre em faixa própria, mas se constitui um capital nacional. Em Miranda e Tavares (2000) há uma análise da formação dos grupos econômicos brasileiros, com uma caracterização de que houve restrição às importações, promovendo o período substitutivo.

11. Impossível não lembrar da velha frase "Exportar é o que importa", que marcou os anos 1980. Surpreendente foi sua reedição, com nova e ainda mais contundente formulação, por Fernando Henrique Cardoso, "Exportar ou morrer", agora no contexto da entrada do novo século, marcado por um endividamento ainda maior, amplamente divulgada em toda a imprensa falada e escrita, em 2001.

12. Para sair da defensiva, Eric Toussaint sugere que a esquerda aponte a anulação da dívida, como um fator importante para a retomada do crescimento; uma auditoria do que detêm os ricos do Norte e do Sul; e o imposto sobre as fortunas (palestra proferida na FSS/Uerj — 1998).

década de fortes avanços tecnológicos. Essa análise é confirmada pelas reflexões de Cano (1994: 26 e 42), quando aponta que o constrangimento do endividamento gerou uma queda na taxa de inversão, em especial do investimento do setor público, ao longo de dezesseis anos (de 26% em 1974, para 15-16% em 1989), dificultando o que designa como ação de um *Estado estruturante* e, ainda, o ingresso do país na terceira Revolução Industrial. Para Cano, a recomposição e a modernização da indústria seriam possíveis com um aporte de recursos internos e externos — com outras bases de negociação, neste caso — bastante intenso, o que significa um prazo não menor que 35 anos para a recuperação do atraso, isto dentro de um "cenário organizado-defensivo", que ele contrapõe à saída destrutiva do neoliberalismo (1994: 29).

Se a maior parte desta dívida foi contraída pelo setor privado, por pressões do FMI — o "feitor" da dívida —, houve na seqüência uma crescente e impressionante socialização da mesma. No Brasil, por exemplo, 70% da dívida externa tornou-se estatal. Com isso, "criou-se uma contradição entre a intensa geração de receitas de exportação pelo setor privado e o intenso endividamento do setor público. [...] Ao governo só restaram três caminhos: cortar gastos públicos, imprimir dinheiro ou vender títulos do Tesouro a juros atraentes" (Kucinski & Branford, 1987: 43). Este *quantum* de estatização da dívida é também ressaltado por Cano, que identifica a constituição do circuito "dívida externa/dívida interna/déficit público/emissão de títulos públicos/nova ampliação da dívida interna" (1994: 21), melhor dizendo, da ciranda financeira, como um elemento decisivo do descontrole inflacionário brasileiro. A estatização de dois terços da dívida externa, de acordo com Cano — e este elemento é muito importante para compreender a crise do Estado no Brasil e o quanto é ideológica sua "satanização" —,[13] ocorreu a partir de 1978-79, e passou a exercer uma dupla pressão sobre a economia: uma demanda violenta de títulos cambiais para o serviço da dívida, acrescida de novos encargos de juros internacio-

---

13. Lessa critica como uma mistura de arrogância e simplismo, esta idéia neoliberal de que "Bastaria jogar ao mar a carga pesada representada por um Estado inchado e ineficiente para que o céu se torne azul e as águas calmas" (In: Tavares & Fiori, 1993: 9). No Prefácio do mesmo livro, Belluzzo dispara: "As oligarquias nacionais preferem repousar a inteligência em esquemas simplificadores e em analogias insustentáveis com a experiência de outros países" (1993: 15). Vê-se, na verdade, pela estatização da dívida brasileira, a forte balcanização do Estado e sua intervenção direcionada para o capital, socializando as perdas, com conseqüências duradouras para a sociedade brasileira.

nais e dos juros da dívida pública interna, esta última crescente para fazer face à compra de cambiais para atender àquele serviço. Desde então, para ele, o gasto público passa a ser estruturalmente desequilibrado. Os resultados desse processo foram terríveis na "década perdida" brasileira: taxa média de crescimento de 2,1% (na indústria, de 1%); redução da taxa de investimento e recrudescimento da inflação (Cano, 1994: 52).

A opção diante daqueles três caminhos, ao longo da década de 1980, foi pela emissão de títulos, elevando os juros e alimentando o processo inflacionário. O Brasil saltou de uma inflação anual de 91,2%, em 1981, para 217,9% em 1985 (Kucinski & Brandford, 1987: 45). As baixas da crise do endividamento foram muitas: o empobrecimento generalizado da América Latina, especialmente no seu país mais rico, o Brasil; a crise dos serviços sociais públicos; o desemprego; a informalização da economia; o favorecimento da produção para exportação em detrimento das necessidades internas. Ou seja, características regionais preexistentes à crise da dívida foram exacerbadas no contexto dos anos 1980.

Kucinski & Branford observam que, no início da onda longa de estagnação, as quedas das taxas de lucro no centro empurram o capital monopolista para a periferia. Para o Brasil, é o período do "milagre", no qual havia as condições políticas — a ditadura militar no seu período mais duro — para a instalação de grandes unidades produtivas transnacionais, num momento de forte liquidez de capital e de abundância de crédito. Sader mostra que "entre 1968 e 1973 o PIB cresceu uma média de 11,2%, chegando a 14% em 1973, seu índice máximo de expansão" (1990: 26). No entanto, nos anos 80 a estagnação chega na periferia, fazendo cair os índices de crescimento, deslegitimando os governos militares — em 1974, Geisel anunciava a abertura lenta e gradual no Brasil —, tendo como sua maior expressão o endividamento. Decresce radicalmente o fluxo de recursos para a América Latina a partir daí, o qual tenderá a concentrar-se nas relações intratriádicas.[14] Para Cano (1994: 85), o mundo desenvolvido voltou as costas para a América Latina naqueles anos, quando os fluxos de investimento externo caíram de 12% para 6% (no Brasil, de 4,2% para 1%).

Na verdade, com o "calote" americano nos acordos de Bretton Woods, em 1971, tornou-se um risco evidente a contração de empréstimos externos

---

14. Conforme se viu no Capítulo 1. Cano (1994: 63 e 86) também identifica essa tendência revelada nos estudos de Chesnais (1996) e Husson (1999), dentre outros.

a juros flutuantes, em vez de juros fixos, submetendo a capacidade de investimento ao pagamento dos compromissos assumidos em termos desiguais, cambiantes e vulneráveis às oscilações da conjuntura. Com os juros flutuantes, a dívida não pôde (e não pode...) ser redimida, sendo, além de mecanismo de extração de renda, também de dominação política. A opacidade de regimes militares, financiados e estimulados pelos EUA na América Latina, permitiu a condição institucional para tais acordos, que favoreciam a aliança entre as oligarquias exportadoras e o capital financeiro internacional.

Se alguns governos latino-americanos atribuíram a causalidade do endividamento à crise do petróleo, esta não é uma verdade rigorosa. Entretanto, no caso específico do Brasil, cerca de 50% da dívida foi conseqüência direta da alta do petróleo, fonte de energia vital para uma estrutura produtiva mais complexa e sistema viário fundado no transporte rodoviário. Entre 1973 e 1981, a dívida brasileira passou de 13,8 bilhões de dólares para 75,7 bilhões de dólares (Kucinski & Brandford, 1987: 121). Contudo, para estes autores, a relação, mesmo no Brasil, entre dívida e petróleo é de realimentação. Tanto que, antes da crise, o Brasil já estava fortemente endividado e gastava mais com o serviço da dívida que com a importação do petróleo. Na verdade, a maior dívida da América Latina, a brasileira, cresce vertiginosamente a partir de uma articulação exemplar entre a burguesia nacional, o Estado e o capital estrangeiro, que fundou o "milagre brasileiro" (Oliveira, 1984: 116-7). Este foi sustentado a partir de alguns processos: um êxodo rural de grandes proporções, concentrando força de trabalho barata no espaço urbano, que foi absorvida pela construção civil e pela indústria manufatureira de bens duráveis; e o oferecimento de facilidades para empréstimos privados a juros flutuantes, mesmo, muitas vezes, sem garantias de investimento produtivo.

Para Kucinski & Brandford, a chamada *Reaganomics*, ou, sendo mais clara, a política econômica neoconservadora e belicista de Reagan a partir de 1979 — também chamada de keynesianismo bélico, por Tavares (Tavares & Fiori, 1993: 32) —, no contexto da reação burguesa à queda das taxas de lucro, aprofundou o colapso latino-americano. Além de pagar mais juros, a dívida cresceu ao invés de diminuir, numa sangria de recursos impressionante, inserida na política de restabelecimento da hegemonia do dólar, por meio da "diplomacia do dólar forte", o que colocou a América Latina na condição estrutural de exportadora forçada de capitais (Tavares & Fiori, 1993: 29 e 30). As renegociações que sucederam ao desastre, ao longo dos anos 1980, permaneceram incapazes de reverter o mecanismo básico de extorsão da dívida: os juros flutuantes. Os governos democráticos não foram capazes de romper com a submissão, estabelecendo acordos que expressavam a mais absoluta capitulação, e riscos para a soberania. Exceções são identificadas pela literatura, a exemplo do plano brasileiro da equipe econômica heterodoxa coordenada por Dilson Funaro, no governo Sarney, que buscou maior autonomia, mas enfrentou a intimidação americana, que visava quebrar o Plano Cruzado, visto como populismo econômico pelo FMI e agências multilaterais, interpretação que é reforçada por Bresser Pereira (1991);[15] e a atitude de Alan García no Peru, também condenada ao isolamento.[16]

Após a crise da dívida, diante da possibilidade de colapso financeiro internacional, impõe-se o discurso da necessidade dos ajustes e dos planos de estabilização em toda a região. Na verdade, tratou-se de parte de um ajuste global, reordenando as relações entre o centro e a periferia do mundo do capital. Houve uma espécie de coordenação da reestruturação industrial e financeira nos países centrais, cujo custo foi pago duramente pela periferia (Tavares & Fiori, 1993: 42). Para Tavares, ocorreu uma transformação produtiva nos anos 1980, cujos benefícios ficaram extremamente concentrados nas economias centrais, enquanto os custos foram pagos pela crise financeira do Estado, pelos sindicatos e pelos países da periferia. Nos países de desenvolvimento industrial intermediário, Tavares identifica dificuldades para converter a estrutura industrial e conquistar uma inserção internacional dinâmica, em função da heterogeneidade estrutural de suas economias e da piora das relações internacionais com o endividamento, e seus impactos, em particular a quebra financeira do Estado. Outro aspecto sinalizado por Tavares (Tavares & Fiori, 1993: 69) e que reforça uma espécie de instabilidade crônica em países como o Brasil é a "mania de curto prazo" dos formuladores de políticas e tomadores de decisões, o que é tam-

---

15. Se hoje esta caracterização de um componente de soberania e autonomia do Plano Cruzado, com a moratória, é corrente na literatura econômica de esquerda, no calor dos acontecimentos, em função da forte desconfiança que pairava sobre Sarney — apesar da trajetória de alguns dos signatários da proposta —, esta não contou com o apoio da maior parte dos segmentos democráticos e populares.

16. Houve uma iniciativa por parte de Cuba, em 1987, de articulação dos países devedores, tendo em vista romper com esse isolamento, o que poderia potencialmente quebrar a espinha dorsal do imperialismo. No entanto, o Plano Brady e as fortes pressões norte-americanas desarticularam e esvaziaram este processo.

bém reiterado por Cano (1994: 14), quando assinala o "conjunturalismo" das políticas econômicas brasileiras e por Benjamin *et alii*, ao ressaltar a necessidade de nos libertarmos da camisa-de-força da "eterna gerência do curto prazo" (1998: 50).

Segundo Tavares, as políticas de estabilização no Brasil dos anos 1980 — ortodoxas ou heterodoxas — foram de fôlego fraco e, portanto, tiveram pouca capacidade de reverter a crise desencadeada no início da década. Ao longo desses anos, a média de inflação foi de 200%, acompanhada do agravamento da fragilidade financeira do setor público e do comportamento defensivo dos agentes privados. É quase ocioso falar neste momento do imenso impacto social da crise, que esteve na raiz do movimento político contra a ditadura. Assim, a década de 1980 terminou com uma situação econômica vizinha à hiperinflação, mesmo tendo o país vivido numa espécie de ajuste fiscal permanente, "seja pelo lado do gasto (1980-84), da receita (1986 e 1990) ou do aumento da dívida interna (1987-89 e novamente 1991-92)" (Tavares & Fiori, 1993: 98). Escrevendo em 1993, Tavares lembra que foram realizados no Brasil dez ajustes fiscais e sete máxi ou minidesvalorizações da moeda, que não obtiveram de forma duradoura os resultados desejados (1993: 104). Esta constatação também está presente em Teixeira, quando aponta "a ineficácia da política econômica para estabilizar a taxa de câmbio e, por conseqüência, a própria moeda nacional, razão do fracasso de todas as tentativas de estabilização empreendidas nos últimos anos, tenham sido elas ortodoxas ou heterodoxas" (1994: 155).

Portanto, em síntese, de um ponto de vista econômico, tem-se, na entrada dos anos 1990, um país derruído pela inflação — a "dura pedagogia da inflação" a que se refere Oliveira (1998: 173) e que será o fermento para a possibilidade histórica da hegemonia neoliberal; paralisado pelo baixo nível de investimento privado e público; sem solução consistente para o problema do endividamento; e com uma situação social gravíssima. Tem-se a mistura explosiva que delineia uma situação de crise profunda. Na esquemática e precisa síntese de Velasco & Cruz (1997: 118-9), alguns elementos político-econômicos principais da crise são:

"1) transferências pesadas de recursos reais ao exterior para o serviço da dívida/reações defensivas generalizadas de grupos sociais empenhados em preservar suas participações respectivas na renda nacional; 2) relaxamento dos mecanismos autoritários de controle político/ampliação da capacidade organizativa e do poder de barganha de setores populares/dificuldades crescentes de imposição autocrática de respostas prontas ao problema de como distribuir as perdas que pesam sobre o conjunto da sociedade; 3) intensificação de pressões cruzadas sobre o orçamento do governo, tanto pelo lado da receita quanto pelo gasto público/crise fiscal/recurso sistemático a emissões inflacionárias como meio para financiar despesas correntes e administrar conflitos; 4) impacto desigual da inflação sobre a renda dos diferentes grupos/exacerbação do conflito distributivo/pressões redobradas sobre o Estado etc."

Não são de estranhar, pelo exposto até aqui, as conclusões a que chegou este mesmo autor, em seu estudo sobre a política industrial nos anos 1980. A importância de resgatar alguns de seus argumentos reside em que sua pesquisa revela a disputa entre várias forças sociais e seus desdobramentos efetivos que explicam a mudança da agenda político-econômica do final da década — no governo Sarney, após o fracasso do Plano Cruzado. Seu estudo permite perceber como, a partir da derrota, em 1989, da coalizão comprometida com os avanços democráticos preconizados na Constituição de 1988, a agenda político-econômica passa a assumir o perfil desejado pelas agências multilaterais: reformas liberais, orientadas para o mercado.

No rumo de Fiori (1995a e b), Velasco e Cruz trabalha com o argumento de que a guinada liberal foi um resultado "do esgotamento da estratégia de industrialização substitutiva e da exasperação das contradições internas ao Estado desenvolvimentista, que o levariam à crise fiscal agônica em que ele se debate no presente, anulando quase inteiramente sua capacidade regulatória" (1997: 13). Ou seja, foi o fim de uma época, de um ponto de vista interno. Esta tese, presente em grande parte da literatura estudada, é constitutiva da reflexão de Velasco e Cruz, e é incorporada ao trabalho aqui desenvolvido. No que refere à política industrial, ela é incontestável, já que se trata do esgarçar de um padrão de relação entre o Estado e o empresariado no país e no exterior, e de novas necessidades dos diversos setores. Para o autor, a política industrial

> "compreende o conjunto de intervenções, mais ou menos coerentes, de maior ou menor alcance, do poder público no campo da produção, com o fim de aliviar pressões econômicas e/ou propiciar o acesso de uma dada nação a posições mais elevadas na hierarquia do sistema internacional." (1997: 20)

A observação da política industrial permite obter uma dimensão da presença do Estado na economia, revelando seus vínculos mais ou menos abertos às demandas conflitantes de grupos e classes sociais, bem como sua capacidade de perseguir objetivos globais e de largo prazo, indo além dos interesses parciais. Velasco e Cruz dedicou-se ao estudo detalhado das tensões na formulação e tentativas de implementação da política industrial na auto-intitulada Nova República. A herança da ditadura, com o fracasso do II Plano Nacional de Desenvolvimento e a ciranda financeira engendrada pelo endividamento, gerava insatisfação em certos ramos da indústria, com o crescimento da agiotagem do capital financeiro. O autor identificou, já no início da década de 1980, dois discursos e diagnósticos para uma saída da crise, contemplando a formulação de uma política industrial: o neoliberal e o desenvolvimentista, este último decorrente da articulação entre segmentos de industriais e economistas críticos, a exemplo de Belluzo e Cardoso de Mello, que serão assessores de Dilson Funaro, na primeira fase da "Nova República".

Com a eleição de Tancredo Neves pelo Colégio Eleitoral, impõe-se uma derrota parcial das forças dos trabalhadores e populares que exigiam as eleições "diretas já", num vigoroso movimento político de massas contra a ditadura, pelas liberdades democráticas e contra a carestia, que vinha se fortalecendo desde as greves do ABCD paulista de 1978-79, apontando para uma mudança social e de pauta política progressistas (Oliveira, 1998: 172-3). Para Fernandes (1986: 22), o movimento das Diretas Já, revelou uma radiografia da sociedade brasileira assustadora para as tradições culturais das elites, mostrando uma inquietação social mais forte que em 1964, a qual anunciava um período histórico de ritmos fortes e ricos. O Colégio Eleitoral foi a saída institucional para assegurar o controle conservador da redemocratização, numa espécie de contra-revolução, se é observado o aspecto no qual as elites no Brasil sempre tiveram uma profunda unidade política: conter a emancipação dos trabalhadores.

Até para incorporar em alguma medida essas demandas, evitando a radicalização possível do processo político em meio à crise econômica em curso — mesmo com Sarney na Presidência da República —, prevaleceu na equipe econômica a orientação que preconizava o papel do Estado como sinalizador e promotor das medidas requeridas. O plano de governo da "Nova República" reconhecia o esgotamento da etapa substitutiva de importações e a prioridade para a modernização do parque industrial, no sentido da introdução da tecnologia eletrônica e da biotecnologia, tendo em vista a inserção no cenário internacional. Seus formuladores perceberam os constrangimentos externos para a adoção de medidas nessa direção e apresentaram propostas quanto à: renegociação da dívida externa, como já se observou anteriormente; política fiscal não-contencionista com reestruturação da situação financeira do setor público, combate à inflação e redução das taxas de juros; descompressão da massa salarial para estimular a demanda interna. Segundo Velasco e Cruz, a partir de pesquisa nos jornais da época, havia uma convergência nítida entre essas posições e as do empresariado. No entanto, esses eixos gerais, presentes no documento de dezembro de 1985 intitulado "A nova política industrial da Nova República", não conseguiram ultrapassar a condição de promessas.

Em junho de 1987, assiste-se ao fracasso do Plano Cruzado — que residiu fundamentalmente na resistência ao seu caráter redistributivo da parte de grupos política e economicamente fortes (Velasco e Cruz, 1997: 131) e na incapacidade dos órgãos estatais de operacionalizarem o plano, em função da paralisia[17] gerada pela dificuldade de conciliar interesses contraditórios das classes e segmentos de classe. Assim, a orientação do documento de 1985 foi definitivamente sepultada por Sarney. Este passa a adotar crescentemente os cânones do liberalismo como via de modernização da indústria, desvencilhando-se das constrições impostas pelos compromissos da Aliança Democrática e governando com "gente sua". Para Velasco e Cruz, a derrota estratégica da "primavera peemedebista", e não apenas no que refere à política industrial, explica-se pelo acordo — uma aliança eleitoral extremamente "ampla, indefinida, invertebrada" (1997: 120) — feito para a condução da transição democrática e a dificuldade de acomodar diferentes pontos de vista — sobretudo a agenda política progressista preconizada pelo movimento sindical brasileiro aliado aos movimentos populares —, gerando obstáculos na gestão estatal das políticas públicas no período.

Além disso, havia forte ingerência externa, por meio das pressões do FMI junto aos países devedores para adaptarem-se aos novos delineamen-

---

17. Segundo Fernandes, a paralisia e o imobilismo da Aliança Democrática e do governo Sarney tem seu substrato numa disposição contemplativa e de colocar-se acima das classes. Diz o saudoso mestre: "A mudança que não opta não sulca o solo histórico. [...] Se a democracia é uma necessidade histórica, como alcançá-la sem se arriscar a mudanças sociais qualificadas?" (1986: 72). Por sua vez, Nogueira (1998: 106-21) mostra que esta paralisia engessou possibilidades de reforma administrativa do Estado brasileiro, apesar da existência de diagnósticos bem fundamentados dos problemas. Diniz faz uma consideração dissonante de Nogueira a respeito da questão da "paralisia decisória", abrangendo um período mais amplo. Para ela há um agudo contraste no Brasil entre a hiperatividade decisória e a fraca capacidade de implementação e de gestão, o que joga água no moinho da crise. Segundo a autora, "os pontos de estrangulamento situam-se, sobretudo, no âmbito da execução das políticas, na capacidade de fazer cumprir as decisões tomadas e de assegurar a continuidade dos programas governamentais" (1998: 31).

tos da economia internacional. Nesse momento, a pressão era feita em torno da Lei de Informática, por sua tendência claramente defensiva e protecionista. Esses processos inviabilizaram as teses heterodoxas, as quais caíram em descrédito, por parte do empresariado que as apoiou inicialmente e também por parte de intelectuais que começaram a se deslocar, num nítido processo de transformismo molecular (cf. Capítulo 2). O estudo de Velasco e Cruz é importante exatamente porque mostra, a partir de um ângulo específico, como se operou a mudança de mentalidades, bem como as dificuldades do processo de democratização. A partir de 1987, o discurso governamental sobre política industrial volta-se para "advogar a adoção de medidas conseqüentes para atrair o capital estrangeiro, desregulamentar a atividade econômica e facilitar a adoção de tecnologias novas" (1997: 79).

Com Bresser Pereira e Maílson da Nóbrega na condução da política econômica, esvai-se a perspectiva de atenuar as pressões externas — foi suspensa a moratória da dívida externa e buscou-se a "normalização" das relações com a comunidade financeira internacional — e propõe-se um trato ortodoxo do combate à inflação, com impactos regressivos sobre os assalariados, e grandes frustrações das expectativas de mudanças trazidas pela democracia. Sader (1990: 47) faz a seguinte caracterização do governo Sarney:

> "Havia acenado com reformas que nunca chegou a iniciar, havia introduzido um plano econômico de sucesso efêmero e, finalmente, havia enganado o povo com um segundo plano econômico antipopular escondido no bolso, para ser decretado uma semana após as eleições, depois que o voto popular já havia sido consignado, configurando uma verdadeira estafa."

Ironicamente, de acordo com o estudo de Velasco e Cruz, apesar da adoção do discurso liberal, a política industrial sugerida em 1988 previa fortes subsídios do Estado e instrumentos indutores e estruturantes. Mas, ao lado disso, já estavam presentes medidas de liberalização e abertura do país — embora não fossem da extensão daquelas adotadas nos anos 1990 —, bem como, à revelia da Constituição recém-aprovada, a não-prioridade à indústria nacional para acesso aos instrumentos da política industrial. A política proposta em 1988 foi recebida com cautela pelo empresariado e foi duramente criticada pelos economistas liberais, porque, segundo eles, mantinha ainda ultrapassadas ilusões dirigistas. Na verdade, ela não passou de uma declaração de intenções num momento de forte desgaste e final do governo Sarney, cuja capacidade de implementação, a essa altura, era extremamente reduzida. Para o autor, no entanto, na disputa ideológica e política que marcou os conflitos e desdobramentos do final do Plano Cruzado prevaleceu a orientação de que "mais ou menos rapidamente, no futuro, a abertura da economia brasileira aparecia como um fato" (1997: 113). Uma abertura articulada circularmente a um conjunto de outras políticas orientadas para o mercado e com forte capacidade de convencimento, após a frustração do Plano Cruzado e o retorno do ambiente inflacionário, e num cenário internacional propício à mudança de rota, em virtude da reestruturação produtiva e da mundialização do capital.

Um outro aspecto de destaque nos anos 1980 foi a redefinição das regras políticas do jogo, no sentido da retomada do Estado democrático de direito. Esta foi a tarefa designada para um Congresso Constituinte, e não uma Assembléia Nacional livre e soberana, como era a reivindicação do movimento dos trabalhadores e sociais. Ainda assim, a Constituinte tornou-se uma grande arena de disputas e de esperança de mudanças para os trabalhadores brasileiros, após a seqüência de frustrações —, Colégio Eleitoral, morte de Tancredo Neves[18] e falência do Cruzado. Este movimento operário e popular novo era um ingrediente político decisivo da história recente do país, que ultrapassou o controle das elites, o que foi previsto e reiterado por Fernandes (1986 e 1987), como já se observou no capítulo anterior. Suas presença e ação interferiram na agenda política ao longo dos anos 1980 e pautaram alguns eixos na Constituinte, a exemplo de: reafirmação das liberdades democráticas; impugnação da desigualdade descomunal e afirmação dos direitos sociais; reafirmação de uma vontade nacional e da soberania, com rejeição das ingerências do FMI; direitos trabalhistas; reforma agrária. Para Sader, a transição democrática brasileira diferencia-se de outras na América Latina, exatamente a partir deste elemento fundamental: as mudanças estruturais engendradas pela industrialização e a urbanização, que criaram as condições para surgir um movimento operário e popular novo, decisivo para uma espécie de refundação da esquerda brasileira, inclusive com uma, não única obviamente, expressão partidária expressiva — o Partido dos Trabalhadores. Com isso, para ele, o Brasil se

---

18. Que foi o grande artífice da transição conservadora, o qual, segundo Fernandes, como tradicional político orgânico do conservantismo moderado, não rompeu com o passado, não combateu a ditadura de frente, pelo contrário, ao contorná-la, prolongou-a (1986: 20). Em Tancredo, contudo, foram depositadas esperanças populares de mudança.

transformou num elo explosivo do capitalismo latino-americano, em função das enormes contradições econômicas, das tutelas financeira e militar, e da constituição de sujeitos políticos dispostos a enfrentá-las (Sader, 1990: 88). Dessa forma, todos os movimentos da transição democrática ao longo da década serão tensionados por essa presença incômoda para as classes dominantes brasileiras e forâneas.

Mas já estavam presentes também, como procurei demonstrar, as expectativas de mudança em outra direção, a da nova agenda liberal. Assim, a Constituinte foi um processo duro de mobilizações e contramobilizações de projetos e interesses mais específicos, configurando campos definidos de forças. O texto constitucional refletiu a disputa de hegemonia, contemplando avanços em alguns aspectos, a exemplo dos direitos sociais, humanos e políticos, pelo que mereceu a caracterização de Constituição Cidadã, de Ulisses Guimarães. Mas manteve fortes traços conservadores, como a ausência de enfrentamento da militarização do poder no Brasil (as propostas de construção de um Ministério da Defesa e do fim do serviço militar obrigatório foram derrotadas, dentre outras), a manutenção de prerrogativas do Executivo, como as medidas provisórias, e na ordem econômica. Os que apostaram na Constituinte como um espaço de busca de soluções para os problemas essenciais do Brasil depararam-se com uma espécie de híbrido entre o velho e o novo (sempre reiterado em nossas paragens...): uma Constituição programática e eclética, que em muitas ocasiões foi deixada ao sabor das legislações complementares.[19] Houve mobilização social, por meio das emendas populares — 122 emendas, assinadas por 12.277.423 brasileiros (ANC, 1987: 9) —, num movimento intenso e por vezes subestimado pelos analistas. Todavia, prevaleceram os acordos estabelecidos por uma maioria mais conhecida como "Centrão" — apelido que diz muito sobre a natureza de tal articulação — que inclusive prolongou o impopular governo Sarney por mais um ano. Assim, Nogueira tem razão quando afirma que a Carta de 1988 "não se tornou a Constituição ideal de nenhum grupo nacional" (1998: 159) e de que expressou "a tendência societal (e particularmente das elites políticas) de entrar no futuro com os olhos no passado ou, mais ainda, de fazer história de costas para o futuro" (1998: 160).

O divisor de águas — e a renovação das esperanças — deslocou-se, então, para a primeira disputa presidencial direta, em 1989, num ambiente

---

19. O que faz lembrar da caracterização marxiana da Constituição francesa de 1852. Ver Capítulo 2.

marcado pelo que Velasco e Cruz chama de consensos negativos: uma crise que chegava ao limite do suportável e que exigia a mudança das regras do jogo e a percepção de que no seu âmago estava a questão do Estado. No entanto, os diagnósticos e projetos eram radicalmente diferentes nas candidaturas de Lula e Collor, que chegaram ao segundo turno do pleito, expressando as tensões entre as classes sociais e segmentos de classe ao longo dos anos 1980. Era evidente que ambos encarnavam (ou procuravam fazê-lo, no caso da performance "collorida") uma forte rejeição do passado recente. Na verdade, um candidato diretamente identificado com o governo Sarney estava inviabilizado, em função do desgaste acumulado, pelas razões antes expostas. As classes dominantes apareciam no processo fragmentadas e sem candidato com chances efetivas, abrindo um espaço real para a inversão da conjuntura.

Pragmaticamente, portanto, as elites depositaram, no segundo turno e um tanto a contragosto, a confiança em Fernando Collor de Mello: o medo venceu a esperança. Afinal, seu discurso era também o dos setores insatisfeitos com a Carta Constitucional e que já preconizavam, após o cruzado, a guinada rumo ao ajuste ortodoxo. E sua origem social e trajetória política advinham das classes possuidoras, o que lhe dava créditos de classe, num enfrentamento com um candidato de origem operária. Sader sinaliza o desconforto das elites na ocasião: "as classes dominantes saíam vitoriosas eleitoralmente do pleito, tendo sofrido um enorme susto e percebido que não dispunham de alternativas partidárias para reproduzir seu poder" (1990: 65), e "nos braços de um político que se coloca no lugar de uma dominação organizada em partido político, com programa, tática, alianças relativamente claras, filiados" (1990: 73). Dessa forma, para além da crise econômica que se arrastava, configurou-se uma crise política, delineada pelo avanço do movimento sindical e popular, colocando-se como alternativa de poder, combinando-se explosivamente à fragmentação da burguesia brasileira, num período grávido de possibilidades de aprofundamento da democracia política e econômica, mas também repleto de tendências regressivas e conservadoras ainda fortes e arraigadas na sociedade brasileira, mesmo depois de tão intenso acúmulo de forças pelos trabalhadores e movimentos populares.

Como um último ingrediente nessa caracterização em grandes linhas dos anos 1980, cabe sinalizar alguns aspectos, pode-se dizer, internos do Estado brasileiro. Nesse sentido, é necessário compreender a arquitetura institucional herdada da ditadura, com seu desenvolvimentismo peculiar.[20] Durante o período pós-64 houve uma forte expansão do Estado, processo marcado, para além dos elementos sinalizados até aqui, pelo aumento da sua capacidade extrativa (tributação direta e, sobretudo, indireta) e pelo crescimento das suas atividades empresariais (Martins,1985). Toda essa expansão, no entanto, não se realizou em nome de qualquer ideologia estatizante — pelo contrário: foi uma expansão pragmática e circunstancial, realizada em combinação com a apologia da iniciativa privada e em nome do crescimento econômico (para depois dividir...).

Houve, na ditadura, uma completa reorganização do sistema de financiamento do Estado, acompanhada de grande centralização dos recursos na esfera da União, inclusive com a criação de recursos extra-orçamentários, a exemplo dos vários mecanismos de poupança forçada (FGTS, PIS-Pasep, etc.) e de um sistema tributário baseado na tributação indireta. A receita da União aumentou em cerca de 80% na época. Curiosamente, a despesa com a administração direta decresceu no mesmo período. O que se ampliou, de fato, foi o custo da administração indireta e descentralizada, administradora dos "fundos", que proliferaram na ocasião. Os fundos foram se constituindo em instrumentos básicos de alocação de recursos para programas de investimento e desenvolvimento. Para Martins, houve conseqüências políticas derivadas da criação dos fundos. Dispondo de certa margem de liberdade para geri-los e tomar decisões, foram criadas agências autônomas que constituíram subpólos de poder no interior do Estado. Por outro lado, introduziu-se uma mentalidade empresarial e competitiva na burocracia pública, que buscava otimizar e rentabilizar os recursos, por vezes em detrimento de suas finalidades. É interessante a conclusão de Martins (1985: 56-7):

"Essa situação não apenas tende a gerar uma superposição de competências das diversas agências empenhadas em ampliar seu campo de ação, como tende a fazer com que tais agências passem muitas vezes a desenvolver 'lógicas próprias', a partir de critérios de rentabilidade tipicamente empresariais (e não mais sociais), na gestão de tais recursos. Movimentos esses que no limite se podem traduzir no surgimento de diferentes (e às vezes contraditórias) políticas no âmbito do próprio Estado."

---

20. Os argumentos acerca do Estado brasileiro no pós-64 encontram-se em Behring, 2000b.

Foram criadas dificuldades para um planejamento integrado, bem como uma série de constrangimentos para uma caracterização dos novos administradores como burocracia, em uma concepção weberiana, a qual supõe um corpo de funcionários coeso e fiel às regras instituídas legal e racionalmente (Weber, 1984). Por outro lado, a expansão se notabilizou pela intensa participação empresarial do Estado. Segundo esse arguto estudo de Martins, no período 1966-76 foram criadas mais empresas estatais que nos sessenta anos precedentes, no entanto sem a mobilização e a legitimidade política dos processos anteriores, marcados pelos projetos de cariz nacionalista, além de desenvolvimentista e estatista, que polarizavam a sociedade antes do golpe. Ocorreu no pós-64 uma forte intervenção do Estado em ramos diversificados da economia, nos quais havia incapacidade ou desinteresse do setor privado, no mesmo passo em que o Estado se colocava como *partner* do capital nacional — dada sua fragilidade — e facilitava a penetração do capital estrangeiro no nível da produção.[21] Houve, quando da intervenção do Estado como produtor, estatização, sem ideologia estatizante e sem legitimidade política, o que, é possível inferir, poderia explicar em parte a apatia atual em relação à maioria dos processos de privatização. Ou seja, este é um antecedente importante para compreender o ambiente intelectual e moral para a viabilização da contra-reforma do Estado nos anos 1990.

Gerou-se ainda um descompasso institucional entre a *burocracia* do setor governamental (administração direta) e o executivo de Estado da empresa pública (administração indireta). Martins conclui que as partes que integram o Estado passaram a ter existência própria, estando "confederadas" em torno de um conceito de Estado. Tratou-se de um processo de *feudalização* do Estado que se fez acompanhar da *privatização do Estado*, em melhores termos, de sua apropriação por interesses específicos, exacerbando, a meu ver, a natureza de classe da sua intervenção. Daí decorreu "o isolamento do setor Governo, em meio a um território formado por um Estado que se expande a partir das lógicas particulares das agências que nele se situam" (Martins, 1985: 81). Esse padrão de expansão do Estado foi

---

21. Sobre a relação entre o Estado, o capital nacional e o capital estrangeiro durante o regime militar, são interessantes as observações de Miranda e Tavares acerca do processo de consolidação patrimonial dos grupos nacionais, com o grande suporte do Estado, já que o capital bancário privado nacional não tinha envergadura para tanto, e o capital estrangeiro corria em faixa própria, com a abertura para instalação de unidades produtivas no país, ainda dentro da perspectiva substitutiva de importações (cf. Miranda & Tavares, 2000).

certamente aprofundado pelo ambiente político ditatorial, ou seja, pela ausência de controle social. A leitura dessas conclusões de Martins é bastante instrutiva, já que é contra esse Estado privatizado que se erguem vários aspectos da Constituição de 1988, com propostas de uma reforma democrática. Mas é também em nome de uma contraposição a ele (e aspectos democratizantes da Constituição) que se ergue a contra-reforma do Estado desencadeada na última década, num processo que, numa ironia fina, Fiori apelida de "haraquiri do Estado desenvolvimentista" (1995b: XVIII).

Na boa síntese de Nogueira (1998), observa-se que ao longo dos anos 1980 as dificuldades do Estado brasileiro adquiriram transparência em alguns aspectos: sua intensa centralização administrativa; suas hipertrofia e distorção organizacional, por meio do empreguismo, sobreposição de funções e competências e feudalização; sua ineficiência na prestação de serviços e na gestão; sua privatização expressa na vulnerabilidade aos interesses dos grandes grupos econômicos e na estrutura de benefícios e subsídios fiscais; seu déficit de controle democrático, diante do poder dos tecnocratas e, dentro disso, o reforço do Executivo em detrimento dos demais poderes.

Como se viu, o sentido neoliberal do ajuste estrutural capitalista dos anos 1990 foi sendo delineado na década anterior, na periferia do mundo do capital, de uma forma generalizada, e no Brasil em particular. Entre nós, contribuíram para isso os seguidos fracassos de planos de estabilização ortodoxos e heterodoxos que não enfrentaram devidamente o constrangimento externo e/ou aceitaram passivamente o papel de plataforma de exportações das multinacionais americanas, européias e japonesas — o que está longe de ser um destino inexorável — ou depararam-se mesmo com limites estruturais, políticos e econômicos, na sua condução; a exaustão gerada pelo processo inflacionário; as dificuldades de investimento do setor público; e as tensões e paralisias geradas no interior do processo de democratização, no qual os conflitos entre classes e segmentos de classe não poderiam mais ser tratados diretamente de forma autocrática, obrigando as classes dominantes a uma certa concessão à democracia, distante de sua cultura política tradicional e, portanto, de difícil administração.

A orientação neoliberal encontrou solo fértil, ainda que sua introdução mais intensa tenha sido retardada pelos processos delineados, e consolida-se como doutrina dos anos 1990. Tal ambiente político, econômico e cultural foi reforçado também pelo que se passou a conhecer como Consenso de Washington, com seu receituário de medidas de ajuste. O Consenso de Washington estabelece-se a partir de um seminário realizado naquela cidade, entre 14 e 16 de janeiro de 1993,[22] para discussão de um texto do economista John Williamson,[23] e que reuniu executivos de governo, dos bancos multilaterais, empresários e acadêmicos de onze países. Ali foram discutidos os passos políticos necessários para a implementação de programas de estabilização que, de acordo com a ótima síntese de Fiori (1994: 2), passariam por três fases:

> "[...] a primeira consagrada à estabilização macroeconômica, tendo como prioridade absoluta um superávit fiscal primário envolvendo invariavelmente a revisão das relações fiscais intergovernamentais e a reestruturação dos sistemas de previdência pública; a segunda, dedicada ao que o Banco Mundial vem chamando de 'reformas estruturais': liberação financeira e comercial, desregulação dos mercados, e privatização das empresas estatais; e a terceira etapa, definida como a da retomada dos investimentos e do crescimento econômico."[24]

Aí estão, em grandes linhas, os antecedentes, as transformações e deslocamentos ocorridos no Brasil com o fim da ditadura militar e as contradições da transição democrática, que criam as condições econômicas, políticas, intelectuais e morais para os futuros acontecimentos. Espero ter evidenciado que tais condições foram engendradas num contraponto permanente entre projetos diferenciados para o Brasil, nos quais se destaca a importância da questão do Estado. Adentremos na década de 1990, o palco principal da contra-reforma do Estado brasileiro, objeto do estudo aqui desenvolvido.

---

22. No qual esteve presente, como um emérito membro da "comunidade epistêmica internacional", o futuro ministro Bresser Pereira. O termo refere-se ao alto grau de socialização internacional dos intelectuais e executivos de Estado, que passam a integrar redes de conexão transnacionais — a exemplo da *comunidade epistêmica internacional* que possui uma base cognitiva comum que lhe dá autoridade (os especialistas). Dessa forma, esfacelam-se lealdades internas. Trata-se de uma burocracia cosmopolita, sem fronteiras nacionais. Outra questão é o comportamento adaptativo das burocracias — o chamado "efeito-ônibus" —, ou seja, a tendência a adotar experiências bem-sucedidas em outro país como referência para a formulação de políticas internas (cf. Costa & Melo, 1995).

23. Economista que hoje, após a crise Argentina e a explicitação dos limites daquele receituário, tem fornecido declarações para a grande imprensa de que suas teses foram mal interpretadas e de que não é neoliberal.

24. Este texto de Fiori foi publicado na *Folha de S. Paulo*, tendo recebido inúmeras críticas da articulação de apoio a Fernando Henrique Cardoso, inclusive do próprio. A íntegra do debate foi reunida por Fiori e publicada pelo IMS/Uerj, em 1994.

2. O passaporte brasileiro para a mundialização: a ofensiva neoliberal dos anos 1990

2.1. Os estragos do outsider e o início da contra-reforma

O desfecho do pleito eleitoral de 1989, etapa tão esperada do processo de democratização, e mais um momento do embate entre os projetos societários antagônicos que foram se delineando e aprofundando ao longo dos anos 1980, favoreceu, por uma diferença pequena de votos, a candidatura à presidência que defendia explicitamente as "reformas" orientadas para o mercado, que implicariam um forte enxugamento do Estado, como saída para a crise econômica e social brasileira. No entanto, apesar da expressiva votação, as bases de legitimidade de Collor, mesmo entre as elites, eram extremamente frágeis. Façamos uma leitura do curso dos acontecimentos, observando, como no item anterior, o impacto das medidas econômicas e sociais do governo na ocasião e a correlação política de forças.

Teixeira (1994) oferece uma análise das soluções econômicas do governo Collor, num contexto no qual as conseqüências da mudança de paradigma tecnológico, da financeirização e do debilitamento econômico (mas não militar e geopolítico) da hegemonia americana apontavam para o desmonte dos mecanismos de crescimento e acomodação social anteriores. A análise de Teixeira destaca a questão do padrão de financiamento dos mecanismos de crescimento, que se esgotou com a mundialização, a exemplo dos investimentos externos diretos, tornando a questão do ajuste e da estabilização uma espécie de obsessão impossível, hipótese da qual compartilho.[25]

Collor assume com a legitimidade majoritária, porém dispersa, das urnas, e após o fracasso de sucessivos planos econômicos de combate à inflação — cujo maior entrave esteve sempre articulado aos constrangimentos externos, diga-se, à gestão da dívida. Pois bem, sua promessa foi a de heroicamente derrotar a inflação com um "único tiro", ao lado de medidas gerais de orientação claramente neoliberal, em sintonia com a cultura econômica monetarista que vinha ganhando terreno desde o final do governo

---

25. Mais adiante, ao tematizar os impactos e impasses do Plano Real, voltarei a essa questão.

Sarney. Houve, surpreendentemente, uma descontinuidade entre os trinta dias que se seguem à adoção do Plano Collor (ou Plano Brasil Novo), que continha uma radical heterodoxia, a exemplo do bloqueio de 66% dos ativos financeiros disponíveis, e os momentos subseqüentes da política econômica e de medidas fiscais para aumento da receita pública (Sandroni, 1992: 262). Para Teixeira, aquela medida do confisco abria, de fato, a possibilidade de que o governo recobrasse o comando sobre os instrumentos de política econômica, reestruturando o padrão de financiamento da economia brasileira. Afinal, dispondo o Estado de tantos ativos, poderia exercer algum papel estruturante e redistributivo. No entanto, uma série de fatores relacionados ao comportamento altista dos agentes econômicos, bem como de administração interna do plano, foi derruindo muito rapidamente esta possibilidade, engendrando um desbloqueamento progressivo dos recursos, inclusive pela via da beneficência, com recursos fartamente distribuídos no âmbito do antigo Conselho Nacional de Serviço Social, posteriormente extinto pela Lei Orgânica da Assistência Social (Loas/1993). Teixeira caracteriza que o plano estava derrotado dois meses depois de seu lançamento, em razão, principalmente, da recusa das elites rentistas de aceitar perdas patrimoniais implícitas em algumas medidas adotadas. Assim, apesar de o Plano conseguir equilibrar as finanças públicas e aumentar as reservas do país, a abertura comercial e a reforma administrativa propiciaram o aumento do desemprego, e pouco tempo depois o país entrava em uma recessão profunda.

Daí em diante houve um abandono dos pressupostos e um afastamento das possibilidades iniciais do Plano, reorientando a política econômica numa direção claramente recessiva, com restrição do crédito e da política salarial. O Plano Collor II orientou-se definitivamente pelo rumo da ortodoxia liberal, com cortes nos gastos públicos, um novo "tarifaço" e uma reforma financeira. Em 1991, tal direção se confirma com a mudança de equipe econômica. Ao lado dessa oscilação brevíssima da política econômica, o governo Collor colocou em marcha as chamadas *reformas estruturais*, a exemplo do programa de privatizações e da redução das tarifas aduaneiras, esta última representando uma verdadeira versão contemporânea da "abertura dos portos às nações amigas". Para Teixeira, o governo obteve certo êxito, mantendo a inflação em torno de 20%, mas isto foi resultado, sobretudo, da administração dos temores de um novo choque sobre as atitudes imediatas dos agentes econômicos. Segundo o autor, o relativo fracasso da política econômica de Collor não residiu necessariamente em um erro de diagnóstico, mas de uma visão equivocada da relação entre economia e política. Diz Teixeira (1994: 128):

> "A inflação brasileira não pode ser tratada como um fenômeno estritamente econômico, desconhecendo-se as relações políticas e de poder que lhe são subjacentes. Não pode, portanto, ser vencida por um plano, por mais correto que seja do ponto de vista técnico, elaborado por meia dúzia de representantes desta nova tecnocracia esclarecida, entre as quatro paredes de seus gabinetes. O enfrentamento dessa questão exige coesão social e adesão a um projeto de governo, seja dos de cima para aceitar as perdas, seja dos de baixo para impô-las."

Diante do exposto, Collor foi derrotado claramente por falta de adesão à sua proposta, fato que repercutiu também no melancólico ocaso do primeiro governo eleito, após vinte anos de ditadura militar. Cabe ressaltar que a passagem do *outsider* — posto que sua inserção econômico-política e base de legitimidade "correu por fora" do núcleo duro das classes dominantes brasileiras — deixou marcas, para além da política contra a inflação, onde, ademais, não foi tão desastrado assim, dependendo do ponto de vista. Sua intervenção de maior fôlego e largo prazo foi a implementação acelerada da estratégia neoliberal no país, por meio das chamadas reformas estruturais, na verdade o início da contra-reforma neoliberal no país.[26]

A política industrial, fundada na abertura comercial, programas de qualidade industrial e de capacitação tecnológica e facilidades para ingresso dos capitais externos — já anunciada, conforme argumentei no item anterior — no sentido de fomentar a competitividade internacional, foi um elemento central e de efeito duradouro dessa estratégia. O documento que lançou a nova política industrial do governo Collor padecia de inúmeros equívocos, se observado de uma perspectiva crítica. O desconhecimento

---

26. É interessante a caracterização que Bresser Pereira faz do governo Collor, que para ele foi contraditório, e até esquizofrênico, mas reconheceu, diferente dos constituintes e da Nova República, a necessidade do ajuste, onde residiriam, segundo Bresser, seus méritos: "Seria nesse governo que, afinal, ocorreria a abertura comercial — a mais bem-sucedida e importante reforma que o país conheceu desde o início da crise. Seria nele que a privatização ganharia novo impulso. Seria no governo Collor que o ajuste fiscal avançaria de forma decisiva, não apenas através de medidas permanentes, mas também através de um substancial cancelamento da dívida pública interna" (1999a: 250). Daí pode-se concluir o quanto é correto identificar fios condutores comuns entre Collor e Cardoso.

da dimensão continental da economia brasileira e de sua decorrente vocação para um padrão de industrialização fundado na expansão do mercado interno foi um deles — confirmando a análise de Fernandes sobre o desprezo das possibilidades do mercado interno por parte das elites brasileiras (cf. Capítulo 2). Assim, a política liberal apenas poderia fortalecer o consumo conspícuo das minorias. Outro foi a utilização indiscriminada das importações como mecanismo de controle de preços. Mais um grave erro foi a aposta num ingresso substancial de capitais externos, capaz de viabilizar a modernização e um novo ciclo de crescimento, quando o fluxo de investimento externo se concentrava nas relações intratriádicas, conforme já foi indicado. Desconsiderou-se as expectativas empresariais de investimento e estimulou-se uma concorrência em situação de desvantagem absoluta dos segmentos industriais brasileiros, sem investimento em termos de uma política tecnológica e educacional, levando-os ao sucateamento. Houve uma total ausência de preocupação com os níveis de emprego.

Assim, a política econômica nos dois anos de governo Collor pautou-se por uma adequação destrutiva ao reordenamento mundial. Não houve qualquer ação mais ousada em relação ao problema do endividamento, sem o que é impensável uma perspectiva de investimento e de crescimento, somando elementos ao processo de desarticulação progressiva do padrão de desenvolvimento da economia brasileira, em especial da capacidade do setor público. Cano (1994: 54-5) faz uma síntese da política econômica de corte neoliberal que Collor imprimiu: na política antiinflacionária, evitou a hiperinflação por algum tempo, mas sem sustentabilidade; implementou uma reforma administrativa desastrada, sob o argumento de diminuir o setor público, desarticulando-o; seu plano de privatizações foi desenhado sem objetivos conseqüentes; realizou uma liberalização comercial voluntarista, sem medir o impacto sobre a diversificada e complexa estrutura industrial brasileira; e cortou subsídios agrícolas que levaram o caos à safra 1990-91.

No que refere à forma de fazer política, diga-se, de articular os interesses e relacionar-se com a sociedade civil organizada, muito mais densa e com segmentos combativos, como se sabe, o governo Collor adotou uma atitude olímpica e arrogante, orgulhosa de sua solidão política (Nogueira, 1998: 131) e avessa à negociação. Daí a caracterização de Nogueira, segundo a qual Collor encarnou um "reformismo *enragé*", que não tirava proveito das possibilidades da política, além de ser teatral e irresponsável, destemperado, impaciente e encolerizado (1998: 137-8). Traços que levaram o governo a uma crescente perda de credibilidade interna e externa.

BRASIL EM CONTRA-REFORMA

Acerca da questão do Estado brasileiro, Collor preconizou as reformas orientadas para o mercado como complemento do processo de modernização, tendo em vista a recuperação da sua capacidade financeira e gerencial. Chama a atenção que seu discurso de retirada dos entraves corporativos e jurídicos, para uma racionalização da máquina pública, era bastante semelhante à retórica do Plano Diretor formulado em 1995, como será demonstrado mais adiante. No entanto, há um tom moralista de denúncia do acobertamento dos privilégios, dos chamados marajás, que estaria na raiz da crise do Estado e da necessidade de reformas, francamente contraditório com a tara clientelista e patrimonialista que caracterizou seu governo e que gerou sua espetacular derrota, por meio do *impeachment*, inédito na história da República. Contudo, essa condenação pública não significou a condenação de aspectos de seu projeto de corte neoliberal para o país — e não se pode esquecer a aproximação de segmentos do PSDB, inclusive de Fernando Henrique Cardoso, ao governo Collor, nos últimos momentos, quando, já em crise, este último abriu-se a negociações.

De outro ângulo, observa-se que mais esta frustração gerou um ambiente de desconfiança na política e na democracia, bem como de autodefesa dos agentes econômicos, de forma que a crise e a agenda para seu enfrentamento, que já eram de difícil solução, deparavam-se com mais esses óbices adicionais. A passagem do *outsider* desencadeou, ainda que de forma limitada, a implementação de uma pauta regressiva no país, revertendo as tendências democratizantes e expectativas redistributivas dos anos 1980. Aqui, vale destacar sua relação agressiva para com o movimento sindical, em especial o funcionalismo público, acusado de corporativismo, característica que também aproxima Collor de Cardoso.[27]

Na verdade, Collor optou por uma estratégia política midiática, cujo discurso massificado voltava-se para os indivíduos atomizados, evitando

---

27. Se é evidente que há diferenças de método e de conteúdo entre Collor e Cardoso, também me parece claro que Montaño está correto ao afirmar que o neoliberalismo orienta o programa de governo de ambos, abortando a possibilidade de um pacto social resultante das lutas pós-ditadura, consolidado em parte na Constituição de 1988 (2001: 70). Portanto, há fios condutores comuns entre os dois governos. Sobre o movimento sindical, em especial do setor público, ouçamos o presidente Cardoso: "Porque a reforma apenas terá êxito se for sustentada pelas lideranças do serviço público. Não digo as lideranças sindicais que, infelizmente, estão atreladas às formas mais nocivas de corporativismo, mas sim lideranças de mentalidade que querem renovar-se, que têm entusiasmo pela função pública, que têm o sentido de missão, de espírito público" (1999: 18).

os segmentos organizados. Assim, dirigia-se aos "descamisados". No que refere à enorme expectativa democrática quanto ao enfrentamento das refrações dramáticas da questão social no país, seu pouco tempo de governo pautou-se no clássico clientelismo, como o demonstraram o escândalo das subvenções sociais e a *performance* da primeira-dama à frente da Legião Brasileira de Assistência (LBA). Deve-se recordar que Collor vetou a regulamentação da Lei Orgânica da Assistência Social, demonstrando pouca disposição de implementar o conceito de seguridade social preconizado na Constituição.[28] Tal ambiente político articulado à abertura comercial e à reestruturação produtiva, geradores de desemprego, teve impactos sobre a espinha dorsal dos movimentos sociais dos anos 1980, no sentido da sua desmobilização. Tanto que serão os estudantes, "caras pintadas", que tomarão a iniciativa das ruas, pelo *impeachment*. Esse foi um movimento importante, mas que esteve longe de possuir a densidade e o componente operário e popular da luta pelas eleições diretas, de 1984.

Itamar Franco, vice de Collor, assume o governo nesse contexto complexo, de descompasso entre as demandas da sociedade e as respostas do Estado, e de mal-estar institucional, econômico e social. Seus movimentos serão no sentido de recompor uma articulação política, a mais ampla possível, para dar sustentação e condições de governabilidade ao mandato tampão. Daí, uma composição ministerial que incluía o PSDB — que já havia acenado para Collor, mas deparou-se com as restrições de Mário Covas e alguns outros segmentos partidários — e que trouxe também, no início, a ex-prefeita de São Paulo pelo Partido dos Trabalhadores, Luíza Erundina de Souza. O interregno Itamar Franco será palco de avanços limitados, no que se refere à legislação complementar à Constituição de 1988, a exemplo da Lei Orgânica da Assistência Social (Loas). Mas será também o momento de articulação da coalizão conservadora de poder constituída em torno de Fernando Henrique Cardoso, então à frente do Ministério da Fazenda, onde foi formulado o plano de estabilização protagonizado pela nova moeda: o

---

28. A Loas foi finalmente aprovada e promulgada em 1993, mas já sob o tacão da "lógica do contador" instalada no Ministério da Fazenda, em mãos de Fernando Henrique Cardoso, fato pelo qual alguns de seus artigos foram vetados e o *per capita* da família para acesso ao Benefício de Prestação Continuada para idosos e pessoas portadoras de deficiência ficou definido em um quarto do salário mínimo, quando amplos segmentos propunham um salário e até meio, na negociação. Uma reconstituição histórica do processo de discussão e aprovação da Loas pode ser encontrado em Boschetti (1998 e 2002).

real. Se Collor era o *outsider*, o aventureiro, Fernando Henrique Cardoso tinha credenciais da luta democrática e vinha do núcleo econômico do país,[29] colocando-se como o articulador e intelectual orgânico da contra-reforma e da hegemonia burguesas no Brasil contemporâneo (Oliveira, 1998: 176-7), após um período relativamente largo de perigosa fragmentação, de que fez parte o medo de uma derrota eleitoral para a esquerda, em 1989.

2.2. O Plano Real e a recomposição burguesa no Brasil

Depois das múltiplas tentativas de estabilização econômica sem re-sultados duradouros (Tavares & Fiori, 1993; Teixeira, 1994), a partir de 1994, o país entrou no Plano Real. Qual foi a lógica do Plano Real, razões do seu impacto e, dependendo do ângulo de interpretação, de seu sucesso? A esta-bilização não seria, de fato, uma obsessão impossível, como afirmei ante-riormente em concordância com Teixeira (1994)? Por que é razoável falar de uma recomposição burguesa no Brasil?

Capitaneado pelo então ministro da Fazenda Fernando Henrique Car-doso, evidente candidato à Presidência da República, o Plano Real promo-veu, poucos meses antes da eleição, uma verdadeira chantagem eleitoral: ou se votava no candidato do Plano ou estava em risco a estabilidade da moeda, promovendo-se a volta da inflação, a ciranda financeira e a escala-da dos preços. Os brasileiros, traumatizados com uma inflação de 50% ao mês (junho de 1994) e esgotados com a incapacidade de planejar sua vida cotidiana, votaram na moeda e na promessa de que, com a estabilidade, viriam o crescimento e dias melhores. Tratava-se de uma variável político-econômica importante: a necessidade de esperança (Gonçalves, 1996). Este foi o componente cultural, fundado na dura pedagogia da inflação, e que

---

29. Sobre o núcleo econômico do país, ver o brilhante estudo de Oliveira (1998: 121-57) inti-tulado "Crise e Concentração: Quem é quem na indústria paulista" e sua demonstração cabal de que FHC e seu PSDB não são "estranhos no ninho" das grandes corporações, traçando relações claras entre o Ministério de FHC e os grandes conglomerados econômicos (1998: 177). Sobre o *condottiére*, Maria da Conceição Tavares afirma: "Julgo que o professor Cardoso, francamente, é um homem de São Paulo, moldado pela vocação liberal dos paulistas que se imaginam a cabeça política do capitalismo 'associado' brasileiro. O nacionalismo como ideologia nunca partiu de São Paulo. Todos valeram-se de choro para pedir coisas ao Estado, sim, mas não era de lá que vinham as idéias. As visões de Estado nacional e sobretudo de nação sempre foram gaúchas, cariocas e nordestinas. Quanto às raízes autoritárias, elas são comuns a todos" (2000: 46).

contribuiu para legitimar o Plano e seus condutores,[30] possibilitando uma rearticulação das forças do capital no Brasil, como há algum tempo não se via. Mas existem outros aspectos econômicos e políticos que concorreram para o "sucesso" do Plano Real e sua repercussão na correlação de forças entre as classes, levando à vitória eleitoral a aliança de centro-direita, tendo como condutor Fernando Henrique Cardoso, por dois mandatos consecutivos. Vejamos, primeiro, quais são os fundamentos do Plano Real e seus impactos econômico e social efetivos ao longo do tempo. No decorrer dessa exposição, tornar-se-á visível o lugar das mudanças preconizadas para a intervenção estatal.

Segundo Fiori (1997: 14) e Benjamin *et alii* (1998: 38), o Real integra uma família de planos de estabilização discutidos na já referida reunião de Washington e patrocinados pelas instituições internacionais. Essas últimas viabilizaram a renegociação de "dívidas velhas" para tornar possíveis novos empréstimos, mas exigindo em contrapartida a desregulamentação profunda dos mercados locais, para uma livre circulação dos fluxos financeiros de curto prazo. Para Benjamin *et alii*, essa articulação é que viabilizou a "combinação explosiva e normalmente inviável — a sobrevalorização do câmbio e a abertura comercial — que formou uma 'âncora' eficaz contra a inflação" (1998: 39). Sempre preocupado com a relação entre economia e política, Fiori sinaliza que a *dolarização indireta* como âncora cambial — em virtude da utilização do mecanismo da URV, adotado no Brasil (Braga & Prates, 1998: 33) — requer condições inalteráveis de poder por um período longo de tempo, as quais configuraram-se com a aliança PSDB-PFL. Nesse sentido, dispara: "O Plano Real não foi concebido para eleger FHC; FHC é que foi concebido para viabilizar no Brasil a coalizão de poder capaz de dar sustentação e permanência ao programa de estabilização do FMI, e viabilidade política ao que falta ser feito das reformas preconizadas pelo Banco Mundial" (Fiori, 1997: 14). Complementando esse processo das exigências da mundialização, havia condições internas relacionadas ao cansaço das superinflações humilhantes, à estafa gerada pelas iniciativas anteriores de estabilização e à exaustão em relação à instabilidade política. Essa combi-

---

30. Fiori faz referência ao economista argentino Roberto Frenkel, segundo o qual, "longos períodos de alta inflação induzem e cristalizam um comportamento econômico que ele (Frenkel) chama de 'preferência pela flexibilidade' por parte dos agentes privados, muito difícil de ser alterada" (1997: 42), o que reforça essa idéia de Oliveira (1998) sobre a pedagogia da inflação e seus efeitos perversos.

nação de elementos assegurou a popularidade dos gestores locais da nova política econômica.

A sobrevalorização do câmbio, além de derruir a autoridade monetária nacional — cujo exemplo de conseqüências mais dolorosas é o da Argentina[31] —, exigiu a captação permanente de recursos no exterior para equilibrar a balança de pagamentos. Aí reside a tendência altista da taxa de juros para atrair os capitais especulativos, o que promove uma ampla transferência de lucros para setores improdutivos. Os impactos dessa engenharia de curto prazo do Plano Real têm sido: o bloqueio de qualquer possibilidade de desconcentração de renda; uma desproporção entre a acumulação especulativa e a base produtiva real, cujo custo recai sobre o Estado na forma de crise fiscal e compressão dos gastos públicos em serviços essenciais; alienação e desnacionalização (Gonçalves, 1999; Paulani, 1998; Teixeira, 2000) do patrimônio público construído nos últimos cinqüenta anos;[32] um remanejamento patrimonial de grandes proporções e com fortes conseqüências políticas (Paulani, 1998; Miranda & Tavares, 2000); inibição do crédito e inadimplência dos devedores; mudança do perfil do investimento das indústrias, que tende a ser em redução de custos e manutenção, mas não em ampliação da base, em virtude dos riscos. Para Tavares (1999), a indiscriminada abertura comercial e a sobrevalorização do câmbio são excessos

---

31. Que na passagem de 2001 para 2002 viveu um processo de ampla mobilização popular contra o governo De La Rúa e a corrupção instaurada no sistema financeiro e no judiciário. Com isso caíram o presidente da República e a âncora cambial, expressa na conversibilidade artificial entre o peso e o dólar, bem como o ministro da Economia, Domingo Cavallo. A mobilização popular continuou na Argentina, com desdobramentos ainda imprevisíveis hoje, embora já com algum controle institucional por parte das elites locais. Naquela ocasião, o dinheiro sumiu dos bancos, inclusive por meios ilícitos, gerando indignação e revolta na população desempregada e empobrecida por anos de políticas neoliberais ou endividada em dólares.

32. Para Haddad, "a verdadeira âncora do Plano Real tem sido o patrimônio público acumulado nos últimos anos, os famosos Sauros. A tão almejada modernidade apóia-se, até o presente momento, nas patas desses seres pré-históricos. Esse é o lastro que mantém a credibilidade do programa de estabilização" (1998: 64). A mesma opinião expressa Paulani, quando afirma que "a privatização passa a cumprir um papel adicional de soberba importância na costura macroeconômica que sustenta a estabilização monetária. O que atrai capital estrangeiro ao país do Real são as oportunidades que aqui encontram de ganhos rápidos e expressivos, concretizados num *menu* de ativos atraentes e baratos" (1998: 48). Este *menu* envolve os títulos e o patrimônio público. Para Teixeira (2000: 20-1) "destrói-se o Estado desenvolvimentista apenas para restaurar o Estado patrimonialista", favorecendo o patrimônio mobiliário (circulação financeira). Voltarei a essa questão central da contra-reforma do Estado — as privatizações — no próximo capítulo.

que impuseram uma camisa-de-força obsessiva, de modo que a expansão da produção e da demanda interna tornam-se ameaças à estabilização, em vez de metas desejáveis. Ou seja, trata-se de uma verdadeira restrição externa ao crescimento, de uma adaptação regressiva ao capitalismo mundial, de uma desestruturação sistêmica, e, por fim, de uma vulnerabilidade nunca dantes vista. Teixeira, por sua vez, sintetiza o encadeamento perverso embutido na contenção da inflação por meio do Plano Real:

> "[...] a taxa de câmbio sobrevalorizada acarretava déficits em conta corrente; para financiá-los, o governo mantinha elevada a taxa de juros, o que significava um incentivo para a entrada de capitais que financiariam o déficit. Com isso, as reservas cresciam — o que era importante para manter a âncora cambial e garantir a estabilidade do real — mas esse crescimento não só tinha um custo (equivalente ao diferencial de juros entre as taxas interna e externa), como implicava um risco crescente, pela excessiva presença de capital volátil, que, ao primeiro sinal de insegurança, abandonaria o país. A vulnerabilidade externa era portanto visível, mas, diante de todos os alertas que lhe eram feitos, o governo preferia o silêncio." (2000: 16)

No que tange à indústria, nota-se que só há investimento produtivo com a contrapartida de fortes incentivos do Estado, que passa a oferecer facilidades e vantagens (atratividade), em especial por meio dos mecanismos de renúncia fiscal (Behring, 2001a: 122-31). Tais incentivos corroem o orçamento público e resultam no desmonte da cadeia produtiva instalada, considerando que as empresas transnacionais tendem a não comprar insumos nacionais. Para Benjamin *et alii*, produz-se um "ambiente que os estimula (aos empresários) a dois comportamentos básicos: demitir e importar" (1998: 43). O primeiro leva ao empobrecimento geral e à contração do mercado interno. O segundo leva ao desequilíbrio da balança comercial, ao endividamento privado do Estado e à vulnerabilidade externa. Os endividamentos público e privado não estão associados, como em períodos anteriores, ao crescimento, o que aponta para a perpetuação da condição heterônoma.

Para além da atratividade do capital estrangeiro volátil ou produtivo (este último em menor escala), volta-se a investir na identidade de país exportador para equilibrar a balança comercial. Para tanto, este setor também tem recebido incentivos, favores e concessões, a exemplo da liberação de pagamento do ICMS — um imposto vital para os demais entes da federação (Paulani, 1998: 51) — para garantir seu papel no equilíbrio macroeconômico. Apenas 153 empresas respondem por cerca de 50% das exportações brasileiras. Benjamin *et alii* concluem: "O governo brasileiro não obteve, nem está a caminho de obter, o tão almejado equilíbrio macroeconômico. Apenas reconfigurou o desequilíbrio anterior, de modo a aproveitar as novas possibilidades de endividamento externo" (1998: 51). Isto porque houve uma contenção da inflação — o aspecto mais superficial do plano, mas que lhe dá viabilidade política —, deteriorando, contudo, todos os outros indicadores macroeconômicos: déficit fiscal insustentável, juros aberrantes, câmbio irrealista e déficit na balança de pagamentos. Donde concluo ser correta a observação de Teixeira acerca da impossibilidade do ajuste nos termos monetaristas e liberais, a exemplo do Plano Real, apesar das aparências sugeridas pelo controle da inflação.

Houve, entretanto, uma alteração de rota macroeconômica em 1999, já no segundo mandato de Cardoso, quando a morte anunciada tornava-se iminente. Nessa ocasião, o governo foi obrigado a "cremar um de seus ícones", o câmbio sobrevalorizado (Teixeira, 2000: 13). Instala-se, então um regime de câmbio flutuante. Teixeira (2000) pergunta — e eu com ele — se houve, de fato, alguma mudança substantiva. Para ele, desfez-se a aura de unanimidade em torno do governo. A política econômica, sustentada em moedas sobrevalorizadas, déficits comerciais e absorção de "poupança externa" num contexto de liquidez, encontrou seus limites estruturais, já sinalizados pelos economistas mais críticos. Fez-se presente o ataque especulativo, e o volume de reservas foi decrescendo de forma avassaladora em poucos dias, no início de 1999. A saída para o câmbio flutuante, no entanto, não diminui necessariamente a vulnerabilidade externa, em função dos elevados patamares de importação, que após a abertura comercial e as privatizações dificilmente poderiam ser compensados com as exportações, na opinião de Teixeira (2000). Além disso, houve o agravamento do déficit das contas públicas, atrelado aos juros altos, o que não mudou com o câmbio flutuante. Hoje as taxas de juros praticadas continuam muito altas, em torno de 19%,[33] e a taxa média girou em torno de 25% no primeiro governo

---

33. Uma das principais promessas da campanha eleitoral de Lula foi a de baixar as taxas de juros, fazendo uma profunda alteração de rota da política econômica. Os primeiros movimentos do novo governo, no entanto, vêm confirmando apenas timidamente esse compromisso, embora ele seja apontado como perspectiva. As primeiras medidas, ainda conservadoras, têm sido justificadas em nome dos constrangimentos externos e do combate à inflação, hoje com tendências altistas, pressionada pelos especuladores. Não são muito animadoras as perspectivas de ruptura com a macroeconomia do Plano Real, se observamos as declarações do novo ministro da Fazenda

Cardoso (Fiori, 1998: 117), o que possivelmente manteve-se em patamar semelhante no segundo governo, sobretudo ao lembrar do aumento absurdo dos juros em 1999, que chegaram durante alguns dias a 39 e 40%, no auge da crise.

Essa situação agravou o endividamento público e privado e obrigou à busca de constantes superávits primários por parte do governo federal — seguindo as imposições dos acordos com o FMI. Foi aprovada uma Lei de Responsabilidade Fiscal draconiana (sem preocupações com a responsabilidade social). Criaram-se dificuldades ainda maiores de investimentos estruturantes e houve restrição das políticas sociais nacionais de seguridade pública. Assim, é coberta de argumentos a caracterização de Teixeira: "O resultado da conjugação de um movimento de reestruturação perversa e defensiva com políticas macroeconômicas que freiam o dinamismo da economia só podia ser o desemprego estrutural, com encolhimento dos empregos no setor formal, em particular na indústria, onde ocorreu enorme destruição de postos de trabalho" (2000: 19). Registrou-se um aumento de produtividade da indústria, mas esta foi a produtividade dos sobreviventes. A perda de postos de trabalho, por sua vez, não foi compensada pelo setor de serviços e muito menos pelo setor público, jogando milhões de pessoas na informalidade e até no crime organizado, em nítido avanço na década de 1990.

O Plano Real, como se viu, colocou a inflação sob controle, diferenciando-se dos choques e planos anteriores. No entanto, a ênfase exclusiva na moeda sobrevalorizada e a política de juros altos para assegurar a presença do capital estrangeiro volátil e em busca dos ativos baratos — o que nos tornou reféns daquele, como ficou claro pela incapacidade das medidas de ajuste fiscal mais recentes e a reorientação do Plano Real de 1999 de romperem com o círculo vicioso — vêm gerando uma queda permanente do investimento. Tal fato se combina à reestruturação produtiva, resultando num aumento assustador do desemprego, hoje em torno de 20% (Dieese)

---

e a indicação do presidente do Banco Central, bem como alguns documentos oficiais, a exemplo de *Política econômica e reformas estruturais*, do Ministério da Fazenda, e *Plano Plurianual 2004-2007 — Orientação estratégica de governo Um Brasil para Todos: Crescimento sustentável, emprego e inclusão social*, do Ministério do Planejamento, onde estão sinalizados parâmetros macroeconômicos distantes de qualquer perspectiva de ruptura ou uma imensa ambigüidade, como é o caso do segundo documento. As propostas de reformas da Previdência e tributária também mantêm os marcos anteriores, especialmente a primeira.

nas grandes metrópoles, e da violência endêmica. Gonçalves (1996) esclarece que a OECD criou um indicador de desempenho macroeconômico conhecido como "índice de desconforto", para países com inflação em torno de um dígito, rol no qual nos incluímos com o Plano Real. Trata-se de uma relação entre a taxa de desemprego e a taxa de inflação. Nos primeiros tempos do Plano Real, percebe-se a queda da taxa de inflação e o crescimento do emprego. Pouco depois das eleições gerais de 1994, com a política econômica monetarista de estabilização a qualquer custo, a taxa de desemprego subiu, sobretudo nos últimos meses de 1996, aumentando o "índice de desconforto". Tanto que a popularidade de Fernando Henrique Cardoso caiu muito desde 1994. Tudo indica que a memória da inflação vai se apagando, e a questão do emprego vai se tornando central ao lado de outros efeitos mais duradouros do Plano, a exemplo da crise energética de 2001, gerada pela falta de investimentos estruturais no setor antes e depois das privatizações, tais como nas linhas de transmissão, apesar das justificativas em torno da falta de chuvas.

Alguns elementos da política macroeconômica em execução são fortemente geradores de desemprego. A política de altas taxas de juros favorece a queda do investimento produtivo, com grande deslocamento de capitais para a especulação financeira. Além disso, e mais grave, favorece também o endividamento de empresas, muitas das quais vêm fechando suas portas por não conseguir pagar os empréstimos assumidos, em especial as pequenas e médias empresas — setor não monopolista e intensivo em força de trabalho menos qualificada — que, no final de 1997, se responsabilizavam por cerca de 41% dos empregos (Sebrae, 1997). A política abrupta de abertura comercial acirrou a competitividade e pressionou a indústria nacional para a *modernização*, direcionando-a para o mercado externo. Aqui assistimos à introdução de tecnologias poupadoras de mão-de-obra e à precarização do trabalho. Por outro lado, a própria "reforma" do Estado também tem sido geradora de desemprego, por meio de mecanismos como os programas de demissão voluntária e a instituição das organizações sociais e agências executivas, cuja relação trabalhista não se pauta pela estabilidade.

As conseqüências do ajuste neoliberal para a política social, por sua vez, são enormes, não só porque o aumento do desemprego leva ao empobrecimento e ao aumento generalizado da demanda por serviços sociais públicos, mas porque se corta gastos, flexibiliza-se direitos (Telles, 1998) e se propõe, implícita ou explicitamente, a privatização dos serviços, promovendo uma verdadeira antinomia entre política econômica e política social ou, como dizem Lessa, Salm, Tavares e Dain (1997), transformando a política social preconizada na Constituição num "nicho incômodo". O discurso da equipe econômica do governo federal à época, como se sabe, afirmava que a ordem social consagrada em 1988 é perdulária/paternalista e amplia o déficit público. Na verdade, observa-se que o crescimento do déficit está relacionado ao endividamento instaurado, com a justificativa de cobrir déficits seguidos da balança comercial, que, por sua vez, tem relação com a abertura precipitada e irresponsável da economia. A dívida cresce em ritmo acelerado em função das altas taxas de juros mantidas para atrair o capital financeiro.

O ataque à seguridade social passou também pela política de abertura econômica, no que diz respeito a baixar o "custo Brasil",[34] de uma força de trabalho que é das mais baratas do mundo — em termos de salários indiretos/direitos sociais, para que unidades produtivas transnacionais se instalassem no país com mais facilidades. Um outro aspecto é o impacto da maneira de compensar o setor exportador nacional dos prejuízos da abertura comercial, como já foi sinalizado anteriormente: dar isenção de ICMS e das contribuições sociais para esses segmentos. Essa política baixou a receita de estados e municípios, com implicações amplas para os recursos da política social. Se deixarmos de lado os mecanismos de renúncia fiscal, ainda teremos o contingenciamento de recursos da política social ou seu desvio explícito, como é o caso da transferência de 20% do orçamento da Seguridade Social para o antigo Fundo Social de Emergência, que se tornou Fundo de Estabilização Fiscal e hoje chama-se Desvinculação de Receitas da União (DRU). Na verdade, é difícil falar de um orçamento da Seguridade, já que o que se pode observar é uma forte especialização das fontes, em detrimento de um orçamento global, segundo o conceito constitucional. A política, portanto, é cortar, de variadas formas, recursos da área social, nesses tempos de crise fiscal e de intensa disputa pelo fundo público. Dessa forma, o governo brasileiro, no que refere à proteção social, somou-se ao

---

34. João Sabóia (1990) faz um estudo sobre o fordismo "capenga" introduzido no Brasil, em especial no período do chamado "milagre brasileiro", demonstrando o quanto os ganhos de produtividade foram precariamente repartidos, ou seja, que à produção em massa não seguiu um amplo consumo de massa, e que a força de trabalho no Brasil, portanto, teve um baixo custo direto, e, acrescento, também indireto, já que temos um pobre padrão de proteção social. Sobre o chamado "custo Brasil", consultar os debates, envolvendo vários temas, reunidos em Silva (coord.), Mantega & Vanuchi, 1997.

"pensamento único" difundido em nível internacional.[35] Como este é um aspecto essencial, e talvez o mais perverso, da contra-reforma do Estado no Brasil, as concepções sobre o enfrentamento da questão social[36] no projeto de Cardoso e o desmonte da Seguridade Social serão discutidos com maior profundidade no último capítulo.

No entanto, vale finalizar este balanço, pontuando alguns indicadores da tragédia social brasileira, aprofundada no âmbito da implementação do Plano Real conduzida pela coalizão das elites em torno de Cardoso. É importante visualizar a herança dos anos 1990 para as gerações futuras. Desde 1994, mas, sobretudo, do final de 1998 até os dias de hoje, houve uma tentativa incansável do governo federal, com amplo espaço na mídia, de demonstrar que o ajuste fiscal em curso não iria atingir os mais pobres, e de que houve uma forte preocupação com a área social embutida nos termos do acordo com o FMI de 1999, a partir da inserção recente de salvaguardas sociais. A presidente do Programa Comunidade Solidária, Ruth Cardoso, chegou a declarar que: "Pela primeira vez na história do Brasil não são os mais pobres que estão pagando". E mais: "[...] esse conjunto de programas que constituem a rede de proteção social está absolutamente garantido. Essa conjuntura não vai acrescentar uma carga adicional aos mais pobres. Ela vai passar" (*Jornal do Brasil*, 14/3/1999).

Evidentemente, tal declaração subestimou sobremaneira os impactos da crise sobre a grande maioria da população brasileira. Em agosto de 1998, Márcio Pochmann (*Jornal do DIAP*) já chamava a atenção sobre os efeitos da macroeconomia do Plano Real sobre o *emprego*. Suas pesquisas demonstra-

---

35. Segundo Viviane Forrester, referindo-se ao lugar da política social: "Daí a impaciência suscitada pelas 'generosidades' fora de lugar das proteções sociais e outras prodigalidades contestadas; protestos tão reiterados que acabaríamos aderindo a eles, de tanto que são insistentes e agressivos, se não nos lembrássemos de que eles não dão nenhuma importância àquilo que desaparece por detrás das estatísticas: a ampliação do abandono, a acuidade da miséria, a degradação da vida, o malogro de qualquer esperança. Ignoram também, ou silenciam, o fato de que os 'auxílios' em questão, essas 'assistências' vilipendiadas, expostas como dádivas reservadas a alguns privilegiados que deitam e rolam sem pudor nessas minas de ouro, são inferiores às despesas necessárias a uma sobrevivência normal e mantêm seus 'obrigados' bem abaixo da linha de pobreza..." (1997).

36. Sobre o conceito de questão social, conferir Behring *et alii* (1997) e o importante debate promovido pela Abepss no âmbito do VII Encontro Nacional de Pesquisadores em Serviço Social (Enpess), realizado em novembro de 2000, na Universidade de Brasília, e publicado na revista *Temporalis* 3 (janeiro a junho de 2001), com contribuições de Marilda Iamamoto, Carmelita Yazbek, José Paulo Netto e Potyara Pereira.

vam que o Brasil vivia a pior crise dos últimos cem anos: um em cada cinco trabalhadores e um em cada três jovens na Grande São Paulo estavam desempregados. Da implantação do Plano Real até agosto de 1998, foram extintos 764,1 mil postos de trabalho formal, em que pese o crescimento da economia. Ou seja, adotou-se uma *política econômica de crescimento — ainda que pífio — sem emprego*. Diante disso, Pochmann previa um final da década de 1990 marcado por maior agravamento das condições sociais, com maiores índices de violência urbana, desagregação familiar, instabilidade e precariedade de renda. Tudo indica que as causas do desemprego estrutural no Brasil ultrapassaram a justificativa da capacitação profissional para a nova indústria competitiva, o grande argumento governamental. De outro lado, as políticas de geração de emprego têm passado pela flexibilização e desregulamentação dos contratos, a partir de iniciativas como a instituição do contrato parcial de trabalho. Um trabalho sem direitos e que, ainda assim, teve impacto lateral nos índices do desemprego. Pelas contas oficiais do IBGE que se pautam por critérios mais restritos, que não consideram o desemprego oculto pelo desalento (pessoas que desistiram de procurar emprego) ou pelo trabalho precário, este cresceu de 5% para 8% nas principais regiões metropolitanas, em 1999 (Voto em Separado da Oposição — Comissão sobre a Pobreza, 2000). Na verdade, ele circundava e até ultrapassava a marca dos 20% da PEA em algumas delas, aqui pelos cálculos do Dieese e da Fundação Seade, já em 1997 (Benjamin *et alii*, 1998: 186). Recorde-se que os bolsões de pobreza relacionaram-se à concentração da terra no campo, historicamente; mas essa situação da PEA nas cidades, num Brasil que se urbanizou progressivamente — hoje cerca de 79% da população vivem na cidade e 21% no campo (Benjamin *et alii*, 1998) —, denota um empobrecimento nas cidades, cuja expressão mais evidente é a população que vive nas ruas e a violência. Outro dado importante sobre a PEA é que 70% dela ganham entre zero (15,1%) e três (12,1%) salários mínimos. A PEA foi estimada, no PNAD de 1996, em cerca de 74 milhões de pessoas, das quais 47 milhões não possuem ensino fundamental completo e 12% são crianças e adolescentes (Inesc, 2000). Já o Censo 2000 revela um acréscimo de 2,1 milhões de pessoas à PEA, sendo 15% desocupados. Dos ocupados — 64,7 milhões de pessoas — 51,9% recebem de zero a dois salários mínimos (*O Globo* — Suplemento Especial Retratos do Brasil/Censo 2000, p. 8). Assim, o Censo revelou dados de maior recrudescimento do desemprego e da desigualdade no Brasil, onde apenas 2,6% da PEA recebem mais de vinte salários mínimos.

Dois economistas coreanos estudaram o impacto social do ajuste fiscal e dos acordos com o FMI no seu país, onde constataram que as políticas do Fundo não ajudam a diminuir os efeitos sociais da crise, que são o aumento do desemprego, da *pobreza e da desigualdade social*. Seu estudo destaca os menos escolarizados e as mulheres como segmentos sobre os quais o desemprego incidiu com mais força. Um dado interessante é que a queda do emprego formal foi acompanhada na Coréia pela queda do emprego informal, ou seja, não houve qualquer compensação de um setor por outro. Esses dados e sua análise, publicados na *Folha de S. Paulo* (28/2/1999) são interessantes, já que se trata de um país que passou pelo "ataque especulativo" e que possuía, antes da crise, indicadores socioeconômicos melhores que os brasileiros. Márcio Pochmann, mais uma vez e na mesma matéria publicada por aquele diário, mostra que o Plano Real, com seu sucesso temporário no controle da inflação, teve um efeito redutor do número de indigentes até 1996 (de 44,2% para 31,3% da PEA), mas, a partir de 1997, iniciou-se um caminho de volta. O número de pobres, para Pochman, retornou para 43,8% da PEA, já em 1999. Considerando o crescimento da população brasileira, existiu um aumento do número de pobres absolutos (indigentes), que passou de 23,4 milhões para 26,2 milhões de pessoas. Constata-se então que os ganhos sociais do Plano Real, produzidos imediatamente pelo controle da inflação, tenderam a se perder na tragédia anunciada do ajuste fiscal, que deteriorou os demais indicadores econômicos, como já se viu.

Esta constatação está presente, ainda que de forma menos crítica, no estudo de Sônia Rocha — "Pobreza e desigualdade no Brasil: O esgotamento dos efeitos distributivos do Plano Real" (2000). Ela afirma que o Plano Real, entre 1993 e 1996 baixou o número de pobres de 44% para 34% da população, mas houve uma estabilização em 34%, com tendências de crescimento, a partir de 1997, em função de aspectos da macroeconomia do Plano. Por exemplo, segundo esse estudo produzido para o Ipea, foram extintos cerca de 1,2 milhão de empregos para os que têm escolaridade de apenas quatro anos, faixa que viu seu poder aquisitivo cair em cerca de 22%, desde 1997. Rocha constata que a reestruturação produtiva alija os menos escolarizados, com forte impacto sobre a pobreza. Por outro lado, chama a atenção para a relação entre pobreza e distribuição de renda no Brasil, mostrando seu vínculo orgânico, onde estaria localizada a rigidez dos índices de pobreza. E esta é uma característica estrutural. Um dado importante desse estudo é que a pobreza no Brasil tem um forte componente regional, e as regiões Norte e Nordeste, mesmo no período do Plano

Real, tiveram uma evolução adversa: a participação do Norte urbano no número de pobres do Brasil, por exemplo, passou de 3,2% em 1990 para 5,5% em 1997.

Outro indicador — ainda que não seja o melhor — é a queda da renda *per capita* no Brasil. Com um crescimento de 0,15% do PIB no ano de 1998, muito pequeno, diga-se de passagem, e um crescimento da população de 1,28%, a renda *per capita* recuou em 1,12% em 1998, segundo o IBGE (*Jornal do Brasil*, 20/2/1999). De acordo com o Banco Mundial (Relatório Indicadores Mundiais de Desenvolvimento — 2001), o Brasil saiu do 68 para o lugar 73 quanto à renda *per capita*, que baixou de 4.630 dólares para 4.350, de 2000 para 2001.

O economista Marcelo Neri, do Instituto de Estudos do Trabalho e da Sociedade (Inest), também realizou uma pesquisa sobre a relação entre a desvalorização do real a partir de 1999, a inflação e o *consumo dos pobres* (*O Globo*, 28/3/1999). A abertura comercial irresponsável de Collor, aprofundada por Cardoso, introduziu a competitividade na indústria alimentícia, que não teve o efeito de baixar os preços, diferente da expectativa governamental, mas de nivelá-los por cima. Aí está localizado o maior consumo das famílias de baixa renda, e a inflação tendeu a ser maior para essas famílias, a partir de 1999, o que corrobora a hipótese da perda dos ganhos sociais do Plano Real.

Pelo exposto até aqui sobre a macroeconomia do Plano Real, houve implicações decisivas para o Estado e as classes. Para a burguesia, há um deslocamento patrimonial dos capitais e uma inserção mais forte do capital estrangeiro, bem como uma rearticulação política em torno da coalizão liderada por Cardoso, mesmo com eventuais tensões internas, que foram se aprofundando ao longo do tempo.[37] Para os trabalhadores, é evidente o

---

37. A maior expressão disso certamente foi o afastamento de Antônio Carlos Magalhães, expoente das oligarquias antigas do Nordeste e do conservadorismo no Brasil, que nos últimos tempos vinha adotando um discurso mais crítico em relação ao governo Cardoso. Se por um lado este processo de depuração foi importante, tanto quanto o afastamento de Jader Barbalho e as tensões com a família Sarney, para o estudo aqui realizado, deve-se compreender que este tem a ver com deslocamentos patrimoniais e de poder na coalizão dominante. A perda progressiva de poder dos velhos coronéis e a nova configuração do poder e suas bases materiais no Nordeste são analisados com brilhantismo por Francisco de Oliveira, em "A metamorfose da arribaçã: Fundo público e regulação autoritária na expansão econômica do Nordeste" (1998: 79-120), possibilitando entender a perda de espaços de setores mais tradicionais.

recrudescimento das condições de vida e de trabalho, com ataque simultâneo aos direitos sociais, ensejando um período de lutas políticas defensivas diferente da década de 1980, em especial após a paradigmática "greve dos petroleiros", em 1995.[38] Pode-se depreender que, se foi pretensiosa a afirmação de Cardoso sobre seu papel histórico de acabar com a "era Vargas", é verdade que há mudanças importantes e estruturais, de largo prazo, induzidas por seu projeto econômico-político fundado numa coalizão de forças conservadoras e que reverteu a pauta progressista dos anos 1980. Mudanças em territórios bastante diversificados, articuladas à estabilização e à consolidação de um lugar no mercado mundial, e conduzidas por métodos autocráticos, que nas novas condições político-econômicas brasileiras depararam-se com resistências existentes, mas pouco capazes de contê-las. E o elemento central desse processo foi a auto-referida "reforma do Estado". Detenhamo-nos, a seguir, no projeto — seu discurso e principal expressão intelectual — e processo de implementação daquela que, já se sabe, foi a estratégia mais importante do ajuste estrutural brasileiro, no contexto da reestruturação produtiva e da mundialização.

---

38. Rizek (1998: 97-105) expõe com clareza a estratégia do governo Cardoso de instaurar o conflito e evitar confirmar a negociação feita pelo governo anterior com os petroleiros e outros segmentos do setor produtivo estatal (eletricitários e outros) com o objetivo de quebrar a espinha dorsal do movimento operário brasileiro, por meio da desmoralização de um de seus segmentos mais organizados e articulados em nível nacional. Para tanto, o governo usou de todos os expedientes lícitos e ilícitos disponíveis: escondeu o estoque de gás e combustível, responsabilizando os grevistas pela falta desses bens básicos e mobilizando a população contra o movimento; baixou medidas e decretos sobre greves de servidores públicos; demitiu; lançou mão do Exército para a ocupação de refinarias; e, por meio do Judiciário, aplicou multa sobre as entidades sindicais de R$ 100.000,00 por dia de greve, quantia que foi cobrada na forma do patrimônio dos sindicatos, apesar dos apelos da OIT. Outro objetivo do governo foi criar o ambiente favorável para a quebra do monopólio da Petrobras, o que ainda era polêmico dentro da empresa. Esse estilo de relação com os movimentos sociais é sinalizado por outros autores, a exemplo do artigo de Carvalho Filho (1998), que analisa a relação com a questão fundiária e o MST na primeira gestão de Cardoso, e o de Maricato (1998), sobre o descaso e a desqualificação para com os movimentos relacionados à reforma urbana.

"— Está bem, o que eu penso, o que eu temo, é algo em que já acreditei, mas não posso acreditar mais. É o governo dos técnicos, dos especialistas, dos sábios, dos tais melhores, enfim."

Viva o povo brasileiro, João Ubaldo Ribeiro

CAPÍTULO 4

A contra-reforma do Estado brasileiro: projeto e processo

Convido o(a) leitor(a) para um mergulho crítico nos argumentos dominantes que vêm justificar a "reforma" necessária do Estado brasileiro, e que têm sido recorrentemente enunciados nos meios intelectuais, de comunicação e governamentais. Cabe mapear também as medidas sugeridas e sua articulação com a macroeconomia do Plano Real e as condições sociopolíticas dos anos 1990 delineadas no capítulo anterior. Assim, a exposição que segue coteja a palavra dos formuladores e gestores da "reforma" e sistematiza as linhas gerais do Plano Diretor da Reforma do Estado (1995) para, em seguida, realizar um contraponto crítico, ainda num plano teórico e analítico, buscando demonstrar alguns conteúdos profundamente ideológicos, articulados à proposital e aparente esquizofrenia do discurso da "reforma" em comparação com a realidade delineada no capítulo anterior. Ver-se-á, em especial no último capítulo deste livro, por meio de algumas expressões particulares do projeto em curso, que se trata de uma contra-reforma conservadora e regressiva, diferente do que postulam os que a projetaram entre as paredes dos gabinetes tecnocráticos e inspirados nas orientações das agências multilaterais.

1. A expressão intelectual: O projeto "social-liberal" em Bresser Pereira[1]

Observemos o raciocínio de quem dirigiu a equipe de formulação do Plano Diretor da Reforma do Estado que será analisado mais adiante: Bresser Pereira (1996). Para ele, o Brasil e a América Latina foram atingidos por uma dura crise fiscal nos anos 1980, acirrada pela crise da dívida externa[2] e pelas práticas de populismo econômico.[3] Esse contexto vai exigir, de forma imperiosa, a disciplina fiscal, a privatização e a liberalização comercial. Bresser nota também o caráter cíclico e mutável da intervenção do Estado, ou seja, após o Estado mínimo, o Estado social-burocrático e o *revival* neoliberal, caminhar-se-ia para uma experiência social-liberal, pragmática e social-democrática. Este modelo, segundo Bresser, não pretende atingir o Estado mínimo, mas reconstruir um Estado que mantém suas responsabilidades na área social, acreditando no mercado, do qual contrata a realização de serviços, inclusive na própria área social (1996: 14). Bresser dedica boa parte de seus argumentos para demarcar uma diferenciação entre a sua proposta social-liberal e a neoliberal, porém assumindo como *necessária* a crítica neoliberal do Estado. As causas da crise estão localizadas no Esta-

---

1. As exposições realizadas neste e no próximo item encontram-se originalmente sugeridas em Behring, 2000b, e foram ampliadas e aprofundadas para efeito deste trabalho.

2. Sobre a questão da dívida externa, vale lembrar a caracterização feita no capítulo anterior acerca de sua importância em todas as análises, mesmo que em explicações diferentes da crise, e que resultam em caminhos distintos para seu enfrentamento.

3. Para uma discussão sobre o "populismo econômico", consultar: Bresser Pereira (1991), compilação que reúne os principais argumentos e autores que vêm influenciando o debate e indiretamente a formulação da política econômica e de reformas "não populistas", diga-se, orientadas para o mercado, no Brasil e na América Latina, tais como Jeffrey Sachs, Rudiger Dornbusch, Eliana Cardoso e o próprio Bresser Pereira. O populismo econômico, numa definição sumária, caracterizar-se-ia por políticas macroeconômicas na América Latina que mantêm o ativismo do Estado no desenvolvimento, bem como acenam para a redistribuição de renda no curto prazo, mas sem sustentação no longo prazo, a exemplo do Plano Cruzado. É extremamente polêmico o conceito de populismo econômico, já que experiências muito diferentes e de períodos históricos também distintos são colocadas como expressão de um mesmo fenômeno — o que parece ser um procedimento metodológico corrente nessa perspectiva —, a exemplo do peronismo (Argentina), da Nova República (Brasil), do sandinismo (Nicarágua), do aprismo (Peru), dentre outros. Também é discutível se o Plano Real — tomado como exemplo de sucesso não populista —, sustenta alguma perspectiva redistributiva de largo prazo. Pelo exposto no Capítulo 3, percebe-se que, para além da inflação, os demais indicadores econômicos derruem qualquer perspectiva nesse sentido.

do desenvolvimentista, no Estado comunista e no *Welfare State*, cujas experiências — a meu ver tão díspares para serem inseridas numa mesma lógica — subavaliaram a capacidade alocativa do mercado, "um mecanismo maravilhoso", que deve ter um papel positivo na coordenação da economia (1996: 17).

Ao Estado cabe um papel coordenador suplementar. Se a crise se localiza na insolvência fiscal do Estado, no excesso de regulação e na rigidez e ineficiência do serviço público, há que reformar o Estado, tendo em vista recuperar a governabilidade (legitimidade) e a *governance* (capacidade financeira e administrativa de governar). A perspectiva da reforma é garantir taxas de poupança e investimento adequadas, eficiente alocação de recursos e distribuição de renda mais justa. O lugar da política social no Estado social-liberal é deslocado: os serviços de saúde e educação, dentre outros, serão contratados e executados por organizações públicas não-estatais competitivas. Segundo Bresser Pereira (1996: 21):

> "É um Estado social-liberal porque está comprometido com a defesa e a implementação dos direitos sociais definidos no século XIX, mas é também liberal porque acredita no mercado, porque se integra no processo de globalização em curso, com o qual a competição internacional ganhou uma amplitude e uma intensidade historicamente novas, porque é resultado de reformas orientadas para o mercado."

Bresser enuncia como chegou a essa interpretação da crise do Estado, citando inclusive James O'Connor,[4] destacando a crítica ao populismo econômico e a teoria da inflação inercial[5] como fundamentos decisivos. Bresser

---

4. Aliás, O'Connor é sempre parcialmente lembrado na literatura sobre a crise do Estado, já que cunhou a idéia de uma crise fiscal do Estado. No entanto, seu raciocínio sobre o caráter da crise — vinculado à tradição marxista, ainda que de forma não muito rigorosa — não é, em geral, aproveitado. Evidentemente, pode-se pensar que esta omissão não é aleatória, considerando que a formulação de Bresser Pereira nada tem em comum com a tradição marxista (cf. Behring, 1998).

5. Segundo Sandroni, a inflação inercial existe quando há um "processo inflacionário muito intenso, gerado pelo reajuste pleno de preços de acordo com a inflação observada no período imediatamente anterior; os contratos contêm cláusulas de indexação que restabelecem seus valores reais após intervalos fixos de tempo. Na medida em que esses intervalos são cada vez menores e os reajustes cada vez maiores e concedidos com a mesma intensidade para todos os preços, estes tendem a ficar alinhados. Embora variando com grande intensidade, um congelamento manteria as mesmas posições relativas anteriores, garantindo a neutralidade da operação, isto é, não haveria nem ganhadores nem perdedores se a inflação deixasse de existir repentinamente

critica a esquerda tradicional por se manter presa ao nacional-desenvolvimentismo populista, que vem incorrendo, segundo ele, nos seguintes "equívocos": orientar o desenvolvimento para o mercado interno; proteger a indústria nacional; incrementar o desenvolvimento tecnológico como elemento complementar da substituição de importações; justificar o déficit público, quando há capacidade ociosa e desemprego, rejeitando qualquer ajuste fiscal; interpretar as taxas de juros como conspiração dos bancos e da especulação; dizer que aumento de salários não aumenta a inflação e que o aumento do salário real é redistributivo numa economia com alta concentração de renda; afirmar que as empresas estatais são eficientes mas não são rentáveis, porque seus preços são artificialmente deprimidos; e, por fim, o "equívoco maior" — defender que a coordenação econômica pelo Estado tende a ser mais eficiente do que pelo mercado.

Em oposição a essas concepções predominantes na esquerda "arcaica e populista" (1998), o centro social-liberal se une à direita pragmática para engendrar a *reconstrução* do Estado. Esse Estado deve ser também democrático, já que "as classes dominantes não necessitam do uso da força para se apropriar de uma parte considerável do excedente social", e a democracia deve existir como meio de acesso ao poder político, bem como a divisão desse mesmo poder *pelas classes dirigentes*. Não poderia haver visão mais instrumental e reducionista da democracia, que é lateral ao processo de condução da "reforma", sendo suplantada pelo reiterado pragmatismo![6]

A superação da crise fiscal é o elemento central para o enfrentamento da crise do Estado. Bresser caracteriza a situação de crise fiscal a partir de cinco ingredientes presentes nos anos 1980: déficit público; poupanças pú-

---

pelo controle de preços" (1992: 167). No caso do real, utilizou-se um mecanismo de ajuste — a URV — durante algum tempo e a âncora cambial para controlar o processo inflacionário, numa tecnologia econômica original, fugindo parcialmente aos congelamentos abruptos de preços e salários anteriores.

6. É, na verdade, um momento de profunda honestidade de Bresser sobre sua visão de democracia, já que em textos posteriores o discurso se transforma, como se verá. De outro lado, talvez aqui esteja a explicação da melancolia democrática que se espraiou pelo país, cuja maior expressão foi o ambiente de ausência de debate e despolitização que marcou as eleições gerais de 1998. Mas o desprezo pela democracia — ou uma visão instrumental — que marcou esse projeto é evidente em outros elementos: a ausência de interlocução com o campo democrático e combativo da sociedade civil organizada; o desrespeito às decisões que se originam das poucas arenas de negociação existentes; o uso excessivo das medidas provisórias; e a balcanização do Legislativo. Este quadro configura o que Dalmo Dallari caracterizou como um *Estado de legalidade formal* (cf. Dallari, 1997), ou o que Netto vem designando como ditadura do executivo (conferência realizada na Uerj em 19/5/2000).

blicas negativas ou muito baixas; dívida interna e externa excessivas; falta de crédito do Estado, expresso na ausência de confiança na moeda nacional e no curto prazo de maturidade da dívida doméstica (os títulos do Tesouro rolados no *overnight*); e pouca credibilidade do governo. Os dois primeiros elementos são de *fluxo da crise fiscal*; a dívida é um *elemento de estoque da crise*; e a perda de crédito é a *quintessência da crise fiscal* e constitui um elemento psicossocial da mesma. A perda de capacidade do Estado de se autofinanciar, relacionada à falta de crédito, leva à hiperinflação. Superando as orientações populistas e desenvolvimentistas, é possível, segundo Bresser, enfrentar a crise fiscal a partir do paradigma social-liberal, que preconiza um Estado pequeno e forte com as seguintes tarefas: garantir a propriedade e os contratos, promover o bem-estar e os direitos sociais e realizar uma política industrial e de promoção das exportações. Este novo Estado deverá resultar de uma estratégia pragmática que reconheça: a importância da crise fiscal; a necessidade de reformas orientadas para o mercado e da manutenção da disciplina fiscal; a necessidade da redução das dívidas interna e externa; e a hegemonia dos EUA na América Latina, que exige uma atitude mais autônoma e de defesa dos interesses nacionais no que refere à dívida. Vale dizer que este último elemento me pareceu surpreendente, dados os conhecidos vínculos do autor com o Consenso de Washington. Porém, prossigamos.

Outro elemento do raciocínio social-liberal é de que aos ciclos longos da economia correspondem ciclos do Estado. Dessa forma, ao colapso do consenso keynesiano seguiu-se a orientação neoliberal, a qual já está sendo superada pelo *mainstream* econômico que preconiza uma retomada do *status* da intervenção do Estado, a exemplo das contribuições de Paul Krugman. Portanto, o Estado se expande ou se contrai em articulação com o ciclo econômico, ou melhor, sua expansão ou retração ocorrem a partir de sua funcionalidade no ciclo.[7] Hoje, a pressão seria na direção de uma espécie de Estado intermediário (nem liberal, nem intervencionista), cuja existência está condicionada aos processos de privatização (vistos pelo autor como solução natural) e de liberalização comercial.

Bresser reconhece que o alto grau de concentração de renda no Brasil é o principal empecilho para o crescimento econômico, já que alimenta um

---

7. O que é uma conclusão óbvia e nada original: os ciclos econômicos balizam o caráter da intervenção do Estado. Porém *esse não é um processo natural*. Ele é repleto de escolhas político-econômicas, de conflitos e de sujeitos políticos.

forte conflito distributivo e reduz a legitimidade dos governos. O ajuste na direção apontada se justifica, entre outros argumentos, em nome do enfrentamento do conflito distributivo, sem incorrer no populismo econômico, buscando um Estado mais eficiente na área social.

Nesse sentido, o projeto de Fernando Henrique Cardoso configura um novo pacto político em torno desse Estado intermediário. Tal projeto representa uma renovação da esquerda — a constituição de uma "esquerda moderna" —, a partir do momento em que ficou órfã do Estado comunista e do desenvolvimentista. Nesse momento, o texto de Bresser torna-se um tanto arrogante, desqualificando os críticos da "reforma" do Estado nos termos social-liberais como populistas, arcaicos e complacentes com o aumento do déficit público.

Para alcançar uma sociedade moderna — com alocação de recursos eficiente e democracia —, cabe uma estratégia voltada para o mercado, que use pragmaticamente o Estado para distribuir renda e promover a inovação tecnológica, numa sociedade heterogênea e dual, rompendo os círculos viciosos econômico e político-social. O primeiro desses círculos refere-se ao populismo econômico e o segundo à "contradição da cidadania". Aquele deve ser enfrentado no seu elo mais fraco: a inflação. O político-social, por um pacto sólido e pela política educacional, no médio prazo. Bresser propõe um *pacto de modernização* em torno dessa proposta, que se inicia com a liberalização comercial, as privatizações e o programa de estabilização monetária (Plano Real) e prossegue com a reforma da administração pública: a chamada reforma gerencial do Estado.

Este é o desenho da auto-intitulada "reforma" e que foi totalmente incorporado como projeto de governo, por meio do Plano Diretor da Reforma do Estado do Ministério da Administração e da Reforma do Estado (PDRE-Mare).

2. A expressão institucional: o Plano Diretor da Reforma do Estado

Vamos, então, percorrer as proposições do Plano Diretor da Reforma do Estado,[8] elaborado pelo Mare e aprovado em setembro de 1995 na Câ-

---

8. Este documento, dentre outros que veiculavam as propostas do governo FHC para a "reforma" do Estado, esteve disponível na *homepage* do Ministério do Planejamento, Orçamento e Gestão (MPOG), que incorporou o extinto Ministério da Administração e da Reforma do Estado.

mara da Reforma do Estado, um órgão interministerial criado para esse fim, e que orientaram, dentre outros processos e legislações, a Emenda Constitucional nº 19, de 19/6/98, que trata da "reforma" da administração pública. Já na apresentação do documento, Fernando Henrique Cardoso reitera os argumentos de que a crise brasileira da última década foi *uma crise do Estado*, que se desviou de suas funções básicas, do que decorre a deterioração dos serviços públicos, mais o agravamento da crise fiscal e da inflação. Trata-se, para ele, de fortalecer a ação reguladora do Estado numa economia de mercado, especialmente os serviços básicos e de cunho social. O Estado brasileiro é caracterizado como rígido, lento, ineficiente e sem memória administrativa. O salto adiante é a proposição da *reforma gerencial* voltada para o controle dos resultados e baseada na descentralização, visando qualidade e produtividade no serviço público. O Plano é base para um conjunto de reformas constitucionais, e o presidente convoca todos para o desafio de implementar a reforma, criando um "novo modelo de justiça social".

O Plano é justificado logo na sua introdução: o Estado brasileiro afastou-se de suas funções precípuas para atuar na esfera produtiva. De outro ângulo, se o Estado e o mercado são as instituições que operam na coordenação dos sistemas econômicos, quando se apresentam problemas em uma delas, configura-se uma situação de crise. Tem-se, assim, que a crise dos anos 1920-30 esteve fundada num mau funcionamento do mercado, enquanto a dos anos 1980 estaria fundada no Estado. A "reforma" do Estado é, então, uma cobrança da cidadania e um tema de alcance universal nos anos 1990. A crise do Estado assume a forma de crise fiscal, de esgotamento do modelo estatizante de intervenção na economia — do qual são expressões o *Welfare State*, o estatismo comunista e o desenvolvimentismo com substituição de importações na periferia — e, por fim, a administração pública burocrática. Portanto, como se vê, e se verá a seguir em muitos momentos, o Plano incorpora inteiramente o raciocínio de Bresser.

No Brasil, a primeira reação à crise do Estado foi ignorá-la, o que significa que a transição democrática fez "populismo econômico" — numa referência implícita ao Plano Cruzado do governo Sarney (1985-89). A segunda resposta foi neoliberal (Collor, 1990-92). Ambas foram, para os autores do Plano Diretor, irrealistas: a primeira porque subestimou a crise, a segunda porque é utópica.[9] Assim, com este projeto tem-se a resposta "con-

---

9. Utopia, aqui, interpretando o raciocínio, já que essa idéia aparece solta no Plano, como algo irrealizável, que seria, no caso, a implementação de um Estado mínimo, conforme os precei-

sistente" à crise do Estado, que resgata sua autonomia financeira e sua capacidade de implementar políticas públicas. A "reforma" deverá seguir por alguns caminhos: ajuste fiscal duradouro; reformas econômicas orientadas para o mercado — abertura comercial e privatizações —, acompanhadas de uma política industrial e tecnológica que fortaleça a competitividade da indústria nacional; reforma da Previdência Social; inovação dos instrumentos de política social; e reforma do aparelho do Estado, aumentando sua eficiência. O ajuste fiscal cabe à equipe econômica (Planejamento e Fazenda). Ao Plano Diretor e ao Mare cabe elaborar propostas visando aumentar a *governance* do Estado brasileiro. Ou seja, *deve-se distinguir a reforma do Estado, como um projeto político, econômico e social mais amplo, da reforma do aparelho do Estado, orientada para tornar a administração pública mais eficiente.*[10]

No sentido amplo, propõe-se uma redefinição do papel do Estado. Parte-se do pressuposto de que se ele continua sendo um realocador de recursos, que garante a ordem interna e a segurança externa, tem os objetivos sociais de maior justiça e eqüidade, e os objetivos econômicos de estabilização e desenvolvimento. Contudo, para assumir os dois últimos papéis, cresceu de forma distorcida. Hoje, então, a "reforma" passaria por transferir para o setor privado atividades que podem ser controladas pelo mercado, a exemplo das empresas estatais. Outra forma é a descentralização, para o "setor público não-estatal", de serviços que não envolvem o exercício do poder de Estado, mas devem, para os autores, ser subsidiados por ele, como: educação, saúde, cultura e pesquisa científica. Este processo é caracterizado como *publicização* e é uma novidade da reforma que atinge diretamente as políticas sociais. Trata-se da produção de serviços competitivos ou não-exclusivos do Estado, estabelecendo-se parcerias com a sociedade para o financiamento e controle social de sua execução. O Estado re-

---

tos liberais de primeira hora. Esta inconsistência na "crítica" ao neoliberalismo certamente não é casual, já que se viu no capítulo anterior vários elementos comuns aos dois governos e até elogios do próprio Bresser a algumas medidas de Collor.

10. Cabe esclarecer, diante da distinção sugerida, que busco neste trabalho caracterizar a auto-intitulada "reforma" do Estado em sua articulação com as tradições político-econômicas hegemônicas no Brasil, discutidas no Capítulo 2, e as requisições da reestruturação produtiva e da mundialização, sendo a "reforma" administrativa apenas um aspecto deste processo amplo. O Plano Diretor vai muito além da reforma administrativa. Tratou-se de uma revisão do conceito de Estado e uma refundação da relação Estado-sociedade, conforme se poderá perceber nas páginas seguintes.

duz a prestação direta de serviços, mantendo-se como regulador e provedor. Reforça-se a *governance* por meio da transição de um tipo rígido e ineficiente de administração pública para a administração gerencial, flexível e eficiente. Para os autores do Plano, o governo brasileiro não carece de governabilidade, mas de *governance*.[11]

A proposta de "reforma" em curso se faz em nome do resgate da *res publica*, contra a privatização do Estado e as ações rentistas. Nesse sentido, fala-se da participação dos cidadãos no controle direto da administração pública, especialmente no nível local, mas sem explicitar como ela se daria. Na esfera administrativa, o Plano prevê a superação do patrimonialismo e da burocracia[12] pela perspectiva gerencial. A crítica à gestão burocrática consiste em fazer notar que, nesta forma, o Estado volta-se para si mesmo, o que dá margem ao abuso e à ineficiência. A perspectiva gerencial introduz a eficiência e a qualidade como cultura na administração pública, inspirada em elementos da gestão empresarial. O controle se faz pelos resultados, e não pelos processos, sem abrir mão da profissionalização do funcionalismo, tal como na orientação burocrática. É uma estratégia que conduz à competição administrada no interior do Estado e que envolve: definição precisa dos objetivos a serem atingidos pelas instituições; autonomia na gestão dos recursos materiais, financeiros e humanos; controle e cobrança *a posteriori* dos resultados. Com isso, a proposta aponta para a flexibilização e a descentralização das decisões, o que, espera-se, vai aumentar a eficiência do Estado.

A criação do Dasp, em 1936, foi a primeira tentativa de criar uma burocracia profissionalizada no Brasil nos moldes weberianos, mas que coexistiu com o forte patrimonialismo da cultura política nacional. Para os autores do Plano, a administração gerencial no país é introduzida pelo Decreto-Lei nº 200/67, que expandiu a administração indireta para flexibilizar a administração do Estado, dando-lhe maior operacionalidade. A crítica dirigida à estratégia do governo militar reside no fato de que não houve mudanças na administração burocrática central, que prosseguiu ineficiente ao lado dos nichos de eficiência da administração indireta. Além disso, não se investiu na formação de funcionários públicos de alto nível na administração direta. Em outro texto, Bresser Pereira afirma que: "a reforma admi-

---

11. Talvez por isso se sentissem tão à vontade para "decretar" as medidas da "reforma".

12. Aqui há, mais uma vez, uma clara referência às *formas de dominação legítima* em Weber (1984).

nistrativa embutida no Decreto-Lei nº 200 ficou pela metade e fracassou" (1999a: 245). Mas fica claro que há uma associação positiva entre a reforma atual e aquela, por sua inspiração gerencial, ainda que com defeitos.[13] Depois disso, há uma nova tentativa de implementar a reforma gerencial, com o Programa Nacional de Desburocratização (governo Figueiredo 1980/1984), tornado, em seguida, Desestatização (governo Sarney, 1985-89), estes orientados para conter os excessos da expansão da administração indireta.

A transição democrática é colocada como um *momento de retrocesso*: para esses setores trata-se de um novo populismo patrimonialista no país, que imprime à Constituição de 1988 uma volta ao passado burocrático sem precedentes. Em outro texto, Bresser chega a falar de uma "contra-reforma" centralizadora "embutida na Constituição de 1988" (In: Bresser & Spink, 1999a: 258).[14] A Constituição, desse ponto de vista, engessou o aparelho do Estado por meio de algumas medidas: a extensão das regras burocráticas para empresas estatais e administração indireta, o regime jurídico único, a estabilidade para os servidores civis e a aposentadoria integral no serviço público. Dessa forma, a Constituição cria privilégios e desprestigia a administração pública, além de aumentar o custo da máquina. O Plano introduz, então, um diagnóstico da "máquina" pública, buscando provar a tese de que a Constituição tirou capacidade operacional do governo e aumentou seu custo. Tal diagnóstico é realizado em três dimensões.

Na dimensão institucional-legal, o Plano afirma que a Constituição e o direito administrativo brasileiro privilegiam o modelo burocrático tradi-

---

13. Cabe lembrar aqui que a crítica de Martins (1985), hoje possivelmente um signatário dessa proposta atual de "reforma" do Estado, à *modernização* promovida pelo regime militar é muito mais ampla e profunda e será retomada adiante para um contraponto à direção geral do PNRE/Mare.

14. Veja-se até onde pode ir a ressemantificação das palavras... De minha parte, penso ser inaceitável a caracterização do projeto em curso como reforma, conforme explicitado no início do Capítulo 3, e portanto, também esta caracterização bresseriana da Constituição como contra-reforma. Trata-se de respeitar a origem histórica e teórico-política dos conceitos, para uma caracterização mais rigorosa da realidade. Mas essa apropriação indébita tem um sentido, que é o de fazer acreditar que esta é uma "reforma" progressista, ou seja, o que se quer é falsear a realidade, difundindo uma visão ideológica, ainda que seus portadores possam não ser cínicos e acreditem piamente nisso... Será? É, na verdade, uma estratégia de classe, ideológica, para a disputa e perpetuação de hegemonia. Montaño (2001: 65-85), destaca bastante, dentre outros, este aspecto ideológico e mistificador do discurso da "reforma", ao discutir a concepção de política social na era FHC e o papel do chamado "terceiro setor". Voltarei a esta questão adiante, já que ela é central para compreender o discurso da "reforma".

cional, formalista e rígido, com ênfase nas normas e processos em detrimento dos resultados. Outro aspecto é a descentralização preconizada pela Constituição, que dá maior estatuto aos estados e municípios, o que caminha em ritmo lento, porque existe uma crença de que a União deve promover o bem-estar social. Assim, os municípios se comportam de forma dependente, em contraposição a uma "profunda tradição municipalista do país", conclusão que me pareceu absolutamente surpreendente, dada nossa reconhecida tradição centralista. Na verdade, como é um documento oficial, o governo federal "faz política" com os municípios. Já a legislação que regula as relações de trabalho no setor público é vista como protecionista e inibidora do "espírito empreendedor". A maior expressão disso, nessa avaliação, é o Regime Jurídico Único e a extensão do regime estatutário para o funcionalismo. Ao querer evitar o patrimonialismo e o clientelismo, a Constituição aumentou a rigidez e a ineficiência, segundo essa concepção. Outro aspecto é a tendência crescente de aumento dos gastos com pessoal pela União, com destaque para os inativos. Esse aspecto é essencial no projeto de reforma, já que se configura como um elemento fiscal explosivo e, para os autores, injusto — trata-se dos "privilégios" tão alardeados, a exemplo do discurso do governo na greve dos petroleiros — e gerador de desequilíbrios. Nesse ponto, concluem:

> "[...] a inexistência tanto de uma política de remuneração adequada (dada a restrição fiscal do Estado) como de uma estrutura de cargos e salários compatível com as funções exercidas, e a rigidez excessiva do processo de contratação e demissão do servidor (agravada a partir da criação do Regime Jurídico Único), [...] terminam por inibir o desenvolvimento de uma administração pública moderna, com ênfase nos aspectos gerenciais e na busca de resultados." (Mare, 1995)

Os autores do Plano Diretor acreditam que o patrimonialismo não constitui mais um valor na sociedade brasileira[15] e que os políticos são controlados por seus eleitores (!). Parece estar subjacente ao Plano a idéia de que a democracia está consolidada no Brasil, o que, a meu ver, é um contra-senso, sobretudo se observamos que as práticas mais elementares do Estado de direito vêm sendo flagrantemente desrespeitadas (Dallari, 1997).

---

15. Em outro texto Bresser relativiza essa afirmação: "Tenho dito que a cultura patrimonialista já não existe no Brasil, porque só existe como prática e não como valor. Essa afirmação, entretanto, é imprecisa, já que as práticas também fazem parte da cultura" (Bresser & Spink, 1999a: 265).

O Plano prossegue propondo romper com a desconfiança generalizada de que se administra em causa própria no âmbito das instituições públicas. Assumindo a ruptura nessa dimensão cultural, é possível introduzir a flexibilização na gestão. Ao lado disso, sugere a promoção por mérito e a profissionalização do servidor, combinada com a motivação negativa, diga-se a demissão por insuficiência de desempenho. O Plano cita mais uma vez, *en passant*, a necessidade da criação de mecanismos de controle social por parte dos cidadãos, mas não aponta quais seriam.

A Reforma distingue quatro setores no Estado: o Núcleo Estratégico que formula políticas públicas, legisla e controla sua execução, composto pelos três poderes; o Setor de Atividades Exclusivas, onde são prestados serviços que só o Estado pode realizar, a exemplo da previdência básica, educação básica, segurança e outros; o Setor de Serviços Não-Exclusivos, onde o Estado atua simultaneamente com outras organizações públicas não-estatais e privadas, como as universidades, hospitais, centros de pesquisa e museus; e o Setor de Bens e Serviços para o Mercado, a exemplo de empresas não assumidas pelo capital privado. A esses setores correspondem formas de propriedade: estatal para os dois primeiros; pública não-estatal para o terceiro; no caso do último, a propriedade estatal não é desejável, mas deve existir regulamentação e fiscalização rígidas, a exemplo, supõe-se, de companhias de luz, gás e água. Sobre a administração, no Núcleo Estratégico propõe-se um *mix* entre administração burocrática e gerencial. Nos demais, a administração gerencial.

No caso dos serviços exclusivos do Estado, a proposta é transformar as autarquias em agências autônomas, administradas segundo um contrato de gestão, prevendo-se mecanismos de controle social — novamente sem explicitar quais são. Vale notar que há uma preocupação com o controle social, mas que ignora totalmente os conselhos paritários previstos na Constituição, na regulamentação da seguridade social, por exemplo. Aliás, o conceito constitucional de seguridade é ignorado e tornado irrelevante pelo Plano, que vê as políticas públicas de Previdência, Saúde e Assistência Social de forma totalmente desarticulada. Este é um ponto fundamental, já que assinala o espírito (e a letra) anticonstitucional do Plano. Nos serviços não exclusivos, criam-se as organizações públicas não-estatais, as *organizações sociais*. Vale notar que há uma tensão entre ser serviço exclusivo ou não no caso dos serviços sociais. As organizações sociais são entidades de direito privado sem fins lucrativos, que celebram um *contrato de gestão* com o Poder Executivo, que lhes asseguraria dotação orçamentária. Contudo, estão previstas outras formas de financiamento, inclusive aplicações no mercado financeiro e convênios. Para o setor de produção de bens para o mercado, a proposta é a privatização, por meio do Conselho de Desestatização ou, onde isso não for possível, implantar contratos de gestão.

O Plano prevê uma estratégia de transição da "reforma" do Estado e do aparelho do Estado em três direções: a mudança da legislação, inclusive as reformas constitucionais; a introdução de uma cultura gerencial e, por fim, a adoção de práticas gerenciais. Na primeira direção, as emendas da reforma da administração pública e acerca dos servidores públicos (nº 19) e da Previdência Social (nº 20) são estratégicas, especialmente a última, tendo como pano de fundo o ajuste fiscal. Na direção da mudança cultural, destaca-se a ênfase nos resultados, a superação dos resquícios de patrimonialismo, a recuperação da confiança nos administradores, a introdução de critérios de avaliação e indicadores de desempenho. Está criado o suporte para as práticas gerenciais, que devem, segundo esta concepção, aumentar a *governance* do Estado brasileiro, resgatando seu papel de indutor do desenvolvimento econômico e social e de garante dos direitos de cidadania.

3. Os convidados para o debate

Para discutir esses fundamentos e as propostas concretas do Plano, o governo e parceiros convidaram intelectuais e gestores públicos brasileiros e estrangeiros — a maioria deles possivelmente ligada ao que já foi caracterizado como comunidade epistêmica internacional; e alguns poucos intelectuais reconhecidos em círculos mais refratários às políticas neoliberais — após seu lançamento, em 1995. Vejamos o que essa interlocução, por meio de publicações e seminários, traz de esclarecimentos e acréscimos. Vale dizer que se tratou de um debate com baixo componente crítico, pelo que pude observar nas duas principais publicações divulgadas (Bresser Pereira & Spink, 1999a; Bresser Pereira & Cunill Grau, 1999b). Há, entre os interlocutores, uma concordância tácita em torno dos fundamentos presentes nas idéias de Bresser Pereira, consolidadas no PDRE-Mare. Mas há surpreendentes, embora minoritárias, observações de contraponto que colocam questões relevantes na discussão e devem ser enunciadas aqui. Vou, portanto, sintetizar os termos desse debate, a partir dos interlocutores mais relevantes, realizando um diálogo com os argumentos em pauta.

Há novos textos de Bresser Pereira para o seminário de 1996,[16] mas que são extremamente repetitivos, reiterando os argumentos já expostos. Porém é interessante notar que seu discurso torna-se menos apologético do mercado e do ajuste estrutural econômico e suas virtudes, tendendo a deter-se na questão da reforma administrativa como elemento-chave da retomada do crescimento ao lado do ajuste. Nesta nova versão, o ajuste volta-se para a saúde e a autonomia financeira do Estado, enquanto a reforma administrativa busca um serviço público mais coerente com o capitalismo contemporâneo (1999a: 23). Para um serviço público eficiente, que coadune demandas e respostas, sem a "privatização" e práticas de *rent-seeking*, há a requisição da reforma das instituições que foram construídas para proteger o patrimônio público: a democracia e a burocracia. Assim, a primeira deve tornar-se mais participativa, e a última, ser substituída pela administração gerencial. Até aqui, a novidade é a introdução de uma preocupação com o aperfeiçoamento da democracia, num tom um tanto diferente do texto anteriormente tratado, no qual lhe era atribuído um caráter fortemente instrumental. Sobre a administração burocrática, lê-se uma saraivada de críticas, em especial no que refere à associação, ainda mais perversa, entre desenvolvimentismo e burocracia, a qual engendrou o patrimonialismo e o clientelismo. A ela contrapõe-se a administração gerencial, voltada para o cidadão e sem ser auto-referente como o modelo anterior, por sua ênfase nos resultados, e não nos processos, e sua preocupação com a responsabilização, em virtude de uma maior autonomia para os gestores.

Bresser Pereira afirma que essa lógica é impensável pelos neoliberais, já que não confiam na natureza humana (*sic!*). No entanto, na seqüência ele sinaliza a origem do gerencialismo, implementado exatamente pelo governo neoliberal de Thatcher e visto como uma experiência bem-sucedida. E afirma ainda que a associação da reforma gerencial com o neoliberalismo é freqüente, também, porque sua implementação vem, em geral, vinculada ao ajuste fiscal. Porém, passada essa "primeira impressão", governos de tendências ideológicas diferenciadas passaram a adotar a perspectiva gerencialista, considerando o indivíduo como consumidor e cidadão. Pergunta

---

16. Seminário realizado em 1996, no âmbito do MARE, para discutir o Plano Diretor e que contou com o apoio das Nações Unidas e do BID, dentre outras instituições, cujos textos foram publicados em livro, em 1998. Os textos de Bresser são: "Gestão do setor público: estratégia e estrutura para um novo Estado" e "Da administração pública burocrática à gerencial" (cf. Bresser Pereira & Spink, 1999a).

singela: é apenas impressão ou há um vínculo claro do projeto com as orientações neoliberais? Parece-me óbvio este vínculo. Existe, na verdade, uma forte contradição no discurso de Bresser, ao incorporar o raciocínio neoliberal em vários aspectos e ao mesmo tempo insistir em se distanciar dele, sobretudo quando se observa o conteúdo das mudanças em sua relação com a macroeconomia do Plano Real no Brasil, cuja lógica procurei esclarecer no capítulo anterior. Voltarei a esta questão central posteriormente, já que me parece absolutamente relevante abordar um pouco das razões dessa ambigüidade. Contudo, nosso intelectual orgânico da "reforma" tem outras respostas, e não se percebe contraditório ou ambíguo. Após argumentar acerca de como o raciocínio da "reforma" brasileira nada tem a ver com o neoliberalismo, ele conclui que depois da grande crise dos anos 1980, está em construção um novo Estado: social-liberal.

No segundo texto de Bresser, ainda no contexto deste seminário, há poucas novidades, para além da afirmação de que o papel do novo Estado é principalmente o de "facilitar que a economia nacional se torne mais competitiva" (1999a: 237), o que me parece bem adequado às requisições delineadas pelo mundo do capital contemporâneo e seu ambiente neoliberal, conforme a explanação do primeiro capítulo, e mais transparente da parte do autor. No mais, outras duras críticas à Nova República e à Constituição de 1988, por sua rigidez, populismo e volta ao passado. Neste caso, pautando-se ambas pela ilusão desenvolvimentista, ignorando a imperiosa crise fiscal e a necessidade de rever a intervenção do Estado. Os constituintes, para ele, foram incapazes de ver o novo, que já estava em pauta desde o Decreto-lei nº 200, na perspectiva da eficiência. Dentro disso, numa nota de rodapé despropositada e que mostra o que é a suposta "neutralidade" de alguns tecnocratas e sua relação com a democracia, dispara o mentor intelectual da "reforma":

> "O regime militar sempre procurou evitar esses dois males. De modo geral logrou seu intento. O fisiologismo ou clientelismo, através do qual se expressa modernamente o patrimonialismo, existia na administração central no período militar, mas era antes a exceção do que a regra. Esse quadro muda com a transição democrática. Os dois partidos vitoriosos — o PMDB e o PFL — fazem um verdadeiro loteamento dos cargos públicos. A direção das empresas estatais, que tendia antes a permanecer na mão de técnicos, é também submetida aos interesses políticos dominantes." (1999a: 246)

Aqui as críticas precisas de Martins ao Estado remanescente da ditadura militar foram parar no limbo, enquanto esse período antipopular e antidemocrático, palco do enriquecimento ilícito (como não lembrar ao menos das empreiteiras e suas obras faraônicas?), da corrupção, do clientelismo, do patrimonialismo, dos "anéis burocráticos" identificados pelo sociólogo Cardoso, do favorecimento, e da opacidade e ausência de controle social e democracia, merece elogios... Paralelamente, tem-se a desqualificação do ambiente da redemocratização, cujos problemas, como se procurou mostrar, decorrem exatamente da ausência de rupturas com o período anterior, da "transição transada", e cujas virtudes advêm de um vigoroso movimento social, sempre cunhado de corporativista e atrasado pelos iluminados tecnocratas neoliberais. Uma pérola de conservantismo político e intelectual e um raro momento em que tais posições tornam-se explícitas! Assim, não são de estranhar as investidas contra os que manifestam resistência à "reforma": o baixo e médio funcionalismo e seus representantes sindicais e partidários, que "se julgam de esquerda" (Bresser Pereira, 1999a: 267). Trata-se, de fato, de um processo de manipulação dos conceitos, que, levado para além dos meios intelectuais, torna-se uma manipulação massiva. Mas vejamos o que os interlocutores convidados para o debate têm a dizer.

Adam Przeworski é presença obrigatória[17] nas formulações dos atuais reformadores, porta-vozes do que denominam uma verdadeira revolução na administração pública. Seu argumento central é o de que a economia de um Estado intervencionista pode obter melhores resultados que o mercado se houver responsabilização. O autor compara a relação entre Estado e mercado a uma luta de boxe, na qual a cada vez um vai para as cordas. O período atual caracteriza-se por uma espécie de empate técnico. O "direto" neoliberal apontou uma questão para ser solucionada, acerca do que o Estado deve ou não fazer. Sua resposta à questão passa pela otimização da relação principal — agente, o que pode ser entendido como uma melhor articulação entre demandatários e executores, no sentido de disponibilizar informações, concertar interesses e de que o Estado assuma "bons" (?!) e viáveis compromissos. Essas relações referem-se à regulação dos compromissos entre Estado e agentes privados, cuja qualidade depende da organi-

---

17. Num artigo preciso, Andrews & Kouzmin (1998) sinalizam o uso preferencial de citações deste autor nos textos de Bresser de uma forma geral. Para eles, trata-se de um uso que tem o sentido de legitimar a proposta da reforma como progressista, já que Przeworski manifestou-se publicamente contra a apologia neoliberal e estaria longe de dar apoio a reformas conservadoras. Assim, ele seria um aliado perfeito, ainda que involuntário. A afinidade entre Bresser e Przeworski limitar-se-ia à adoção do individualismo metodológico, mas para abordagens diferentes das questões em pauta.

zação interna do Estado e do desenho das instituições democráticas. Nesse sentido, Przeworski comenta a relação entre políticos e burocratas, sinalizando que ao fazê-lo estará comentando o "desenho excepcionalmente bem justificado e claramente exposto para a reforma do aparelho de Estado no Brasil" (In: Bresser & Spink, 1999a: 52). Considerando que os serviços do Estado são executados pela burocracia pública, que dispõe de relativa autonomia para isso, pode apresentar-se uma postura burocrática de maximizar sua autonomia no sentido de assegurar interesses próprios, concentrando informações, por exemplo. Uma política de incentivos pode minorar o problema, mas não o resolve, já que o mesmo é facilitado pela ausência de controle de resultados e ênfase nas regras. Os agentes, então, são julgados mais pelo respeito às regras que por seus relatórios, o que não garante eficácia das ações, nem uma relação custo/benefício mais barata.

Para enfrentar isso, o autor sugere: a formulação de contratos adequados com políticas de incentivo e planos de carreira ao lado de previsão de demissão em caso de desempenho insatisfatório; ênfase na triagem e seleção de agentes qualificados; a fiscalização institucional de quem detém autoridade; a institucionalização do contraditório para políticas e projetos; o estabelecimento da competição entre agências estatais e privadas; e a descentralização. Além disso, os políticos devem mobilizar a cooperação dos cidadãos para controlar a burocracia. Aqui, o autor nota que o Plano brasileiro prevê esses mecanismos sem maiores especificações (1999a: 58).

Ele passa a tratar da relação políticos-cidadãos, que é atravessada por algumas condições, como: de quem cobrar responsabilidades; como destituir governos com mau desempenho; perspectivas de reeleição dos políticos; instrumentos institucionais para recompensar e punir os bons e maus resultados; a simetria nas informações, dificultando ou facilitando a *accountability*. Essas condições podem ser otimizadas com algumas medidas: a presença da oposição, que é importante para monitorar o governo;[18]

---

18. Será que se trata de uma oposição consentida e bem-comportada, como o deseja o governo brasileiro? Será que houve escuta para esta consideração? O fato é que houve uma presença muitíssimo lateral da oposição entre os interlocutores convidados. Na verdade, a relação do governo Cardoso com a oposição pautou-se pela desqualificação. Toledo, ao analisar um pronunciamento público do presidente da República, afirma: "Não havendo nenhum outro caminho a seguir fora o da inserção (subalterna) na 'nova ordem mundial', qualquer alternativa social diferente é denunciada como ilusória ou utópica e, assim, descartada da agenda política. Na retórica governamental, aceitar-se-iam o diálogo e o debate desde que as oposições deixassem de lado seus projetos e propostas substantivas, suas críticas e denúncias, seus valores, suas aspirações e

meios de comunicação mais concentrados nos interesses gerais que nos particulares (o que pensar dos meios de comunicação brasileiros, largamente comprometidos com a privatização das telecomunicações?); existência de mecanismos verticais (políticos-cidadãos) e horizontais (entre os ramos de governo) de *accountability*; um Poder Legislativo aberto onde o Executivo seja obrigado a justificar e defender suas ações e informar os cidadãos. Sobre essa última prescrição, o autor diz o que segue:

> "O poder de governar por decreto, usado obsessivamente no Peru, na Argentina e no Brasil durante a última década, mutila esse processo e priva os cidadãos da oportunidade de conhecer a qualidade das políticas. Ao privar a legislatura de sua função deliberativa, e os cidadãos da informação sobre os méritos relativos de políticas alternativas, o decreto-lei reduz a eficácia dos mecanismos de *accountability*. Na verdade, governar por decreto quase sempre passa a idéia de que o executivo está ocultando dos cidadãos e do legislativo, algumas razões que o levaram a preferir determinadas políticas." (Przeworski, in: Bresser & Spink, 1999a: 67)

Uma intervenção bastante apropriada, mas que, tudo indica, não recebeu a devida atenção da parte do então recém-eleito governo Cardoso. Isto porque houve a edição de 5.794 decretos-lei (estes, até 1988) e medidas provisórias entre 1985 e abril de 2001 no Brasil, sendo deste total 2.609 no primeiro governo Fernando Henrique Cardoso e 2.373 do início do segundo governo até abril de 2001 (Inesc, maio de 2001), de forma que a única conclusão possível é a de que temos um déficit democrático enorme: um verdadeiro fosso entre governo, políticos e cidadãos, que vai na direção inversa das preocupações democráticas desse autor. Diniz (1998: 33-6) chega a falar que as medidas provisórias eram a âncora institucional do Plano Real e do projeto Cardoso, apesar de constarem no artigo 62 da Constituição de 1988 como medidas emergenciais. Os números acima mostram o descontrole do governo no uso desse expediente e sua hiperprodução legislativa. Para Diniz, o Executivo governa *ad referendum* do Congresso, e o

---

demandas; ao contrário, devem elas — em nome da 'governabilidade' e do real (ismo) — renderem-se às evidências e verdades da política neoliberal — moderna e racional" (1998: 151). Andrews & Kouzmin também abordam essa questão: "A democracia representativa poderia ser perfeita, especialmente se fosse possível 'contar com uma oposição vigorosa mas que lute dentro de um campo comum de interesses' (Bresser Pereira, 1997: 36). O problema é que existem conflitos de interesses na sociedade brasileira e não se pode esperar que a oposição deixe de expressar esses conflitos" (1998: 116).

poder de veto deste último fica prejudicado pela política do fato consumado, cuja reversão poderia trazer enormes custos econômicos, políticos ou sociais. Por outro lado, deve-se notar — porém Diniz não chega a sinalizar isso — que a maioria conservadora no Congresso colocou freios muito tardiamente no Executivo, após algumas crises na sua base de apoio parlamentar. Diniz aponta que se desenvolveu um estilo autoritário-tecnocrático de produção de políticas, ainda que num contexto democrático.

Voltando a Przeworski, este conclui sua contribuição apontando que o objetivo da reforma do Estado é encontrar o melhor funcionamento possível em termos de mecanismos institucionais pelos quais os governos possam controlar os agentes privados e os cidadãos controlar os governos. Para tanto, ele afirma que há espaços para a criatividade institucional. A tensão entre a ênfase no Estado ou no mercado neste autor aparece subordinada aos mecanismos institucionais e democráticos de responsabilização, considerando que nem o Estado, nem o mercado são, para ele, vias ótimas de alocação de recursos. Desaparelhar o Estado, portanto, pode não ser a saída mais eficiente, nessas circunstâncias.

É interessante notar como as reflexões deste autor, apesar de seu elogio inicial ao PDRE-Mare, vão numa direção diferente daquela presente no Plano, do seu próprio ponto de vista, evidentemente, já que o autor não faz qualquer relação do Plano com a realidade brasileira, sua economia, as relações sociais. Sua análise é um tanto prescritiva e institucionalista. Nela os cidadãos aparecem como um universo no qual prevaleceria o interesse geral. A perspectiva de que há interesses de classe que atravessam a sociedade civil e a cidadania não está presente. Contudo, é uma perspectiva preocupada com a responsabilização e com a democracia, ou seja, com um Estado mais permeável, não "insulado", como o praticam os tecnocratas brasileiros. Estes últimos, pelo que pude ler, mantiveram um silêncio olímpico sobre seus métodos de implementar a "reforma".

Na seqüência, Donald F. Kettl, professor norte-americano, aponta uma tendência universal para a redução do tamanho do Estado, na era da informação, a qual se depara com dois dilemas: 1) como funcionar melhor e custar menos; e 2) decidir o que o governo deve fazer. Sobre o primeiro dilema, tem-se que o anúncio das mudanças gera uma pressão por resultados imediatos que muitas vezes podem derruir metas de longo prazo, o que exige uma grande atenção. O segundo dilema tem sido enfrentado de forma pragmática, na qual as funções do Estado terminam por ser definidas pelo que sobra depois de todos os cortes. Então o autor sugere que "em algum momento do processo, a reforma deve dar uma guinada e passar de uma teoria negativa a uma teoria positiva de governo" (In: Bresser & Spink, 1999a: 78), e avançar na direção do interesse público. Kettl afirma que o Plano brasileiro está nessa direção positiva, sem maior aprofundamento de seu argumento. A partir daí, aponta a revolução em curso na administração pública, com o gerencialismo, na perspectiva da flexibilidade, tendo em vista "deixar o administrador administrar" e de que "o serviço seja feito", ou seja, da busca de resultados e satisfação dos usuários. Mas, para ele, há alguns conflitos presentes na combinação exótica entre reflexão teórica e um profundo pragmatismo das reformas, tais como: ênfase na reestruturação organizacional ou nos procedimentos; mecanismos de responsabilização pela realização de metas; conciliação entre processos e resultados; modificação dos sistemas de recursos humanos; o papel dos cidadãos como consumidores e a relação com os direitos; o que é o núcleo do Estado. Após tais observações, a partir da experiência britânica e neozelandesa, Kettl mergulha nos mecanismos internos da administração gerencial.

Willian Glade, outro professor norte-americano, fala da articulação visceral, embora assincrônica, entre a reestruturação econômica e a "reconstrução" do Estado e observa ainda um terceiro processo, o de democratização, que se associa ao fortalecimento da sociedade civil.[19] O interessante neste texto é que ele assume claramente o vínculo do que se quer, por vezes e com sutileza, escamotear, colocando em segundo plano: as mudanças na administração pública têm estreita colaboração com os limites fiscais macroeconômicos impostos pela estabilização. Portanto, para Glade, há uma íntima conexão entre o ajuste estrutural e as reformas do Estado, tendo em vista as orientações de priorizar e economizar adotadas. Há uma complementaridade entre esses processos. Assim, a reforma para ele é parte da reestruturação e tem como meta retomar o investimento na área social, revertendo anos, séculos de negligência nos países do Terceiro Mundo; alterar a cultura política rentista e o cativeiro babilônico do Estado, romper com o populismo econômico, com a sobrecarga de custos e a ineficiência... Enfim, argumentos já conhecidos. Assim, o autor defende contundentemente a desregulamentação e a remoção de controles para liberar o mercado, e a maior eficiência, sobretudo do gasto social, por meio da descentralização e da mobilização das organizações privadas, idéias plenamente incorporadas ao Plano brasileiro.

---

19. Cf. Bresser & Spink, 1999a: 123-140.

O segundo organizador do seminário e do livro, Peter Spink, realiza um estudo histórico acerca dos últimos setenta anos de reformas administrativas. Ele introduz seu texto afirmando que quase todos os países da América Latina estão engajados em processos de "reforma do Estado", muitos deles financiados pelo Banco Mundial. O BID aprovou mais de cem programas onde esta perspectiva está presente, e a Assembléia Geral da ONU adotou uma série de recomendações nessa mesma direção.[20] Spink aponta que essa ênfase poderia levar a crer em processos de democratização e de retomada do desenvolvimento, apoiados pelo "melhor do pensamento das principais agências internacionais" (Bresser & Spink, 1999a: 142). Contudo, ao recuperar a história das tentativas de reforma da administração, ele levanta dúvidas quanto ao otimismo e ao rumo das atuais atividades (1999a: 142). Onde se localizam suas dúvidas? Para formulá-las, ele estudou comparativamente as reformas administrativas em dezessete países. A primeira e pertinente questão sinalizada é que a América Latina, ao longo da sua trajetória, "não pode ser descrita como receptáculo passivo do 'saber oficial sobre o setor público'" (1999a: 144). Para Spink, portanto, há que considerar a história pública da reforma administrativa em cada país; o contexto político, social e econômico que coloca a reforma na agenda, em suas dimensões nacional, regional e internacional; e as estratégias disponíveis de implementação. Trata-se de uma observação metodológica indispensável: a busca da particularidade em sua relação com os processos gerais. No entanto, esta é uma entre poucas convergências com a perspectiva aqui desenvolvida. A partir daí ele mergulha na história latino-americana deste século, no significado de reforma administrativa e as orientações pioneiras. Mas o que diz sobre o que está em curso hoje, considerando suas dúvidas anteriores?

Se nos anos 1980 predominou uma visão restrita de reforma, associada à crise e ao ajuste e limitada à administração pública, para Spink os anos 90 são os anos da "reforma do Estado" (pergunto: agora descolada do ajuste?), como um amplo processo de reflexão sobre a relação Estado sociedade, onde se destaca o fortalecimento da sociedade civil, impulsionado, inclusive pelas agências multilaterais, a exemplo do BID, que desencadeou esforços para melhorar suas relações com as ONGs. Ele reconhece que a "falta de recursos" também esteve na base desses processos de descentrali-

---

20. Daí pode-se depreender que o governo brasileiro estava em íntima sintonia com as preocupações destas agências.

zação e aposta na sociedade civil, mas aponta uma coesão em torno de uma nova teoria da ação que estaria sendo gerada. Spink parece perceber essa tendência com restrições, quando fala da existência de uma "visão técnico-voluntarista da reforma, na qual se supõe a clara e correta abordagem da administração (que é separada do governo e da política), que será efetiva se os líderes demonstrarem vontade e os funcionários públicos disposição de endossar e colocar a abordagem prescrita em prática" (1999a: 157). Essa observação é relevante, num contexto que me parece excessivamente prescritivo e tecnocrático de condução da "reforma". Segundo Spink, esta é apenas uma narrativa da reforma e há outras que podem competir por espaços e recursos.

Após trazer alguns exemplos para o debate, Spink conclui: "Essa variedade de experiências e conclusões parciais, circunscritas por potencialidades históricas e políticas, contrasta visivelmente com a emergente e aparentemente hegemônica narrativa da 'reforma do Estado'" (1999a: 160). Spink surpreende quando sinaliza o conformismo presente no interesse dos representantes institucionais em manifestar sua adesão à "narrativa", que hoje possui um quadro comum de conceitos, subscritos pelo BID e Banco Mundial. É crítico também quando aponta que os debates tendem a restringir-se ao que é certo ou errado, sem enfrentar os "porquês", levando a uma predominância da visão técnico-voluntarista, marcada por construções como: as teorias da quantidade, da competência, da estratégia e do poder. As teorias políticas, assim, são minoritárias no debate. Contudo, após estas observações pertinentes, Spink afirma que a visão de Bresser estaria no campo das teorias políticas... Um final constrangedor! Isto porque é visível o componente tecnocrático e voluntarista no PDRE-Mare, formulado sem um debate político com a sociedade brasileira, e imposto por medidas provisórias... Então, mais uma pergunta singela: onde está a política? Além do mais, me parece pouco limitar os elementos críticos a uma narrativa. Assim, sua crítica é muito limitada, embora pertinente em vários aspectos.

Fernando Luiz Abrucio prossegue numa direção parecida com a de Spink, porém mais ampla: a de que, apesar dos anúncios de uma revolução ou de um paradigma global da administração pública, as experiências de reforma são variadas e há pouca discussão sobre o sentido político da administração pública, com excessiva ênfase nos meios. Assim, se há a constituição de um "modelo pós-burocrático", não existe uma única via nesse processo. Abrucio caracteriza as razões da crise do Estado e sua repercussão sobre a burocracia articulando-a à crise econômica, que para o Estado transformou-se em crise fiscal, colocando em xeque as bases do consenso dos anos de crescimento. Analisa também a disputa comercial globalizada e seus efeitos sobre os trabalhadores e a previdência pública. Esses processos fazem surgir um Estado com menos recursos e menos poder. Tudo isso encontra um ambiente intelectual propício para as mudanças, em função do ascenso liberal e um senso comum crítico à burocracia. Para Abrucio, as respostas a esses processos em termos da reforma do Estado foram muito diferenciadas: "Contaram para isso a tradição administrativa, as regras do sistema político, o grau de centralização existente e a força do consenso pró-*Welfare State* presente em cada país" (Bresser & Spink, 1999a: 178). Abrucio dedica-se a um estudo do gerencialismo e suas várias correntes, que não cabe trazer para o debate.[21] Mais importantes são os dilemas que ele identifica para a implementação de um "modelo pós-burocrático".

O primeiro dilema refere-se ao processo político e à necessidade de considerar o contexto institucional, a população e os funcionários públicos, no sentido de articular consensos. O segundo refere-se ao antagonismo entre a lógica fiscal e a lógica gerencial, já que os mecanismos contratuais preconizados pela perspectiva pós-burocrática perdem a efetividade quando a primeira prevalece.[22] O terceiro é a descentralização, que tem a poten-

---

21. Conforme explicitei, o que está em discussão é a "reforma" do Estado, ou melhor, a contra-reforma em curso, e não a reforma administrativa em seus detalhes. Portanto, este debate técnico-administrativo, que envolve a administração burocrática e gerencial, estará presente, mas de forma lateral, já que o que se pretende ressaltar são os processos sociais mais amplos que requisitam a "reforma" e seus impactos reais. Contudo, o estudo aqui realizado deixa um conjunto de referências para os que quiserem estudar a reforma administrativa.

22. Bresser, o artífice do PDRE, manifestou algumas vezes, após sua saída do governo, discordâncias em relação à política macroeconômica, deixando claras as tensões para com a orientação de Malan — especialmente em relação aos juros. Biondi mostra, espantado, algumas de suas divergências (1999: 19). Mas elas podem ser encontradas no debate exposto em 2002 pela *Folha de S. Paulo*, no qual, ao contribuir para o programa de governo do candidato José Serra por meio do documento "Uma estratégia de desenvolvimento com estabilidade", Bresser fazia a seguinte afirmação: "O grande desafio que a política macroeconômica brasileira enfrenta hoje é sair desse ponto de equilíbrio perverso. [...] A taxa de juros é aberrantemente elevada". Em entrevista, ele complementou: "Achamos que o país tem de se desenvolver com recursos próprios, e não com poupança externa". E arrematou: "Está muito claro que a política industrial que defendemos consiste fundamentalmente em financiar as indústrias com capacidade de exportar e substituir importações" (*Folha de S. Paulo*, 13/1/2002). Ou seja, observa-se uma reorientação que preparou terreno para as eleições presidenciais, onde o candidato do governo se apresentava como a mudança segura, apesar de alguns abalos nas hostes tucanas. A resposta de Malan veio na seqüência, na matéria "Estabilidade não está garantida, diz Malan" (*Folha de S. Paulo*, 20/1/2002).

cialidade de ampliar a eficiência do sistema, mas pode também aumentar desigualdades regionais, transformar-se na mãe da segregação e isolar as unidades, trazendo sérios problemas de eqüidade. O quarto dilema é a separação entre os que concebem e os que executam, o que resulta numa incomunicabilidade que tem conseqüências para os mecanismos de responsabilização, já que não se identifica quem é responsável, colocando-se o Estado de costas para o cidadão. E, por fim, para ele cabe avançar no debate sobre qual Estado se requer para o século XXI, sobretudo em países como o Brasil, que sequer viveram o modelo burocrático plenamente. São, como se observou, reflexões que merecem atenção dentro de uma perspectiva mais crítica.

As experiências britânica e da Nova Zelândia foram expostas no seminário,[23] e seu conhecimento é importante para identificar as origens de muitas das idéias importadas pelo PDRE-Mare e pelo que Spink chama de *comunidade da reforma*. Contudo, considero mais oportuna uma visita ao texto de Joan Prats I Catalá, da Universidade das Nações Unidas, para encerrar esse apanhado dos termos do debate mais geral sobre a "reforma", articulado institucionalmente pelo Mare. Catalá expõe acerca do triunfo da democracia e do mercado, e de que o governo de nenhum país pode prescindir de uma "estratégia nacional de posicionamento na nova ordem internacional" (Bresser & Spink, 1999a: 272). No caso da América Latina, não desencadear esse processo significa perder ainda mais posições na hierarquia dos países e retroceder. Nesse sentido, trata-se de uma recomposição interna, da construção de capacidades de governo, o que é menos a produção de serviços e mais o estímulo do comportamento eficaz dos atores. Para tanto, são imprescindíveis o que chama de lideranças transformacionais, em especial os presidentes da República, considerando o presidencialismo como instituição política na América Latina.

Na direção apontada, Catalá identifica a construção de um consenso latino-americano em torno desse esforço de adaptação, que se viabiliza por meio do compromisso com a democracia, do fortalecimento do mercado dentro do compromisso de Washington (mais claro, impossível!), da luta contra a pobreza e a redução das desigualdades, da inserção na ordem global, com a abertura comercial e políticas de competitividade; e da reforma do Estado populista tradicional, no sentido de que tenha capacidade de

---

23. Cf. os textos de Kate Jenkins, "A reforma do serviço público no Reino Unido" e Ruth Richardson, "As reformas do setor público na Nova Zelândia", in Bresser & Spink, 1999a. O segundo texto, particularmente, traz questões importantes sobre a responsabilidade fiscal, com certeza inspiradoras dos governantes brasileiros.

corrigir as falhas do mercado e assegurar a coesão social. Estes são processos que se desenvolvem paralelamente a uma mudança de paradigmas e que exigem uma refundação das instituições. Após algumas digressões sobre as dificuldades do liberalismo no mundo hispânico, que é, segundo ele, uma das razões de seu atraso e dificuldades no campo econômico e democrático, Catalá fala de uma grande e rica variedade de modelos capitalistas com seus correspondentes esquemas institucionais para servirem de referência ao processo de adaptação[24] da América Latina, a exemplo da Espanha.[25] O novo é exatamente uma espécie de redescobrimento das instituições democráticas após a constatação de que o ajuste macroeconômico é insuficiente para engendrar as mudanças necessárias. Catalá faz uma clara defesa da democracia liberal como via da eficiência econômica e da eqüidade social, contudo afirma que não defende o liberalismo individualista radical, ou neoliberalismo. Para um desenvolvimento humano responsável, faz-se necessário, segundo ele, fortalecer as instituições (regras do jogo) e uma cultura cívica. Assim chega-se a uma "governabilidade democrática". Para tanto, o autor volta a enfatizar o papel de lideranças transformacionais e dos atores, no sentido da constituição também de coalizões em torno da mudança institucional, ou seja, um processo político. Para Catalá, a burocracia fracassou pela sua pretensão de neutralidade. Hoje, reconhece-se a necessidade de autonomia em relação aos interesses, mas no sentido da responsabilização e do controle. Outros elementos importantes são o capital social,[26] diga-se, a capacidade de organização da sociedade civil e a

---

24. Vale chamar atenção para o uso recorrente do termo *adaptação* por este autor, cujas posições são claramente liberais e reificadoras na "nova ordem mundial".

25. A presença de um espanhol no debate não é aleatória, já que parece existir uma forte referência do governo FHC na implementação das reformas orientadas para o mercado na Espanha de Felipe González. Sobre essa relação, conferir "O espelho espanhol de FHC", de Fiori (1997).

26. Reilly (1999) esclarece que este conceito de capital social foi introduzido por Robert Putnam, articulando economia e civismo e provocando um acalorado debate nos meios acadêmicos e uma apropriação pouco rigorosa pelas organizações. O conceito refere-se, segundo Reilly, ao fato de que "a tendência a formar associações é que possibilita melhor desempenho econômico e maior desenvolvimento — a confiança e as redes criadas mediante associações passam ao cenário produtivo, constituindo um capital social que em todos os seus aspectos é tão importante quanto as riquezas naturais ou o capital físico" (1999: 407). Para o autor, este ainda é um conceito impreciso, mas que procura diferenciar-se das concepções pluralistas e corporativistas de coesão social, estruturando redes que podem ser fundamentais no combate à pobreza. Mais adiante voltarei à questão da verdadeira avalanche semântica que marca esse processo da "reforma". Chama a atenção que o conceito de capital, tão rico no âmbito da tradição marxista — como ademais tantos outros que vem sendo indiscriminadamente ressignificados —, também não escapou à avalanche.

cultura cívica, num quadro de incentivos e restrições da eficiência organizacional pública e privada.

Catalá discorda da oposição entre administração burocrática e gerencial. Nesse momento, talvez o mais interessante do texto, diz o autor catalão:

> "O risco é grande porque o necessário reformismo gerencialista tende a ignorar aspectos institucionais básicos, normalmente ligados à burocracia, entre os quais a segurança jurídica, a imparcialidade administrativa, a interdição dos atos arbitrários e a responsabilização judicial de autoridades e funcionários. Sem isso não há mercados eficientes. Nos países desenvolvidos esses aspectos são tomados como pressupostos; na América Latina, as jovens democracias têm de desenvolver ao mesmo tempo a cultura administrativa gerencial e o Estado de direito." (In: Bresser & Spink, 1999a: 296)

O outro trabalho que poderia ser discutido neste momento, organizado por Bresser & Cunill Grau (1999b), instaura o debate sobre a reforma apenas em um dos seus aspectos, o conceito de instituições públicas não-estatais, com muitos estudos de caso e algumas intervenções analíticas mais gerais. Estas são previstas no Plano como uma estratégia de publicização da ação em determinadas áreas, a exemplo da área social, da pesquisa científica, dos museus e universidades. Em função desse recorte mais específico, voltarei a alguns textos desta publicação no próximo capítulo, ao discutir o impacto da contra-reforma do Estado brasileiro na Seguridade Social. Agora, penso que já estão em foco elementos suficientes para subsidiar uma síntese crítica e inteira — considerando que várias questões já foram pontuadas ao longo da exposição — da concepção do Plano, no sentido de poder avançar para o Plano em processo, objeto do próximo e último capítulo deste livro.

4. Uma crítica preliminar à concepção da "reforma" do Estado[27]

Aí estão as linhas gerais do debate e a direção econômica, política e social da "reforma" em curso, cuja implementação efetiva e sua natureza de uma verdadeira contra-reforma vou procurar demonstrar a partir dos

---

27. Alguns, porém poucos, elementos pontuados neste item estão sugeridos em Behring, 2000b. Aqui são acrescentadas outras questões, ampliando bastante a crítica naquele momento realizada, como parte dos estudos no âmbito do doutorado em Serviço Social (UFRJ).

argumentos que serão desenvolvidos a seguir, e, também, no próximo capítulo em alguns aspectos específicos que considerei mais relevantes por ilustrarem a natureza do processo. Cabe agora sistematizar os elementos que considero centrais para uma reflexão crítica mais geral sobre o projeto hegemônico nos últimos oito anos, já trazendo, quando necessário, alguns aspectos da realidade de sua implementação no Brasil.

Em primeiro lugar, chama a atenção a explicação da crise contemporânea como crise *do ou localizada no Estado*. Aí estão indicadas suas causas e suas saídas, o que expressa uma visão unilateral e monocausal da crise contemporânea, metodologicamente incorreta e que empobrece o debate. Em outra perspectiva — a da crítica marxista da economia política, um patamar de observação que busca a interação de um feixe de determinações o mais amplo possível, na totalidade concreta —, tem-se que as mudanças em curso passam por uma reação do capital ao ciclo depressivo aberto no início dos anos 1970 (Mandel, 1982 e Harvey, 1993), que pressiona por uma refuncionalização do Estado, a qual corresponde a transformações no mundo do trabalho e da produção, da circulação e da regulação. Tal reação se expressa na particularidade histórica de cada país: seu lugar no mercado mundial, a correlação de forças entre as classes sociais, a cultura política, as escolhas dos segmentos que detêm hegemonia, dentre outras mediações.[28] As tentativas de retomada de taxas de lucro nos níveis dos "anos de ouro" do capital (pós-guerra) ocorrem hoje por três eixos que se articulam visceralmente, como se viu no primeiro capítulo: a reestruturação produtiva — que fragiliza a resistência dos trabalhadores ao aviltamento de suas condições de trabalho e de vida, facilitando a realização de superlucros; a mundialização — uma rearticulação do mercado mundial, com redefinição da especialização dos países e forte presença do capital financeiro; e o neoliberalismo, este último representando as reformas liberalizantes, orientadas para o mercado (Behring, 1998), o que se combina a uma forte ofensiva

---

28. Nesse sentido, cabe a observação de Mandel, que bem ilustra a preocupação com as escolhas e as condições particulares necessárias para que as tendências mais gerais se instaurem. Referindo-se à crise do início dos anos 1970 e à virada da onda longa de expansão para a de estagnação, diz o autor: "[...] a relação de causa e efeito deve ser mediatizada pela opção política e social do governo em questão. Não é verdade que a política de deflação era a única técnica possível nas circunstâncias dadas. Os governos podiam optar por diversas atitudes de política econômica e monetária. Se não foram adotadas, é por razões de preferência, cuja natureza de classe deve ser posta a nu, e não pela impossibilidade técnica de se engajar em uma outra via" (1990: 39).

intelectual e moral, com o objetivo de criar o ambiente propício à implementação dessas proposições, diluindo as possíveis resistências.

A "reforma" do Estado, tal como está sendo conduzida, é a versão brasileira de uma estratégia de *inserção passiva* (Fiori, 2000: 37) *e a qualquer custo* na dinâmica internacional e representa uma *escolha político-econômica*, não um caminho natural diante dos imperativos econômicos. Uma escolha, bem ao estilo de condução das classes dominantes brasileiras ao longo da história, mas com diferenças significativas: esta opção implicou, por exemplo, uma forte destruição dos avanços, mesmo que limitados, sobretudo se vistos pela ótica do trabalho, dos processos de modernização conservadora que marcaram a história do Brasil, como procurei sistematizar no Capítulo 2. O que, a meu ver, não permite caracterizar o processo em curso como modernização conservadora, mas como uma contra-reforma, que mantém a condução conservadora e moderniza apenas pela ponta — a exemplo da telefonia. Esse último aspecto demarca uma perda total de sentido de nacionalidade e um componente destrutivo não visto nos saltos para a frente promovidos em períodos anteriores. Penso que os elementos empíricos que terei a oportunidade de apontar irão sustentar este argumento central.

As comparações simplistas com a crise de 1929, e a referência genérica — ignorando a particularidade histórica brasileira — ao intervencionismo estatal nas suas variadas formas ao longo do século, no entanto, procuram justificar a direção da "reforma" como *necessária e irreversível*. Observa-se que o centro da "reforma", na verdade, é o ajuste fiscal. As supostas preocupações com a proteção social — nas novas modalidades propostas — e a consolidação da democracia e da cidadania no Brasil mais se parecem com ornamentos para torná-la mais palatável. Como dizia Cláudia Costin, ministra da Administração e da Reforma do Estado após a saída de Bresser, "o governo está mobilizado para um grande esforço de *adequação* do país às demandas de uma nova ordem internacional" (*Jornal do Brasil*, 16/10/98, grifo nosso).

A maior expressão de uma possível *inadequação* desse viés liberal-reformista, se a referência é alguma radicalização da democracia com redistribuição de renda e combate à iniqüidade social brasileira (sem falar do acesso aos bens e serviços socialmente produzidos e da redistribuição da riqueza...), se localiza na incongruência entre o discurso da chamada reforma e a política econômica. Aqui ocorre uma espécie de *aparente* esquizofrenia:[29] argumenta-se que o problema está localizado no Estado, donde é necessário refuncionalizá-lo para novas requisições, corrigindo distorções e reduzindo custos; enquanto isso, a política econômica corrói aceleradamente os meios de financiamento do Estado brasileiro por intermédio de uma inserção na ordem internacional que deixa o país à mercê dos especuladores no mercado financeiro, de forma que todo o esforço de redução de custos preconizado escoa pelo ralo do crescimento galopante das dívidas interna e externa. Exemplo disso é que apenas o Ministério da Fazenda gastou 48% do Orçamento da União, segundo o "Relatório sobre a prestação de contas do governo federal de 1998" (15/6/99) que analisa as contas do governo federal no ano de 1997. Nesse período, já estava realizada a maior parte das privatizações de empresas estatais, feitas em nome da diminuição da dívida pública e da busca de eficiência para que o Estado pudesse fazer políticas sociais, um eixo decisivo da "reforma" do Estado.

Merece destaque, neste momento, o libelo produzido pelo jornalista Aloysio Biondi (1999) acerca do significado dos processos de privatização[30] no Brasil em termos da comparação entre os argumentos justificadores já

---

29. "Afecção mental caracterizada pelo relaxamento das formas usuais de associação de idéias, baixa de afetividade, autismo e perda de contato vital com a realidade". Cf. Buarque de Holanda, 1986: 712. Viu-se no item 4 do Capítulo 1 que a esquizofrenia é decorrente da fragmentação, de forma que há uma perda da dimensão de totalidade, que aqui aparece como uma incoerência, uma dissociação entre os objetivos da "reforma" — de combater a crise fiscal — e a macroeconomia do Plano Real, que alimenta a mesma. A esquizofrenia é, como se viu, uma dominante cultural do nosso tempo "de homens partidos" (Carlos Drumond de Andrade). Mas quero frisar que, neste caso, tem-se uma esquizofrenia aparente, considerando a autoconsciência do projeto em curso e a deliberada intenção de encobrir seus objetivos, como aspecto central da intervenção pública de seus condutores. Poder-se-ia dizer que eles perderam o contato com a realidade. No entanto, esta afirmação limitar-se-ia à aparência dos processos, que encontram explicação racional na lógica da inserção brasileira no capitalismo contemporâneo. Daí, cabe lembrar que a farsa, sinalizada por Marx, não é uma surpresa, sendo de possível apreensão. Da mesma forma, é preciso distinguir a fraseologia de determinados segmentos, do que eles realmente são, seu lugar na produção, sua localização na sociedade de classes. Schwarz também lembra a atitude metodológica, segundo a qual a "falsidade" é parte do verdadeiro, revelando-o apenas parcialmente. Daí decorre a idéia desenvolvida por Kosik (1986) a partir de Marx, da destruição do mundo da pseudoconcreticidade, no sentido de compreender a lógica interna dos processos, reconstruindo-os no nível do pensamento. Estes elementos — a exceção da referência a Kosik — foram trabalhados no Capítulo 2.

30. Voltarei a este tema no próximo capítulo, com maior profundidade. Neste momento, alguns elementos são necessários apenas para demonstrar a aparente esquizofrenia a que me referi.

sinalizados e seu impacto socioeconômico efetivo. Este trabalho mostra, de forma contundente e com riqueza de dados, o sentido da "reforma" do Estado, quando se trata de retirá-lo de suas funções produtivas. Aponta como foi desencadeada uma verdadeira campanha de mídia para legitimar e facilitar as privatizações, criando uma subjetividade antipública — o que não era uma tarefa difícil, haja vista como se deu a expansão do Estado brasileiro no período ditatorial, exposta por Martins (1985), e a parca vontade política na recente democracia, no sentido da construção da esfera pública, já sob a orientação neoliberal. Alguns argumentos centrais estiveram presentes como justificativa dos processos de privatização, inclusive no PDRE-Mare: atrair capitais, reduzindo a dívida externa; redução da dívida interna; preços mais baixos para os consumidores; qualidade dos serviços; e eficiência econômica das empresas, que estariam sendo ineficientes em mãos do Estado. Bilondi mostra por que as estatais tiveram um desempenho altamente lucrativo *após* as privatizações: pelo aumento de preços e tarifas, demissões antes e depois das privatizações, dívidas "engolidas" pelo governo e compromissos dos fundos de pensão e das aposentadorias também assumidos pelo governo. Denuncia, ainda, as facilidades oferecidas aos compradores, a exemplo de empréstimos a juros baixos comparados às taxas normais no país (cerca de 6% ao mês, diga-se um quinto da taxa de juros real no mercado, segundo Oliveira[31]), títulos antigos (moedas podres) e outros truques e financiamentos que não ficaram transparentes para a população brasileira, lesada repetidas vezes nesse processo.

Para Oliveira, esse movimento mostra o quanto é preciso muito Estado para criar um mercado livre, o que, a meu ver, vai ao encontro da idéia de que há um *paradoxo ortodoxo* (Haggard & Kaufman, 1992): a exigência de um Estado forte para a condução do ajuste direcionado à expansão do mercado — o que implica uma pressão para um comportamento mais autônomo dos dirigentes, inclusive para tomarem decisões impopulares, mas tecnicamente justificáveis (como se houvesse apenas um caminho a seguir...) — e as exigências da consolidação democrática (que requer uma nova estrutura organizacional que freie os favoritismos e excepcionalismos).[32] Ou

---

31. Aula proferida por ocasião de sua participação como professor visitante na FSS/Uerj.

32. Para uma compreensão dos termos do debate sobre os dilemas do ajuste neoliberal e sua relação com a consolidação da democracia, de uma perspectiva comparada e integrada (que considera variáveis internas e externas na definição da agenda pública), consultar: Sola, 1993; Haggard & Kaufman, 1992; Grindle & Thomas, 1991. É interessante registrar que se trata de uma bibliogra-

seja, há uma associação entre autonomia e distanciamento quanto às pressões, que pode ceder espaço às tentações autoritárias em nome da eficácia, o que, já se sabe, tem sido recorrente. Dentro desse debate, destaca-se a reflexão de Peter Evans (1992). Preocupado, como faz parte do discurso da *comunidade da reforma,* com a captura do Estado por práticas de *rent seeking,* predatórias, patrimonialistas e clientelistas — a exemplo do caso do Zaire numa situação-limite, mas também do Brasil, em parte —, Evans sugere o conceito de *embedded autonomy,* que vem sendo traduzido como autonomia inserida. Diferente de uma visão tecnocrática, onde quanto maior a autonomia, maior é a capacidade para implementar políticas, Evans sugere que o insulamento pode gerar vulnerabilidade àquelas práticas não desejáveis, e que, portanto, devem existir *linkages* entre os *decision makers* e os beneficiários/envolvidos nas decisões a serem tomadas. Tal ponderação de Evans reforça a idéia da construção de arenas de negociação, espaços que o projeto em curso não valoriza, considerando seu descaso para com as decisões dos conselhos de direitos e políticas, previstos na Constituição, e a extinção das Câmaras setoriais.

Voltando a análise para um outro aspecto que chama a atenção na questão da privatização brasileira, tem-se a entrega do patrimônio público ao capital estrangeiro, bem como a não-obrigatoriedade de as empresas privatizadas comprarem insumos no Brasil, o que levou ao desmonte de parcela do parque industrial nacional e a uma enorme remessa de dinheiro para o exterior, ao desemprego e ao desequilíbrio da balança comercial. Diga-se, o inverso de tudo o que foi anunciado: o combate à crise fiscal e o equilíbrio das contas públicas nacionais. Tudo isso é agravado ainda pelo fato de que o preço das estatais não foi calculado pelo patrimônio que elas acumularam, mas pela expectativa de faturamento. Biondi conclui com um balanço contábil aproximado e estarrecedor das privatizações: se o governo diz que arrecadou 85,2 bilhões de reais, ele gastou ou perdeu no processo de entrega do patrimônio público cerca de 87,6 bilhões de reais até dezembro de 1998 (1999: 40-1). Chegou-se a este número calculando o que o

---

fia que parte, em geral, de um elemento dado: uma agenda definida de reformas orientadas para o mercado, ainda que sem adotar uma perspectiva prescritiva. No entanto, tais reflexões são instigantes, porque delineiam uma espécie de mapa dos dilemas, tensões e ritmos que envolvem o processo de ajuste, especialmente a tensão entre o ajuste e os requisitos da democracia. O acesso e debate desta bibliografia foram uma contribuição da professora Eli Diniz, quando da realização da disciplina Estado e Governabilidade, no IEI/UFRJ, em 1997.

governo FHC escondeu: vendas de estatais a prazo, dívidas que o governo "engoliu", investimentos feitos antes de cada privatização, juros sobre esses investimentos, "moedas podres" usadas, dinheiro que o governo "deixou" (!?) aos compradores. E o número poderia ser maior se pudessem ser quantificados outros favorecimentos: demissões com indenização e direitos trabalhistas assumidos pelo Estado; compromissos com fundos de pensão e aposentadorias também assumidos pelo Estado; perdas do imposto de renda etc. Além de não abater em um centavo as dívidas externa e interna, tudo indica que o processo de privatização representou uma profunda desnacionalização do parque industrial de base do país e até a destruição de alguns setores intermediários. Analisarei essas questões no próximo capítulo, já que a privatização é um elemento central da contra-reforma.

Retomo, então, o mote de que há uma *aparente* lógica esquizofrênica que atravessa a relação entre o discurso da "reforma" e a implementação da política econômica, o que é pouco surpreendente, já que este é um componente central da disputa político-ideológica em curso. Ver-se-á que a prática da "reforma" é perfeitamente compatível com a política econômica, o que reforça a idéia de que seu discurso é pura ideologia e mistificação, no sentido de falsa consciência,[33] num explícito cinismo intencional de classe. Sobre essa questão Andrews & Kouzmin (1998) trazem uma contribuição que não poderia deixar de ser referida aqui. Apontam o discurso da "reforma" como um conservadorismo disfarçado. A partir de uma análise rigorosa dos textos de Bresser, os autores percebem que há um esforço imenso para manipular as palavras e disfarçar a influência da teoria da escolha pública, de orientação neoliberal. Para os autores, o objetivo deste procedimento seria o de produzir *efeitos perlocucionais*, nos quais os objetivos de uma "fala" só podem ser deduzidos do contexto. No caso, o discurso da "reforma" persegue o efeito perlocucional de parecer progressista. Assim, apesar de aderir aos princípios da escolha pública, a proposta não pode (não deve...) ser identificada com o neoconservadorismo. Além disso, é um discurso que procura confundir o debate político, chamando os neoconservadores de centro pragmático moderno, o que pode gerar um efeito positivo sobre o leitor. Além disso, como foi sinalizado anteriormente, são utilizadas citações de autores que não compartilham o projeto em curso, e estão num campo crítico às políticas neoconservadoras, a exemplo de Przeworski, Mello e Costa, Evans, dentre outros. Andrews & Kouzmin denunciam a

---

33. Aspecto que também é ressaltado por Montaño (2001).

influência do funcionalismo, com as metáforas da máquina e do organismo para a estrutura organizacional do Estado. Eles afirmam: "O 'conservadorismo disfarçado' é como uma máscara de carnaval: dependendo da qualidade de sua fabricação, ela pode disfarçar mais ou menos, mas sempre esconde alguma por trás" (1998: 121).

O componente ideológico e o fato de a esquizofrenia ser apenas uma aparência tornaram-se ainda mais claros com a resposta ao "ataque especulativo" de 1999, que mostrou a vulnerabilidade do país à dinâmica externa propiciada pelas medidas da política macroeconômica monetarista. O Brasil recorreu ao FMI, e o Acordo não garantiu o ajuste nas contas públicas, estando voltado sobretudo para a regularidade do pagamento aos credores. Isso é o que mostra o monitoramento que o Inesc (Vianna Jr., 2000) vem fazendo da execução orçamentária da União. Também o estudo "A execução orçamentária no primeiro ano do acordo do governo com o FMI (2000)", originado dos trabalhos do INESC, aponta a orientação geral do governo Cardoso na execução orçamentária de programas fundamentais nas áreas agrícola, ambiental e social (Rocha, 1999). Ambos contribuem para visualizar a falácia do ajuste fiscal, sobretudo as supostas preocupações sociais.

O primeiro indica que a busca da meta do superávit primário previsto no Acordo de 1999 levou a uma "brutal contenção de gastos" em todas as áreas, com exceção do pagamento do serviço da dívida e de pessoal. Os gastos em investimentos e atividades-fim foram extremamente limitados; e programas sociais e ambientais de relevância foram paralisados. O estudo alerta para a baixíssima execução orçamentária nos programas voltados para crianças e adolescentes em situação de risco e a não-implementação do Estatuto da Criança e do Adolescente "pela falta de aplicação de recursos públicos". Mesmo a Rede de Proteção Social, prevista nas cláusulas sociais do Acordo — 22 programas voltados para a proteção dos pobres, selecionados de forma algo aleatória —, não mereceu do governo brasileiro a atenção devida. O presidente da República vetou emenda à Lei de Diretrizes Orçamentárias de 2000, que obrigava o não-contingenciamento de recursos nos programas da Rede. O governo brasileiro alcançou um superávit primário de 3,13% do PIB, maior que a meta do FMI, que era de 2,5% do PIB, mas ao custo de investir muito pouco e penalizar gravemente a área social: aquela que deveria ser priorizada a partir do ajuste e do enxugamento do Estado.

Segundo o Inesc, "o ano de 1999 ficará para a história como o do acirramento dos problemas sociais no Brasil, com o aumento da pobreza e do desemprego, e junto com isso, como um ano de baixíssima execução orçamentária de programas sociais e de investimentos do governo federal" (2000). E as projeções do estudo para o ano 2000 não foram nada animadoras, mantendo-se o compromisso com os credores, em detrimento de políticas voltadas para a maioria da população brasileira. Já o segundo trabalho (Rocha, 1999) explicita o resultado do monitoramento do orçamento da União em várias rubricas sociais ao longo do primeiro governo Cardoso. As tendências em curso neste segundo mandato dão seqüência à orientação anterior: uma submissão total das políticas sociais à orientação macroeconômica do ajuste. Diante desse quadro, vê-se que diminuiu, na verdade, o custo do Estado em políticas públicas fundamentais, enquanto a crise fiscal foi aprofundada por custos com um setor parasitário, sustentado pelas altas taxas de juros: um Estado mínimo para os pobres e trabalhadores, e um Estado máximo para o capital financeiro (Netto, 1993).

Outro aspecto de destaque na "reforma" do Estado é o Programa de Publicização,[34] que se expressa na criação das agências executivas e das organizações sociais, e mais recentemente na regulamentação do Terceiro Setor — um aspecto que não está citado no Plano, mas se desdobra dele, para a execução de políticas públicas. Esta última estabelece um termo de parceria com ONGs e instituições filantrópicas para a implementação das políticas. A essa nova arquitetura institucional na área social se combina ainda o serviço voluntário, o qual desprofissionaliza a intervenção nessas áreas, remetendo-as ao mundo da solidariedade (Gusmão, 1998), da realização do bem comum pelos indivíduos, por intermédio de um trabalho voluntário não remunerado.[35] O fortalecimento desse setor público não-

---

34. O acompanhamento da implementação do Programa de Publicização podia ser feito por meio da página da internet, do Ministério do Planejamento, Orçamento e Gestão (MPOG). As duas primeiras instituições estatais a tornarem-se organizações sociais foram a Associação de Comunicação Educativa Roquette Pinto e a Associação Brasileira de Tecnologia de Luz Síncroton. No território das agências, estava em curso, quando da conclusão deste trabalho, a definição do Contrato de Gestão das seguintes instituições: Inmetro, Cade, Ibama, IBGE, CNPq, DAS e ANSV.

35. Sobre o voluntariado, há uma forte discussão no âmbito do Serviço Social brasileiro, profissão duramente atingida pela mobilização dos voluntários, o que pôde se expressar no 10º Congresso Brasileiro de Assistentes Sociais (10º CBAS), realizado no Rio de Janeiro, em outubro de 2001. Alguns interlocutores que estavam presentes nessa plenária simultânea, já têm publicações sobre o assunto, a exemplo de Yazbek (2000), Montaño (2001) e CFESS, nessa ocasião representado por sua assessora jurídica Sylvia Helena Terra, autora do parecer jurídico CFESS nº 10/98, aprovado pelo Conselho Pleno do CFESS, que "Dispõe sobre o Serviço Voluntário". O estímulo ao voluntariado é parte de uma estratégia de desresponsabilização do Estado no atendimento

BRASIL EM CONTRA-REFORMA

estatal como via de implementação de políticas sociais, no contexto de uma crise fiscal que é aprofundada pela crise econômica em curso, encerra alguns problemas e contradições que vou aprofundar no próximo capítulo. Por agora vale pontuar apenas algumas questões preliminares.

O estudo de Luciano Martins sobre o que Bresser considera a primeira iniciativa de reforma gerencial no Brasil,[36] diga-se, sobre a criação dos órgãos da administração indireta no pós-64, ilumina alguns elementos. Colocam-se aí as seguintes tendências, considerando que as noções de Estado e de política pública se diluam nessa constelação de unidades autônomas e competitivas entre si: de superposição de ações; administração visando a rentabilização dos recursos em detrimento dos fins; submissão dos fins públicos a interesses privados, reeditando práticas de *rent seeking* por dentro do modelo que afirma querer combatê-las, à medida que o setor pode buscar fontes de financiamento extra-orçamentárias e fazer aplicações no mercado financeiro, dentre outros expedientes; continuidade de práticas clientelistas, já que a admissão do funcionalismo não se dará necessariamente por concurso público, e a demissão também fica a critério dos dirigentes de plantão, o que deixa o funcionalismo à mercê da ocasião, quebrando, nos médio e longo prazos, a continuidade e a memória administrativa (uma preocupação expressada por Cardoso na introdução do PNRE-Mare) nas instituições agora autônomas; e desprofissionalização de intervenções que exigem conhecimento técnico especializado.

---

das necessidades sociais e direitos (Iamamoto, 2002: 44 e Yazbek, 2000), que fica explícita, por exemplo, na orientação das agências multilaterais quando cria o Ano do Voluntariado — 2001 (*Folha de S. Paulo*, 1º/4/2001). Contudo, é também um processo que encerra contradições, à medida que este grande número de pessoas se defronta, no âmbito mesmo das ações que desenvolve, com os projetos societários em disputa. Portanto, há que combater a desresponsabilização e a desprofissionalização, mas também cabe construir caminhos de inserção deste grupo num projeto com outra direção social (Iamamoto, 2002: 45), e que certamente deverá contar com as potencialidades da mobilização voluntária, a exemplo da experiência cubana, com o processo de alfabetização de massas.

36. Veja-se que esta é uma opinião de Bresser, mas que é contestada por Andrews & Kouzmin nos seguintes termos: "Em 1968, o regime autoritário implementou uma reforma administrativa que introduziu em diversos órgãos governamentais o modelo gerencial já adotado nas empresas públicas. Contrariamente ao que argumenta Bresser Pereira, foi a generalização do modelo gerencial para os demais órgãos do setor público que foi malsucedido" (1998: 106-7). Eles acrescentam: "outra conseqüência peculiar da reforma do Decreto nº 200 foi o estabelecimento de uma aliança entre as agências descentralizadas e grupos de interesse do setor privado, reforçando a impermeabilidade das agências executivas às orientações normativas dos Ministérios" (1998: 108).

Um outro elemento é a separação entre formulação e execução das políticas, onde o núcleo duro do Estado formula e as agências autônomas implementam. Abrucio (1999) já chamava a atenção sobre essa questão no item anterior, mas outros autores também sinalizam problemas. Para Diniz (1998: 45),

> "a ênfase na capacidade técnica concentrada nos altos escalões burocráticos e o reforço do núcleo duro do Estado acentuariam o divórcio com a política, percebida, crescentemente, como fonte de distorções e de irracionalidade ou ainda como foco de práticas predatórias, como o clientelismo e a defesa de privilégios corporativos."

Trata-se aqui de uma inspiração liberal de primeira hora: a política como "loucura dos homens", como dizia Smith. Andrews & Kouzmin concluem sobre essa questão, referindo-se também ao Decreto nº 200/67, no qual esta mesma lógica estava presente:

> "No atual Plano Diretor da Reforma do Aparelho do Estado (Presidência da República, 1995), a mesma receita de separação entre formulação e implementação de políticas públicas está sendo proposta, supostamente para eliminar os mesmos sintomas (uso da máquina pública por interesses privados) que este princípio gerou há trinta anos atrás." (1998: 108)

O contraponto que se ofereceu a esses riscos foi frágil: mecanismos de fiscalização dos contratos de gestão (agências executivas e organizações sociais) e termos de parceria (organizações da sociedade civil de caráter público) por parte do Núcleo Estratégico, quando é conhecida a dificuldade do controle interno do Estado brasileiro (cf. Relatórios do TCU de 1996 e 1997); conselhos administrativos/curadores nas organizações sociais, mas que contariam com uma composição na qual a sociedade civil tem representação insuficiente (Barreto, 1999). Portanto, considerando o discurso da reforma e sua relação com a política econômica anteriormente sinalizada, parece que esteve em andamento uma forma engenhosa e inteligente de privatização e desresponsabilização do Estado em setores determinados, em nome dos quais, lembremo-nos das preocupações sociais do Plano e de Bresser, se fez a "reforma": saúde, assistência social, pesquisa científica, cultura, ensino superior,[37] meio ambiente, dentre os principais.

---

37. Aqui, é necessário fazer referência, mais uma vez ao artigo de Marilena Chaui intitulado "A atual reforma do Estado ameaça esvaziar a instituição universitária com sua Lógica de merca-

Por fim, um último elemento crítico diz respeito à prática da Reforma e à consolidação democrática. Os dois governos de orientação neoliberal não buscaram construir, em geral, arenas de debate e negociação sobre o assunto, e se dirigiram para reformas constitucionais num Congresso Nacional balcanizado,[38] ou para medidas provisórias. Preferiram, portanto, a via tecnocrática e "decretista", com forte aquiescência de um Congresso submisso ou pragmático. Mesmo quando as "reformas constitucionais" não estavam ainda aprovadas, utilizou-se — particularmente Cardoso, como se viu — de forma abusiva do recurso às medidas provisórias, de expedientes desrespeitosos para com os atores envolvidos em determinadas políticas, do corte de recursos (privatização induzida) e da corrupção do Poder Legislativo, cujo exemplo maior foi a votação da emenda constitucional sobre a reeleição, estratégica para este projeto societário. Os passos político-institucionais e ideológico-culturais foram firmados com esses métodos, o que torna o discurso sobre a democracia, ou mesmo sobre uma governabilidade democrática, no Plano, um tanto inócuo, vazio.

O tema da governabilidade é recorrente no debate da *comunidade da reforma*, além de um conjunto de outros conceitos novos, que configuram uma verdadeira "avalanche semântica" — que se relaciona com o conservadorismo disfarçado — para a construção da agenda supostamente consensual (Fiori, 1997: 34). Alguns desses termos são: governabilidade, governança, capital social, cultura cívica, terceiro setor, setor público não-estatal, reformas estruturais, liderança transformacional. Ao longo da exposição dos termos do debate procurei fazer alguns contrapontos. No entanto, a questão da governabilidade merece um destaque por seu lugar central no discurso e prática da contra-reforma. Nesse sentido, vale recorrer aos estudos de Diniz e às observações de Fiori, que esclarecem a trajetória desse conceito e as possibilidades e limites — estes últimos maiores que as primeiras — de sua utilização.

---

do", publicado na *Folha de S. Paulo*, em 9/5/99, no qual a autora mostra o que significa para a universidade passar de instituição social para organização social: a perda da marca da docência — a formação; e a perda do potencial criativo e investigativo da pesquisa, que agora se submete à instrumentalidade e ao controle de microproblemas.

38. Para uma pequena demonstração disso, já que há inúmeros exemplos, conferir matéria no *Jornal do Brasil*, de 20/11/97, intitulada "Aprovação da reforma na Câmara custa R$ 1 bilhão", que mostra os movimentos no interior do Congresso para a aprovação da Emenda Constitucional nº 19, da reforma administrativa.

A governabilidade (e seu contrário: a ingovernabilidade) é uma categoria que possui diferentes conotações. Seu uso político indiscriminado para justificar ou julgar tal ou qual proposta política pode esvaziar seu potencial explicativo, segundo Diniz (1996). No entanto, esta autora sustenta a utilidade dos conceitos de governabilidade e *governance* para o estudo da produção de políticas públicas nas várias esferas de governo. Segundo ela, o conceito de governabilidade ganha relevo na literatura a partir da reflexão de Samuel Huntington, para o qual a governabilidade resulta de um equilíbrio entre as demandas sobre o governo e sua capacidade de atendê-las, diga-se, entre as instituições de *input* (agregação de interesses) e de *output* (formulação e implementação de políticas). Desse conceito genérico, desdobrou-se um conjunto de leituras que associam a expansão da democracia (EUA) e do *Welfare* (Europa) à ingovernabilidade, considerando a crise fiscal e a frustração de expectativas e demandas. Essa linha tecnicista originada em Huntington também se faz presente no debate nacional: aqui, a liberação de demandas reprimidas pela ditadura militar seria o componente da ingovernabilidade, que, em vez de ser resolvido pela Constituição, foi aprofundado por ela. Existiria, então, uma contraposição entre Estado eficiente e os requisitos da democracia. Dentro disso, preconiza-se um Estado forte, que se sobreponha aos interesses organizados. Essa forma de pensar articula-se ainda à crítica do "populismo econômico": planos de estabilização de caráter, em geral, heterodoxo, marcados por concessões populistas e eleitorais, o que explicaria o fracasso das várias tentativas de controle da inflação. A resultante dessa concepção tem sido, segundo a autora, o enclausuramento burocrático e a concentração de poder decisório no Executivo, com estratégias coercitivas de implementação de políticas públicas, o que imprime um "vezo elitista" ao conceito de governabilidade.

Diniz, contudo, identifica uma outra geração de reflexões em torno dos conceitos de governabilidade e *governance*, e que inclui três dimensões neste último: capacidade do governo para apontar problemas críticos e formular políticas adequadas; capacidade de mobilizar os meios e recursos necessários para a execução das políticas (tomada de decisão e processos de implementação); e capacidade de liderança e de mobilização de meios políticos (articulação de alianças e fortalecimento de arenas de negociação que dêem sustentabilidade às políticas). Nesse passo, a ingovernabilidade brasileira estaria no plano da implementação das políticas, onde obstáculos em alguma dessas dimensões terminam por descaracterizar propostas tecnicamente bem concebidas: a "governabilidade passa a depender não apenas da clarividência de tecnocracias iluminadas, mas da articulação do aparato estatal com as instâncias da política democrática" (1996: 171). Nessa perspectiva, a reforma do Estado deveria romper com o centro no Executivo, que tem tido no Brasil uma hiperatividade legislativa, configurando o que O'Donnel (1991) caracteriza como "democracia delegativa", diga-se, a hipertrofia da autoridade presidencial *vis-à-vis* à fragilidade do sistema representativo e dos partidos políticos, o que tende a ser aprofundado pelo quadro de crise. No entanto, para O'Donnell, tal tendência já é parte da cultura política latino-americana. Basta lembrar do *caudillismo* e do populismo. Hoje, essa reedição se faria por práticas de "uso ilimitado do poder de decreto", a exemplo do recurso reiterado às medidas provisórias no Brasil.

Na linha de O'Donnell, Diniz se contrapõe ao argumento de que existiria uma paralisia ou incapacidade decisória, geradora de ingovernabilidade. A inoperância do Estado brasileiro está associada ao processo de implementação de políticas, ligado a três fatores: ausência de condições e instrumentos operacionais satisfatórios; estratégias inadequadas de mobilização de apoios externos, ou seja, ausência de arenas de negociação e de redes que articulam os interesses envolvidos, o que gera a falta de consentimento ativo da população; bloqueios na implementação de políticas que geram a perda de credibilidade do governo, deslanchando processos de resistência passiva. Para Diniz, a resistência passiva e fragmentária pode ser tão bloqueadora quanto o poder de veto de determinadas coalizões distributivas. Desta avaliação, a autora reforça a necessidade de pensar novas formas de gestão capazes de ampliar a eficácia governamental. Dentro disso, indica um Estado com maior flexibilidade e descentralizado, mas que mantém instrumentos de supervisão e controle.

O conceito de governabilidade não deve ser confundido com *governance*. Esta última diz respeito à capacidade de ação do Estado: é um termo introduzido pelo Banco Mundial para caracterizar as condições que garantem um Estado eficiente. Diniz distingue as condições institucionais e sistêmicas (governabilidade) da capacidade operacional/eficácia (*governance*), apontando que são dois conceitos complementares, mas não idênticos. Para as agências multilaterais, o conceito relaciona *capacity* e democracia política, embora vários estudos demonstrem que essa relação não é tão direta no contexto do ajuste. Ela fala um pouco mais da idéia de *governance*, como conceito auxiliar para pensar a reforma do Estado. Este encerra três dimensões: capacidade de comando e direção do Estado (definir e ordenar prioridades); capacidade de coordenação dos diferentes interesses em jogo, o que está associado à clareza do projeto global do governo, que assegura coerência e consistência às políticas governamentais, bem como a procedimentos contínuos de negociação; e capacidade de implementação (recursos financeiros e humanos, melhor dizendo, meios compatíveis com os fins, somados às condições de sustentação política).

Para Eli Diniz, o enfoque tecnicista tem confundido eficácia governamental com concentração de poder decisório, levando a uma perda de *accountability* (obrigatoriedade de prestar contas) e ao insulamento das elites estatais. Na contramão dessa atitude tecnocrática e elitista, propõe o resgate do interesse público e do controle social como elementos indispensáveis da reforma do Estado, distanciando-se também daqueles que enfatizam uma redução unilateral do mesmo. Para superar o *déficit de execução* do Estado brasileiro não se deveria perder de vista a consolidação democrática, e, dentro disso, a superação da destituição econômica, política e social de amplos segmentos da população. Trata-se, evidentemente de uma análise e de um conceito de Estado nos quais não está presente a idéia de que há uma hegemonia de classe ou segmentos de classe na condução da "reforma", o que implica certa superestimação do papel da burocracia, de sua vontade interna de conduzir as coisas de outro modo, bem à moda da influência weberiana. Contudo, é muito importante a análise de Diniz, porque se coloca de um ponto de vista crítico e democrático e também porque ilumina os termos do debate em curso sobre a "reforma", colocando-se numa posição de claro distanciamento político.

Uma crítica mais contundente e radicalizada pode ser encontrada em Fiori (1997), para quem a idéia de governabilidade compõe o núcleo duro da estratégia de implementação das chamadas "reformas estruturais". A não viabilidade destas últimas levaria à ingovernabilidade, num raciocínio circular que constitui verdadeira armadilha.[39] Como Diniz, Fiori faz um breve resgate da trajetória do conceito, passando por Huntington, pela es-

---

39. Esta permanente chantagem voltou a aparecer no contexto das eleições presidenciais de 2002, onde o candidato de continuidade era apontado como garantia de segurança e governabilidade pelas instituições financeiras internacionais e a possibilidade de vitória de Luiz Inácio Lula da Silva seria o caminho para o caos. Neste rumo caminharam as declarações de George Soros, para quem, "no capitalismo global moderno, só votam os americanos, os brasileiros não votam" (*Folha de S. Paulo*, 8/6/2002). Mas também o novo governo tem enveredado pelas armadilhas do conceito, fazendo concessões e negociações de cargos e no Congresso estranhas ao projeto democrático popular em nome da governabilidade.

cola da "escolha pública", até sua versão eclética nos anos 1990, extraindo daí a seguinte conclusão: há uma variação de significados do termo ao longo do tempo e no espaço, podendo referir-se a condições sistêmicas de exercício eficiente do poder, ou apenas a uma boa maneira de gerir os recursos públicos, num sentido mais restrito. Para Fiori, a validez de aspiração universal do conceito de governabilidade é questionável, já que não existem indicadores consensuais, padecendo o termo de enorme imprecisão teórica. Então, Fiori finaliza apontando a natureza imprecisa e conservadora, donde decorre sua recusa da idéia de governabilidade como referência analítica, com a qual concordo, mesmo após as ponderações democráticas de Diniz (1997: 39):

> "Na verdade não se trata de um conceito teórico. Trata-se de uma categoria estratégica cujos objetivos imediatos podem variar segundo o tempo e o lugar, mas que sempre será irremediavelmente situacionista. [...] Na falta de teoria basta recorrer ao nosso velho e bom Aurélio onde o significado do neologismo pode ser deduzido da definição do que seja 'governável': 'que pode ser governado, porque é dócil e obediente.'"

Constato, após esse percurso, que transformações no Estado brasileiro são fundamentais numa agenda que se propõe superar um Estado privatizado, voltá-lo para a coisa pública, e especialmente, imprimir maior eficiência a suas ações. O resgate da "dívida social" como parte das preocupações está obviamente associado à capacidade do Estado brasileiro de implementar políticas públicas. No entanto, para além desses argumentos muito genéricos, e por vezes de ocasião, há campos distintos no Brasil que apontam soluções inconciliáveis para as necessárias e esperadas transformações, sendo que procurei esclarecer aqui os termos do projeto hegemônico nos anos 1990 e de virada para o novo milênio. Espero ter demonstrado que a "reforma", tal como foi (e ainda está sendo) conduzida, terminou por ter um impacto pífio em termos de aumentar essa capacidade de implementação eficiente de políticas públicas, considerando sua relação com a política econômica e o *boom* da dívida pública. Há uma forte tendência de desresponsabilização pela política social — em nome da qual se faria a "reforma" — acompanhada do desprezo pelo padrão constitucional de seguridade social. Isto ocorre *vis-à-vis* a um crescimento da demanda, associado ao aumento do desemprego e da pobreza, aprofundados pela macroeconomia do Plano Real, como se viu no capítulo anterior. O trinômio do neoliberalismo para as políticas sociais — privatização, focalização e descentralização (Draibe, 1993) — tendeu a se expandir por meio do "Programa de Publicização". Outro aspecto foi a forma tecnocrática e antidemocrática de condução, que se expressou pela dificuldade de conviver com o debate e a crítica, dentro de arenas onde estavam presentes sujeitos coletivos organizados.[40] O recurso reiterado às medidas provisórias criou um ambiente onde a democracia foi quase retórica. Após este percurso, é possível adentrar em algumas expressões particulares desse processo que, volto a afirmar, tratou-se de uma verdadeira contra-reforma, dada sua natureza destrutiva e regressiva.

---

40. Exemplo dessa tendência foi a tentativa (abril de 2000) de excluir o Conselho Federal de Serviço Social (CFESS) do Conselho Nacional de Assistência Social (CNAS) por parte do ministro da Previdência e Assistência Social, sr. Waldeck Ornellas. A participação foi assegurada por meio de uma liminar do STJ. Durante algum tempo permaneceu um contencioso jurídico, mas que foi revertido a partir da mudança no Ministério, depois da crise com o ex-senador Antônio Carlos Magalhães, a quem Ornellas é ligado. O CFESS está no CNAS desde então, porém convivendo eventualmente com ameaças veladas ou explícitas da assessoria jurídica do MPAS acerca do seu direito de permanência, mas que não se concretizaram nas eleições ocorridas em abril de 2002. Há uma expectativa de que este seja um assunto esgotado, com a nova direção no Executivo federal.

CAPÍTULO 5

Ilustrações particulares da contra-reforma

Conforme enunciado, estão destacados neste capítulo alguns traços particulares e fortemente representativos do que está sendo caracterizado ao longo do livro como uma contra-reforma do Estado brasileiro. Esta concretiza-se em alguns aspectos: na perda de soberania — com aprofundamento da heteronomia e da vulnerabilidade externa; no reforço deliberado da incapacidade do Estado para impulsionar uma política econômica que tenha em perspectiva a retomada do emprego e do crescimento, em função da destruição dos seus mecanismos de intervenção neste sentido, o que implica uma profunda desestruturação produtiva e no desemprego (Mattoso, 1999); e, em especial, na parca vontade política e econômica de realizar uma ação efetiva sobre a iniqüidade social, no sentido de sua reversão, condição para uma sociabilidade democrática. Viu-se que se trata de um projeto e um processo que, na verdade, parecem desprezar mesmo os mecanismos mais elementares da democracia burguesa, a exemplo da independência e do equilíbrio entre os poderes republicanos.

Pois bem, vejamos alguns exemplos do desmonte do Estado no Brasil, que ocorreu, como se viu, na perspectiva da adaptação do país à dinâmica do capitalismo contemporâneo — em busca dos superlucros —, mas com filtros: as mediações delineadas pela nossa história, nossa formação social e a relação entre as classes sociais.

1. A flexibilização nas relações de trabalho

"A ação de empresas e governo tem destruído o mercado de trabalho e mais parece o jogo da dança das cadeiras. A cada parada da música somem cadeiras do jogo. Aqueles que podem melhor disputar sua cadeira assim o fazem, enquanto os outros, cada vez em maior número, ficam assistindo em pé."

Mattoso, 1999: 20

Um pressuposto clássico e sempre importante para um esforço de retomada das taxas de lucro é a subsunção/exploração do trabalho pelo capital, no sentido da extração da mais-valia, seja na forma predominante da mais-valia relativa no século XX, seja na retomada das formas mais bárbaras de extração da mais-valia absoluta, a exemplo do taylorismo sangüinário apontado por Lipietz, em voga nos chamados Tigres Asiáticos (1988). Para tanto, é essencial impregnar o mundo do trabalho daquele conjunto de inseguranças pontuadas por Mattoso (1996), já registradas no Capítulo 1, derrotando o pacto social engendrado no pós-guerra e prováveis estratégias de resistência por parte dos trabalhadores em defesa de seus direitos adquiridos.

Um elemento fundamental para gerar as condições políticas e ideológicas para a extração de superlucros tem sido o discurso e as estratégias para a retomada da competitividade, o que só seria possível a partir de uma queda dos custos dos fatores de produção. Assim, dentre estes, colocou-se em questão o "custo" do trabalho em todos os quadrantes do mundo, ou seja, mesmo naqueles países onde a experiência fordista-keynesiana (Harvey, 1993) foi inexistente ou limitada. Assim, a saída da crise — sempre invocada como um processo natural, a exigir respostas práticas — estaria na redução de custos, por meio da flexibilização das relações contratuais de trabalho, retirando-se o Estado da regulação destas relações, inclusive no que refere à questão da proteção social, com a redução dos encargos sociais. Um pressuposto para a implementação de medidas de natureza claramente regressiva para os trabalhadores seria imprimir derrotas políticas ao seu movimento organizado, tal como Thatcher tratou a greve dos mineiros na Inglaterra, ao lado da retomada de "taxas naturais" de desemprego, a partir da introdução de novas tecnologias. Nesse sentido, também operam estratégias de *passivização* dos trabalhadores, com o objetivo de derruir sua identidade de classe. A exemplo disso, destaca-se o discurso da qualificação para gerar condições de empregabilidade. Assim, a situação de desemprego é explicada pela ausência de qualificação dos trabalhadores — e até por má vontade, inaptidão ou preguiça (Mattoso, 1999: 9) —, e não por uma condição estrutural do capitalismo na qual não há emprego para todos, reforçando saídas individuais ou mesmo a instrumentalização dos mecanismos coletivos de organização dos trabalhadores por programas de qualificação a partir do Estado ou em parcerias (Amaral, 2001).

Entre nós, passou-se a justificar as medidas de flexibilização e a forte intervenção estatal em programas de qualificação em função do chamado custo Brasil. Qual é o diagnóstico para fundamentar essa verdadeira responsabilização dos trabalhadores pela crise, num país onde os ganhos de produtividade não foram apropriados segundo o pacto fordista-keynesiano (Sabóia, 1990) e onde os direitos sociais expandiram-se exatamente em momentos de retração dos direitos políticos (Santos, 1987), não se constituindo o chamado Estado de Bem-Estar Social? No seminário organizado por Silva, Mantega e Vanuchi, realizado em 1996 e que teve seus materiais publicados em 1997, discutiu-se a questão do "custo do trabalho" como parte do apelidado custo Brasil. Vejamos o que dizem os participantes sobre esta questão específica.

Edward Amadeo, na época apenas professor, mas que viria a compor os quadros do governo Cardoso, aponta alguns elementos. Para ele, a superexposição dos produtores domésticos à concorrência internacional, a partir da abertura comercial, combinada a uma componente tecnológica, implicou uma queda do emprego industrial no país em torno de 25 a 30%, entre 1989 e 1995. Correspondeu a essa tendência um crescimento do desemprego, pelas duas bases de cálculo disponíveis no país (IBGE e Dieese)[1]. Houve, segundo ele, um crescimento do custo unitário do trabalho em dólares, de cerca de 50%, como impacto da apreciação cambial inicial. Amadeo afirma que, de fato, o custo do trabalho aumentou com o Plano Real, mas é contrário a uma compensação por meio do corte dos encargos sociais, considerando que há pouco o que cortar no Brasil. Diz Amadeo: "Uma boa

---

1. A metodologia de medição dos dados sobre emprego é diferenciada entre as duas instituições, conforme explicam didaticamente a FEE/RS (novembro de 1999: 2) e Mattoso (1999: 12-3). No entanto, os dados revelados por ambas apontam para o crescimento do desemprego no Brasil em níveis nunca dantes vistos. A partir de 2002, no último ano do governo Cardoso, o IBGE passou a adotar uma nova metodologia que revela taxas mais altas de desemprego: uma média de 11,7% da PEA, em 2002. No entanto, ainda é uma base de cálculo restrita, em comparação com os dados do Dieese.

parte do que a gente chama de encargos sociais são formas de salário indireto: 13°, abono de férias. E que isso aí não poderia ser cortado por decreto, nem por medida provisória, nem por projeto de lei enviado ao Congresso, porque não passaria" (apud Mantega e Silva, 1997: 164). Para ele, o corte do pouco que há para cortar, incluindo aí os 20% do INSS, não compensa o aumento do custo produzido pela âncora cambial. Amadeo parecia, em 1996, não acreditar em medidas mais drásticas contra os trabalhadores, como forma de assegurar as taxas de lucro, tais como as que vieram a ser colocadas em pauta na seqüência. Para ele, as questões a serem atacadas seriam a da produtividade, da qualidade dos empregos e da rotatividade alta dos mesmos no país. A ênfase nos encargos é vista como um engano, uma falsa solução do problema, tanto quanto a questão da formalidade *versus* informalidade. Para Amadeo, a distinção necessária se dá entre emprego bom e ruim, cujas características ele não define. A preocupação com os encargos limita-se à arrecadação da Previdência.

Boris Tabacof, empresário, relaciona o alastramento da perda de empregos com a abertura comercial e a busca de competitividade. Esta última acirrou-se de tal forma que há uma verdadeira obsessão em fazer com que a empresa tenha um custo mais baixo, com impacto sobre o emprego, já que impõe, no nível microeconômico, um conjunto de providências e estratégias para elevar a eficiência. No entanto, para ele, o custo Brasil refere-se ao ambiente mais geral, àquelas questões que independem do empresário. Neste sentido, afirma que o Plano Real foi um avanço, mas não assegura a competitividade sistêmica do país (apud Mantega e Silva, 1997: 172), que depende da correção de distorções no sistema tributário, do investimento em infra-estrutura e de privatizações bem conduzidas. Enquanto isso não acontece, as empresas voltam-se para estratégias internas. Tabacof mostra, com dados da Fiesp, que "há menos gente produzindo mais" (apud Mantega e Silva, 1997: 173), a partir desse movimento interno das empresas. Os sobreviventes estão ganhando melhor, mas para ele "nós estamos por um caminho ruim do ponto de vista social" (apud Mantega e Silva, 1997: 174), já que não há uma espiral de impactos positivos sobre a demanda, a produção e o emprego. Ele questiona se hoje há ainda uma vantagem comparativa no que se refere aos baixos salários pagos no Brasil e concorda que há pouco o que fazer a respeito dos encargos sociais. Para o empresário, o fundamental é a flexibilização das negociações entre capital e trabalho, embora exista uma "área cinzenta" entre a livre negociação e os direitos adquiridos.

O professor Jorge Mattoso também deu sua contribuição ao debate. Ele começa afirmando que houve um deslocamento da discussão sobre o custo Brasil, promovido pelo governo federal, ao retirá-la das condições gerais para uma competitividade sistêmica, para colocá-la na esfera da empresa e do mercado de trabalho. Assim, eliminou-se formas públicas e democráticas de regulação que, articuladas à lógica macroeconômica do Plano Real, implicaram uma armadilha: a economia não pôde crescer. Dentro disso, reduziu-se ou precarizou-se o emprego, bem como foram quebrados elos importantes da estrutura produtiva, que levaram anos e gerações para serem construídos. Neste quadro, o empresariado se comporta com estratégias de curto prazo, a exemplo da terceirização. Por outro lado, para Mattoso, "setores dos trabalhadores, pressionados por essa forma predatória de reestruturação, pelo crescente desemprego, pela precarização das condições de trabalho, também desfocaram sua ação e colocaram-se na defensiva" (Mantega e Silva, 1997: 181). Neste passo, Mattoso chega a afirmar que tais segmentos terminariam por aceitar "negociações exclusivamente no local de trabalho". Outro setor que também estaria aceitando os termos do jogo, para ele, é a academia, ao limitar-se a discutir o mercado de trabalho, obscurecendo um debate mais amplo sobre o custo Brasil. Mattoso afirma que todos os levantamentos apontam para um "extraordinariamente baixo peso do custo do trabalho" (Mantega e Silva, 1997: 182). Ele continua, socializando alguns dados e a seguinte reflexão:

> "[...] em 93 o custo unitário do trabalho no Brasil era treze, contra 31 no Japão, contra cem, nos Estados Unidos. Mesmo supondo esses 50% de crescimento do custo unitário (enunciados por Amadeo), de 93 para cá, está em 24. Supondo que os outros não tenham mudado, está 30, 31, 32 para países como Taiwan, sobretudo, e Coréia. Então, na verdade, quando se trata dessa discussão, há um extraordinário desvio, que estabelece mecanismos de rebaixar efetivamente os custos do trabalho e responsabilizá-los por coisas que eles não podem ser responsabilizados, no caso do Brasil. Ainda que em abstrato, em teoria, possam. Exceto se nós fazemos esse jogo teórico de supor que as outras variáveis não podem ser mexidas." (1997: 182)

Considerando estes elementos, Mattoso conclui que o projeto de flexibilização do governo — que viria a entrar em vigor a partir de 1998, como uma resposta ao mais duro período de destruição de postos de trabalho — não aponta para a formalização do emprego, mas para a redução dos custos de demissão, já baixos no país. Sobre os encargos sociais, eles não são muito diferentes dos de outros países — portanto, são um problema irrelevante. Enfim, para Mattoso o problema do país não está no mercado de trabalho, mas na aceitação da inserção subordinada, da abertura indiscriminada, da abstenção de realizar políticas setoriais defensivas, dentre outros aspectos, contidos na perspectiva macroeconômica em curso, num caminho sem volta, que coloca em risco a nacionalidade e a democracia. Em seu texto de 1999, Mattoso denuncia uma elite doméstica antinacional, cujas opções paralisaram e desarticularam as possibilidades da economia brasileira, o que resultou no aprofundamento do desemprego.

O dirigente sindical Vicente Paulo da Silva, o Vicentinho, da Central Única dos Trabalhadores (CUT), critica as visões sindicais que procuram apresentar projetos para a adaptação dos trabalhadores à crise, afirmando que admite pensar em reduzir custos, mas sem precarizar os trabalhadores. Vicentinho registra que não há política industrial no Brasil, mas há uma política internacional que quer transformar o país numa zona franca. De outro ângulo, o empresariado trabalha numa visão de curto prazo, penalizando os trabalhadores. Ele ressalta o caminho das câmaras setoriais como uma via de buscar saídas e mecanismos institucionais de avanço.

Neste debate, portanto, percebe-se alguns caminhos: admitir a existência de um crescimento do custo do trabalho; não aceitar o tema do custo do trabalho como central para uma definição do custo Brasil, já que tais custos, mesmo aumentando no último período, ainda seriam baixos em comparação com os padrões internacionais; recusar o caminho da precarização como forma de enfrentar o custo e o desemprego dos trabalhadores; apontar para a livre negociação. Nota-se que não há no debate um interlocutor que defenda de forma mais explícita e contundente as proposições governistas, que desde a primeira hora pautaram-se por pretender realizar o féretro da era Vargas e de sua simbólica Consolidação das Leis do Trabalho, de 1943. Há alguns argumentos pontuais alinhados com o governo, a exemplo de uma defesa tímida, por parte do empresário, da livre negociação ou a admissão do aumento do custo do trabalho e certa tergiversação sobre a questão da relação entre formalidade e informalidade, que abre espaço fértil para a flexibilização e a despreocupação com a proteção social. Ouçamos, então, outros e mais recentes depoimentos no debate sobre a flexibilização do trabalho como forma de adaptação do Brasil à lógica competitiva do capitalismo contemporâneo.

Paradigmática é a posição de Fernando Bezerra, presidente da Confederação Nacional da Indústria (CNI) e senador, publicada na *Folha de S. Paulo* (2/5/98). Na sua opinião, a legislação trabalhista atual está obsoleta, por ter sido feita para uma economia fechada e sem concorrência. As mudanças tecnológicas e a necessidade de melhoria da competitividade das empresas impõem parâmetros inversos. Para ele, os juros altos dificultam as possibilidades de modernização das empresas e a legislação impede que "a extraordinária vontade de cooperar" e de "garantir seus empregos" por parte dos trabalhadores prevaleça, em função dos constrangimentos legais. As novas formas de contratar e remunerar não encontram abrigo na legislação. Ele afirma que a lei e a educação (qualificação para o trabalho) "precisam ter e reter a natureza flexível" e as "virtudes da adaptabilidade". Então, conclui: "Não há a menor dúvida: o novo mundo é o mundo da flexibilidade".

Outra opinião significativa foi publicada na *Folha de S. Paulo* (27/10/2001), no calor das discussões sobre o Projeto n° 5.483/01, que altera o artigo 618 da CLT, prevendo que o negociado entre patrões e trabalhadores passe a prevalecer sobre o legislado, ou seja, a base mínima de direitos consolidada na CLT pode ser negociada e, portanto, não assegurada. Este projeto, proposto no apagar das luzes do governo Cardoso, foi caracterizado como um golpe fatal sobre os trabalhadores e a realização, no que se refere à relação com o mundo do trabalho, da promessa de acabar com a era Vargas. No entanto, segmentos do movimento sindical, com exceção de dirigentes da CUT, se posicionaram em favor do projeto — inclusive em propagandas financiadas pelo próprio governo na imprensa, o que parece reiterar as previsões anteriores de Mattoso. Mas observemos a opinião de um magistrado, membro da Academia Nacional de Direito do Trabalho, o dr. Ney Prado, publicada na já referida edição da *Folha de S. Paulo*. Segundo ele, a CLT envelheceu e agravaram-se seus vícios intrínsecos, de origem e próprios de um modelo interventivo. A CLT seria então uma "curiosidade paleontológica juslaboral", marcada por raízes corporativistas e um excesso de interferência do Estado. Esta situação vem gerando um consenso, para ele, em torno da necessidade de mudanças, ao qual o governo Cardoso foi sensível enviando o projeto de lei sobre a livre negociação. Ney Prado afirma que devemos acolher as justificativas do governo, já que a nova legislação "permite igualar a força coletiva dos trabalhadores com o poder de negociação dos trabalhadores" (!?). Ao lado disso, a proposta retira o Estado da "incômoda missão de definir o valor dos salários e as condições de trabalho". Portanto, é uma oportuna "modernização da legislação trabalhista". Mas o juiz pensa que esta reforma é insuficiente:

"A verdadeira reforma teria que passar pela desregulamentação do artigo 7°
da Constituição, que se tornou um minicódigo do trabalho, demasiadamente

prolixo e detalhista, um exagero de normatividade que elenca 34 incisos, dispondo sobre despedida arbitrária, seguro-desemprego, FGTS, salário mínimo, piso salarial, irredutibilidade de salário e sua garantia, décimo-terceiro, remuneração do trabalho noturno etc." (*Folha de S. Paulo*, 27/10/2001)

Portanto, para Prado, a reforma é pouco abrangente, mas mostra que o governo Cardoso tem uma nova mentalidade, "empalidecendo as minorias vociferantes e conservadoras e as viúvas ideológicas". Aí está, portanto, uma defesa contundente da flexibilização como elemento da "reforma" do Estado, no sentido de retirar "entraves" para a modernização e a competitividade da indústria brasileira a partir do custo do trabalho, bem como contribuir para atrair investimentos estrangeiros produtivos para o país, já que tal retirada implica a diminuição dos encargos sobre as empresas. O centro dessa discussão realmente é a competitividade. José Pastore, professor da USP, confirmando as palavras anteriores de Mattoso sobre o papel da academia, defendia, em 1997, a flexibilização como forma de garantir o emprego, já que os trabalhadores de países concorrentes do Brasil em vários setores vinham mostrando grande disposição para o sacrifício em nome do emprego, a exemplo do Sudeste Asiático, onde os trabalhadores já não dormem em beliches, mas em prateleiras... (*Jornal do Brasil*, 30/11/97).

Os segmentos mais combativos do movimento sindical brasileiro apresentam alguns contrapontos importantes, não como as "viúvas ideológicas" do juiz Ney Prado, mas com o olhar nas condições reais de trabalho e vida da população brasileira e na perspectiva de evitar as "prateleiras". Kjeld Jakobsen, secretário de Relações Internacionais da CUT, registrava, em 1998, que o Brasil possui um mercado de trabalho já fortemente flexível "com uma rotatividade de 38% (segundo o IBGE), perdendo até para o Paraguai, onde a taxa é de 25%" (*Folha de S. Paulo*, 2/5/98). Ele procurava demonstrar que se a flexibilização vem sendo defendida como forma combater o desemprego, esta é uma falsa solução. Fazendo comparações com outros países, Jakobsen afirma que o desemprego baixo nos EUA e alguns países da Europa naquele ano (1998) estava relacionado ao investimento e à ausência de taxas de juros tão altas como no Brasil. De outro ângulo, os países que mais flexibilizaram as relações de trabalho, a exemplo da Espanha, tinham a liderança das taxas de desemprego.

O presidente da CUT, João Antônio Felício, veio também a público manifestar-se a respeito das propostas mais recentes de mudanças na CLT. Felício sublinha que desde a adoção do real foram introduzidas modificações amplas na legislação trabalhista, a exemplo de: trabalho por tempo determinado, denúncia da Convenção n° 158 da OIT, suspensão temporária do contrato de trabalho, flexibilização do trabalho a tempo parcial, banco de horas, dentre outras. Os resultados das alterações foram dramáticos para os trabalhadores: pelos dados do IBGE, o desemprego saltou de 5,3%, em 1993, para mais de 7,1%, em 2000, num crescimento de 52,8% do número de desempregados no período. Ao contrário das previsões do Ministério do Trabalho e do Emprego, a informalização cresceu, ao invés de diminuir, com as novas formas de contrato — de 46,4%, em 1993, para 53,8%, em 2000. Expressão disso foi o crescimento da contratação sem carteira — de 26,9% para 29,1% do total de ocupados. A combinação perversa entre baixo crescimento econômico e flexibilização gerou uma redução de salários de 9% na indústria, ainda que a produtividade tenha crescido em cerca de 65%, segundo Felício. Decorre daí uma queda da participação dos salários em comparação com os lucros, na renda nacional. Pelo exposto, Felício conclui que "fica evidente que a desregulamentação do trabalho não é o caminho para preservar o emprego e criar condições de retomada do crescimento" (*Folha de S. Paulo*, 27/10/2001).

Vale dizer que se houve passos da contra-reforma do Estado quanto à flexibilização da legislação do trabalho, este ainda é um processo em disputa, já que a reforma mais profunda na CLT será recolocada em discussão no Congresso e existem também os direitos assegurados constitucionalmente, como lembrou o juiz Prado. Porém os passos empreendidos nesta esfera para assegurar nossa inserção subordinada no mercado mundial foram suficientes, ao longo dos anos 1990, para alimentar o desemprego, a informalização, a precarização e a superexploração dos trabalhadores brasileiros. Outros dados publicados em jornais de grande circulação nesse período corroboram os argumentos de Felício, Jakobsen, Mattoso e outros.

No final de 1997 (13 de novembro), o *Jornal do Brasil* publicou a análise do IBGE sobre a evolução do emprego, a partir de pesquisa realizada em 100 mil domicílios do país (PNAD/1996). Segundo esta fonte, apenas entre 1995 e 1996 — auge do Plano Real — mais de 1 milhão de pessoas tornaram-se desocupadas. A modernização no campo seria a grande vilã do emprego, mas houve queda generalizada em todos os setores. A PNAD/1996 revelava também o fim da pequena desconcentração de renda promovida pelo controle da inflação, em 1994.[2] Destacava-se, na ocasião, o cresci-

---

2. Esgotamento já sinalizado no capítulo anterior. A síntese de Mattoso explicita ainda mais as razões dos resultados positivos nos primeiros dois anos de Plano Real e seu ocaso: "O breve

mento da informalização, condição na qual um trabalhador recebia metade do salário de quem estava desempenhando as mesmas funções no mercado formal. Ou seja, tratava-se da precarização do emprego. Considerando que a PNAD mostrava que 28,9% da PEA tinham carteira assinada em 1996, vê-se um grande contingente de trabalhadores ingressando em condições precárias de trabalho e de vida. Em 28 de março de 1998, o *Jornal do Brasil* divulgava resultados de pesquisa do Dieese, também mostrando o crescimento do desemprego na região metropolitana de São Paulo e a eliminação crescente de postos de trabalho. Dentro disso, a pesquisa revelava o esgotamento da capacidade de absorção pelo setor de serviços da força de trabalho dispensada da indústria. No setor têxtil — intensivo no uso de força de trabalho —, o Sindicato das Indústrias Têxteis de São Paulo chamava a atenção para a eliminação, entre 1990 e 1996, de cerca de 1 milhão de postos de trabalho, com o fechamento de 1.124 empresas. O referido jornal, nesse mesmo período sinalizava a queda do emprego nas 180 maiores indústrias do Rio de Janeiro, decorrente da reestruturação de algumas delas, a exemplo da Companhia Siderúrgica Nacional, agora privatizada. A empresária Mariani Bittencourt dá seu depoimento na matéria: "Os juros subiram muito e afetaram as vendas da indústria, o que está coincidindo com esse período de busca da competitividade pelas empresas, que implica em redução de custos e pessoal" (*Jornal do Brasil*, 24/3/98).

Portanto, as tendências reais parecem contradizer as suposições do governo de que a flexibilização poderia gerar empregos formais. A mais alardeada medida da flexibilização — o contrato por tempo determinado, ou temporário — caiu no ostracismo,[3] após sua entrada em vigor em janeiro de 1998. Enquanto o desemprego, pelas contas do Dieese, ultrapassava os 19,7% na região metropolitana de São Paulo, em setembro de 1999 — numa tendência de alta em relação aos dados de 1995 e 1996 —, foram

---

crescimento econômico observado após a implantação do Plano Real teve como principal componente o extraordinário movimento expansivo do consumo privado, que além de inicialmente favorecer a expansão da produção (sobretudo de bens de consumo duráveis) também ampliou as importações. A elevação do consumo privado foi favorecida pela demanda reprimida por anos de instabilidade, pelo efeito da estabilização dos preços sobre o poder de compra dos rendimentos (sobretudo daqueles menos protegidos contra a inflação) e pela expansão do crédito. No entanto, dado o *mix* de abertura indiscriminada, sobrevalorização cambial e elevados juros, o crescimento econômico tornou-se macroeconomicamente insustentável" (1999: 28-9).

3. O governo Lula, numa de suas primeiras medidas, extinguiu esta forma de contrato, considerando sua ineficácia como política de geração de emprego, o que foi visto de forma positiva pelas centrais sindicais.

registrados apenas 15.898 contratos por tempo determinado no Ministério do Trabalho (*Jornal do Brasil*, 14/11/99). Para Márcio Pochmann, esta tese equivocada de economistas da PUC-RJ e do Ipea, que remete à flexibilização dos contratos de trabalho, "não foi aceita porque o mercado de trabalho brasileiro já é flexível". Para ele, a produtividade também foi atingida pelo caráter temporário da relação contratual, posto que nesta modalidade de contratação não há incentivo para o empenho no trabalho: "quanto mais flexível a relação de trabalho, menor é a confiança entre as partes" (*Jornal do Brasil*, 14/11/99). Aí residem algumas razões pelas quais esse tipo de contrato não vingou, em que pese seu efeito político de formalização/institucionalização da precariedade. Mas, apesar de tudo, o ímpeto do governo, do empresariado e da justiça do trabalho continuou sendo o de flexibilizar, como se observou em alguns dos depoimentos anteriores.

A Carta de Conjuntura da Fundação de Economia e Estatística do Rio Grande do Sul destacou o problema do desemprego em novembro de 1999. Sua análise demonstra que, apesar de taxas positivas — ainda que pouco expressivas — de crescimento, "os anos 90 consagram a pior conta negativa do emprego formal da história recente do país, pois o saldo é desfavorável em 3,1 milhões de postos de trabalho" (FEE, 1999: 7). Destes, 60% situavam-se na indústria de transformação. A terceirização também operou para gerar este quadro, transferindo postos de trabalho formais para o setor terciário formal e informal. O pior período se deu entre 1998 e 1999, mostrando a relação entre o ataque especulativo, as estratosféricas taxas de juros e o desemprego. A Carta assinala que as marcas dos anos 1990 no Brasil são o desemprego e o crescimento da informalidade: "a fração dos empregos com carteira no total da ocupação caiu de 53,8% no segundo trimestre de 1991 para 44,6% em setembro de 1999" (FEE, 1999: 7). Esta situação caracteriza também a desproteção do trabalho no país, já que a informalidade significa o não-acesso à Previdência, a não ser na condição da autonomia, o que significa uma contribuição alta para os baixos salários, de 20%. Os técnicos da FEE chamam a atenção para o fato de que há uma saturação da informalidade, que também não foi capaz de conter os índices do desemprego. Eles concluem:

> "Causa um desconforto muito grande verificar que o sacrifício do brasileiro vem sendo causado, naturalmente, em nome da 'estabilidade'. Mas a estabilidade só se restringe, de fato, ao comportamento da inflação, que é mantida sob controle graças a um remédio amargo, que traz como contra-indicação o desalento à produção e ao emprego [...]. Com a produção estagnada e o desemprego

alto, cresceu a insatisfação no decorrer do ano contra a política econômica adotada, e fica a sensação de que todos, menos os que ganham dinheiro no mercado financeiro, são vítimas dessa política econômica." (FEE, 1999: 8)

As contas de Mattoso revelam números muito próximos aos da FEE, em seu balanço do desemprego dos anos 1990: queima de 3,3 milhões de postos de trabalho, sendo 1,8 milhão no período do governo Cardoso (1999: 18); uma proporção catastrófica na qual em cada grupo de cinco brasileiros ativos, um está desempregado e dois estão na informalidade[4] (1999: 16).

Em outubro de 2000, foi publicado o resultado da pesquisa de Régis Bonelli, do Ipea, que constatou, após um levantamento em 42 setores produtivos, que a produtividade do trabalho aumentou nos anos 1990, mas a participação dos salários no PIB caiu de 45% para 37%. Uma das razões apontadas foi o desemprego, o que desfocou a luta dos trabalhadores para a manutenção do emprego, em vez de aumentos reais. Houve, ao que tudo indica, uma perda de poder político dos sindicatos na situação defensiva dos anos 1990. O setor no qual a produtividade mais cresceu foi o da extração do petróleo, gás, carvão e combustíveis (*Folha de S. Paulo*, 22/10/2000). As tendências apontadas foram mais recentemente reiteradas pelo resultado do Censo 2000, do IBGE, que identificou uma população economicamente ativa (PEA) de 76,1 milhões de brasileiros, dos quais 11,4 milhões estão sem trabalho (15% da PEA) e um em cada quatro ocupados vivem com até um salário mínimo: 24,4% da PEA, ou seja, 15,7 milhões de pessoas (*O Globo*, "Retratos do Brasil", 9/5/2002).

Druck (1998) oferece outros elementos para pensar esses processos antes sinalizados, analisando o chão de fábrica. Seu foco dirige-se exatamente para este setor onde houve crescimento da produtividade, o setor petroquímico. Para esta autora, os anos 1990 trazem uma espécie de epidemia da qualidade, associada à produtividade e competitividade. Dentro disso, a difusão dos programas de qualidade total associa-se à terceirização: duas práticas de gestão que tiveram um caráter epidêmico no país. Segundo Druck, essas iniciativas relacionaram-se também à quebra da capacidade de resistência operária constituída desde o final dos anos 1970,

---

4. Sobre a questão da informalidade, conferir a pesquisa realizada em São Paulo pela CUT e publicada pela Fundação Perseu Abramo, sob o título *Mapa do trabalho informal — Perfil socioeconômico dos trabalhadores informais na cidade de São Paulo*, organizada por Jakobsen, Martins e Dombrowski (2000).

como pudemos assinalar no capítulo anterior. Assim, a flexibilização é um componente da reação da burguesia internacional e, entre nós, também uma reação à agenda progressista do movimento operário dos anos 1970/80, possuindo um evidente componente político, imbricado na busca de superlucros. Daí a necessidade de destruir, desmantelar, individualizar, limitando ao mínimo a socialização do trabalho e a construção de sujeitos coletivos (Druck, 1998: 57). Ela apresenta dados relativos a 39 empresas do pólo petroquímico de Camaçari, na Bahia, para mostrar como vem se dando a reestruturação produtiva e a flexibilização à brasileira. Para a pesquisadora, a política empresarial da qualidade e da terceirização dirige-se para a redução de custos, conforme 100% das respostas empresariais sobre as razões para adoção do TQC. O objetivo é modernizar as empresas, tornando-as enxutas e estimulando a "parceria" entre capital e trabalho, diga-se, *passivização*, nos termos de Braga (1996) e Amaral (2001). Combinadas à qualidade total, têm-se as práticas de terceirização e externalização, bem como da polivalência, com fortes implicações para os trabalhadores: insegurança, perda do emprego, precarização das condições de trabalho e saúde, dentre outros. Os manuais de qualidade, analisados nesta pesquisa, tendem a aprofundar a separação entre o trabalho prescrito e o trabalho real. Ao lado da solicitação da colaboração dos trabalhadores, tem-se a contrapartida empresarial da terceirização ou das demissões, quebrando a "unidade fabril". Os ganhos de produtividade não são distribuídos entre os supostos parceiros e há pouco investimento nas políticas de benefícios das empresas, justificado em nome da redução de custos. As formas flexíveis de remuneração, a exemplo da participação nos lucros, são restritas a um número reduzido de trabalhadores beneficiados. Druck conclui que este é um momento em que o capital não precisa negociar, e, a meu ver, implementa à vontade suas estratégias de busca dos superlucros, fracionando os trabalhadores e desmontando a cultura fabril, o que Druck chama de (des)fordização.

Para Mota & Amaral (1998), tem-se uma fratura das alteridades do trabalho, no sentido de abrir espaço para uma ofensiva passivizadora do capital, por meio da difusão de uma cultura anti-radical e das soluções negociadas. Enquanto os processos técnicos de reestruturação produtiva são tímidos no Brasil, esta se caracteriza, sobretudo, como: abertura ao capital estrangeiro, privatizações, terceirizações, demissões e aumento da produtividade (Mota & Amaral, 1998: 34). Todos os dados anteriores corroboram a seguinte caracterização da reestruturação produtiva no Brasil, de Mota &

Amaral,[5] especialmente se recordamos o significado da greve dos petroleiros, abordado no capítulo anterior:

> "[...] a marca da reestruturação produtiva no Brasil é a redução de postos de trabalho, o desemprego dos trabalhadores do núcleo organizado da economia e a sua transformação em trabalhadores por conta própria, trabalhadores sem carteira assinada, desempregados abertos, desempregados ocultos por trabalho precário, desalento etc." (Mota & Amaral, 1998: 35)

Este processo é possível a partir de movimentos internos nas empresas, mas acompanhados de uma redefinição do papel do Estado, no sentido da desregulamentação de sua intervenção nas relações de trabalho, atribuindo ao capital e ao trabalho uma suposta igualdade de condições — uma espécie de retorno ao século XIX, que implica a evidente desvalorização da força de trabalho[6] — para negociar, e desconsiderando as conquistas históricas dos trabalhadores. É correta, portanto, a reflexão de Mattoso, quando se refere ao conluio entre empresas — sobretudo as de grande porte — e o governo para assegurar a "intensificação da inserção subordinada e garantir que a conta desse processo recaia sobre os trabalhadores" (1999: 20). Dentro disso, enquanto as empresas terceirizam, abandonam linhas de produtos, fecham unidades, importam máquinas e equipamentos (e aqui está um dos maiores vilões do emprego industrial), fazem fusões e reduzem custos, "o governo abre mão da articulação de um projeto nacional e passa a propor a intensa flexibilização da legislação que regula o trabalho de maneira a favorecer a desregulação e a redução dos custos salariais" (1999: 20).

Contudo, se o Estado se retira de determinadas funções com a flexibilização, o mesmo não parece ocorrer com a qualificação,[7] via pela qual aposta-se no combate ao desemprego, mas cuja eficácia os números contestam com veemência. No entanto, o Fundo de Amparo ao Trabalhador (FAT) possui um patrimônio acumulado de R$ 30 bilhões (Amaral, 2001: 41), maior

---

5. Ver também Mota, 1998a.

6. A análise de Amaral corrobora esta idéia: "Esta análise da desvalorização da força de trabalho está, portanto, ancorada na discussão contemporânea sobre as novas modalidades de inserção econômica que se apresentam no mercado que, ao se definirem como inovações frente às exigências dos novos paradigmas produtivos, vão operar com a reedição de práticas originárias da grande indústria, tais como o trabalho à domicílio, terceirizado etc" (2001: 36).

7. Aqui cabe lembrar o trabalho de Tauille (1988), no qual argumenta que, com a revolução tecnológica e a mundialização, a vantagem comparativa da força de trabalho desqualificada e barata não é mais tão interessante para o grande capital, como no período anterior.

que o da política de saúde. Por esta via são financiados os programas de qualificação e requalificação profissional, a exemplo do Plano Nacional de Qualificação do Trabalhador (Planfor), que atingiu cerca de 12 milhões de trabalhadores desde que foi implantado em 1995, segundo informações do Ministério do Trabalho (*Folha de S. Paulo*, 22/10/2000), além do seguro-desemprego, ao qual os trabalhadores têm recorrido menos, o que revela o acirramento da precariedade (Mattoso, 1999: 14). Amaral (2001) relaciona o investimento na qualificação como uma estratégia da passivização, por meio do patrocínio do consenso, para assegurar a colaboração de classes. Os trabalhadores passam a incorporar que a situação de desemprego é gerada pelas opções individuais ao longo da vida em torno de sua qualificação para determinada especialidade, ou pelas novas requisições tecnológicas. Assim, diluem-se os processos sociais mais amplos que geram o desemprego e possibilidades de luta coletiva em torno de saídas para além da qualificação. Não é por acaso que a reação sindical às mudanças da CLT esteve aquém da radicalidade requerida pela situação. Por meio desta estratégia, muitos sindicatos tornaram-se partícipes do projeto do governo, abdicando da luta coletiva contra o capital e sua expressão contemporânea, o neoliberalismo. Além do mais, como afirma Sérgio Mendonça, diretor técnico do Dieese desde 1990,

> "ninguém é contra investir em requalificação profissional, mas isso não é uma panacéia [...] A requalificação profissional tem que ser recolocada em seu devido lugar. Ela modifica, na margem, a oferta de trabalho, mas não expande a demanda. Não é uma política ativa." (In Benjamin & Elias, 2000: 112-3)

Embora exista o que disputar e assegurar, e essa será uma discussão intensa no período que se abre com Lula, a contra-reforma no sentido de retirar os obstáculos no âmbito do Estado a superexploração do trabalho avançou a passos largos nos anos 1990, derruindo o movimento organizado que vinha se fortalecendo no período anterior, que se viu: colocado na defensiva pela desestruturação produtiva promovida pela macroeconomia do Plano Real; seduzido por lideranças transformistas; ou enfrentado com violência e truculência. Aspectos que, por sua vez, revelam um elemento cultural de fundo na sociedade brasileira desde os tempos da escravidão, apesar de tantos anos de assalariamento: o desprezo pelos que vivem do trabalho. Nessa direção, Sérgio Mendonça comenta a receptividade do governo Cardoso aos números apresentados pelo Dieese, especialmente nos últimos anos da década de 1990:

"Aqui, é espantosa a indiferença com que o governo recebe esses números. A última taxa divulgada pelo Dieese para a Grande São Paulo (19,9%) é altíssima, qualquer que seja a referência usada. Não se tem notícia de uma só reunião da equipe econômica para debatê-la. O governo, simplesmente, a ignora. É uma postura inaceitável." (In Benjamin & Elias, 2000: 115)

2. As privatizações e a relação com o capital estrangeiro

> *"A desnacionalização levou o Brasil de volta ao passado. Voltou a ser uma republiqueta dependente. Ou colônia?"*
>
> Aloysio Biondi, 2000: 26

Viu-se que a flexibilização das relações de trabalho é um elemento estratégico para a diminuição do custo Brasil e a garantia de condições *atrativas* para a permanência de capital estrangeiro no país. No entanto, as medidas para assegurar esta direção da adaptação brasileira à lógica mundial do capital, a partir da reedição de sua condição subordinada e da heteronomia, foram bem mais longe. Falo das privatizações — uma estratégia decisiva deste processo — e das intervenções no plano fiscal, que favoreceram segmentos determinados do capital nacional em forte articulação com a especulação financeira internacional. Observemos os acontecimentos, indo mais além das indicações de Biondi em seu texto de 1999, vistas no capítulo anterior, por ocasião da análise crítica do Plano Diretor da Reforma do Estado. Trata-se de um conjunto de medidas fundamentais para o projeto da contra-reforma, justificadas em nome de uma inserção global competitiva, da diminuição da dívida pública e da mobilização de recursos para a intervenção na área social, conforme os documentos oficiais. Mas, como já se sabe, houve grande distância entre estas e a realidade dos fatos desencadeados nos anos 1990.

Nesta perspectiva, o estudo de Gonçalves (1999) é imprescindível para situar a relação de favor para com o capital estrangeiro, estabelecida ao longo dos últimos dez anos como estratégia de adaptação à mundialização,[8] e seus efeitos quanto ao aprofundamento — nunca visto na história

---

8. Devo esclarecer que Gonçalves refere-se à globalização, e não ao conceito de mundialização, que está sendo incorporado no trabalho, a partir dos argumentos expostos no Capítulo 1. No entanto, ao estabelecer seu campo de interlocução conceitual, Gonçalves faz referência ao estudo de Chesnais. Ao que parece, o autor não diferencia os dois conceitos, trabalhando com uma idéia

brasileira — da vulnerabilidade externa e da desnacionalização do parque industrial do país. Gonçalves foca sua análise sobre a vulnerabilidade externa no âmbito do processo produtivo-real, diga-se, no fluxo do investimento externo direto (IED) e na presença real de empresas de capital estrangeiro (ECE) no Brasil. Neste passo, o autor sinaliza alguns dados significativos: o estoque de IED triplicou no Brasil, entre 1996 e 1998, passando a razão IED/PIB de 6,3% para 11,2%. Isto aconteceu no Brasil apesar da imensa concentração de IED na tríade, como se viu no Capítulo 1. Se, do ponto de vista global, este volume de IED não é tão significativo, para o Brasil isto resultou num aumento de 80% do grau de desnacionalização da economia (1999: 14). Gonçalves constata que a participação do capital estrangeiro na produção brasileira passou de 10%, no início dos anos 1990, para 15 a 18% na segunda metade da década, destacando-se aí sua orientação para serviços de utilidade pública — conforme, é preciso dizer, preconizava o PDRE. Na verdade, para os dirigentes da era Cardoso, tal política fazia sentido e se justificava ao assegurar uma fonte de financiamento externo, considerando a macroeconomia do Plano Real, além de impulsionar o processo de reestruturação produtiva e modernização da economia.

Contudo, ao adotar esta política, o governo jogou o país numa armadilha dramática, já que tais serviços não somaram para o equilíbrio do balanço de pagamentos, especialmente porque não são exportáveis. Ao contrário, a tendência é a de que as empresas de serviços — privatizadas e desnacionalizadas — passem a importar equipamentos e peças, alimentando o desequilíbrio na balança comercial e a vulnerabilidade aos choques externos. Além disso, considerando que parte da economia passa a ser controlada por não-residentes, o Estado nacional perde sua margem de manobra na definição de políticas e estratégias. Estes elementos delineiam um padrão de intervenção estatal pautado pela atratividade e pela inserção passiva no processo de mundialização, colocando o país numa trajetória de instabilidade e crise (1999: 18). O estudo de Gonçalves torna-se particularmente significativo ao identificar que "os principais determinantes do fluxo de IED no período 1995-1998 foram as mudanças no aparato regulatório, o processo de privatização e o próprio potencial de crescimento do mercado interno brasileiro" (1999: 20). Destaca-se, portanto, sua necessária articulação com a contra-reforma do Estado aqui estudada.

---

de globalização próxima ao conteúdo que os franceses atribuem ao conceito de mundialização (cf. Gonçalves, 1999: Capítulo 1).

O autor fala de uma *vulnerabilidade unilateral* que diz respeito a países cuja participação no mercado mundial tem uma repercussão mínima. Para ele, tais países são especialmente sensíveis aos choques externos. Este é o caso do Brasil, que responde por menos de 1% do comércio mundial e cerca de 2% do investimento e da renda no sistema econômico internacional (1999: 36). Tal sensibilidade leva a processos de ajustes nas contas externas, impactos nas esferas monetária e financeira — a exemplo da manipulação da taxa de juros com repercussão no endividamento público — e impactos na dimensão real da economia, quando ocorrem mudanças nos fluxos de investimento e comércio internacional. Acerca da dimensão real da economia, há uma pressão sobre a política fiscal e de créditos do Estado, para compensar a apreciação cambial e a elevação das taxas de juros adotadas frente à vulnerabilidade, dentro de uma política geral de adaptação ou inserção passiva.

O Brasil é um país cuja história é marcada por uma presença profunda do capital internacional desde o período colonial — como mostrou Fernandes (1987) —, passando pelos processos de diversificação da economia nos anos 1920, ainda sob hegemonia inglesa, e a partir dos anos 1940, sob a *Pax Americana*. O IED encontrou sempre um ambiente propício e liberal no país, tornando-se o Brasil, em 1970, o sexto país mais desnacionalizado do mundo. O capital internacional, de maneira geral, concentrou seus investimentos em indústrias mais intensivas em tecnologia. Com a viragem do ciclo, em meados dos anos 1970, no contexto da crise do petróleo como elemento catalisador dos sinais de esgotamento da onda longa expansiva, o país endereda numa trajetória de desequilíbrio externo. Nesse contexto, as ECE receberam incentivos especiais, por sua potencialidade exportadora de manufaturados, mas num contexto de retração da economia mundial, agora fortemente protecionista. Gonçalves mostra que houve recuo do IED e das estratégias de investimento das ECE, no período da estagnação, especialmente na (primeira) década perdida latino-americana, os anos 1980. Contudo, mostra também que o Brasil não perdeu a conexão com a dinâmica mundial, muito pelo contrário: o país permaneceu sendo um grande receptor de IED das três grandes economias mundiais, ocupando a nona posição em 1990 (Gonçalves, 1999: 69). No que refere ao processo produtivo real, o autor sinaliza que houve uma ampliação do atraso tecnológico e organizacional das ECE instaladas no Brasil, acompanhada de estratégias defensivas para assegurar margens de lucros com poucos investimentos, no contexto da crise.

Entretanto, a trajetória heterônoma e dependente dos investimentos externos ganha novos contornos em meados dos anos 1990, com o Plano Real. A partir desse período, praticamente todos os setores produtivos sofreram avanços do capital estrangeiro, tanto que este passa a participar com 11,2% sobre o PIB, no final de 1998. Houve um aumento da desnacionalização, acompanhado de uma elevação da remessa de lucros e dividendos para o exterior, que passou de US$ 2,9 bilhões, em 1994, para 6,5 bilhões de dólares, em 1997. A funcionalidade desse processo para o projeto do governo brasileiro estaria no financiamento das contas externas, no controle das contas públicas — salvando o real e a estabilidade, segundo Biondi (1999: 6). Incentivou-se, nesta lógica, as privatizações, com intensa participação do capital estrangeiro, impulsionando a taxa de investimento da economia brasileira, como se o IED pudesse ser uma espécie de motor do crescimento. Assim, os fluxos de entrada e saída — claro! — de IED têm crescido a passos largos, desde 1995, aproveitando as *vantagens de localização* de um país que possui um imenso mercado interno, dimensões continentais e grandes potencialidades de crescimento, e num período de tendência de queda da taxa de investimento público e nacional. Para Gonçalves, a explicação desse aparente paradoxo reside no aumento do fluxo global de IED que envolve a onda de aquisições e fusões no âmbito da reestruturação produtiva e a revitalização do interesse do capital estrangeiro nos setores de infraestrutura novos e velhos. Neste último aspecto, sintetiza Gonçalves:

> "No caso dos países em desenvolvimento, essa revitalização do IED na infraestrutura econômica tem sido incentivada pelos programas de privatização, pelas ótimas oportunidades de investimentos vinculados à compra de ativos reais a preços reduzidos, e pelas expectativas de lucros anormais associados a monopólios naturais em países com uma institucionalidade regulatória fraca." (1999: 86)

Para o autor, o comportamento errático e espasmódico do IED relaciona-se à busca de uma rentabilidade anormal — talvez o que Mandel caracterizava como superlucro —, o que foi viabilizado por políticas governamentais equivocadas, segundo Gonçalves. No caso do Brasil, o aumento nunca dantes visto na história brasileira do fluxo de IED relacionou-se às privatizações e processos de aquisição e fusão, donde decorre o imenso risco de que este fluxo estanque, esgotados os grandes negócios, inviabilizando a sustentação da política econômica em curso no médio prazo, fundada na entrada em escala desses recursos. Esta observação do autor reforça a idéia de que o curto prazo tem sido o horizonte das elites político-econômicas brasileiras, especialmente nos anos 1990. Gonçalves afirma que a entrada do IED no Brasil não se deu em função de um suposto "equilíbrio interno" da economia brasileira ou de tendências "equilíbrio externo" e da confiança que daí poderia advir. Nas relações externas, ao contrário, a tendência tem sido a de deterioração das contas, com aumento do endividamento. A liberalização comercial também tem, para ele, uma importância relativa nas decisões de investimento do IED, podendo estimular ou não o seu fluxo na direção do país.

Nessa perspectiva, ele identifica que os grandes estímulos têm sido realmente as privatizações e processos de aquisição e fusão, largamente estimulados com as *mudanças no aparato regulatório* que foram abolindo gradualmente as restrições ao IED ao longo dos anos 1990. Já entre 1991 e 1993 foram feitas mudanças na legislação básica para facilitar o fluxo do capital estrangeiro. Em 1994, cai a Lei da Informática. Em 1996, há a quebra do monopólio estatal do petróleo, permitindo sua exploração por empresas privadas. A partir de então, foram ampliadas/flexibilizadas as condições para a participação do capital estrangeiro, inclusive em setores estratégicos, a exemplo do petróleo e da exploração de grandes riquezas minerais (Vale do Rio Doce). Os fundos de privatização e a emissão de certificados que podem ser negociados em nível internacional foram alguns dos mecanismos criados para facilitar o fluxo do IED. O maior fluxo de IED, de fato, voltou-se para os processos de privatização e foi estimulado pelo tamanho do mercado interno brasileiro e as conseqüentes possibilidades de lucros "anormais".

Quando Gonçalves analisa a direção efetiva do IED no Brasil em meados dos anos 1990, alguns elementos se tornam mais claros quanto à profunda desnacionalização, diga-se, deslocamento de propriedade nacional para estrangeira, ao lado de uma mudança dos interesses de investimento do capital estrangeiro. Em sua pesquisa sobre a importância do capital estrangeiro por setor, entre 1977 e 1985, fica claro que o IED dirigia-se, com certa estabilidade, para a indústria de transformação com tecnologia de ponta naquele período (1999: 116), sendo praticamente nulo o investimento estrangeiro em serviços de utilidade pública e de comunicações. Entre 1985 e 1995 não houve mudanças de vulto nesse movimento, nem no sentido do investimento, nem do desinvestimento. Já a partir de 1996, com o Programa Nacional de Desestatização, orientado pelo PNRE, inicia-se a venda em escala de empresas de utilidade pública. Em 1998, houve o processo de privatização no setor de telecomunicações. Assim, o IED bruto passa de US$ 3,9 bilhões em 1995 para cerca de US$ 20 bilhões, em 1998, no que é acompanhado pelo fluxo de repatriação do capital, estipulado em cerca de US$ 6,5 bilhões, em 1997 (Gonçalves, 1999: 124). Neste estudo sobre a participação do capital estrangeiro na economia brasileira, Gonçalves destaca uma mudança na origem do capital, com aumento da participação francesa, espanhola e de dinheiro advindo dos paraísos fiscais, especialmente nos processos de privatização. Sobre esta última origem, sabe-se do papel dos paraísos fiscais na "lavagem de dinheiro" oriundo de atividades ilegais, como o narcotráfico e tráfico de armas.[9]

Outro aspecto a ser comentado é que o direcionamento do IED para os serviços, tanto de intermediação financeira, quanto de utilidade pública, dá-se em detrimento da indústria de transformação. Percorrendo a orientação política dos governos, desde a ditadura militar, Gonçalves constata que o governo Cardoso viabilizou um nítido e forte movimento de desnacionalização da economia brasileira, com enfraquecimento do capital nacional, com exceção dos chamados "barões da privatização", que se beneficiaram muito do processo, por sua capacidade de alavancar recursos nacionais e internacionais, e até mesmo do BNDES, a exemplo dos que seguem: Steinbruch, Opportunity, Organizações Globo, Grupo Votorantim, Jereissati, Odebrecht, dentre outros.

Entre 1995 e 1998, houve cerca de 1.500 processos de aquisição e fusão, com a participação majoritária do capital estrangeiro em 59% deles, atingindo mais profundamente os seguintes setores: mineração, material eletrônico, elétrico e de comunicações, autopeças e produtos alimentícios diversos, mas com destaque para os laticínios, bancos, seguros, energia elétrica, supermercados e meios de comunicação.[10] Sobre as privatizações, o governo brasileiro empreendeu um dos programas "mais ambiciosos do

---

9. Para uma discussão didática sobre a corrupção e lavagem de dinheiro no Brasil, conferir o trabalho de Jordão (2000). Pires, que também realiza um estudo sobre o fluxo de IED e a privatização no setor bancário, também manifesta sua perplexidade com o fluxo de capitais advindos das ilhas Cayman (US$ 3.382,9 milhões), cujo volume chegou a estar próximo do fluxo norte-americano (US$ 4.382,3 milhões), em 1997. Para ele, "estes dados merecem uma investigação mais profunda, já que o Brasil não possui nenhuma relação comercial ou produtiva com as Ilhas Cayman que justificasse um afluxo tão elevado de capitais estrangeiros, quando comparado ao dos Estados Unidos" (1999: 61).

10. Em 2002, foi aprovada a abertura à participação estrangeira na propriedade dos meios de comunicação, por meio de emenda de revisão constitucional.

mundo", na sua própria avaliação em memorando dirigido ao FMI (*apud* Gonçalves, 1999: 142). O mais destrutivo do mundo, considerando qualquer parâmetro de projeto nacional, poder-se-ia dizer também. Um programa que fez crescer a participação do capital estrangeiro no conjunto das maiores empresas de 36% em 1997 para 42% em 1998. Atenção: num período curto de um ano! Tal processo combinou-se à fragilização e até extinção de segmentos da indústria nacional, e também a uma forte concentração de capital nos que se beneficiaram do processo. Para Gonçalves, portanto, "o tamanho do mercado interno (principalmente no caso de produtos não comercializáveis no âmbito internacional), bem como a desregulamentação (principalmente quando acompanhada pela privatização)" (1999: 157) determinaram o salto do fluxo de IED no Brasil. Cabe fazer uma observação de que o entusiasmo de primeira hora, especialmente com as possibilidades do mercado interno, não se mantém. Isto porque a macroeconomia perversa do real, com seus impactos no emprego, restringiu o acesso de milhões ao mercado. Em 2002, as companhias telefônicas, por exemplo, sinalizaram a existência de 11 milhões de telefones ociosos.

O resultado geral da análise de Gonçalves remete à hipótese aqui sustentada de que se esteve diante de uma contra-reforma do Estado no Brasil, de natureza destrutiva e regressiva, antinacional, antipopular e antidemocrática. A opção político-econômica adotada no período Cardoso levou à fragilidade institucional, já que os centros de decisão se deslocaram com a mudança de propriedade, implicando perda de poder de regulação por parte do Estado, com conseqüentes riscos e incertezas para a maioria da população brasileira. Levou também a um quadro de grande vulnerabilidade aos choques externos, considerando a tendência para importar das indústrias desnacionalizadas, bem como a remessa de lucros para o exterior.

Estas conclusões são reforçadas por Biondi, que produziu um trabalho admirável, com muitos dados, resultado de seu acompanhamento cotidiano dos processos de privatização, tendo em vista criar um contraponto às falácias amplamente divulgadas pela grande imprensa, a qual — de maneira geral, mas com raras e honrosas exceções — deu um apoio incondicional e poderoso aos processos de privatização.[11] Ele vai derrubando

---

11. Esse tom começa a se alterar no segundo mandato de Cardoso, quando os efeitos destrutivos da política adotada tornam-se tão visíveis que não é mais possível não falar deles. Tanto é que, a partir de 1999, é possível encontrar mais dados e matérias de qualidade na imprensa, com um distanciamento crítico maior. Alguns deles serão referidos ao longo deste item. O período

BRASIL EM CONTRA-REFORMA

uma a uma das frases feitas e perfeitas, parafraseando Cazuza, da privatização: a dívida pública não caiu, as tarifas dos serviços públicos não tiveram a redução anunciada,[12] a qualidade dos serviços não aumentou, o controle das agências reguladoras previstas no PDRE tem sido frágil, permitindo desmandos incríveis. Na verdade, esta foi uma tragédia anunciada. Em 1995, Tavares prevenia acerca do interesse das transnacionais no Brasil, em especial em setores de importância estratégica, sem os quais a competitividade sistêmica do país estaria em risco, a exemplo da Petrobras, da Vale do Rio Doce e do Sistema Telebras/Embratel. Estas três empresas, para Tavares, teriam capacidade para operar no espaço nacional e internacional e compor um "complexo sistema de planejamento estratégico, capaz de responder cabalmente às questões futuras da reestruturação interna e da inserção internacional competitiva" (1999: 130), desde que sob controle nacional e público. Tavares afirmava que a privatização destas empresas seria uma rematada loucura. E, tudo indica, estava certa.

As novas empresas privatizadas geraram grandes lucros iniciais "surpreendentes", já que eram dadas como pesadas e deficitárias, pela propaganda ideológica oficial. Um exemplo é a CSN, que em 1994, segundo relatório anual da empresa, no primeiro ano da privatização, obteve um lucro líquido 394% superior ao ano anterior (1994: 4)! O mesmo documento aponta um crescimento da produtividade do trabalho e a diminuição do quadro de pessoal, processo que vai se tornar recorrente e dramático nos anos subseqüentes à privatização, levando ao enriquecimento da empresa e seus acionistas e ao empobrecimento do seu entorno, dos trabalhadores e do

---

1996/98 foi marcado pela apologia das políticas de privatização, até porque os conglomerados das comunicações estavam fortemente interessados nas possibilidades de grandes negócios.

12. Segundo Biondi, cerca de 49% das famílias de São Paulo não estavam conseguindo pagar suas contas de luz em 2000, porque as empresas privatizadas extinguiram as tarifas mais baratas cobradas dos que tinham consumo mais baixo (2000: 41). Um outro dado que estarrece é o da telefonia. O suplemento especial da *Folha de S. Paulo*, de 20/8/99, intitulado "Pós privatização — O fiasco das agências", com ênfase nos setores de energia elétrica, transportes e telefonia, mostra que neste último as assinaturas subiram 2.196,72% desde o início do Plano Real até 1999, contra uma inflação acumulada de 69,2%, segundo a Fipe. O suplemento indicava o aumento das queixas dos consumidores no Procon, em especial na telefonia e no setor de energia elétrica, e as enormes dificuldades das agências preconizadas no PDRE de exercerem seu papel de controle, por falta de fiscais. Assim, a Aneel e a Anatel, por exemplo, partiam exclusivamente das informações das empresas, não possuindo, naquele momento, meios próprios e eficientes de fiscalização.

município de Volta Redonda (Behring, 2001a: 129-30).[13] Para Biondi, a explicação da mágica dos lucros anormais, identificados por Gonçalves, reside em alguns aspectos: reajustes das tarifas antes da privatização; demissões de trabalhadores antes e depois das privatizações; dívidas "engolidas" pelo Tesouro Nacional (ex.: Cosipa e CSN); descompromisso dos compradores com os fundos de pensão dos funcionários, cujas aposentadorias ficaram sob responsabilidade do governo; subsídios fiscais aos compradores; empréstimos de longo prazo do BNDES para os compradores, inclusive estrangeiros a partir de 1997 (*sic!*); e até dinheiro deixado em caixa, a exemplo dos 700 milhões da Vale do Rio Doce, presenteados para Steinbruch, e dos 1,2 bilhão, deixados para a Telefônica espanhola, em São Paulo (Biondi, 1999: 10 e 11). Assim, as privatizações, ao invés de diminuir a dívida, fizeram aumentá-la, gerando custos para o Estado.

Outro aspecto central destacado por Biondi, e que desmente as expectativas do governo, é o fato de que as privatizações levaram à desestabilização do real, ao invés de cumprirem um papel de equilíbrio macroeconômico, conforme o conceito do governo. Os prognósticos governamentais, na verdade, apontavam para uma verdadeira missão impossível, isto porque as empresas privatizadas têm realizado importações explosivas, em vez de fazerem suas encomendas no país, com o que ampliam a já referida remessa de dólares para o exterior e, por aqui, geram falências e desempre-

---

13. Relatórios e informes da CSN (1996 a 1998) retirados de sua página oficial na internet mostram a redução progressiva do quadro de pessoal na Usina Presidente Vargas, em Volta Redonda, acompanhada da redução nas empreiteiras e outras empresas que lhe prestam serviços. Mostram também o aumento da lucratividade da empresa. O bispo de Volta Redonda, dom Waldir Calheiros, dá o seguinte depoimento na matéria "Temor na cidade do aço", publicada pelo *Jornal do Brasil* (23/3/98): "Quando cheguei, a empresa respondia pelo emprego de 30 mil trabalhadores. Em 1989, esse número caiu para 23 mil e, em 1993, os cortes efetuados antes da privatização deixaram um saldo de 15 mil, que despencou agora para pouco mais de 10 mil (10.675) empregos diretos". Os dados do prelado correspondem à informação oficial da empresa. Para a empresa, na mesma matéria, os padrões internacionais de competitividade apontam para um funcionamento de alta produtividade com um número mais reduzido de trabalhadores: "pode funcionar tranqüilamente com 6.500 funcionários, a exemplo de empresas internacionais que exibem a mesma produção" (José Carlos Martins — superintendente de Aço da CSN). Matéria de teor bastante semelhante foi publicada no jornal *O Dia*, com o título "Empresa rica, cidade pobre" (28/7/98), pouco tempo depois, já fornecendo um número total menor de trabalhadores e mostrando as conseqüências para a cidade, quanto à baixa da arrecadação e aumento das demandas por políticas públicas municipais. Enquanto isso, a empresa publicou na revista *Isto É* (1/4/98) um informe publicitário, no qual procura mostrar os benefícios da privatização para a cidade.

BRASIL EM CONTRA-REFORMA

go. Na telefonia, por exemplo, alguns materiais chegam a utilizar 97% de componentes importados e os celulares são apenas montados no país (1999: 16). A indústria de fogões Dako — um produto simples, sem qualquer tecnologia sofisticada —, ao ser comprada por uma multinacional, passou a utilizar 100% de peças importadas (Biondi, 2000: 12). O governo não impôs qualquer taxa de nacionalização dos componentes, como regra para as privatizações e fusões, para evitar esta tendência e proteger a indústria nacional. Esta *política de importação indiscriminada* (Biondi, 2000: 11) resultou num rombo crescente na balança comercial,[14] produzido especialmente pelo setor de eletrônicos, com conseqüências regressivas para o país. O governo, para atrair o capital rentista, na perspectiva de cobrir, elevou as taxas de juros, promovendo o endividamento e o desemprego discutido no item anterior deste capítulo. O setor de máquinas e equipamentos sofreu uma queda da produção de cerca de 25% nos oito primeiros meses de 1999 (2000: 28). Na verdade, este processo se inicia com as inúmeras facilidades de importação oferecidas pelo governo brasileiro desde Collor, ao longo dos anos 1990, a exemplo de linhas de crédito a juros baixos para importação, processo que chegou a aumentar o custo Brasil pelo seu grande impacto financeiro (Silva, Mantega e Vanuchi, 1997: 15-7).

A questão do petróleo foi alvo de muita polêmica no país e mereceu vários artigos de Tavares (1999) e Biondi (2000), por sua importância estratégica mundial e as possibilidades de autonomia presentes no monopólio estatal, por meio da Petrobras, uma empresa que desenvolveu tecnologias e pesquisas de ponta, mapeando imensas jazidas de petróleo no litoral do país, sendo as maiores Marlim e Roncador, em Campos (RJ) e Santos (SP). Em 1995, Tavares denunciava a mudança do artigo 177 da Constituição, flexibilizando a exploração do petróleo no Brasil, como o esfacelamento daquela que pode ser considerada a mais bem-sucedida estrutura industrial do país. Um ano depois da quebra do monopólio, que ocorreu em 1996, vieram mais medidas liberalizantes, que mantinham a Petrobras, mas atribuíam superpoderes à Agência Nacional do Petróleo (ANP) para transformar a empresa em uma casca fragmentada por dentro, numa espécie de "privatização branca", já que a agência teria poderes para fazer concessões indiscriminadas de exploração das reservas de petróleo, sem preocupações

---

14. Processo que, paradoxalmente, foi contido a partir de 2000, com a introdução do câmbio flutuante e a perda da paridade artificial com o dólar, na primeira fase. Contudo, os estragos já estavam feitos...

com o abastecimento interno e o esgotamento das reservas e sem preservar as áreas já exploradas pela empresa. Essas medidas excluíram a apreciação, pelo Senado, da direção da ANP e diminuíram a participação acionária da União na empresa.

Biondi confirma os prognósticos de Tavares e insurge-se contra os argumentos do genro do presidente Cardoso e presidente da Agência Nacional do Petróleo, sr. David Zylbersztajn — cuja indicação não foi apreciada pelo Congresso Nacional —, de que é preciso reduzir o monopólio da Petrobras, tendo em vista a pressa para investir no aumento da produção e evitar a importação de petróleo, ainda necessária para o país. A Petrobras, segundo esse argumento, não disporia dos recursos para esse investimento, o que justificaria a privatização da exploração dos novos poços, viabilizada pelas mudanças da legislação, em nome da "reforma" do Estado. Biondi denuncia que a Petrobras foi impedida de realizar tais investimentos, embora o governo dispusesse dos recursos, cortados em função das restrições orçamentárias preconizadas pelo ajuste fiscal (2000: 24). Ao lado disso, ele mostra o leilão dos imensos poços que poderiam propiciar nossa sustentabilidade energética, gerando lucros da ordem de R$ 4 bilhões. Eles foram leiloados ao preço-base irrisório de R$ 50 mil a R$ 300 mil por poço, que se tornaram no mínimo R$ 5 milhões e no máximo R$ 120 milhões por ocasião dos leilões (2000: 30), onde acontecia o ágio, o que ainda é pouco, tendo em vista sua rentabilidade futura. Para Biondi, o dia 7 de junho de 2000, data dos referidos leilões, marca a venda do futuro do país, conseqüência da quebra do monopólio, sendo que os estudos e pesquisas de anos da Petrobras foram vendidos por cerca de R$ 300 mil (preço-base que o autor não especifica se é para cada estudo ou um valor global) pela Agência Nacional do Petróleo, segundo Biondi (2000: 31). Porém, matéria do *Jornal do Brasil*, de 21/5/99, intitulada "Isenção para as petrolíferas", divulga um outro dado: "A arrecadação com a venda dos dados das bacias foi de US$ 9,790 milhões, acima das expectativas da ANP, que era de US$ 6 milhões". Qualquer um dos dois dados não esconde a natureza antinacional que reside no ato de vender anos de pesquisas públicas de alta qualidade para o capital estrangeiro. Os acidentes ecológicos seguidos produzidos pelo sucateamento das instalações da empresa após anos de pouco investimento — inclusive um vazamento na baía de Guanabara de grandes proporções e que, segundo várias avaliações técnicas, poderia ser evitado — e o grande desastre com a plataforma na bacia de Campos (P-36), criaram o ambiente social de legitimidade para a venda "do futuro". Os compradores fizeram um grande negócio, adquirindo, para além das pesquisas, por R$ 120 milhões o que pode render R$ 80 bilhões potencialmente.

O setor de energia elétrica foi praticamente todo privatizado, no que se refere à distribuição, o mesmo não ocorrendo quanto à geração e transmissão, em virtude das resistências, a exemplo da reação de Itamar Franco[15] sobre a privatização de Furnas, mas também porque as perspectivas de racionamento, com a crise energética (anunciadíssima![16]), esvaziaram esta possibilidade no curto prazo.

O suplemento especial da *Folha de S. Paulo*, de 20/8/99, intitulado "Pós-privatização — O fiasco das agências", mostra que esse processo não assegurou tarifas abaixo da inflação. Para as estradas privatizadas, apesar de os consumidores mostrarem maior satisfação com os serviços, há também queixas em relação aos custos e ao número exagerado de pedágios. Na telefonia, houve aumento de linhas, estimulado pela concorrência, mas sem a base técnica plenamente desenvolvida, o que gerou inúmeros transtornos aos consumidores. O referido suplemento chama a atenção para o despreparo das agências reguladoras: em agosto de 1999, a Agência Nacional dos Transportes sequer havia sido criada; a Aneel contava com 45 fiscais (0,6% por empresa) e dependia das informações das empresas, sendo que, até 1998, não existiam metas nacionais para o setor — fato que certamente pode estar na base da crise energética que estourou em 2000; a Anatel possuía seiscentos funcionários, numa média de um fiscal para 53 mil linhas de telefone fixas ou de celulares; a ANP não conseguia fiscalizar os 27 mil postos de combustível no país. Se o diretor geral da Aneel foi referendado pelo

---

15. Por razões político-pessoais, já que, quando presidente, não atuou nesse sentido quanto à CSN e à Embraer. Mas sua atitude terminou por contribuir na contenção do privatismo predatório, nos serviços de utilidade pública.

16. O *Jornal do Brasil*, em 3/6/2001, em matéria intitulada "Ajuste fiscal, vilão do racionamento", divulgou um estudo do BNDES intitulado "O cenário macroeconômico e as condições de oferta de energia elétrica no Brasil" que mostrava, em 2000, o crescimento do consumo médio em 4,5% contra um crescimento da geração de 3,8%, decorrente da falta de investimentos no setor, em especial a rigidez fiscal no setor público. Esclarecedor da situação é o depoimento do deputado Alberto Goldman (PSDB-SP) nesta mesma matéria. Para ele: "A política fiscal acabou drenando o dinheiro das estatais para o caixa do governo, que tinha o compromisso de garantir o superávit primário acertado com o Fundo Monetário Internacional". Contudo, para o presidente da República, o principal responsável pela crise foi São Pedro, embora admita que ela foi indesculpável: "É realmente indesculpável. Agora, a crise é momentânea, ela se deu porque não tem água." (*Jornal do Brasil*, 27/5/2001, em entrevista intitulada "Todo mundo participou. A crise é indesculpável").

Senado, o mesmo não ocorreu para as demais agências. Portanto, a experiência de controle por parte das agências reguladoras, que deveriam configurar o núcleo duro do Estado — refletindo as inúmeras e históricas dificuldades que sempre ocorreram no controle interno do Estado brasileiro, sinalizadas inclusive pelo TCU (Relatório de 1996) — é quase inexistente. E mais, é possível desconfiar de que tais agências poderiam estar sendo atravessadas pelas mais elementares práticas de *rent seeking*, entre nós conhecidas como patrimonialismo, clientelismo e favor — tão combatidas no projeto da "reforma" —, considerando os elementos levantados até aqui e a não indicação de seus diretores pelo Congresso. Pelas notícias na imprensa, também percebe-se a circulação indiscriminada de executivos do governo para as empresas recém-privatizadas. Assim, os mesmos que conduziram "desinteressadamente" os processos de privatização tornavam-se meses depois diretores das empresas. O presidente da República afirma, do alto de sua sabedoria sociológica, que seu governo pôs fim às oligarquias, sendo o último evento com a família Sarney (2002) uma espécie de "tacada final". Intuo que estamos diante da substituição das velhas oligarquias por "modernas" oligarquias, mas que possuem as mesmas práticas e a mesma visão de mundo.

Um relatório do ministro Adylson Motta, do Tribunal de Contas da União, divulgado pelo *Jornal do Brasil*, em 21/8/2001, em matéria intitulada "TCU condena mito da privatização", mostra que a venda das estatais não promoveu uma ampliação dos gastos sociais, o que se vincula a outros aspectos também comentados: as privatizações contribuíram para achatar a renda, fazendo a participação da massa salarial no PIB cair de 45%, em 1992, para 37%, em 2001, sendo que os ricos se beneficiaram mais com as tarifas que os pobres; a fiscalização da Anatel é ineficaz, considerando as demandas dos consumidores e o aumento acumulado das tarifas desde o início do Plano Real, que para o ministro, em 2001, chegou a 3.088%; o Tesouro Nacional gastou cerca de R$ 26 bilhões para a recomposição das tarifas antes das privatizações do setor de energia, mas não investiu em infraestrutura, permitindo o aumento da defasagem entre consumo e oferta; o BNDES emprestou cerca de R$ 6,3 bilhões para a aquisição de estatais pelo setor privado; e, por fim, a venda rendeu US$ 87 bilhões (número que se aproxima do de Biondi), o suficiente para abater apenas 15% da dívida do setor público se ela permanecesse estática, mas ocorre que a dívida pulou de R$ 184 bilhões, em 1994, para R$ 563 bilhões em 2000. As evidências foram gerando muitas críticas, sendo que em maio de 2001 o governo já anunciava (cf. *Jornal do Brasil*, 20/5/2001, em matéria intitulada "Governo revê modelo de privatização") mudanças no processo de privatização. Tardias, considerando que o processo destrutivo maior já fora realizado.

As constatações do ministro do TCU em 2001 e sua difusão na imprensa, já num ambiente mais propício a críticas, contrastam com as afirmações de Elena Landau, em matéria intitulada "Estado é grande mas já encolheu" (*Jornal do Brasil*, 8/11/98), uma tecnocrata que esteve à frente da diretoria de Desestatização do BNDES, coordenando os processos de privatização e depois tornou-se empresária. Diz Landau:

> "Ao se desvencilhar das funções produtivas, o Estado atua em outras áreas. A privatização melhorou a vida do cidadão. Diretamente, com a qualidade do serviço e indiretamente, com o Estado recebendo mais tributos e livre de várias dívidas, por exemplo. [...] Isso não é liberalismo. É justiça social."

Paulani refere-se aos processos de privatização como a *dança dos capitais* em sua fecunda caracterização da privatização brasileira como uma *reestruturação patrimonial* de grandes proporções, na qual tem-se "o fortalecimento de determinados grupos, a desnacionalização e o aumento do grau de concentração e, portanto, do poder de monopólio em quase todos os setores" (1998: 45). Este, tudo indica, é o sentido mais profundo desse processo, precisamente apontado pela autora. Paulani resgata que a perspectiva das privatizações foi anunciada desde 1981, ainda no regime militar, mas que será incorporada definitivamente na agenda política com Collor. Até então, configurava-se apenas como um saneamento do BNDES, mas, a partir de 1990, inicia-se de fato o processo, com a venda de dezoito empresas, apesar de ações de inconstitucionalidade e protestos das centrais sindicais questionando as moedas podres utilizadas e as facilidades oferecidas aos compradores. Mesmo com Itamar Franco preconizando mais civilidade no processo de privatização selvagem iniciado por seu antecessor, durante sua gestão foram privatizadas mais quinze empresas, dentre elas a CSN e a Embraer. Ficaram intocados apenas os serviços de utilidade pública. Para Paulani, contudo, coube ao governo Cardoso "levar adiante, de forma obstinada, a agenda Collor, e transformar o Brasil no campeão do planeta em privatizações" (1998: 47). Apenas no primeiro governo Cardoso, foi transferido um patrimônio de US$ 49 bilhões.

A mesma autora mostra que os resultados positivos esperados dessa reestruturação patrimonial em termos de uma suposta eficiência alocativa, com elevação da concorrência e desconcentração, não ocorreram. Nos setores de siderurgia, petroquímica e mineração assistiu-se a uma brutal concentração do capital, acompanhada da recomendação de fusões pelo Banco Central para fazer frente à concorrência no mercado mundial, o que tem engendrado o que a autora chama de uma segunda rodada das privatizações, com a participação ainda mais intensa do capital estrangeiro. Segundo ela, o Estado retirou-se totalmente da produção do aço, enquanto no mundo 20% desta é pública (1998: 49). Neste setor, após a privatização, houve uma perda de cerca de 30 mil postos de trabalho e apenas seis empresas dominam a siderurgia. Após a venda de 27 empresas, somente sete dominam um outro setor, o petroquímico.

Na mineração, Paulani chama atenção para o processo da venda da Vale do Rio Doce, a maior produtora de minério do mundo, com jazidas suficientes para quatro séculos de produção, que mudou de mãos e obteve lucros imediatos ainda maiores que antes — no primeiro ano de privatização, 46,23% a mais que o ano anterior (*O Dia*, 28/7/98) — resultado possível pelo corte de 6 mil postos de trabalho ao lado da isenção do ICMS, na condição de exportadora. Tavares, em 1997, registrava a importância da Vale como um dos poucos sistemas "globais" que o Brasil possuía. Segundo Tavares, as reservas da Vale são impressionantes: "41,5 bilhões de toneladas de minério de ferro, 678 milhões de toneladas de bauxita, 994 milhões de toneladas de cobre, 72 milhões de toneladas de manganês, e 250 toneladas de ouro, às quais se agregam 600 mil hectares de florestas comerciais" (1999: 148). Tudo isso a transformava numa ferramenta decisiva para alavancar qualquer perspectiva de desenvolvimento. Privatizada e desnacionalizada, ela não pôde cumprir com esse papel, donde o que ocorreu foi de uma "irresponsabilidade social que raia ao absurdo" (1999: 149). A trajetória da Vale é semelhante à da CSN, cujos donos são praticamente os mesmos, após os processos de privatização: "A cidade de Itabira, em Minas Gerais, berço da Vale, atravessa tempos difíceis. [...] A cidade está assombrada pelo desemprego, a queda do poder aquisitivo e o medo de que a empresa abandone a cidade quando as reservas minerais se esgotarem de vez" (*O Dia*, 28/7/98).[17]

Paulani analisa as questões dos serviços de utilidade pública e de transportes (a exemplo da malha da Rede Ferroviária Federal), destacando os

---

17. Para buscar dados e maiores detalhes sobre a privatização da Vale do Rio Doce, bem como a forma com que o processo apareceu na imprensa escrita, consultar os dois volumes do *Cliping*, "A privatização da Vale", produzidos pela Aval, em 1996 e 1997.

BRASIL EM CONTRA-REFORMA

empréstimos do BNDES já sinalizados por Biondi, a prazos e juros extremamente favoráveis — inclusive para capitais estrangeiros — para a realização de investimentos.[18] O negócio do século, a privatização das telecomunicações, rendeu R$ 22 bilhões ao governo e contou com uma forte participação do capital estrangeiro. Paulani conclui, avaliando os benefícios concedidos pelo Estado no processo que Biondi chama de "privadoação", que "a despeito do insistente discurso alusivo à modernidade supostamente envolvida no processo, a característica da relação entre Estado e setor privado no Brasil não parece ter se modernizado tanto assim" (1998: 55). Ela mostra quem foram os grandes beneficiados, e que passaram a dispor de força econômica e política, associados ao capital estrangeiro:

> "Vicunha, Globo, Odebrecht, Bradesco certamente encabeçam a lista dos mais agitados bailarinos nessa dança globalizada dos capitais. Junto a outros como Camargo Correa, Gerdau, Villares, Mendes Júnior, Safra, Itaú e mais alguns fundos de pensão, formam um grupo seleto que tem presença certa em 8 de cada 9 operações de privatização. Em alguns casos, essa presença constante explica-se por uma deliberada estratégia de controlar vários elos de uma mesma cadeia produtiva, para evitar perdas de escala e evitar problemas de fornecimento (grupo Vicunha/CSN); em outros, trata-se tão-somente de entrar na dança e sair rapidinho, assim que a possibilidade de realização de ganhos financeiros se apresente (atuação característica do setor financeiro)." (1998: 55)

Braga & Prates (1998) procuram explicitar as conseqüências das privatizações e da internacionalização do sistema bancário. Esta foi a saída implementada pelo governo e que foi além do Proer,[19] decidida entre o presidente da República e o do Banco Central, diante da fragilidade do siste-

---

18. Em 2000, o governo federal anuncia uma mudança de rumos do BNDES, articulada ao Plano Plurianual, intitulado como Avança Brasil, do segundo mandato de Cardoso. A direção agora seria o social, o combate à desigualdade, numa perspectiva de "modernização progressista", segundo o presidente (cf. "BNDES vai atacar desigualdade", *Jornal do Brasil*, 4/10/2000). É interessante notar o reconhecimento de que a instituição não esteve priorizando o "S" nos anos anteriores. Mas, na mesma matéria, fica claro que o banco não descuidaria das privatizações, nos setores onde o setor público não tem capacidade de investimento. Espera-se uma mudança de rumos com a presença de Carlos Lessa na presidência do BNDES, a partir de 2003.

19. O Programa de Estímulo à Reestruturação do Sistema Financeiro Nacional (Proer) foi instituído pela Medida Provisória nº 1812, permitindo ao Banco Central intervir em instituições com problemas de solvência, para saneá-las, conforme informam Braga & Prates (1998: 37). Para os autores, apesar de seu alto custo, a medida evitou uma crise sistêmica aguda no sistema bancário.

ma, fruto da perda das rendas inflacionárias de antes do real. Os autores denunciam a ausência de participação do Congresso Nacional nessa decisão sobre a abertura do mercado bancário brasileiro, por sua importância e conseqüência para as possibilidades de crescimento e desenvolvimento. O saldo, entre 1995 e 1998, foi o da autorização de instalação de 24 instituições estrangeiras no país, que passaram a buscar a ampliação de sua presença por meio de aquisições, associações, ampliações de participação no capital, aumento do capital social e diversificação, com criação de outras empresas financeiras. Assim, a participação estrangeira na rede bancária brasileira aumentou de 2,6% em 1995, para 11,5%, em 1998 (Braga & Prates, 1998: 39). Entre os vinte maiores bancos existentes no Brasil, nove são diretamente estrangeiros, ou nacionais controlados pelo capital estrangeiro. Esta entrada foi fundamental para a captação de IED, a que se refere Gonçalves, tendo em vista os processos de privatização. Os autores prevêem que o processo aponta para uma concentração do capital no setor financeiro, inclusive estimulada pelo Banco Central, quando este estabelece condicionantes, a exemplo dos 11% dos ativos ponderados pelos riscos, de capital mínimo para as instituições instalarem-se no país. Braga & Prates lembram que a participação dos bancos privados entre as décadas de 1950 e 1980, no financiamento do desenvolvimento, foi pífia. Os saltos para a frente foram sustentados pelas instituições públicas. Vejamos a avaliação dos autores:

> "Os bancos de controle brasileiro estão tendo que globalizar seus negócios e associar-se internacionalmente para sobreviver na disputa competitiva. Com isso, é plausível esperar que suas estratégias impliquem uma redução de sua aderência e 'solidariedade' com o espaço nacional. [...] Financiamentos ao desenvolvimento regional, ao meio ambiente e à infra-estrutura podem se tornar ainda mais escassos ou até inexistentes." (1998: 41)

Os autores alertam que a privatização e internacionalização do sistema bancário foram uma escolha, e não uma inexorabilidade. Sua intensificação gerou uma espécie indireta de dolarização da economia, diferente da Argentina, mas, ainda assim, perigosa. Lembram que os países desenvolvidos não permitiram tamanha participação estrangeira no setor bancário. E propõem a reversão de alguns processos de privatização em curso, tendo em vista estancar essa sangria patrimonial e financeira, no sentido de assegurar alguma política de desenvolvimento. As conseqüências da ausência de créditos são também sublinhadas por Biondi, quando sinaliza a falta de investimento na agricultura, que fez com que, nos últimos anos, de exportadores, nos tornássemos importadores de algodão, milho, arroz, feijão, coco (!) e cacau (2000: 45), o que corrobora hipótese de que estivemos andando para trás. Ele denuncia também o processo do Banespa, com a falsificação de seus balanços para forçar a privatização, bem como o "saneamento" feito pelo governo do Rio de Janeiro no Banerj, gastando 7 bilhões de reais para vender o banco por 310 milhões de reais (2000: 52).[20]

Enquanto isso, pela via fiscal — outra forma da abertura contemporânea "dos portos às nações (mui) amigas" —, os compradores das estatais descontam o ágio (diferença entre o valor oferecido pelo governo e o pago pela empresa no leilão), a partir das brechas — privilégios — oferecidas na legislação. A Vale do Rio Doce já privatizada, por exemplo, teve um faturamento de R$ 4,4 bilhões em 1999, e pagou apenas R$ 5 milhões de Imposto de Renda, diga-se, 0,5% de seu lucro (Biondi, 2000: 16). Além das facilidades aos exportadores, especialmente com isenções de impostos, tendo em vista contrabalançar as importações, mas com riscos de quebras de estados e municípios, tem-se a chamada guerra fiscal entre os entes da federação. Aqui, refiro-me aos subsídios fiscais e mecanismos de renúncia instaurados pelos estados e municípios como condição de atratividade para a instalação de indústrias em seus territórios, tendo em vista uma suposta geração de empregos. A pesquisa realizada sobre este aspecto, analisando o caso do estado do Rio de Janeiro e de dois municípios (Resende e Queimados) que viveram intensamente este processo, mostrou que as facilidades de localização oferecidas — adequando o país aos processos de deslocalização das transnacionais — têm conseqüências nefastas para as contas públicas e a população, com destaque para a ausência de geração de empregos na localidade (cf. Behring, 2001a). Mas vejamos o caso que ganhou maior notoriedade nacional: a instalação da unidade da Ford no Rio Grande do Sul.

No final de abril de 1999, a Ford desistiu de instalar uma unidade de produção em Guaíba, na região metropolitana de Porto Alegre, quando um governo de oposição (ao governo estadual e federal) assumiu o estado do Rio Grande do Sul e propôs uma renegociação do contrato com a empresa.

---

20. Na verdade, a parte "boa" do Banerj foi vendida ao Itaú por R$ 311,1 milhões, mas com um impacto de R$ 6 bilhões na dívida pública do estado do Rio de Janeiro, fruto de seu saneamento e dos compromissos assumidos com a parte "ruim", que ficou com o governo (*O Dia*, 28/7/98).

Nessa altura, a Ford já tinha recebido R$ 42 milhões em recursos públicos, utilizados para terraplanagem do terreno, e estaria para receber R$ 418 milhões para capital de giro (!) e execução de obras de infra-estrutura, por parte do governo estadual. A empresa recusou-se a rediscutir o contrato e decidiu instalar sua fábrica na Bahia, que oferecia vantagens ainda maiores, em especial a de ser um estado governado pelo PFL, partido-membro da coligação que apoiava o governo federal. Esta situação colocou em foco a questão da guerra fiscal entre os estados e gerou inclusive uma CPI na Assembléia Legislativa gaúcha, onde a oposição ao governo do Partido dos Trabalhadores acusava o governador de não defender os interesses do estado e o emprego dos trabalhadores, como sinaliza a matéria "Assembléia gaúcha apura saída da Ford", publicada na *Folha de S. Paulo*, em 6/6/99.

A discussão ocupou a mídia nacional em função de seu conteúdo político, saindo de cena em seguida. Vejamos um interessante relato de um engenheiro da Universidade Federal da Bahia, o professor Iberê Luiz Nodari, divulgado pela internet sobre o que aconteceu com a instalação da Ford nas terras de Antônio Carlos Magalhães. Segundo o professor, há um desencanto geral com a presença da Ford no estado, pela postura "avarenta, senhorial e assimétrica" que a empresa mantém: não estabeleceu qualquer relação com a Escola Politécnica da UFBA; não oferece transporte aos funcionários como outras empresas no entorno de Salvador e do complexo de Camaçari; gerou empregos no exterior, trazendo técnicos, ao invés de contratar no país; e fez exigências — aceitas pelo governo estadual e pelo município de Camaçari — escandalosas. Sobre este último aspecto, que exemplifica as facilidades fiscais a que se fez referência, tem-se que o estado da Bahia financiou o capital de giro da empresa em cerca de 12% de seu faturamento bruto, o que corresponde ao total do ICMS devido pela empresa, com um prazo de pagamento de 22 anos. Sobre este valor não incidem juros nem correção monetária. Além disso, o Estado está pagando cerca de R$ 31 milhões à Odebrecht para a construção de um porto exclusivo da empresa, sem falar na terraplanagem do terreno da fábrica e obras de infra-estrutura assumidas com recursos públicos. Apesar de todo este "investimento", sabe-se que a região metropolitana de Salvador tem sido recordista em desemprego (25%, segundo o Dieese), enquanto ele caiu na região metropolitana de Porto Alegre. O professor manifesta-se desolado, referindo-se ao caos na saúde e educação naquele ente da federação, afirmando inclusive que não há reprovação no ensino público da Bahia, em função dos custos. Ele pergunta se não seria mais interessante a instalação de uma fábrica nacional, a exemplo da Gurgel, e cita o hino do Rio Grande do Sul: "Povo que não tem virtudes, termina por ser escravo".

Este exemplo da Ford multiplica-se pelo Brasil afora. Poderiam ser citadas outras grandes frustrações envolvendo as políticas de atratividade para a instalação das grandes multinacionais no país, a exemplo da fábrica da Pepsi, em Queimados (Rio de Janeiro) — que veio, usufruiu os inúmeros benefícios, dentre eles o não-pagamento de IPTU, e retirou-se[21] — ou da Volks, em Resende, que gerou expectativas de emprego que nunca se realizaram,[22] mas atraíram grandes contingentes populacionais para a região, gerando uma forte demanda de políticas públicas (Behring, 2001a: 127-9). Mas há também outros tipos de isenções, na perspectiva da sustentabilidade da macroeconomia do real, a exemplo das isenções para os exportadores ou da isenção do capital financeiro — este volátil que entra num dia e sai no outro — da CPMF, um imposto criado para o financiamento da saúde. Esta política de renúncia fiscal para as empresas e de arrocho fiscal para os trabalhadores, em articulação com a condução macroeconômica, tem sido fatal para os investimentos públicos — o que estimula as privatizações, como se viu, constituindo um círculo vicioso — e para a implementação das políticas sociais. Sobre os investimentos, ainda há um outro aspecto, que é a produção de tecnologia, onde o Brasil ocupa o 43º lugar (*Jornal do Brasil*, 10/7/2001), resultado dos baixos orçamentos para ciência e tecnologia, fruto da compreensão míope, expressa inclusive pelo ministro da Educação, de que esta já vem de fora, não sendo necessário investir em criação, mas apenas trazê-la do exterior, conforme lembrou o amargo depoimento do professor baiano.

O conjunto dos dados e reflexões levantados remete à seguinte constatação: nossa adaptação à dinâmica do capitalismo contemporâneo foi destrutiva das possibilidades de autonomia de um país que deu saltos para a frente pela via de processos de modernização conservadora, mas que na última década deu passos para trás pela via da contra-reforma do Estado, parte indispensável desta espécie de contra-revolução burguesa que vivemos.

---

21. Para uma análise da política industrial do município de Queimados, no Rio de Janeiro, e seu impacto fiscal e social, consultar Bastos (2000).

22. Segundo Sérgio Mendonça, do Dieese, "a Volkswagen, em Resende (RJ), não chegou a gerar quinhentas vagas diretas, enquanto a construção naval no Rio de Janeiro fechava quase cem mil vagas ao longo da década" (In: Benjamin & Elias, 2000: 104).

3. A condição da seguridade social pública no Brasil

As tendências que vêm apontando não só debilitam o Estado perante o mercado, mas também contribuem para a deterioração da solidariedade e acentuam a desintegração social.

Edgardo Lander, 1999: 466

É possível inferir, com base no exposto nos capítulos anteriores, algumas linhas gerais que delineiam a condição da política social nos tempos neoliberais. Do ponto de vista da lógica do capitalismo contemporâneo, a configuração de padrões universalistas e redistributivos de proteção social vê-se fortemente tensionada: pelas estratégias de extração de superlucros, com a flexibilização das relações de trabalho, onde se incluem as tendências de contração dos encargos sociais e previdenciários, vistos como custos ou gastos dispendiosos; pela supercapitalização — com a privatização explícita ou induzida de setores de utilidade pública, onde incluem-se saúde, educação e previdência; e, especialmente, pelo desprezo burguês para com o pacto social dos anos de crescimento, agora no contexto da estagnação, configurando um ambiente ideológico individualista, consumista e hedonista ao extremo. Tudo isso num contexto no qual as forças de resistência encontram-se fragmentadas, particularmente o movimento operário. Assim, a tendência geral é a de redução de direitos, sob o argumento da crise fiscal, transformando-se as políticas sociais — a depender da correlação de forças entre as classes sociais e segmentos de classe e do grau de consolidação da democracia e da seguridade social nos países — em ações pontuais e compensatórias daqueles efeitos mais perversos da crise — "a política econômica produz mortos e feridos, e a política social é uma frágil ambulância que vai recolhendo os mortos e feridos que a política econômica vai continuamente produzindo" (Kliksberg, 1995: 35 *apud* Lander, 1999: 466). As possibilidades preventivas e até eventualmente redistributivas tornam-se mais limitadas, prevalecendo o trinômio articulado do ideário neoliberal para as políticas sociais, qual seja: a privatização, a focalização e a descentralização, aqui compreendida como mero repasse de responsabilidades para entes da federação ou para instituições privadas e novas modalidades jurídico-institucionais correlatas, que configuram o setor público não-estatal, componente fundamental do Programa de Publicização.[23]

Em um país como o Brasil, com as tradições político-econômicas e socioculturais delineadas anteriormente (Capítulo 2), e que apenas a partir da Constituição de 1988, resultado de um processo de mobilização sem paralelo na história brasileira, passa a ter em perspectiva a construção de um padrão público universal de proteção social, coloca-se um quadro de grande complexidade, aridez e hostilidade, para a implementação da seguridade social. O conceito constitucional encontra-se nos artigos 193, 194 e 195 do Título VIII, Da Ordem Social, da Constituição Federal. O artigo 194 aponta os novos princípios orientadores da seguridade social pública no Brasil:

> "A seguridade social compreende um conjunto integrado de ações, de iniciativa dos Poderes Públicos e da sociedade, destinadas a assegurar os direitos relativos à saúde, à previdência e à assistência social.
>
> Parágrafo Único. Compete ao Poder Público, nos termos da lei, organizar a seguridade social, com base nos seguintes objetivos:
>
> I — universalidade da cobertura e do atendimento;
>
> II — uniformidade e equivalência dos benefícios e serviços às populações urbanas e rurais;
>
> III — seletividade e distributividade na prestação dos benefícios e serviços;
>
> IV — irredutibilidade do valor dos benefícios;
>
> V — eqüidade na forma de participação no custeio;
>
> VI — diversidade da base de financiamento;
>
> VII — caráter democrático e descentralizado da administração, mediante gestão quadripartite, com participação dos trabalhadores, dos empregadores, dos aposentados e do Governo nos órgãos colegiados." (Constituição Federal de 1988)

Os desafios para deslanchar a implementação do conceito ali previsto formalmente já seriam grandes, mesmo em condições nas quais o movimento dos trabalhadores se mantivesse atento e forte, e a crise econômica estivesse sob a condução, no nível do Estado nacional, de segmentos com

---

23. Sobre estas implicações mais gerais do neoliberalismo para a política social, conferir Behring 1997, 1998 e 2000a. Acerca da articulação entre privatização, focalização e descentralização, ver Draibe (1993) e Simionatto (2000).

algum compromisso democrático e redistributivo. Já se sabe que a hegemonia política não foi esta na seqüência de 1988, de forma que o conceito retardatário, híbrido, distorcido ou inconcluso da seguridade social brasileira, conforme apontam importantes pesquisadores do tema,[24] encontrou dificuldades antigas e novas ainda maiores para consolidar-se.

Nesse sentido, a caracterização de Soares me parece fecunda, quando diz que "o país foi pego a meio caminho na sua tentativa tardia de montagem de um Estado de Bem-Estar Social" (2000: 35), num processo que foi atropelado pelo ajuste neoliberal, alimentado pelo drama crônico brasileiro tão bem apanhado por Fernandes (1987), em que a heteronomia e o conservantismo político se combinam para delinear um projeto antinacional, antidemocrático e antipopular por parte das classes dominantes, em que a seguridade social ocupa um lugar concretamente secundário, à revelia dos discursos "neo-sociais" e dos solidarismos declarados.

Tanto é assim que o conjunto de direitos duramente conquistados no texto constitucional foram, de uma maneira geral, submetidos à lógica do ajuste fiscal, permanecendo — mais uma vez — uma forte defasagem entre direito e realidade (Salama & Valier, 1997: 110). Este hiato é compatível com a rigidez de indicadores socioeconômicos ao longo da década, a exemplo da concentração de renda. Houve a melhoria lenta de outros indicadores sociais, como a educação básica e a mortalidade infantil nos anos 1990. Mas salta aos olhos a deterioração paradigmática dos indicadores de emprego, como mostraram claramente os resultados divulgados nos meios de comunicação do Censo 2000 (IBGE). Para Soares, o quadro de retrocesso social com aumento da extrema e da "nova" pobreza,[25] que identifica a partir de um conjunto de indicadores da Cepal e da OMS, dentre outros (Soares, 2000: Capítulo IV), é acompanhado de uma pauperização das políticas sociais. Para ela, o aumento da demanda por benefícios e serviços vincula-se à produção de um Estado de Mal-Estar, resultante da contenção/limitação/desintegração das incipientes experiências de seguridade na América Latina,

---

24. Sobre o nosso conceito tímido de Seguridade em comparação com o de Beveridge, consultar o texto de Boschetti (2000). Na mesma direção, conferir Pereira, 1996 (Capítulo 1). Cf. também a idéia de seguridade social híbrida que está presente em nosso conceito de seguridade, segundo Fleury, 1994. Já a caracterização de uma seguridade social tardia ou retardatária pode ser encontrada em Soares, 2000; e a de sua inconclusão, encontra-se em Teixeira (1990).

25. Conceito que se refere ao desemprego gerado pelas medidas do ajuste, reestruturação e flexibilização das relações de trabalho (cf. Soares, 2000: Capítulo IV).

com raras exceções, e no Brasil em particular. Assim, não há consumo coletivo ou direitos sociais, mas uma articulação entre assistencialismo focalizado e mercado livre, este último voltado para o cidadão-consumidor (Mota, 1995). Dentro disso, o comportamento da alocação de recursos, diga-se, do financiamento da seguridade social, tende a ser "pró-cíclico e regressivo" (Soares, 2000: 75), ao invés de constituir-se como anticíclico, conforme o padrão keynesiano, permitindo, desta forma, apenas a existência de mecanismos compensatórios mínimos. Com parcos investimentos, cai a qualidade da política pública e ocorre o que Soares chama de uma "ritualização" (2000: 76) dos ministérios da área social, impossibilitados que são de implementar políticas.

Portanto, a privatização gera uma *dualidade discriminatória* entre os que podem e os que não podem pagar pelos serviços, no mesmo passo em que propicia um nicho lucrativo para o capital, em especial segmentos do capital nacional que perderam espaços com a abertura comercial. Este é o caso da previdência complementar e da educação superior, no último período, considerando que a saúde vive esta dualidade há mais tempo, designada por alguns autores como universalização excludente, que quebra a uniformização e a gratuidade dos serviços (Mendes, 1994). Na verdade, a privatização no campo das políticas sociais públicas compõe também aquele movimento de transferências patrimoniais sinalizado no item anterior, além de expressar o processo mais profundo da supercapitalização (Behring, 1998). Já a focalização assegura acessos pobres apenas aos comprovada e extremamente pobres. Mota, em seu estudo acerca das tendências da seguridade social no contexto do avanço da hegemonia do capital por meio do fomento de uma cultura da crise — tendo em vista conquistar um consenso ativo na população[26] — chega à conclusão semelhante, quando afirma que "a tendência é de privatizar os programas de previdência e saúde e ampliar os programas assistenciais, em sincronia com as mudanças no mundo do trabalho e com as propostas de redirecionamento da intervenção social do Estado" (1995: 122).

Vianna (1998) aprofunda este argumento da dualidade mostrando como evoluiu o sistema de proteção social brasileiro, desde a era Vargas e, dentro disso, como foi preparado o terreno para o que chama de uma *ame-*

---

26. Esta seria uma novidade das elites econômico-políticas no Brasil, considerando os processos anteriores de condução das mudanças. A burguesia estaria construindo um novo conformismo, agora num contexto democrático, e buscando tornar-se dirigente (Mota, 1995: 108-15).

ricanização da proteção social brasileira, apesar do conceito constitucional de seguridade social de 1988 ser de inspiração beveridgeana (inglês) e a trajetória histórica — em especial no que refere aos direitos previdenciários — ser de inspiração bismarckiana (alemã). Para a autora, a ditadura militar, ao implementar um processo de modernização conservadora, gerou novas demandas para a seguridade social, que foram respondidas pela adoção de convênios, a exemplo da saúde, e pela terceirização, ou seja, pelo incremento de uma racionalidade privatizante, em detrimento do investimento nas políticas públicas. Assim, na ditadura houve um movimento aparentemente paradoxal: medidas em direção à universalização, de início, com a incorporação de trabalhadores domésticos, rurais e autônomos, acompanhadas pelo incremento de medidas privatizantes. Portanto, já despontava na estratégia da ditadura a perspectiva do cidadão como "um contribuinte integrado ao universo do consumo individualizado, inclusive de serviços médicos" (Vianna, 1998: 140), ou seja, o cidadão consumidor dos anos 1990, sinalizado por Mota. Assim, estabeleceu-se um sistema de seguridade avançado no final dos anos 1980, mas incapaz de conter a americanização, com o sistema público se "'especializando' cada vez mais no (mau) atendimento dos muito pobres" no mesmo passo em que "o mercado de serviços médicos, assim como o de previdência, conquista adeptos entre a classe média e o operariado" (1998: 142).[27]

Para Salama & Valier, privatização e focalização são faces da mesma moeda e ambas as estratégias são acompanhadas por:

> "[...] uma política de firmeza perante as reivindicações dos trabalhadores urbanos organizados, que embora também profundamente afetados pela ampliação da pobreza, são denunciados como 'privilegiados'; e por uma política de repressão em relação aos 'pobres que não se comportam'. Essa repressão é exercida pelo Estado, mas também pelos 'esquadrões da morte' de toda natureza, organizações semiprivadas, parapoliciais, ou paramilitares." (1997: 122)

Os pobres e indigentes, transformados em dado bruto, lamentável e inevitável da natureza pela ficção regressiva do mercado auto-regulável (Telles, 1998: 108), também são abordados por programas de combate à

---

27. O sistema norte-americano, dual e seletivo, é, contudo, menos regressivo que o brasileiro e possui regras mais claras, o que Vianna procura demonstrar às pp. 143 e 144 (1988), pelo que se pode compreender o que se apresenta no título de seu livro: uma americanização *perversa* da seguridade social no Brasil.

pobreza emergenciais, residuais e temporários, com o que terminam sendo ineficazes (Salama & Valier, 1997: 116-8). Esta orientação é reforçada pelas agências multilaterais, a exemplo do Banco Mundial, que prevêem redes de segurança ou de proteção social para as vítimas do ajuste inevitável, introduzindo, inclusive, cláusulas sociais nos acordos de empréstimos ao Terceiro Mundo, como fez o FMI com o Brasil, em 1999.[28] Outra abordagem compensatória e focalizada da pobreza e, sobretudo, da indigência, têm sido os inúmeros programas nacionais, estaduais e locais que envolvem transferências monetárias para determinados segmentos em situação de risco, e sempre com critérios muito estreitos que restringem seu raio de cobertura. Este é o caso de programas como o Bolsa-Escola ou o Peti. Configuraram-se aí tentativas de inserir as famílias no circuito do consumo, combinadas ao incentivo à educação, mas com impacto muito limitado, tanto pelo valor das bolsas quanto pelos critérios de acesso.

Ao lado disso, para Soares, houve um retorno à família e às organizações sem fins lucrativos — o chamado "terceiro setor", categoria tão bem desmistificada por Montaño (2001: Capítulo III) — como agentes do bem-estar, substituindo a política pública. Ao não se constituir como uma rede complementar, como aponta o conceito constitucional da assistência social, mas como a forma primeira de viabilizar o atendimento das necessidades, este apelo ao "terceiro setor" ou à "sociedade civil" configurou-se como um verdadeiro retrocesso histórico. Trata-se do que Yazbek (1993) denomina refilantropização da assistência social, que implica uma precipitada volta ao passado sem esgotar as possibilidades da política pública, sobretudo a de assistência social, na sua formatação constitucional. Soares denuncia a ineficiência das "pequenas soluções *ad hoc*" e do "reinado do minimalismo", que estão levando a uma "descentralização destrutiva" e ao reforço dos esquemas tradicionais de poder, como as práticas de clientelismo e favor.

Exemplo disso é a distribuição de cestas de alimentos pelo Programa Comunidade Solidária (PCS), coordenado pela primeira-dama à época, e criticado em todas as conferências nacionais de Assistência Social, sendo que, na que foi realizada em 1997, aprovou-se sua extinção. Este programa,

---

28. Sobre o papel das agências multilaterais, como o Banco Mundial e o BID na determinação das orientações gerais, a consulta ao trabalho das argentinas Grassi, Hintze & Neufeld (1994) é fundamental. Salama & Valier (1997) e Simionatto (2000) também trazem muitos elementos para pensar as políticas focalizadas de combate à pobreza na América Latina e o papel das agências internacionais.

carro-chefe da política social da era Cardoso, foi um exemplo da relação desse governo com o conceito constitucional de seguridade: organizou-se por fora do sistema e ignorando a Lei Orgânica da Assistência Social; recebeu ao longo dos últimos anos uma dotação orçamentária sempre superior à do Fundo Nacional de Assistência Social (Boschetti, 2001: 79-80); reeditou o tão criticado e tradicional primeiro-damismo no campo assistencial; foi alvo de inúmeras denúncias de clientelismo ao longo dos últimos oito anos. Concordo com Telles, quando afirma que o PCS não pode ser tomado como episódico ou secundário. Segundo ela:

> "Longe de ser perfumaria de primeira-dama, (o PCS) opera como uma espécie de alicate que desmonta as possibilidades de formulação das políticas sociais regidas pelos princípios universais dos direitos e da cidadania: implode prescrições constitucionais que viabilizariam integrar políticas sociais no sistema de Seguridade Social previsto na Constituição de 1988, passa por cima dos instrumentos previstos nas formas da lei, desconsidera direitos conquistados e esvazia as mediações democráticas construídas, sempre sob suspeita de incompetência e corporativismo." (Telles, 1998: 112)

Ainda segundo a contribuição de Telles, tem-se que o PCS contribui para a desintegração do padrão de seguridade, preparando o terreno para uma redefinição conservadora dos programas sociais, de perfil seletivo e focalizado, e dissociado das instâncias democráticas de participação. Por dentro do PCS — espaço privilegiado de formulação do discurso do *terceiro setor*, e da legislação que consolida o PDRE-Mare, acerca do chamado setor público não-estatal — e sob o impulso do discurso edificante da solidariedade e da parceria com a sociedade civil (Telles, 1998: 112), impõe-se uma redefinição conservadora da relação Estado sociedade. Para a autora, trata-se de uma nova forma de gestão das populações pobres e do social, na qual há um encapsulamento comunitário da questão social e o esvaziamento das noções de democracia e de justiça social. Telles aponta que a convergência entre o PCS e as organizações sociais desmontou as idéias de responsabilidade e bem públicos, bem como promoveu uma "mutação de sentidos pelos quais direitos são figurados como ônus e custos, privilégios e anacronismos corporativos" (1998: 115). Nesse sentido, houve a construção de um *welfare privado*, em nome da modernidade e da solidariedade (Idem).

Conforme apontei no capítulo anterior, esta tendência para as políticas sociais é diretamente incorporada pelo que foi denominado no PDRE-Mare como Programa de Publicização, cuja arquitetura institucional remetia a implementação da seguridade ao mundo privado, a ser assumida por agências e organizações sociais, na qualidade de atividades não-exclusivas do Estado. Nesse processo de redesenho institucional, sob o argumento do equilíbrio fiscal (*sic!*), mas também da busca de eficácia, destacou-se o repasse dos serviços sociais para entidades públicas não-estatais, por meio do projeto das organizações sociais, ao lado da terceirização de atividades, contando com o chamado "terceiro setor" e até com a mobilização do voluntariado (*Folha de S. Paulo*, 1°/4/2001).

Segundo a Medida Provisória n° 1.591, de 9/10/1997, que criou o Programa Nacional de Publicização, as organizações sociais (OS) são "pessoas jurídicas de direito privado, constituídas sob a forma de associações civis, sem fins lucrativos, que se habilitam à administração de recursos humanos, instalações e equipamentos pertencentes ao Poder Público e ao recebimento de recursos orçamentários para a prestação de serviços sociais" (Barreto, 1999: 120).[29] Os recursos estão condicionados à autorização legislativa para celebrar um contrato de gestão com o Poder Executivo, a partir da iniciativa no âmbito dos ministérios, de tornar tal ou qual instituição a eles subordinada uma OS. As OS passam, portanto, a dispor de autonomia administrativa e financeira, podendo obter recursos de outras procedências, a exemplo de produção e comercialização de bens e serviços, doações, legados e heranças, contribuições voluntárias, aplicação de ativos financeiros, dentre outros (Barreto, 1999: 121).

Para Barreto, este projeto é um desafio da "reforma", já que altera a natureza da relação do Estado com a área social, podendo constituir-se numa revolução gerencial ou num grande malogro, dependendo de sua condução. Esta solução foi encontrada a partir da constatação de que o Estado seria, segundo o Plano, "intrinsecamente ineficiente" na intervenção social, decidindo-se transferir tais atividades para a esfera privada, mas sem uma definição clara dos objetivos pretendidos, para chegar a esta nova moldura jurídica e institucional. Barreto aponta tensões e limites importantes a serem considerados numa análise desta proposta, já que podem implicar perda de eficácia do novo modelo, que nada deixaria a dever às falhas do Estado.

---

29. Posteriormente foi aprovada a Lei n° 9.637, de 15/5/98, regulamentando as OS e a Lei n° 9.790, de 23/3/99, definindo o termo de parceria entre Estado e Organizações da Sociedade Civil de Interesse Público (Oscip). Esta última foi seguida de várias regulamentações complementares (Montaño, 2001: 261).

Nesse sentido, vale apontar algumas questões levantadas por esta autora, no âmbito da publicação organizada por Bresser Pereira e Cunill Grau (1999). Segundo Barreto, o contrato de gestão não assegura o compromisso do Estado com os aportes de recursos necessários à sobrevivência da OS. Nada existe, em termos jurídico-legais, que garanta os compromissos do Estado com as OS (Barreto, 1999: 129), ficando a recém-criada organização à mercê dos humores do governo de plantão. Isto coloca a questão da legitimidade das políticas sociais como responsabilidade do Estado e como questão de justiça social, tal como preconizado pela Constituição de 1988. A autora é crítica ao projeto das organizações sociais, seja porque não asseguram a responsabilidade pública pela ação sobre a questão social, seja pelo método pouco democrático — a precedência do Executivo sobre o Legislativo, com o excesso de medidas provisórias —, adotado para a condução da reforma (Barreto, 1999: 131). Neste caminho, e com inspiração clara em Eli Diniz (1996 e 1997), há que aliar, para a autora, a preocupação com a eficiência à consolidação democrática. Barreto aponta a vulnerabilidade dessas novas instituições aos grupos de interesse, bem como o poder discricionário do Executivo, o que poderia levar a uma privatização ainda maior do Estado, afastando-se as OS dos objetivos públicos. Ela arremata:

> "Na medida em que os recursos advindos do setor privado são injetados nessas entidades, abre-se uma brecha para a ingerência dos interesses privados sobre a prestação dos serviços. Essa possibilidade é inclusive agravada pela perspectiva de redução gradual dos recursos estatais, na proporção em que aumenta a participação do capital privado nas organizações." (Barreto, 1999: 133)

Para conter essa possibilidade, a participação e os mecanismos de controle social passam a ser "elementos críticos". Barreto questiona a ausência de mecanismos de participação da sociedade civil nas instâncias do núcleo estratégico — porém, sem fazer qualquer referência aos conselhos previstos no conceito de seguridade social — responsáveis pela formulação das políticas públicas, e a separação de formulação e execução, esta última cabendo às OS. A participação da sociedade apenas e lateralmente no conselho de deliberação das OS limitaria o poder decisório desses segmentos à execução das políticas. Para a autora, portanto, o projeto exige aperfeiçoamento, no que refere a participação e controle social. Além disso, Barreto manifesta forte preocupação com a fragmentação das políticas públicas, concluindo que se pode ganhar eficiência no plano micro, mas perder abrangência e melhoria de resultados globais na área social, por falta de coordenação do Estado dessa miríade de organizações. No plano gerencial, ela indica que pode haver ganhos, mas que estariam na dependência de uma grande competência gerencial. No entanto, indica que as organizações não apresentam os recursos técnicos e administrativos requeridos para o novo modelo, ou seja, não têm capacidade instalada. Assim, a autonomia não promove necessariamente a qualidade e a produtividade esperadas. Com esta preocupação, deve se tomar certos cuidados com o contrato de gestão e o processo de transformação de entidades estatais em organizações sociais, já que estas poderão não possuir as condições efetivas de gestão e avaliação previstas, o que redundaria em uma situação de descontrole, "onde existe liberdade para gastar recursos públicos sem a devida contrapartida, que reside na apresentação de resultados consistentes" (1999: 139). A reflexão de Barreto é importante, já que sinaliza pontos críticos e inconsistências no projeto de regulamentação das OS, que não deslancharam no ritmo do desejo dos formuladores do PDRE-Mare, talvez em função dessas e outras críticas e resistências. Vejamos, então, o que aconteceu no âmbito das políticas setoriais de seguridade.

Na saúde, avançou a discussão e montagem da agência executiva (Agência Nacional de Saúde) e a transformação das unidades em organizações sociais, em que pesem as críticas do Grupo de Trabalho (GT) criado pelo Conselho Nacional de Saúde para analisar a proposta do governo federal. O GT apontou o viés economicista da "reforma" por meio de seu vínculo com a crise fiscal e a ênfase nos custos, bem como diz que aquela ignora o processo de reforma democrática do Estado em curso na área da saúde desde 1987, por intermédio do SUS, das conferências, dos conselhos e comissões gestoras das unidades de saúde. Segundo o GT do CNS, o Núcleo Estratégico do Estado passa a ter um poder discricionário muito forte, ao qualificar — ou não — as Organizações Sociais, bem como ignora a articulação descentralizada e participativa do sistema na relação com essas organizações.

Outra questão é que a autonomia para fazer compras sem licitação e para definir planos de cargos, segundo o GT, gera riscos para a moralidade administrativa, num país que está longe de superar práticas patrimonialistas e clientelistas, diferente da avaliação do plano diretor, e como admitiu em outro momento o próprio Bresser Pereira. Do ponto de vista mais específico, há um risco de segmentação dos usuários do sistema de saúde, já que as instituições podem celebrar convênios com os planos privados, criando dificuldades para a implementação dos princípios constitucionais da universalidade, da integralidade e da eqüidade, no que o programa de publicização termina por ser restritivo de direitos. Para o GT, o governo poderia se dedicar a flexibilizar, agilizar e fortalecer as entidades públicas existentes, em vez de criar esse novo ente jurídico, que são as organizações sociais, e lista algumas alternativas nessa direção, que não implicam mudanças na Constituição nem nos riscos antes apontados. Esta avaliação, que corrobora alguns elementos críticos citados anteriormente, foi aprovada por unanimidade na plenária do CNS.[30]

Na assistência social, além de repassar essa *atividade* — atenção: a assistência não existe como política pública de seguridade no PDRE-Mare — aos termos de parceria (Oscip) e contratos de gestão (OS), a reforma atropela o Conselho Nacional de Assistência Social (CNAS), ao propor o credenciamento daquelas entidades privadas com fins públicos (terceiro setor) no Ministério da Justiça, o que "facilitaria e desburocratizaria" o processo. Nosso passado recente mostra como as subvenções sociais para entidades credenciadas sem critérios técnicos eram a expressão dos mais puros clientelismo e patrimonialismo, e uma das críticas feitas por representantes da sociedade civil ao projeto é exatamente a ausência de um parecer técnico sobre a entidade, pela área na qual ela pretende atuar.[31] Aqui, vale sinalizar que a criação de um novo marco legal para as ONGs e organizações sem fins lucrativos — que se tornou a regulamentação das Oscips — era uma requisição desses segmentos, que foi viabilizada por meio do Programa Comunidade Solidária, mas que não incorporou o conjunto das preocupações daqueles setores (Abong, 1998). Por outro lado, é muito tênue a dife-

---

30. O debate da reforma do Estado na área da saúde pode ser acompanhado por meio dos seguintes documentos: "Informação ao Conselho Nacional de Saúde a respeito da proposta de criação das Organizações Sociais" (maio/1997), "Posição do Conselho Nacional de Saúde a respeito da proposta de criação das Organizações Sociais" (maio/1997), "Nota Técnica" (Mare, junho/1997). Nesse último documento, o Mare procura responder às críticas e reafirma sua concepção da reforma. Ver ainda a brochura *Organizações sociais e saúde pública*, produzida pelo Sindicato dos Médicos do Rio de Janeiro e o Projeto Políticas Públicas de Saúde: O potencial dos conselhos da Região Metropolitana do Rio de Janeiro (Andrade & Rechtman, 1997).

31. Embora o CNAS também venha padecendo com o clientelismo quanto à emissão dos Certificados de Entidades Beneficentes de Assistência Social (Cebas). Esta é outra forma de transferência de responsabilidades para a esfera privada, pela via da renúncia fiscal, além das OS (transformação de instituições estatais em privadas) e Oscips (termo de parceria para a prestação de serviços por instituições privadas), já que dão isenção da contribuição para a seguridade social (CFESS, 2001). Um caso de irregularidades na concessão deste certificado e que ganhou notoriedade na imprensa foi o da Legião da Boa Vontade (LBV), sendo que após inúmeros recursos e diligências, o CNAS indeferiu a renovação desta entidade (cf. *O Globo*, 25/11/2001).

rença entre o novo marco legal do terceiro setor e a legislação que regulamenta as organizações sociais, o que poderá gerar tensões e distorções no futuro próximo, já que se criam legislações concorrentes. Na assistência social, é ignorado ainda todo o movimento que rompeu com o padrão de atividade focal, pontual e assistencialista, e que a transformou em política pública e parte da seguridade social, remetendo-a à solidariedade privada,[32] e colocando a Lei Orgânica da Assistência Social (Loas) em situação de extrema vulnerabilidade.

A Previdência Social foi palco de experimentação da chamada reforma gerencial do Estado, rompendo com a administração burocrática. Nesse sentido, foram criadas as *agências transformadas*, nas quais o trabalho é conduzido tendo em vista a produtividade, em torno do acesso dos usuários, conforme os direitos assegurados após a Emenda Constitucional n° 20 e a Lei n° 9.876, de 1999, como se verá adiante. Esta nova dinâmica institucional/tecnocrática extinguiu projetos encaminhados anteriormente, a exemplo dos que eram conduzidos pelo Serviço Social, e criou novos, como o Programa de Estabilidade Social, mais uma vez de cunho fiscal, ou seja, com o objetivo de atrair os trabalhadores autônomos, no sentido de ampliar a base contributiva da Previdência. Em reunião realizada em 17/12/2001, pelo CFESS, os assistentes sociais do INSS, que desencadearam uma forte luta em torno da continuidade de programas que asseguravam a socialização de informações aos usuários da Previdência e desenvolviam trabalhos específicos voltados para os trabalhadores rurais, dentre outros, denunciaram que hoje se encontram à mercê da disposição das gerências para realizar um trabalho voltado para a cidadania. Mas a pressão é pela diminuição de custos, dentro de uma lógica fiscal, que tem uma repercussão institucional. O critério para aferir a eficiência não é o da cidadania.

Nessa nova arquitetura institucional tem-se, portanto, que o cidadão de direitos se torna cidadão-cliente, consumidor de serviços de organizações, cujo comportamento se pauta por uma perspectiva empresarial, com a apresentação de resultados. Priorizar a quantidade em detrimento da qualidade, para justificar mais recursos é, a meu ver, uma prática que poderia resultar deste processo. Por outro lado, a "reforma" fala sobre o controle social, mas não aponta os mecanismos para sua viabilização, ao mesmo tempo em que ignora a construção dos conselhos paritários e delibera-

---

32. Sobre a apropriação da idéia de solidariedade como elemento ideológico central do ajuste neoliberal, consultar o trabalho de Gusmão, 1998.

tivos de políticas públicas e de defesa de direitos, que hoje existem na maior parte dos municípios brasileiros. Qual é o seu papel nessa reforma, qual é o seu destino? Essa questão não parece ser tão relevante na agenda do governo federal. Em outro trabalho de Bresser Pereira (1997: 36-40), fica mais clara a concepção do controle social no projeto em curso. Para ele, os mecanismos de democracia direta, a exemplo dos conselhos, vêm em segundo lugar, numa espécie de hierarquia de possibilidades que vão das mais gerais até as específicas (gerenciais e burocráticas dentro das instituições). Nessa direção, o mercado

> "é o melhor dos mecanismos de controle, já que através da concorrência obtêm-se, em princípio, os melhores resultados com os menores custos e sem a necessidade do uso do poder, seja ele exercido democrática ou hierarquicamente. Por isso, a regra geral é a de que, sempre que for possível o mercado deverá ser escolhido como mecanismo de controle." (Bresser Pereira, 1997: 37)

Pelo exposto, procede a crítica de Montaño, para quem o programa de publicização e os objetivos de fundo da "reforma" referem-se à:

> "diminuição dos custos desta atividade social — não pela maior eficiência destas entidades, mas pela verdadeira precarização, focalização e localização destes serviços, pela perda das suas dimensões de universalidade, de não-contratualidade e de direito do cidadão, desonerando o capital." (2001: 84).

Ou seja, o que se altera é a *modalidade de resposta à questão social*, agora ajustada aos imperativos da dinâmica passiva de inserção econômica no capitalismo contemporâneo, mas a partir dos vetores culturais e políticos marcantes da história brasileira. A posição de Soares (2000), a qual reitero, é a de que as organizações privadas, tão reificadas pela "reforma" como se viu, não têm escala para prestar serviços da magnitude dos necessários ao país. Os municípios, por sua vez, em sua maioria, também não possuem estrutura para isso. Daí decorre a necessidade de políticas nacionalmente articuladas e abrangentes, o que é incompatível com o ajuste neoliberal em curso. Para uma construção nessa direção é preciso reforçar os espaços de resistência e de esperança, dando seqüência à luta social e consistência a um projeto nacional que vá numa direção contrária ao darwinismo social do neoliberalismo. Assim, tudo parece convergir para a idéia de Salama & Valier (1997), de que a agenda neoliberal não comporta uma solidariedade real, que implicaria uma mudança do perfil da distribuição de renda e, acrescentaria, da riqueza, especialmente no Brasil.

BRASIL EM CONTRA-REFORMA

Pelo exposto, não é surpreendente o "não-lugar" atribuído à seguridade social no PDRE, já que se tratou de uma expressão clara da direção que se pretendeu imprimir: anticonstitucional e antidemocrática, privatizante e focalista. Vejamos mais de perto, considerando estas tendências gerais da relação entre ajuste neoliberal e seguridade social pontuadas acima, dois aspectos que exemplificam a sua operação no Brasil, integrando a orientação geral, essencialmente fiscal, do PDRE: a revisão dos direitos previstos na Constituição, que implicou *perda ou restrição* do acesso às políticas de seguridade social, sempre setorializadas, segundo o enfoque adotado; e a relação entre ajuste fiscal e financiamento da seguridade social. Parece-me que estes são processos emblemáticos — embora existam outros, a exemplo da questão da efetivação dos mecanismos de controle social, no contexto de uma gestão democrática da seguridade social pública[33] — quanto a demonstrar os impactos da contra-reforma do Estado dos anos 1990, que deixou a marca da obstaculização/inviabilização da seguridade social pública, tal como foi concebida pela Constituição de 1988.

3.1. Os direitos sociais: Perda ou restrição

A "reforma" da Previdência Social foi e é, considerando que em alguns poucos aspectos, para o projeto neoliberal, permanece inconclusa,[34]

---

33. Neste aspecto, pode-se vislumbrar também óbices ao conceito constitucional. O exemplo maior disso foi a extinção do Conselho Nacional de Seguridade Social, que possuía a atribuição de totalizar a discussão da seguridade social pública, para além da dinâmica setorial. Numa "canetada" o Conselho foi extinto em 1998, sempre com o argumento dos custos e após um longo esvaziamento promovido pelo governo, fato que mostra a relação destrutiva deste projeto com a determinação da Constituição de 1988. A definição, por meio da Medida Provisória n° 1.473, de 15/4/97, de que a Conferência Nacional de Assistência Social passaria a ser realizada a cada quatro anos e não a cada dois, passando por cima do CNAS e da Conferência de 1997, é um outro exemplo. Outras questões acerca da dinâmica e tensões no âmbito da experiência dos conselhos, neste ambiente pouco democrático do Brasil dos anos 1990, podem ser encontradas em Raichelis (1998), Boschetti (2001) Bravo & Pereira (2001) e Behring (2001b).

34. A exemplo da contribuição dos aposentados do serviço público, o que mostra até onde pode chegar a perversidade deste projeto, apresentado quatro vezes seguidas, mas aprovado no Congresso na última vez, por meio da Lei n° 9.783/99. Essa proposta foi derrotada no Supremo Tribunal Federal, que considerou o desconto como um confisco (Faleiros, 2000: 111). Vale dizer que em muitos estados da federação esta contribuição foi instituída com o estímulo do governo federal na era FHC. Lamentavelmente, o projeto de "reforma" da Previdência do governo Lula segue a mesma lógica contra-reformista anterior. Cf. Boschetti e Behring, 2003, onde fazemos

um elemento-chave — ao lado do PCS e seu incentivo ao setor público não-estatal — do PDRE. Segundo o Plano, esta seria a primeira medida estratégica do governo Cardoso. No entanto, as "reformas" econômicas sobrepuseram-se à da Previdência em função das fortes resistências de segmentos dos trabalhadores e do movimento dos aposentados, com alguma repercussão no Congresso Nacional. Na verdade, a divulgação de que existiria um déficit da Previdência e o anúncio de medidas já vinha se dando no contexto da crise dos anos 1980, e Collor fez tentativas sem êxito de aprovar mudanças substantivas na perspectiva das reformas orientadas para o mercado, a exemplo do Plano Rossi (Cabral, 2000: 126).

O debate sobre a Previdência Social estendeu-se, de forma mais efetiva, de 1995 — quando o governo Cardoso apresenta a sua proposta com base no Relatório de uma Comissão Especial instituída em 1992 e presidida por Antônio Brito (Salvador & Boschetti, 2002) — a 1998,[35] ocasião da aprovação da Emenda Constitucional n° 20, pelo Congresso. A esta, seguiu-se a formulação de medidas provisórias (sendo a mais importante a de número 1729, de 3/12/98) e de uma legislação complementar ampla,[36] que culmina na Lei n° 9.876, de 26/11/99 (mais conhecida como a "Lei do Fator Previdenciário"). Em todo o processo, prevaleceu a lógica fiscal e os argumentos demográficos — as perspectivas de envelhecimento da população e seu impacto sobre a Previdência — combinados ao impulso à previdência complementar, consolidando a dualidade entre uma previdência pobre para os pobres, aqui contribuintes, e uma previdência complementar para os que "podem pagar".

Nesse quadro, observou-se a implementação de mecanismos aparentemente técnicos que, na prática, restringiram ou promoveram a destruição de direitos anteriormente conquistados no âmbito do regime geral da Previdência Social. Com sustentação em Prata (2000), Faleiros (2000), Cabral (2000) e Salvador & Boschetti (2002), é possível fazer um apanhado geral das artimanhas que implicaram perda ou restrição de direitos, concretizan-

---

uma análise das tendências da seguridade social no governo Lula, incluindo a contra-reforma da Previdência Social.

35. Uma análise da posição dos vários atores — empresários, trabalhadores, organismos internacionais e governo — envolvidos no debate acerca da Previdência Social desde os anos 1980 está em Mota, 1995, a partir da p. 180.

36. Um apanhado geral e atualizado até novembro de 2000 da legislação previdenciária encontra-se em Prata, 2000: 61.

BRASIL EM CONTRA-REFORMA

do a lógica fiscal e privatista, ora embutida, ora explícita, na concepção de Previdência Social aprovada, que contrariou flagrantemente o preceito constitucional. Concordo com Faleiros, portanto, quando afirma que tais mudanças "não são, pois, meros arranjos conjunturais para um equilíbrio de caixa, como apregoa o governo, mas um processo de refundação das relações de acumulação e das relações de classe" (2000: 102). Um novo "pacto" desfavorável para os trabalhadores, vale observar.

Onde estão localizadas as perdas efetivas quando se abre o "saco de maldades", conforme admitiu cinicamente o presidente do Banco Central, Gustavo Franco, nos primeiros anos do governo Cardoso? O critério do tempo de contribuição para reconhecimento do direito previdenciário no regime geral prevaleceu, em detrimento do tempo de trabalho, restringindo o acesso de milhões de trabalhadores à aposentadoria, apesar das regras de transição. Aqui, o governo perdeu na definição da idade mínima para usufruto dos direitos, que se combinava ao tempo de contribuição. No entanto, as regras de transição retardaram a entrada de milhões no sistema ao instituir um elemento multiplicador, ou seja, trabalhadores que precisariam contribuir 10 anos para se aposentarem, passaram para 12 anos ou de 15 para 18 anos, no caso da aposentadoria integral; e 10 para 14 anos ou 15 para 21 anos para aposentadoria proporcional (Prata, 2000: 12). Ao lado disso, instituiu-se o teto máximo de benefícios, hoje de R$ 1.869,34, numa medida clara de estímulo ao recurso à previdência complementar privada.[37] Os professores universitários perderam o direito de se aposentarem com o tempo de contribuição reduzido, sendo tratados de forma diferenciada dos demais professores. A aposentadoria especial, devida aos trabalhadores expostos a condições em que sua saúde e integridade física estejam ameaçadas, antes era concedida com base em uma lei que definia a relação dos agentes nocivos; após a "reforma", essa lista passa a ser definida pelo Executivo, e uma ordem de serviço interna retira o direito daqueles

---

37. A qual ainda está sendo regulamentada em vários aspectos. Com a aprovação recente da Lei Complementar n° 109, há uma expectativa de crescimento deste setor, segundo informação do Ipea (2001: 27-9), embora permaneça a necessidade de mais regulamentação e um contencioso acerca da natureza das instituições de previdência privada, que reivindicam mecanismos de renúncia fiscal para o desenvolvimento de suas atividades, a exemplo de descontos no Imposto de Renda. Soares (2003) mostra o quanto o programa de governo de Lula estava comprometido com essa mesma direção de estímulo dos fundos de pensão e da previdência aberta. Um bom apanhado dos termos do debate sobre as mudanças na previdência propostas pelo governo Lula está em Morhy (org.), 2003.

trabalhadores que, segundo a empresa, utilizaram equipamentos de proteção. Tais aspectos, segundo Prata, são lesivos aos direitos dos trabalhadores, e a aposentadoria especial tem sido um foco de controvérsias jurídicas. A reforma criou uma inusitada figura para restringir a pensão por invalidez: o "inválido emancipado" — aquele que após a reabilitação adquiriu condições de trabalhar em outro tipo de função; mas nada garante que este trabalhador, que perdeu seu emprego por acidente, conseguirá um novo trabalho, ainda que em outra função. O auxílio-reclusão e o salário-família passaram a ser de acesso apenas dos que têm salário de contribuição inferior ou igual a R$ 398,48 na época da reforma,[38] sendo o último associado à permanência dos filhos na escola, uma novidade introduzida em consonância com o espírito do Bolsa-Escola.

Segundo Prata, o cálculo dos benefícios previdenciários tornou-se complexo e inacessível para os trabalhadores, já que percorre uma série de procedimentos técnicos, previstos na Lei nº 9.876, de 26/11/1999 (Plano de Benefícios e Custeio da Previdência Social/Lei do Fator Previdenciário): cálculo da média dos salários de contribuição do segurado; cálculo do fator previdenciário; cálculo do fator de transição; cálculo do salário de benefício; e, finalmente, cálculo da renda mensal de benefício. O período que entra nesses cálculos foi alongado, contrariando a Constituição, que previa uma conta pela média dos últimos 36 salários de contribuição do trabalhador, corrigidos monetariamente. Nas novas regras, o cálculo passa ser com base na média aritmética simples dos maiores salários de contribuição correspondentes a 80% de todo o período contributivo, o que tende a baixar o benefício, ao final. O fator previdenciário é a aplicação dos princípios atuariais, típicos da previdência privada, na previdência pública.[39] Conforme Prata (2000: 31),

> "O princípio da proposta é simples: quem se aposenta mais tarde ganha, quem se aposenta mais cedo perde. Dependendo da combinação de idade, tempo de contribuição e expectativa de sobrevida do segurado, se o fator previdenciário ficar abaixo de 1 (reduz a média salarial), igual a 1 (mantém a média salarial) ou acima de 1 (aumenta a média salarial)."

---

38. Este valor foi corrigido e hoje está em torno de R$ 500,00. O fundamental aqui é que tais valores, assim como o teto para a aposentadoria, não estão indexados pelo salário mínimo.

39. Fato que é também ressaltado por Salvador & Boschetti (2002: 15 e 17). Estes autores mostram ainda a coerência entre a proposta da "reforma" no Brasil e as orientações das agências multilaterais (2002: 12-4).

Ou seja, criou-se uma espécie de prêmio pela permanência no mercado de trabalho, com a aplicação do fator previdenciário, numa espécie de revanche tecnocrática contra a derrota que o governo sofreu na questão da idade mínima. Para Salvador & Boschetti (2002: 17), este "incentivo à permanência em atividade do trabalhador" implica conseqüências para a conformação do mercado de trabalho. Melhor dizendo, se as mudanças no mundo do trabalho, com o crescimento da precarização e da informalidade, repercutem com força na Previdência, as mudanças na direção proposta — que estão longe de ser a única possibilidade, como quer fazer pensar o discurso hegemônico — redesenham o mercado de trabalho, numa via de mão dupla. Isto porque, segundo este estudo, este novo formato agrava a dificuldade de absorção de novas pessoas no mercado de trabalho, numa conjuntura de emprego escasso (2002: 18). Para fundamentar o argumento, o estudo aponta: 1) que a mudança para a lógica do tempo de contribuição incentiva a aposentadoria por idade, em função das dificuldades dos trabalhadores de baixa renda provarem o tempo de contribuição, em função da rotatividade no emprego; 2) as regras da aposentadoria proporcional retardam a permanência de trabalhadores no emprego; e 3) a redução do valor dos benefícios, faz com que os aposentados permaneçam no mercado buscando complementar sua renda — há cerca de 5,3 milhões de aposentados inseridos no mercado (2002: 22). Os autores mostram que "a evolução da quantidade de aposentadorias concedidas pelo INSS no período de 1996 a 2001 aumentou 80% no critério 'aposentadoria por idade' e uma redução de 67% nas 'aposentadorias por tempo de contribuição'" (2002: 21). Dessa forma, fica inviabilizada uma solidariedade intergeracional, que seria possível no contexto da transição demográfica brasileira (2002: 14), bem como uma perspectiva de reforma que tivesse como direção a diminuição da jornada de trabalho, no sentido de gerar emprego para um maior contingente de pessoas (2002: 20). Tudo isto num país de industrialização retardatária, no qual há uma estrutural subutilização da força de trabalho!

Retomando a questão do fator previdenciário, para Faleiros os trabalhadores perdem dinheiro em seus benefícios, que são nivelados por baixo (2000: 108). Os demais cálculos, por sua vez, também têm implicações em termos de perdas para os segurados da Previdência Social. Na etapa final de cálculo da renda mensal, estabelece-se um terceiro redutor, além da média salarial e do fator previdenciário, à medida que estão previstos percentuais a serem aplicados sobre o salário de benefício, dependendo da trajetória do segurado, de forma que ele poderá não receber o benefício integralmente (Prata, 2000: 34). O seguro de acidentes de trabalho (SAT), vale lembrar, também foi remetido para a iniciativa privada a partir da Emenda Constitucional nº 20/98 (Cabral, 2000: 132, Faleiros, 2000: 104 e IPEA, 2001: 29-31).

Prata também aponta o impacto da flexibilidade da remuneração sobre os benefícios futuros dos trabalhadores, bem como sobre a contribuição presente: "Não temos dúvidas de que as mudanças nos cálculos previdenciários atendem a critérios mais fiscais que sociais. A obsessão é reduzir ou eliminar o suposto déficit da Previdência Social para aumentar o chamado superávit primário para pagar os insuportáveis juros das dívidas interna e externa" (2000: 37). Para ele, perderam os pobres — em nome dos quais a proposta foi feita —, a classe média, as mulheres (que perderam como trabalhadoras e como gênero), os professores e os trabalhadores das áreas insalubres. Houve uma ação direta de inconstitucionalidade em relação à instituição do fator previdenciário, rejeitada pelo Supremo Tribunal Federal (por dez votos a um), em nome do equilíbrio financeiro da Previdência. Prata chama a atenção para o fato de que aqueles que contribuíram durante anos para a Previdência e deixaram de fazê-lo, porque foram empurrados para a informalidade ou o desemprego, encontram-se sem nenhuma cobertura, até porque o direito ao benefício assistencial tem critérios de acesso muito restritivos, associados à capacidade para o trabalho e a segmentos específicos. Antes da "reforma", estes cidadãos e seus dependentes possuíam alguns direitos, que foram cancelados.

Em relação à assistência social, também é possível observar a perda ou restrição dos direitos constitucionais que foram posteriormente regulamentados na Lei Orgânica da Assistência Social (1993). Os direitos assistenciais não são contributivos e materializam-se por meio dos benefícios continuados e eventuais, serviços, programas e projetos (Boschetti, 2001: 50-4). Segundo a detalhada pesquisa de Boschetti (2001), as inovações originais que acompanharam a incorporação da assistência social no conceito brasileiro de seguridade social pública foram seguidamente afrontadas, a partir de uma perspectiva focalista e seletiva, em nome de supostas prioridades, a começar pela instituição do, já referido, Comunidade Solidária. Dessa forma, o que se viu foi a redução ou manutenção em ritmo estático do acesso aos direitos assistenciais.

Vale lembrar que a Loas já nasceu sob o tacão do ajuste fiscal, cuja maior expressão foi a definição do corte de renda de um quarto do salário mínimo *per capita* de uma família inteira para um portador de deficiência ou idoso com mais de setenta anos, pertencente a esta família, fazer valer seu direito de acesso ao Benefício de Prestação Continuada (BPC). Este, por sua vez, só começa a ser implementado a partir de 1996 — três anos após a aprovação da Loas. Já houve, portanto, naquela ocasião — quando Cardoso era ministro da Fazenda — a definição de um critério restritivo, ao passo que um amplo universo de atores envolvidos com a assistência social, inclusive os assistentes sociais, falavam de um ou meio salário mínimo *per capita*, tendo em vista uma cobertura maior dos benefícios.

O estudo de Boschetti (2001: 61) mostra as tendências de redução dos atendimentos financiados via Fundo Nacional de Assistência Social (FNAS) e o caráter residual de seu alcance. Dessa forma, a lógica fiscal e segmentar sobrepõe-se à universalidade que deveria orientar a implementação da Loas. No caso do BPC, benefício que só pode ser acessado caso não haja na família nenhuma pessoa beneficiária da Previdência Social ou do seguro-desemprego, instituiu-se na Loas que poderia ser acessado por idosos com setenta anos ou mais, idade que seria diminuída em 48 meses para 65 anos. No entanto, por Medida Provisória, depois transformada na Lei nº 9.720, de 30/11/98, a idade foi fixada em 67 anos, restringindo o acesso ao direito. Segundo Boschetti, em 2000, o BPC cobria apenas 15,82% dos idosos e 24,4% dos portadores de deficiência, considerando o universo estimado pela PNAD/95, que trabalha com o corte de meio salário mínimo *per capita* (2001: 63). Os benefícios eventuais (auxílio funeral e natalidade, além de outros voltados para situações emergenciais) sequer foram regulamentados, seja por proposta do governo, seja pelo Conselho Nacional de Assistência Social (CNAS). O estudo mostra a queda dos atendimentos nos serviços de ação continuada (creches, PPD e idosos), especialmente para pessoas portadoras de deficiência (PPD), para os quais os atendimentos caíram de 9% em 1989 para 4,9% em 1999 (2001: 64), bem como a redução dos projetos de combate à pobreza. O Programa de Erradicação do Trabalho Infantil (Peti) foi o que teve o crescimento mais considerável, mas, ainda assim, atingia apenas 10,62% do universo possível, em 1999 (Boschetti, 2001: 67). Considerando a rigidez da desigualdade e dos números da pobreza no Brasil, amplamente sinalizados pelo último censo, Boschetti conclui que "a atuação do poder público federal na normatização das ações e, sobretudo, na liberação de recursos, é absolutamente tímida ante a drástica situação de miséria e desigualdade imperante no Brasil" (2001: 67). Daí decorre sua caracterização de que os direitos assistenciais conviveram numa dialética entre a originalidade, no campo dos princípios inéditos previstos em lei, e o conservadorismo — resistência à implementação do marco legal, por parte do governo Cardoso e sua base social de apoio.

Para o propósito deste livro, o que cabe sublinhar é a restrição do que já era restrito no âmbito da assistência social, a partir das lógicas fiscal e da capacidade para o trabalho,[40] assumidas pelo governo federal. Estas também se combinam à responsabilização da enaltecida — e sempre concebida de forma indiferenciada — sociedade civil, para a qual são transferidas as ações no campo assistencial, com o que se cria uma situação na qual o que seria direito termina por perder-se no poder discricionário e opaco dos critérios privados, configurando o retrocesso antes apontado.

No campo da saúde, por sua vez, o conceito de universalização excludente confirma-se por meio da dualização: um sistema pobre para os pobres e um padrão de qualidade maior para os que podem pagar pelos serviços mais corriqueiros, já que os atendimentos mais sofisticados e de alta complexidade permanecem no setor público, sendo inclusive utilizados pelo setor privado, especialmente com a criação das organizações sociais, como já foi sinalizado anteriormente. Já atendimentos de média complexidade e que requisitam tecnologia de ponta, muitas vezes restringem-se ao setor privado, o que torna seu acesso mais difícil por parte da maioria da população. Assim, aqueles usuários que deveriam ser atendidos no setor privado terminam ocupando vagas no setor público, numa privatização indireta, e ficam sem cobertura de determinados atendimentos segmentos que não podem pagar a oferta privada. A privatização induzida nesta política, por meio do estímulo aos planos de saúde e aos convênios, tende a torná-la um problema de direito do consumidor e não um problema de direito social para parcela significativa dos brasileiros. Isto ocorreu apesar de os mais

---

40. A lógica da capacidade para o trabalho preside a gestão dos benefícios assistenciais, o que vem sendo sinalizado seguidamente por Boschetti (2001, 2000 e 1999). Um forte exemplo dessa lógica pode ser identificado no primeiro processo de revisão, previsto pela Loas, do Benefício de Prestação Continuada, no qual foi utilizado um instrumental denominado "Acróstico Social", cuja aplicação rigorosa induzia nitidamente à exclusão de idosos e pessoas portadoras de deficiência do acesso ao benefício, considerando a capacidade para o trabalho. A revisão talvez explique a pouca ampliação do número de usuários nos últimos anos. O Conselho Federal de Serviço Social — CFESS, organização política dos assistentes sociais, manifestou-se em relação a este processo, denunciando as possibilidades de exclusão apontadas por meio do documento "A revisão do BPC: a posição do CFESS", o que certamente influiu nas modificações introduzidas neste instrumental quando da segunda revisão, bem como na decisão de que o processo não fosse implementado por leigos. A partir da nova revisão, os assistentes sociais passaram a fazer o trabalho (cf. CFESS, abril de 2000 — www.cfess.org.br).

pobres — em número cada vez maior — e com menos organização política e poder de pressão dependerem basicamente dos procedimentos no setor público.

Dessa forma, apesar dos dez anos de existência do SUS e sua implantação em 5.427 municípios, as reformas orientadas para o mercado e a compressão do gasto público social — mesmo com a criação da CPMF e a aprovação da PEC-86/2000 — não foram capazes de assegurar os princípios da universalidade, da integralidade e da eqüidade, que nortearam sua concepção original. Documento do Conselho Nacional de Saúde (2000)[41] mostra alguns dados de uma pesquisa realizada pelo Ministério da Saúde em convênio com o IBGE, em 1998. Tem-se, então, que 39 milhões de brasileiros estavam cobertos por planos privados de saúde, ao passo que cerca de um terço da população brasileira não tem serviço de saúde de uso regular, por indisponibilidade de senha ou vaga ou por falta de médicos (principais motivos indicados), dificuldade de transporte para chegada ao local de atendimento ou falta de recursos para pagá-lo e incompatibilidade entre horários de atendimento e trabalho. O documento faz ainda o seguinte inventário de dificuldades do SUS:

> "Hoje, o acesso do usuário ao SUS ainda está comprometido por alguns entraves persistentes: insuficiente oferta de vagas nos serviços básicos, secundários, terciários; oferta deficitária de exames complementares de pequena, média e alta complexidade; dependência de serviços pactuados entre municípios e capitais, cuja oferta não tem sido suficiente para a cobertura da demanda; o problema da fila dupla, que fere frontalmente os princípios da universalidade e da eqüidade; ausência de mecanismos de controle para aferir o grau de investimentos na saúde (financiamento, qualidade e grau de resolutividade do sistema); aumento de demanda ocasionado pelos problemas sociais, sem a devida ampliação da capacidade de atendimento; falta de compromisso de parte dos gestores com a implementação do SUS, com graves conseqüências para o usuário." (CNS, 2001: 5)

Este documento, aprovado pelo plenário do CNS, foi construído como um contraponto crítico à posição do Ministério da Saúde, segundo a qual a concepção de humanização do acesso aos serviços era adstrita à boa re-

---

41. Este documento, intitulado "Efetivação da acessibilidade e humanização da atenção à saúde no SUS", foi produzido por um grupo de trabalho instituído pelo CNS, e contou com uma substantiva contribuição do CFESS, nele representado por Zenite Bogéa.

cepção por parte dos recursos humanos disponíveis, ou seja, descolada das condições reais nas quais o sistema é operado, com suas inúmeras dificuldades. Outro documento do CNS sinaliza que o SUS gasta 17,00 reais por pessoa ao mês, considerando toda a população brasileira — 164 milhões de pessoas, em 1999. O documento denuncia o baixo investimento em contraste com uma produtividade impressionante, a exemplo de: 1,5 bilhão de atendimentos ambulatoriais; 12,5 milhões de internações hospitalares (mais de 80% de todas as internações do país); 2,6 milhões de partos e 660 mil cesarianas; 5,6 milhões de sessões de hemodiálise (a quase totalidade realizada no país); realização de 85% dos procedimentos de alta complexidade e custo no país (transplantes, diárias de UTI, cirurgias cardíacas, tomografias, neurocirurgias, dentre outros). Este raciocínio coloca em questão a eficácia e a qualidade dessas intervenções em condições adversas, consideradas as dificuldades antes expostas, e sublinham a idéia de um sistema pobre para os pobres e outro para os que podem pagar. Um outro aspecto aqui é o da comparação entre o perfil epidemiológico complexo das doenças (combinação de "doenças da pobreza" e "doenças da modernidade" com a superposição de riscos antigos e novos) e o despreparo da estrutura de saúde existente, donde decorre uma inefetividade do sistema agravada pelos parcos investimentos (Barreto & Carmo, 2000: 247-58).

Do ponto de vista institucional, tendo em vista as orientações flexibilizadoras e gerenciais da "reforma" do Estado, os impactos sobre o SUS vêm se dando com implicações que ainda não estão suficientemente avaliadas, segundo Costa (2001). Analisando a situação de 23 hospitais públicos no Rio de Janeiro e São Paulo, Costa aponta que 47,8% deles adotaram formas de administração flexíveis, tais como: constituição de fundações de apoio para captação de receitas; cooperativas de profissionais médicos que vendem serviços para as entidades públicas (Ex.: PAS — São Paulo); e a mudança de regime jurídico para organizações sociais. Seu estudo conclui que esta é uma experiência cuja avaliação ainda está em aberto e há baixo consenso sobre sua capacidade de provisão de serviços, bem como sobre a capacidade de o Estado regular efetivamente esta provisão gerida por terceiros. Um dos problemas levantados por este estudo é justamente a condição do direito. Segundo Costa (2000: 19), a flexibilização da gestão pode constituir uma

> "ameaça aos direitos dos cidadãos de acesso a utilização de bens públicos pela criação de mecanismos alternativos ao quase-mercado para financiamento de organizações situadas no terceiro setor. Esta ameaça tem recoloca-

do na agenda a discussão das atividades estratégicas as quais o Poder Público não pode submeter a mecanismos de mercado pela ameaça à eqüidade e à justiça distributiva."

3.2. O financiamento da seguridade social e ajuste fiscal

No item anterior observou-se a perda ou restrição dos direitos sociais constitucionais, o que foi justificado, de maneira geral, em nome do equilíbrio fiscal — tanto quanto as privatizações e flexibilidades introduzidas nas relações de trabalho analisadas anteriormente. O objetivo agora é mostrar a correspondência entre esses processos e o financiamento efetivo da seguridade social pública. Nesse sentido, a perda ou restrição de direitos, com implicações vitais para a população brasileira, está associada à macroeconomia do Plano Real, que impõe uma lógica de gestão de recursos segundo a qual eles são restritos para os investimentos do Estado e generosos para o pagamento dos encargos financeiros da União, o que veio atingindo em cheio a área social ao longo da década, especialmente nos governos Cardoso. Para assegurar seguidos superávits primários e cumprir os acordos com o FMI (Inesc, 2001 e 2002), há uma penalização generalizada da seguridade social, que poderia realizar uma cobertura muito mais ampla e, aí sim, verdadeiramente solidária, caso esse imenso volume de recursos não fosse canalizado para a ciranda financeira internacional.

Hoje, pode ser identificado um crescimento vegetativo dos recursos para a seguridade social — abaixo do crescimento da arrecadação do governo federal (BNDES, 2001) e da potencialidade de alocação de recursos na seguridade social, como se verá adiante, e também abaixo do crescimento da população brasileira e de seu universo real de necessidades. O crescimento é vegetativo porque está diretamente relacionado à apropriação indébita dos recursos a princípio destinados para a área social. Para justificar esta tendência, vários argumentos vêm sendo difundidos: o déficit da Previdência — uma grande falácia; ou a idéia de que o problema do gasto social não é de volume, mas de sua eficácia, como justificativa para sua pequena — frente às possibilidades — ou nenhuma ampliação.[42]

---

42. Vou discutir neste item o orçamento da Seguridade de uma maneira geral, em sua relação com a política econômica e o processo de endividamento. Quanto às políticas setoriais que compõem a seguridade social, há vários estudos, dos quais destaco o acompanhamento que a Comissão de Orçamento do Conselho Nacional de Saúde vem realizando na área, exposto em

O resultado é a falta de cobertura para milhões de pessoas, que se situam entre os extremamente pobres e indigentes, atingidos pelos programas seletivos da assistência social e do PCS, e os que têm cobertura previdenciária/assistencial (benefícios) — que contabilizavam em torno de 20.032.858 milhões de pessoas em 2001, segundo o Anuário Estatístico da Previdência Social (citado em Anfip, 2002), num país onde se estima que existam cerca de 26 milhões de indigentes e 53 milhões de pobres revelados pelo Censo 2000. Vale notar que a cobertura da proteção social, por meio dos benefícios previdenciários e assistenciais — onde se incluem também os trabalhadores rurais — é ampla, mas ainda insuficiente diante do universo de demandas. E sua extensão depara-se com obstáculos claros. Vejamos o que ocorreu com o financiamento da seguridade social pública no contexto do ajuste fiscal na era Cardoso.

A Assessoria de Estudos Sócio-Econômicos da Associação Nacional dos Auditores Fiscais da Previdência Social — Anfip, categoria cuja especialidade propicia uma visão privilegiada da lógica e dinâmica previdenciária, realizou um interessante balanço das receitas e despesas, ou seja, das contas da Seguridade Social, incluindo o Regime Geral da Previdência Social, publicado em 2002. As conclusões do estudo — baseado no fluxo de caixa do INSS e nos dados do Siafi — vão na seguinte direção: há saldo positivo no sistema agregando-se os benefícios previdenciários contributivos e assistenciais e até a previdência do setor público federal (apesar de ser uma agregação conceitualmente distorcida), *quando os recursos arrecadados são efetivamente alocados para os seus fins*, no orçamento da Seguridade. O estudo mostra que a receita da Seguridade Social em 2001 foi de R$ 136,8 bilhões, e a despesa foi de R$ 105,4 bilhões, o que remete a um saldo de R$ 31,4 bilhões superior ao saldo de 2000, que também foi positivo. A Anfip aponta que o saldo positivo de 2000 foi alocado pelo Tesouro Nacional para uma série de outros fins, fora da Seguridade Social, dentre os quais o pagamento de encargos da dívida pública. Os auditores fazem um exercício, agregando também a receita oriunda do PIS/Pasep, com o que chegam a

---

relatórios mensais, com o estímulo e a participação de Elias Antônio Jorge; as análises de conjuntura do Ipea, publicadas no *Boletim Políticas Sociais: Acompanhamento e Análise*; o trabalho de Ivanete Boschetti (2001: Capítulo 2) sobre o financiamento da assistência social; o trabalho do Inesc de monitoramento do orçamento da União, com inúmeras publicações e notas técnicas, e as publicações da Anfip sobre a Seguridade Social.

uma receita arrecadada de R$ 152,3 bilhões, para uma despesa de R$ 142,2 bilhões, incluindo os programas dos Ministérios do Trabalho e da Educação. Permanece, portanto, um saldo positivo de R$ 10,1 bilhões.

Para os auditores, esse saldo seria muito maior, caso a contribuição previdenciária devida à União fosse efetivamente cobrada dos devedores — as empresas que descontam do trabalhador, mas não repassam para a Previdência. Esta avaliação é compatível com a dos técnicos do Ipea, segundo os quais o debate sobre a dívida pública vem sendo feito de forma "incompleta", quando não considera que a dívida ativa para com o INSS elevou-se em cerca de 291% em termos nominais (Ipea, 2001: 21), entre 1996 e 2000. Em 2001, segundo o Ipea, a dívida ativa chegava a aproximadamente R$ 115,0 bilhões, superando um ano de pagamento de benefícios![43] Para o IPEA, só foi possível obter essa visibilidade da dívida — que chega, em 2000, a 6,73% do PIB — a partir de uma melhoria da fiscalização, fazendo-se necessário, a partir daí, desobstruir os processos de cobrança dos devedores (2001: 22). Faleiros, com base em dados da Anfip de 1997, também aponta a evasão de recursos da Previdência Social advinda da sonegação, que se situava, já naquele ano, em torno de 30 a 40% da receita potencial (2000: 110).

O trabalho da Anfip detalha a arrecadação e a despesa de cada fonte de custeio da Seguridade,[44] onde se destaca a retenção de recursos pelo Tesouro, a exemplo da Desvinculação de Receitas da União (DRU), instituída para fins fiscais, que incide em 20% sobre toda a arrecadação da União, o que contraria flagrantemente as disposições constitucionais acerca da utilização dos recursos advindos das fontes de custeio da seguridade, que só poderiam ser mobilizados para seus fins, a exemplo do que determina o artigo 167, inciso XI, segundo o qual é vedada "a utilização dos recursos provenientes das contribuições sociais de que trata o Art. 195, I, a, e II, para a realização de despesas distintas do pagamento de benefícios do regime geral de Previdência social de que trata o Art. 201". A DRU, instituída em

---

43. E hoje chega a R$ 153 bilhões, segundo dados divulgados pelo Ministério da Previdência do governo Lula, que pela primeira vez mostrou na imprensa a lista dos devedores, que inclui segmentos expressivos do empresariado brasileiro, em maio de 2003.

44. As fontes de arrecadação para o orçamento da Seguridade são as seguintes, conforme a classificação da Anfip: Cofins, contribuição sobre o Lucro Líquido, Arrecadação Previdenciária Líquida, CPMF, Outras receitas do INSS, Concurso de Prognóstico, Receita Própria do Ministério da Saúde e outras contribuições sociais.

1999, com validade até 2003,[45] é a versão recente do Fundo Social de Emergência (1994) e do Fundo de Estabilização Fiscal (1997), com algumas poucas inovações que podem ser acompanhadas pelo esclarecedor trabalho de Fraga (2000).

Em sua análise do Projeto de Lei Orçamentária Anual, apresentado em 1999 ao Congresso Nacional, Fraga mostra o impacto da DRU no financiamento da área social: o Regime Geral da Previdência Social perdeu R$ 10,5 bilhões; da arrecadação da CPMF, destinada, no início, integralmente ao financiamento do SUS (0,20 sobre a base de cálculo), e posteriormente, com a crise de 1999, para a Previdência básica (0,18% sobre a base de cálculo), a DRU consumiu R$ 3,4 bilhões;[46] a Educação teve um prejuízo de R$ 2,6 bilhões com a DRU; e o Fundo de Amparo ao Trabalhador, perdeu R$ 1,8 bilhão. Estes números partem da análise do projeto de lei, mas eles são emblemáticos da sangria de recursos que vem ocorrendo desde 1994, com o FSE, e da natureza anticonstitucional desta medida. O autor mostra como o Orçamento da Seguridade transfere recursos para o Orçamento Fiscal, quando deveria ocorrer o inverso apenas em situações deficitárias. O alegado déficit da seguridade, na verdade, vem sendo fabricado por este mecanismo perverso. Fraga mostra que a DRU tem sido destinada ao pagamento de pessoal e encargos sociais da União, o que tem forte apelo junto aos parlamentares para sua aprovação. No referido projeto de lei, de cerca de R$ 41,5 bilhões desvinculados pela DRU, R$ 30,6 bilhões seriam destinados para esta rubrica. O referido estudo desvenda o mistério, mostrando que os recursos da fonte que deveria cobrir estes gastos (Fonte 100 — recursos ordinários de livre remanejamento) estão sendo desviados (81%) para o pagamento de juros e amortizações da dívida. Ou seja, a DRU é, de forma indireta e escamoteada, um desvio de recursos para a ciranda financeira, penalizando a área social.

Esta relação entre orçamento da Seguridade e pagamento dos juros, encargos e amortizações da dívida pública[47] pode ser visualizada na aná-

---

45. Mas que poderá ser estendida até 2007, conforme a proposta de Reforma Tributária do governo Lula.

46. O Tribunal de Contas da União (TCU) determinou a não-desvinculação da receita da saúde, o que foi cumprido em 1999, mas foi ignorado no PL — LOA para 2000, segundo Fraga (2000) e o TCU (2000).

47. Um estudo específico sobre a dívida externa encontra-se em Gonçalves e Pomar (2000). Alguns trabalhos do Inesc são fundamentais para esta discussão, a exemplo de "Proposta de lei orçamentária para 2002 prioriza o pagamento da dívida. Nota Técnica nº 54" (setembro de 2001)

lise feita pelas entidades que compõem a articulação Auditoria Cidadã da Dívida,[48] publicada em 2002. Segundo esta publicação (2002: 11), o orçamento da União previa despesas de R$ 418,5 bilhões, em 2001, dos quais R$ 142,2 correspondiam ao serviço da dívida. As informações, recolhidas da Secretaria do Tesouro Nacional (Siafi), mostram que o montante destinado à saúde (R$ 25,9 bilhões) equivalia a 66 dias de pagamento da dívida; o destinado para a Educação (R$ 17,9 bilhões), correspondia a 45 dias; para Cultura (R$ 0,4 bilhão) equivalia a um dia! Esta correlação tem marcado os anos do Plano Real, sendo que, apesar dos altos encargos financeiros e das privatizações, a dívida cresceu — com destaque para a dívida interna, que se elevou de R$ 59,4 bilhões para R$ 675,0 bilhões (1.036%), segundo informações da Secretaria do Tesouro Nacional e do Banco Central (2002: 15). Este fenômeno se explica pelos juros internos praticados, conforme a natureza da macroeconomia do Plano, já explicitada anteriormente e que têm se mantido em torno de 25%, ficando ao sabor dos humores da equipe econômica do governo, sempre sintonizada com os estados de ânimo do mercado,[49] e apesar dos protestos dos trabalhadores e de segmentos do empresariado. Sobre a dívida externa, apesar do pagamento acumulado nas duas últimas décadas de cerca de US$ 542,8 bilhões, tem-se que ela triplicou no mesmo período, passando de US$ 73,9 bilhões em 1981 para US$ 236,1 bilhões, em 2000. Nota técnica do Inesc (n° 58 — janeiro de 2002) mostra que no segundo mandato do governo Cardoso, incluindo a previsão orçamentária de 2002, onde está sinalizada uma despesa de R$ 115,8 bilhões para juros, encargos e amortizações da dívida pública, gastou-se R$ 405,3 bilhões, o que equivale ao orçamento total de um ano do governo federal, cifra que dá a dimensão da compres-

---

e "Governo impõe arrocho maior que o exigido pelo FMI. Nota Técnica n° 51" (agosto de 2001). Outro trabalho importante sobre este tema é o de Piscitelli & Salvador (2002).

48. São elas: Campanha Jubileu Sul (que inclui entidades como a CUT, CNBB e UNE, dentre outras), Unafisco Sindical, Cofecon, Pacs, Attac etc.

49. O mercado aparece sempre com um estado de ânimo: nervoso, confiante... Ele é despersonalizado, mas, ao mesmo tempo, cheio de vontades que são sinalizadas como um dado incontestável. Vale transcrever fala de Ana Paula Padrão, no *Jornal da Globo*, em 29/5/2002, quando dizia que "os mercados não acreditam que os argentinos sejam capazes de arrumar a casa". Os voluntariosos mercados pressionaram o processo eleitoral brasileiro para que os fundamentos da atual política econômica fossem mantidos, num processo especulativo que levou o Brasil a pedir novo empréstimo de US$ 10 bilhões (*O Globo*, 13/6/2002). O novo governo iniciou correspondendo mais às expectativas do mercado — aumentando a taxa de juros — que às promessas de campanha de baixá-la, pelo que foi criticado pelas centrais sindicais e federações empresariais.

são dos investimentos sociais e produtivos que seriam possíveis, se este recurso permanecesse nos cofres públicos.

Todo esse compromisso com o capital financeiro por parte do governo brasileiro tem sido sustentado também pelo aumento da carga tributária brasileira — que evoluiu de 29,7%, em 1994, para 32,6%, em 2000 (BNDES, 2001: 6) e está em torno de 34% do PIB (Auditoria da Dívida, 2002: 18) —, mas que não se converte em investimentos, conforme procurou-se demonstrar. Essa constatação vem sendo feita pelo Sindicato Nacional dos Auditores Fiscais (Unafisco — Sindical), que denunciou, em 2001, a ausência de uma articulação entre o aumento da receita e a distribuição de renda. Nessa direção, enquanto o secretário da Receita Federal, sr. Everardo Maciel, afirma que foi realizada uma reforma tributária silenciosa, o representante do Sindicato Nacional dos Auditores Fiscais dispara: "A reforma silenciosa do governo FH foi toda voltada para aumentar a tributação dos mais pobres e reduzir a cobrança dos mais ricos" (*Jornal do Brasil*, 1º/7/2001). A matéria mostra uma série de medidas regressivas para os trabalhadores e de favorecimento ao capital e às rendas mais altas.

Um informe da Secretaria para Assuntos Fiscais, do BNDES (2001), corrobora esta tendência de crescimento da carga tributária, numa série histórica que identifica dois momentos de salto: 1967-1969 — o que também é apontado por Martins (1985) — e 1994-2000. Por este trabalho, é possível observar que a tributação sobre bens e serviços — 48,4% da receita total da União em 2000 —, somada à tributação sobre folha de salários — 23,7% da receita total da União no mesmo ano — correspondem à 72,1% da receita global. Enquanto isso, os impostos sobre o patrimônio (3,0%), renda (16,0%) e comércio exterior (2,4%) constituem 21,4% da receita global. Esta correlação mostra que os trabalhadores custearam indireta e diretamente o orçamento federal (BNDES, 2001: 5).

As análises do Tribunal de Contas da União (TCU), por meio dos relatórios aprovados em seu plenário acerca das contas do governo federal, também são documentos oficiais que mostram o descaso para com o acirramento da questão social no Brasil, e corroboram a constatação de que há uma verdadeira sabotagem da Constituição por meio da gestão perversa dos recursos. No Brasil real, conforme revela o relator Homero dos Santos, em 1995 o investimento no programa de alimentação caiu 6,0%; em educação e apoio ao ensino fundamental, caiu 19,95%; em infra-estrutura e saneamento básico, decresceu 21,86%; nos programas de geração de renda e emprego, caiu em 40,95%; e, na assistência social e defesa dos direitos da criança e do adolescente, os recursos foram reduzidos em 82,93%. Nos programas de desenvolvimento urbano, houve um decréscimo de recursos de cerca de 46,47%, enquanto no desenvolvimento rural a queda foi de 67,64%. Estes são dados extraídos do Relatório sobre a Prestação de Contas do Governo Federal de 1995 (10/6/96). Este Relatório já chamava atenção para a remessa de recursos ao exterior (TCU, 2000: 40).

A situação não foi muito diferente no ano de 1996, de acordo com o Relatório sobre a Prestação de Contas do Governo Federal de 1996 (10/6/97), do relator Paulo Affonso Martins de Oliveira. Houve redução de recursos da ordem de 51,86% em saúde e saneamento, em relação a 1995; houve queda de 42,48% na assistência e previdência; caiu também o investimento em educação e cultura, em 12,55%. O relator apontava na ocasião que o Proer — aquele fundo de salvamento do setor bancário — recebeu mais recursos (R$ 14,9 bilhões) que a saúde, e que o Banco Central se recusou a revelar o custo fiscal deste programa. Apontava ainda que o governo federal não foi explícito quanto ao destino dos recursos oriundos dos processos de privatização das estatais. Sinalizava também o achatamento do poder de compra dos salários dos servidores públicos, e ainda manifestava preocupação com o crescimento da dívida ativa (os que devem para a União), em 69%.

O Relatório sobre a Prestação de Contas do Governo Federal de 1997 (16/6/98) foi mais condescendente com o governo federal, mas não deixou de sinalizar uma enorme concentração orçamentária no Ministério da Fazenda, da ordem de 48%, para o pagamento dos encargos das dívidas interna e externa, e de manifestar a preocupação com o crescimento galopante do endividamento, sendo que os gastos para amortização da dívida interna superaram todos os recursos destinados para educação, saúde e saneamento (TCU, 2000: 40), o que confirma as tendências apresentadas anteriormente.

O Relatório sobre a Prestação de Contas do Governo Federal de 1998 (15/6/99), mostra o não-repasse integral da arrecadação da CPMF para o Fundo Nacional de Saúde, e continua manifestando preocupações com a ampliação da dívida. O relato de Valmir Campelo, que elaborou o Relatório sobre a Prestação de Contas do Governo Federal de 1999 (13/6/2000), constata um aumento de 22% dos gastos com juros, encargos e amortizações da dívida pública, que atingiu 51% do PIB, ao passo que a carga tributária naquele ano alcançava 30,8% do PIB. Enquanto isso, o rendimento médio das pessoas ocupadas caiu em 5,7% (TCU, 2000: 40). Com esta série, é possível perceber que as contas foram aprovadas, mas as ressalvas dos relatores revelam e confirmam oficialmente aquelas tendências sinalizadas pelos documentos formulados fora do núcleo do governo.

Para onde se destina o orçamento da União? Para Dain, chamando a atenção para dados do TCU de 1995, "só os juros da dívida pública previstos no orçamento de 1996 são superiores a todos os gastos do Ministério da Saúde" (1996: 51), e sabemos já que esta foi uma tendência contínua ao longo da década. Estes números mostram o grau de desrespeito com que vêm sendo tratadas a área social e a maioria da população no Brasil, a qual não tem condições de satisfação de suas necessidades pela via do mercado, tão desmonetarizada que está, com um salário mínimo que mal cobre a cesta básica alimentar. O relator do TCU, Homero dos Santos, é claro na sua avaliação: "Todas essas substanciais reduções na liberação de recursos para programas considerados essenciais e eleitos pelo próprio governo federal para combater a fome e a pobreza no país demonstram que, de fato, em 1995, a política social não foi prioridade". É bom que se diga ainda que a totalidade destas áreas prioritárias (*sic!*) executou um percentual menor do que o que estava autorizado e previsto na Lei Orçamentária Anual de 1995. É verdade, também, que no primeiro ano de governo, o Executivo está submetido à Lei Orçamentária aprovada no exercício anterior. Todavia, além de o governo FHC ser de continuidade, observa-se que o quadro não mudou nos anos subseqüentes, confirmando, na verdade, uma definida orientação político-econômica.

Uma leitura dos relatórios pode revelar também o quanto o Estado brasileiro é privatizado, clientelista e patrimonialista. Ou seja, mostra aspectos de nossa cultura política, bem como o quanto os preceitos constitucionais de 1988, também em matéria orçamentária, vêm sendo sistematicamente desrespeitados. Senão, vejamos.

A Constituição de 1988 estabeleceu uma sistemática para a questão orçamentária, na qual existe uma relação interativa entre planejamento, orçamento e controles interno e externo, este último, entenda-se, o Congresso Nacional. O processo inicia-se pela formulação do Plano Plurianual — PPA, um planejamento de metas de governo para quatro anos. Este deverá orientar a Lei de Diretrizes Orçamentárias — LDO, que estabelece parâmetros e metas, inclusive físicas, para um ano, e a Lei Orçamentária Anual — LOA, que quantifica valores em relação a programas e seus respectivos executores, ou seja, é o instrumento de operacionalização do orçamento. O processo termina com a prestação de contas no ano seguinte, documentos que são analisados pelo TCU. As três primeiras leis são autorizativas de gastos e a última determina o controle social das contas públicas. Trata-se de um processo interessante de condução da formulação do orçamento, mas que vem sendo esvaziado ou, melhor dizendo, seu espírito geral não vem sendo assegurado pelo governo federal principalmente, mas também por estados, muitos municípios e pelo Legislativo, com raras exceções.

Parece que todos os esforços se voltam para a Lei Orçamentária Anual — na qual são quantificados os gastos a serem autorizados — e os outros procedimentos legais são esvaziados, no que o relator do TCU, Paulo Affonso Martins de Oliveira, caracterizou como "inconsistência da planificação", e que na minha avaliação supõe uma intencionalidade político-econômica de *dispor do e manipular o fundo público* por meio de truques legais e do conhecido "toma lá dá cá". A inconsistência do planejamento associada ao aspecto também apontado no Relatório de 1996, quanto à "inadequação estrutural do sistema de planejamento e a fragilidade institucional do sistema de controle interno", levam a um caos aparente. Nas palavras do relator: "multiplicam-se pelo país afora estradas esburacadas e inadequadas ao volume do tráfego, postos de saúde e hospitais sem condições de atendimento [...], escolas sem professores valorizados [...]".

Talvez a *lógica da desordem* possa ser encontrada, por exemplo, em um item cujos gastos cresceram 627,7% em 1995: o desenvolvimento regional. O governo federal alega que este crescimento — para R$ 41,0 bilhões, quando estavam previstos, para a execução 93-95, R$ 8,5 bilhões aproximadamente para esta função — se deu em razão dos repasses constitucionais para estados e municípios. O argumento é verdadeiro apenas em parte. Não havia previsão orçamentária desses gastos? Acredito que uma observação minuciosa desses gastos poderia nos levar àquelas negociações de interesses regionais e locais em troca de apoio político para a condução das "reformas" que o projeto de ajuste estrutural prevê como condições para a sua efetividade prática. Ainda no Relatório de 1995, aparece um outro indicador interessante e revelador do projeto político-econômico em curso: a única área em que houve um bom desempenho da relação entre o que foi planejado na revisão do PPA pós-*impeachment* e o que realmente aconteceu foi a de *modernização* da produção, como um efeito da redução de custos (renúncia fiscal? perda de direitos sociais? arrocho salarial estimulado pelo e dentro do próprio setor público?) e melhoria dos procedimentos operacionais das empresas, ou seja, reestruturação produtiva. Nos demais setores estratégicos, o desempenho foi fraco, sobretudo naquele denominado como "Eqüalização de oportunidades e crescimento econômico com distribuição de renda".

A partir dos elementos levantados acerca da relação entre financiamento da Seguridade Social e ajuste fiscal, é possível concluir que existe uma forte capacidade extrativa do Estado brasileiro, porém que não está voltada para uma intervenção estruturante e para os investimentos sociais, mas para alimentar a elite rentista financeira. Nessa direção, os investimentos sociais não são, evidentemente, as causas da crise, como insistiam em afirmar os discursos neoliberais mais dogmáticos. O déficit público não está localizado neles, embora, como se viu, tenham sido construídas uma cortina de fumaça ideológica e algumas artimanhas para forjar e justificar este argumento.

O que existiu ao longo desses últimos anos, na verdade, foi um crescimento vegetativo e insuficiente do investimento do Estado em políticas públicas fundamentais — com o que o governo procurou assentar seu compromisso com o social[50] — enquanto a crise fiscal é aprofundada por custos com um setor parasitário. Tratou-se, como foi apontado no Capítulo 1, com base em Chesnais (1996), de uma verdadeira punção de impostos, uma transferência de riqueza para os especuladores. O discurso do presidente da República, proferido em setembro de 1998, na beira do ataque especulativo, em defesa da austeridade e da Lei de Responsabilidade Fiscal, pelo exposto, parece um tanto cínico. Dizia o presidente: "O Estado tem que caber dentro dos recursos que a sociedade lhe dá" (*Jornal do Brasil*, 24/9/98). A sociedade tem dado recursos para além da sua capacidade, sobretudo os trabalhadores, já que o sistema tributário brasileiro está especialmente fundado no consumo. Enquanto isso, a direção da sua aplicação pelo governo foi geradora do mais profundo déficit público vivido pelo Brasil em toda a sua história.

---

50. As propagandas em 2002 nos meios de comunicação sobre os oito anos do Plano Real foram nesta direção. Vale a pena conferir também o suplemento especial sobre os "Sete anos do real: Crescimento com justiça social", um dossiê publicado pelo *Jornal do Brasil*, em 19/7/2001, onde se pode encontrar absurdos como "durante a vigência do Plano Real foi criado o Sistema Único de Saúde" ou observar o papel deste projeto no "combate direto à miséria, ao assistencialismo e à quase cinco séculos de exclusão".

> "*Acho que no Brasil devemos ser pessimistas a prazo curto e otimistas a prazo longo.*"
>
> Incidentes em Antares, Érico Veríssimo

Considerações finais

Ao final deste percurso arriscado, considerando que foram analisados processos recentes, cujas repercussões estão em pleno fluxo, constato que há elementos suficientes para sustentar a principal caracterização desenvolvida ao longo deste livro: a de que esteve em curso no Brasil dos anos 1990 uma contra-reforma do Estado, e não uma "reforma", como apontavam — e ainda o fazem — seus defensores. Uma contra-reforma que se compôs de um conjunto de mudanças estruturais regressivas sobre os trabalhadores e a massa da população brasileira, que foram também antinacionais e antidemocráticas.

Viu-se no Capítulo 1 as pressões para a adaptabilidade, a flexibilidade, a atratividade e a competitividade por parte dos grandes capitais sobre os Estados nacionais. Tratou-se, portanto, de uma adequação forçada, mas com forte sustentação interna, aos processos de reestruturação produtiva e da mundialização do capital. A busca de superlucros no âmbito de um prolongamento da onda longa de estagnação do capitalismo mundial, na verdade, impôs uma refuncionalização do Estado-nação, no sentido de que este facilitasse os fluxos de capital e mercadorias, muito especialmente nos seus elos mais fracos, no contexto de um desenvolvimento desigual e combinado do capitalismo, já que a máxima "faça o que eu digo, mas não o que eu faço" orienta as políticas ao norte da linha do Equador.

A extensão do ajustamento realizado, e, portanto, da destruição engendrada, relaciona-se às relações de classe internas, ao processo político, à densidade do tecido social, ao passaporte de cada nação ao mundo moderno. Nessa direção, procurou-se ressaltar que este processo é mediado pela formação social e histórica de cada país, a exemplo do vínculo dos capitais nacionais aos forâneos, donde justificam-se as observações metodológicas e o percurso do Capítulo 2, no qual busco as interpretações da constituição do capitalismo no Brasil, da formação das classes e do Estado. Ao final desse capítulo, cheguei à conclusão de que o que estamos analisando, embora mantenha elementos em comum com períodos históricos anteriores, a exemplo do conservadorismo político na condução dos processos decisórios e do patrimonialismo, é muito diferente daqueles "saltos para adiante", *modernizações conservadoras* ou processos de *revolução passiva* e "pelo alto" que engendraram a industrialização e a urbanização brasileiras, acompanhados da formação de um mercado interno significativo, embora sempre estreito diante das potencialidades. Diferença que reside no fato de que se tratou de um salto para trás, sem o sentido da ampliação das possibilidades de autonomia ou de inclusão de segmentos no circuito "moderno", diferente das transformações estruturais anteriores, apesar dos limites também destas últimas. Este retrocesso é o que configura uma contra-reforma, por meio da qual houve quebra de condições historicamente construídas de efetivas reformas, dentro de um processo mais amplo de profundas transformações.

Como um foco que vai se aproximando mais, o Capítulo 3 dedicou-se aos antecedentes econômicos e políticos — a crise econômica e o processo de redemocratização dos anos 1980 — e suas conseqüências na história brasileira dos anos 1990, tendo em vista compreender o significado do projeto de "reforma" levado adiante pela coligação de centro-direita que dirigiu o país até dezembro de 2002. O discurso ideológico e perlocucional e a aparente lógica esquizofrênica do projeto Cardoso — quando observadas as contradições entre suas proposições, as conseqüências reais da estabilização e o impacto das medidas implementadas — são analisados e desnudados no Capítulo 4. Algumas de suas expressões particulares, contundentemente destrutivas e regressivas — a flexibilização do mundo do trabalho, as privatizações e a condição da seguridade social — foram trabalhadas no último capítulo, no sentido de demonstrar as tendências em curso.

Como afirmei na introdução deste livro, a preocupação em desvelar os processos societários atuais, por meio da análise da contra-reforma do Estado, está intimamente articulada a uma direção: a de pensar as possibilidades de que o Brasil "moderno" deixe de sê-lo apenas para uns poucos, passando a ser acessível e usufruto de todos — o que seria a direção estratégica de uma efetiva reforma, se não utilizamos o termo de acordo com sua apreensão ressemantificada e ideológica, mas com referência no debate clássico sobre *reforma* e *revolução*. Uma reforma, nesta concepção, seria grávida de possibilidades revolucionárias. Este raciocínio considera, obviamente, a baixíssima capacidade das elites econômicas e políticas brasileiras de realizarem tarefas efetivamente democráticas, como a história recente tratou mais uma vez de comprovar. Essa perspectiva atualiza a discussão acerca do conceito de *revolução permanente* em países como o Brasil. Neste campo — da esquerda —, a caracterização de que esta é uma contra-reforma do Estado remete a algumas questões, preocupações e conseqüências que gostaria de problematizar neste momento singular da história brasileira: o início de um governo de origem operária e popular, eleito, dentre outros elementos, com base na insatisfação com as conseqüências do projeto da contra-reforma no país, e que mobiliza a esperança de milhões de brasileiros. Ou seja, a população brasileira, pela primeira vez e por via eleitoral, fez uma dura crítica às elites e sustentou uma possibilidade ruptura com a direção anterior. E o novo governo volta a falar em reformas. A imprensa falada e escrita tenta enquadrá-las no espírito do contra-reformismo anterior. Serão, substantivamente, as reformas de Lula aquelas pelas quais tantos lutaram nos últimos vinte anos? Os sinais que procurei apontar em algumas notas ao longo do livro não são alentadores. Contudo, penso que este é um processo em disputa. Nesse sentido, o que passo a abordar são parâmetros para pensar uma perspectiva efetiva de reformas, do ponto de vista da estratégia dos trabalhadores.

É evidente que as observações a seguir estão mais no território das sugestões e das hipóteses, considerando que o novo governo dá os seus primeiros passos no momento em que escrevo estas linhas. Tais reflexões dizem respeito às dificuldades e armadilhas para retomar o rumo de uma agenda radicalmente democrática, em sentido econômico e político. Digo retomá-la, dado que esta foi atropelada pela eficaz combinação de estratégias das elites, sejam de consenso, sejam de violência institucionalizada (ou induzida e disfarçada) desencadeadas pelo projeto neoliberal hegemônico nos anos 1990.

A primeira preocupação é no sentido de que a política econômica adaptativa à dinâmica do capitalismo mundial corroeu as possibilidades de intervenção estruturante do Estado brasileiro, com conseqüências duradouras para um projeto nacional que se queira mais autônomo e democrático. Na realidade, penso que a contra-reforma tornou ainda mais complexas as condições para qualquer reconstrução, especialmente se esta é imaginada sem grandes rupturas com a macroeconomia do Plano Real e sua base política de sustentação, como sugerem os parâmetros macroeconômicos projetados em documentos oficiais do governo Lula.

Assim, a lógica implícita no conceito de revolução permanente, segundo a qual uma frente ou um bloco histórico, aqui em sentido gramsciano, hegemonizado pelos trabalhadores, realiza simultaneamente as tarefas democráticas — que a burguesia prometeu, mas não realizou — e socialistas, se coloca de forma ainda mais contundente nesse momento histórico. Quando é pensada a reconstrução do país por meio de uma rearticulação da agenda progressista, envolvendo o Estado e a sociedade — e é disso que se trata —, há que incorporar essa idéia central, sem a qual pode-se perder o rumo e a direção do processo, um risco que não está descartado, pelo contrário.

Esta retomada ou rearticulação, a meu ver, só pode ocorrer com uma alteração significativa de rota da política econômica — sem o que ficam impedidos os investimentos públicos necessários para a reconstrução do país, impensável sem eles na direção aqui propugnada. Preocupam, nesse sentido, as primeiras declarações e propostas de "reformas" acenadas pelo novo governo, que, a meu ver, não apontam para esse caminho, o que, de partida, poderá comprometer as mudanças esperadas pela população. Temerária também é a proposta de um Banco Central autônomo, cujas decisões aparentemente "técnicas" atingem a toda a população. Uma outra direção econômica e política implicaria enfrentar decididamente a chantagem dos especuladores ao mesmo tempo em que se desencadearia uma mobilização política interna significativa em apoio a esta direção estratégica, envolvendo os trabalhadores, segmentos médios e até empresariais que foram penalizados pelas políticas neoliberais. Estes últimos podem e devem ser mobilizados/disputados, contudo sem maiores esperanças sobre sua adesão e com muitos cuidados, em atenção a tudo o que se sabe acerca das tradições culturais e lógica de interesses da burguesia brasileira. Daí que as possibilidades de trazê-los para este esforço de reconstrução são limitadas.

Esta última questão pode parecer conjuntural. No entanto, as forças democráticas e populares precisam estar atentas para, num acesso de pragmatismo em nome da governabilidade, conceder muito aos "mercados", engessando as possibilidades efetivas de reconstrução do país. Na verdade, este debate das alianças interclasses é uma discussão clássica, como se viu com Florestan Fernandes e Prado Jr., ou mesmo na história do movimento socialista, quando eram discutidos conceitos como *frente nacional popular* e *frente única operária e camponesa*, dentre outros. E as escolhas que se realizam neste âmbito têm conseqüências duradouras quanto à capacidade de levar adiante ou não as medidas programáticas do projeto dos trabalhadores, seja ele vitorioso eleitoralmente ou por outras vias. Portanto, a compreensão dos limites das classes dominantes brasileiras, seu caráter predatório e sua opção pela heteronomia devem ser referência permanente para pensar a estratégia dos trabalhadores.

Neste passo, também, se tomamos como referência a posição do Brasil na América Latina e no capitalismo mundial, tal reconstrução no contexto da mundialização é impensável sem uma articulação mais ampla de forças, países e governos afrontados pelo projeto do grande capital. Esta é uma condição para a sustentabilidade de posições mais autônomas e soberanas. Donde decorre a articulação de blocos de países "devedores", posições conjuntas frente às imposições do FMI, uma posição clara e democrática — com consulta popular — frente ao Acordo de Livre Comércio das Américas (Alca) e o fortalecimento de movimentos mundiais antiglobalização e pela paz, hoje mais uma vez ameaçada pelo império. Nas condições do capitalismo contemporâneo, o internacionalismo se impõe como dimensão essencial da estratégia dos trabalhadores. São inteiramente inconcebíveis e fora da realidade ilusões isolacionistas e auto-suficientes, a exemplo das teses do "socialismo num só país".

Estas considerações e desdobramentos da idéia de que estamos diante de uma contra-reforma — o que implica, e isso deve estar esclarecido, que o movimento operário e popular vigoroso dos anos 1980 sofreu perdas e derrotas — são importantes porque, após os anos 1990, nossa segunda década perdida, foram derruídas muitas possibilidades de ruptura com a heteronomia — que justificavam a idéia de modernização, associada à de progresso, nos processos anteriores. Nesses anos tivemos, como se procurou demonstrar: a destruição ou desnacionalização de parcela do parque industrial, especialmente o setor produtor de meios de produção; abriu-se mão da produção de tecnologia e patentes autóctones, ao passo que foi descaracterizada a universidade brasileira; o Brasil foi transformado, conscientemente, em plataforma de montagem de produtos das transnacionais, que passaram a importar componentes; desarticulou-se a possibilidade de um Estado estruturante, seja com investimentos produtivos, agora ao sabor dos interesses do capital estrangeiro, seja com investimentos sociais; obstaculizou-se a possibilidade de um padrão universalizado de proteção social com o focalismo e as privatizações; desempregou-se em massa, com imensos impactos para a sociabilidade, a exemplo da violência endêmica e/ou da expansão do narcotráfico, da corrupção e outras formas de crime organizado.

Ou seja, o Brasil que se recebe de herança dos anos 1990 está assentado sobre grandes possibilidades de tensões explosivas, a serem desarmadas por esse novo projeto nacional, que se orienta, espera-se, numa outra direção. Tem-se, também, um tecido social fragmentado, corroído pelas estratégias de sobrevivência de curto prazo da população, e ainda com dificuldade de construção de projetos e fortes identidades políticas coletivas, apesar dos fatos recentes, e da forte identidade com Lula. Mas não podemos superestimar estes elementos e esquecer os efeitos culturais individualistas, antipolítica e hedonistas inculcados pela intensa propaganda ideológica dos anos 1990, típicos do neoliberalismo.

Este último processo, cabe dizer, é um prolongamento de uma condição que já vinha de antes — considerando que já sabemos que o Brasil é um país cuja modernização ocorreu por uma via não-clássica, reeditando um drama crônico, do qual é parte fundamental a não-incorporação dos "de baixo" —, mas que foi aprofundada pela contra-reforma do Estado dos anos 1990, que gerou a falta de políticas públicas com a perspectiva de um Estado como mediador civilizador. A partir da eleição do mercado como *locus* da coesão social, o Estado desencadeia intervenções e políticas voltadas para o fortalecimento do mercado: este é um *outro* Estado, que não se pauta pelo keynesianismo — por não desencadear intervenções anticíclicas —, nem pelo liberalismo, já que não é o Estado mínimo smithiano, mas o Estado "máximo para o capital e mínimo para os trabalhadores" (Netto, 1993).

É verdade, e deve ser reconhecido aqui, que o Brasil também tem sido contra-hegemonia, sem o que os acontecimentos recentes não seriam viáveis. Há movimentos sociais relevantes de resistência, a exemplo do Movimento dos Trabalhadores Sem Terra (MST). Há experiências locais democráticas e populares importantes e interessantes, envolvendo o cooperativismo e o controle social democrático das políticas públicas, como o orçamento participativo e os conselhos. Há um desempenho político da esquerda significativo em processos eleitorais. Nas duas últimas décadas, este resultado tem sido cada vez mais expressivo para os executivos estaduais e municipais e os parlamentos. E este último, para a presidência, foi verdadeiramente emocionante e criador de um novo divisor de águas no país. No entanto, me parece claro que as soluções *ad hoc* tiveram profundas limitações ao longo dos anos 1990. Elas não foram capazes de conter as forças destrutivas desencadeadas pelas políticas nacionais adaptativas às orientações internacionais de cariz neoliberal, como se procurou demonstrar, e que estão aí presentes, desafiando e tensionando as possibilidades de mudanças postas nessa nova correlação de forças que se abre. Pela primeira vez, existem as condições políticas e sociais para soluções não pontuais, nacionais e participativas. Nessa direção, uma das principais vantagens de Lula — e é por isso que se abre uma nova correlação de forças — é a perspectiva de discussão democrática. Falo das arenas de negociação e conflito propostas, da incorporação de segmentos que não eram reconhecidos como interlocutores até então, bem como do esperado adeus ao tecnocratismo e ao uso indiscriminado de medidas provisórias e decretos.

A reversão dos estragos dos anos 1990, que foram econômicos, políticos, sociais e culturais, portanto, é possível, mas vai exigir muita coragem e vontade política dos novos dirigentes do país, e muita mobilização popular, para além do voto. Acredito que esta potencialidade existe, já que é de história dos homens e mulheres "reais e de viés" que vivem num país chamado Brasil, e que optaram por fazer história com sua decisão política democrática de que estou falando. Se é história, há escolhas e uma hemorragia de sentidos a serem explorados, ainda que as condições sejam bárbaras e desafiantes para a nossa percepção e criatividade. Este livro certamente faz parte desse esforço da busca de sentidos e superações, na contracorrente da ausência de remorsos das elites brasileiras, tão bem captada pelo gênio literário de Machado de Assis.

Bibliografia

ABRUCIO, Luiz Fernando. "Os avanços e os dilemas do modelo pós-burocrático: a reforma da administração pública à luz da experiência internacional recente". In: BRESSER PEREIRA, Luiz Carlos & SPINK, Peter (orgs.). *Reforma do Estado e administração pública gerencial*. 3. ed., Rio de Janeiro, Fundação Getúlio Vargas, 1999a.

AGLIETTA, Michel. *Regulación y crisis del capitalismo*. Madri, Siglo Veintiuno, 1991.

ALMEIDA, Paulo Roberto de. "O paradigma perdido". In: D'INCAO, Maria Angela (org.). *O saber militante: Ensaios sobre Florestan Fernandes*. São Paulo/Rio de Janeiro, Unesp/Paz e Terra, 1987.

AMARAL, Angela Santana do. "Qualificação, sociedade civil e desidentidade de classe: Os desafios para o sindicalismo". *Outubro — Revista do Instituto de Estudos Socialistas*, n. 5. São Paulo, 2001.

ANDERSON, Perry. *Considerações sobre o marxismo ocidental*. Porto, Afrontamento, 1976.

_____. *A crise da crise do marxismo*. 3. ed. São Paulo, Brasiliense, 1987.

_____. "Balanço do neoliberalismo". In: SADER, Emir & GENTILI, Pablo (orgs.). *Pós-neoliberalismo: As políticas sociais e o Estado democrático*. Rio de Janeiro, Paz e Terra, 1995.

_____. "Renovação". *Praga — Estudos Marxistas*, n. 9. São Paulo, Hucitec, 2000.

ANDRADE, Vera Regina G. & RECHTMAN, Moisés. *Organizações sociais e saúde pública*. Rio de Janeiro, Sinmed e Projeto Políticas Públicas de Saúde: O potencial dos Conselhos da Região Metropolitana do Rio de Janeiro, 1997.

ANDREWS, Christina W. & KOUZMIN, Alexander. "O discurso da nova administração pública". *Lua Nova — Revista de Cultura e Política*, n. 45. São Paulo, Cedec, 1998.

ANFIP. *Análise da Seguridade Social em 2001*. Fundação Anfip de Estudos de Seguridade Social. Brasília, Anfip, 2001. Mimeo.

ANTUNES, Ricardo. *Adeus ao trabalho?* São Paulo, Cortez, 1995.

ASSEMBLÉIA NACIONAL CONSTITUINTE — COMISSÃO DE SISTEMATIZA-ÇÃO. *Emendas populares.* Volume 1. Brasília, Centro Gráfico do Senado, 1987.

AUDITORIA CIDADÃ DA DÍVIDA. *Dívida pública?* Porto Alegre, Campanha Jubileu Sul e outros, Fórum Social Mundial, jan. 2002.

BARAN, Paul & SWEEZY, Paul. *Capitalismo monopolista. Ensaio sobre a ordem econômica e social americana.* 3. ed. Rio de Janeiro, Zahar, 1978.

BARRETO, Maria Inês. "As organizações sociais na reforma do Estado brasileiro". In: BRESSER PEREIRA, Luís Carlos & CUNILL GRAU, Nuria (orgs.). *O público não-estatal na reforma do Estado.* Rio de Janeiro, Clad/FGV, 1999.

BARRETO, Maurício L. & CARMO, Eduardo H. "Determinantes das condições de saúde e problemas prioritários do país". *Caderno da 11ª Conferência Nacional de Saúde,* Brasília, MS/CNS, 2000.

BASTOS, Ivana G. *O impacto socioeconômico da política industrial de Queimados.* Rio de Janeiro, FSS/UERJ, 2000. Mimeo.

BEHRING, Elaine Rossetti. *A política social no capitalismo contemporâneo: Um balanço crítico-bibliográfico.* Rio de Janeiro, ESS/UFRJ, 1993. Dissertação de mestrado.

_____. "A nova condição da política social". *Em Pauta — Revista da Faculdade de Serviço Social da UERJ,* n. 10, Rio de Janeiro, FSS/UERJ, 1997a.

_____; CARDOSO, Isabel; GRANEMAN, Sara; IAMAMOTO, Marilda & TEIXEIRA, Ney Luiz. "Currículo mínimo: Novos subsídios para o debate". *Cadernos Abess,* n. 7. São Paulo, Abess/Cortez, 1997b.

_____. *Política social no capitalismo tardio.* São Paulo, Cortez, 1998.

_____. "Principais abordagens teóricas da política social e da cidadania". In: *Política social — Módulo 3.* Programa de Capacitação Continuada para Assistentes Sociais. Brasília, CFESS/ABEPSS/Cead-UnB, 2000a.

_____. "Reforma do Estado e seguridade social no Brasil". *Ser Social,* n. 7. Brasília, DSS/UnB, 2000b.

_____. "O Brasil e a mundialização do capital: privatização, deslocalização e flexibilização das relações de trabalho". In: SERRA, Rose (org.). *Trabalho e reprodução — Enfoques e abordagens.* São Paulo/Rio de Janeiro, Cortez/UERJ, 2001a.

_____. "Os conselhos de Assistência Social e a construção da democracia". In: *Política de Assistência Social: Uma trajetória de avanços e desafios. Cadernos Abong.* Brasília, Abong/CFESS/CNTSS, nov. 2001b.

_____. *A contra-reforma do Estado no Brasil.* Rio de Janeiro, ESS/UFRJ, set. 2002. Tese de doutorado.

_____. & BOSCHETTI, Ivanete. "Seguridade social no Brasil e perspectivas do governo Lula". *Universidade e Sociedade,* n. 30, Brasília, Andes, jun. 2003.

BENJAMIN, César *et al. A opção brasileira.* Rio de Janeiro, Contraponto, 1998.

BENJAMIN, César & ELIAS, Luiz Antonio. *Brasil: crise e destino — entrevistas com pensadores contemporâneos*. São Paulo, Expressão Popular, 2000.

BENSAID, Daniel. *Marx, o intempestivo. Grandezas e misérias de uma aventura crítica*. Rio de Janeiro, Civilização Brasileira, 1999.

_____. *La discordance des temps. Essais sur les crises, les classes, l'histoire*. Paris, Les Éditions de la Passion, 1995.

BIONDI, Aloysio. *O Brasil privatizado: Um balanço do desmonte do Estado*. São Paulo, Ed. Fundação Perseu Abramo, 1999.

_____. *O Brasil privatizado II: O assalto das privatizações continua*. São Paulo, Ed. Fundação Perseu Abramo, 2000.

BNDES. "Carga tributária — evolução histórica: Uma tendência crescente". *Informe-se* n. 29. Brasília, BNDES, jul. 2001.

BOBBIO, Norberto. *O futuro da democracia*. 5. ed. Rio de Janeiro, Paz e Terra, 1986.

BOSCHETTI, Ivanete. *La Securité Sociale au Brésil dans la Constitution de 1988: entre l'assurance et l'assistance*. Paris, EHESS, 1998. Tese de doutorado.

_____. "Direito à renda ou direito ao trabalho?" *Inscrita* n. 4. Brasília, CFESS, maio 1999.

_____. "Previdência e assistência: uma unidade de contrários na seguridade social". *Universidade e Sociedade — Revista da Andes-SN* n. 22. Brasília, Andes-SN, 2000.

_____. *Assistência social no Brasil: um direito entre originalidade e conservadorismo*. Brasília, Ivanete Boschetti, 2001.

_____. "As forças de apoio e oposição à primeira proposta de regulamentação da Assistência Social no Brasil". In: *Conflitos de interesses e a regulamentação da política de assistência social. Cadernos do Ceam*. Distrito Federal, Neppos/UnB, 2002.

BOTTOMORE, Tom (ed.). *Dicionário do pensamento marxista*. Rio de Janeiro, Zahar, 1988.

BRAGA, José Carlos & PRATES, Daniela. "Todos os bancos do presidente!" *Praga — Estudos marxistas*, n. 6. São Paulo, Hucitec, 1998.

BRAGA, Ruy. *A restauração do capital: Um estudo sobre a crise contemporânea*. São Paulo, Xamã, 1996.

BRAVO, Maria Inês Souza. "Gestão democrática da saúde: O potencial dos conselhos". In: PEREIRA, Potyara A. P. & BRAVO, Maria Inês S. *Política social e democracia*. São Paulo, Cortez, 2001.

BRESSER PEREIRA, Luiz Carlos (coord.). *Populismo econômico — Ortodoxia, desenvolvimento e populismo na América Latina*. São Paulo, Nobel, 1991.

_____. *Crise econômica e reforma do Estado no Brasil: Para uma nova interpretação da América Latina*. São Paulo, Editora 34, 1996.

BRESSER PEREIRA, Luiz Carlos. "A reforma do Estado dos anos 90: Lógica e mecanismos de controle". *Cadernos do Mare* nº 1. Brasília, 1997.

_____. "Um novo Estado para a América Latina". *Novos Estudos* nº 50. São Paulo, Cebrap, mar. 1998.

_____. & SPINK, Peter (orgs.). *Reforma do Estado e administração pública gerencial.* 3. ed., Rio de Janeiro, Fundação Getúlio Vargas, 1999a.

_____. & CUNILL GRAU, Nuria (orgs.). *O público não-estatal na reforma do Estado.* Rio de Janeiro, CLAD/FGV, 1999b.

BRUNO, Miguel Antonio Pinho. *A macroeconomia da teoria da regulação. Uma análise do projeto regulacionista.* Rio de Janeiro, Universidade Federal Fluminense, 1997. Dissertação de mestrado.

BUARQUE DE HOLANDA, Aurélio. *Novo dicionário Aurélio.* 2. ed., Rio de Janeiro, Nova Fronteira, 1986.

BUARQUE DE HOLANDA, Chico. *Chico Buarque, letra e música.* São Paulo, Companhia das Letras, 1989.

CABRAL, Maria do Socorro Reis. "As políticas brasileiras de seguridade social: Previdência Social". In: *Política social — Módulo 3.* Programa de Capacitação Continuada para Assistentes Sociais. Brasília, CFESS/ABEPSS/Cead-UnB, 2000.

CANO, Wilson. *Reflexões sobre o Brasil e a nova (des)ordem internacional.* 3. ed. São Paulo, Unicamp/Fapesp, 1994.

CARDOSO de MELLO, João Manuel. *O capitalismo tardio.* 8. ed., São Paulo, Brasiliense, 1991.

CARDOSO, Fernando Henrique & FALETTO, Enzo. *Dependência e desenvolvimento na América Latina.* 2. ed., Rio de Janeiro, Zahar, 1973.

_____. "Reforma do Estado". In: BRESSER PEREIRA, Luis Carlos & CUNILL GRAU, Nuria (orgs.). *O público não-estatal na reforma do Estado.* Rio de Janeiro, CLAD/FGV, 1999.

CARDOSO, Miriam Limoeiro. "Sobre a Revolução Burguesa no Brasil". In: D'INCAO, Maria Angela (org.). *O saber militante: Ensaios sobre Florestan Fernandes.* São Paulo/Rio de Janeiro, Unesp/Paz e Terra, 1987.

CARVALHO FILHO, José Juliano. "Política agrária". *Praga — Estudos Marxistas* n. 6. São Paulo, Hucitec, 1998.

CASTEL, Robert. *As metamorfoses da questão social. Uma crônica do salário.* Petrópolis, Vozes, 1998.

CATTANI, Antonio David (org.). *Fórum Social Mundial — A construção de um mundo melhor.* Petrópolis/Porto Alegre, Vozes/UFRGS/Unitrabalho/Corag/Veraz Comunicações, 2001.

CAZUZA. *CAZUZA — Songbook* (Almir Chediak — Produção). Rio de Janeiro, Lumiar Editora, 1990.

CFESS. "O CFESS frente à reforma do Estado no Brasil do Real". Brasília, Opinião 1, 1997.

_____. "A revisão do BPC: A posição do CFESS". Brasília, CFESS, abr. 2000a.

_____. "Saúde pública — sem controle social não dá". Brasília, dez. 2000b.

_____. "Carta de Maceió — Seguridade Social pública: É possível!". *Relatório de Deliberações do XXIX Encontro Nacional CFESS/Cress*. Maceió, set. 2000c.

_____. "As recentes denúncias sobre o CNAS: a posição do CFESS". Brasília, nov. 2001a.

_____. "Relatório da Reunião de Assistentes Sociais do INSS". Brasília, CFESS, dez. 2001b.

CHAUI, Marilena. "A universidade hoje". *Praga — Estudos Marxistas*, n. 6. São Paulo, Hucitec, 1998.

_____. *Brasil. Mito fundador e sociedade autoritária*. São Paulo, Fundação Perseu Abramo, 2000.

CHESNAIS, François. *A mundialização do capital*. São Paulo, Xamã, 1996.

_____. "A emergência de um regime de acumulação mundial". *Praga — Estudos Marxistas*, n. 3. São Paulo, Hucitec, 1997.

CIGNOLLI, Alberto. *Estado e força de trabalho*. São Paulo, Brasiliense, 1985.

COHN, Gabriel. "A revolução burguesa no Brasil". In: MOTA, Lourenço Dantas (org.). *Introdução ao Brasil. Um banquete no trópico*. 2. ed., São Paulo, Senac, 1999.

CORIAT, Benjamin. *Pensar pelo avesso*. Rio de Janeiro, Editora da UFRJ/Revan, 1994.

COSTA, Nilson Rosário & MELO, Marcus André B. C. "A difusão das reformas neoliberais: Análise estratégica, atores e agendas internacionais". *Contexto Internacional*, v. 17, n. 1, Rio de Janeiro, jan./jun. 1995.

_____. "Reforma do Estado e o setor saúde: a experiência brasileira na última década". *Caderno da 11ª Conferência Nacional de Saúde*. Brasília, MS/CNS, 2000.

COUTINHO, Carlos Nelson. O estruturalismo e a miséria da razão. Rio de Janeiro, Paz e Terra, 1972.

_____. *Gramsci. Um estudo sobre seu pensamento político*. Rio de Janeiro, Campus, 1989a.

_____. "Uma via 'não-clássica' para o capitalismo". In: D'INCAO, Maria Angela (org.). *História e ideal: Ensaios sobre Caio Prado Júnior*. São Paulo, Unesp/Brasiliense, 1989b.

CRESS 7ª Região — RJ. *Assistente social: Ética e direitos — Coletânea de leis e resoluções*. 3. ed. atualizada. Rio de Janeiro, out. 2001.

DAIN, Sulamis. "O real e a política". In: SADER, Emir (org.). *O Brasil do real*. Rio de Janeiro, Ed. Uerj, 1996.

DALLARI, Dalmo. "O Estado de Direito segundo Fernando Henrique Cardoso". *Praga — Estudos Marxistas*, n. 3. São Paulo, Hucitec, 1997.

D'INCAO, Maria Angela. *O saber militante: Ensaios sobre Florestan Fernandes*. São Paulo/Rio de Janeiro, Unesp/Paz e Terra, 1987.

_____ (org.). *História e ideal: Ensaios sobre Caio Prado Júnior*. São Paulo, Unesp/Brasiliense, 1989.

DINIZ, Eli. *O desafio da democracia na América Latina*. Rio de Janeiro, Iuperj, 1996.

_____. & AZEVEDO, Sérgio de (orgs.). *Reforma do Estado e democracia no Brasil*. Distrito Federal, UnB/Enap, 1997.

_____. "Uma perspectiva analítica para a reforma do Estado". *Lua Nova — Revista de Cultura e Política*, n. 45. São Paulo, Cedec, 1998.

DRAIBE, Sônia M. "As políticas sociais e o neoliberalismo". *Revista USP*, n. 17, São Paulo, Edusp, 1993.

DRUCK, Graça. "A 'cultura da qualidade' nos anos 90: A flexibilização do trabalho na indústria petroquímica da Bahia". In: MOTA, Ana Elizabete (org.). *A nova fábrica de consensos*. São Paulo, Cortez, 1998.

DURIGUETTO, Maria Lúcia. *Democracia: polêmicas, confrontos e direcionamentos*. Rio de Janeiro, ESS/UFRJ, 2003. Tese de doutorado, Programa de Pós-Graduação em Serviço Social.

EVANS, Peter. "The state as problem and solution: Predation, embedded autonomy, and structural change". In: HAGGARD, Stephan & KAUFMAN, Robert R. *The politics of economic adjustment: International constraints, distributive conflicts, and the State*. New Jersey, Princeton University Press, 1992.

FALEIROS, Vicente de Paula. "A questão da reforma da Previdência Social no Brasil". *Ser Social*, n. 7. Brasília, DSS/UnB, 2000.

FERNANDES, Florestan. *Nova República?* 3. ed., Rio de Janeiro, Zahar, 1986.

_____. *A revolução burguesa no Brasil. Ensaio de interpretação sociológica*. 3ª ed., Rio de Janeiro, Editora Guanabara, 1987.

_____. "A visão do amigo". In: D'INCAO, Maria Angela (org.). *História e ideal: Ensaios sobre Caio Prado Júnior*. São Paulo, Unesp/Brasiliense, 1989.

FIORI, José Luís. *Debate sobre o Ponto Crítico: Consenso de Washington X Apartheid Social*. Série Estudos em Saúde Coletiva n. 90. Rio de Janeiro, Instituto de Medicina Social/Uerj, 1994.

_____. *O vôo da coruja: Uma leitura não liberal da crise do Estado desenvolvimentista*. Rio de Janeiro, Eduerj, 1995a.

_____. *Em busca do dissenso perdido: Ensaios críticos sobre a festejada crise do Estado*. Rio de Janeiro, Insight, 1995b.

FIORI, José Luís. *Os moedeiros falsos*. Petrópolis, Vozes, 1997.

_____. "Um governo contra o povo e a nação". *Praga — Estudos Marxistas*, n. 6. São Paulo, Hucitec, 1998.

_____. "O capital e o nacional: Diagnóstico e prognóstico". *Praga — Estudos Marxistas*, n. 9. São Paulo, Hucitec, 2000.

FLEURY, Sônia. *Estado sem cidadãos. Seguridade Social na América Latina*. Rio de Janeiro, Fiocruz, 1994.

FORRESTER, Viviane. *O horror econômico*. São Paulo, Ed. Unesp, 1994.

FRAGA, Eugênio. "A DRU e as receitas sociais vinculadas". *Revista de Conjuntura*. Brasília, Corecon-DF, jan. a mar. 2000.

GONÇALVES, Reinaldo. "Brasil, dois anos de economia". In: SADER, Emir (org.). *O Brasil do real*. Rio de Janeiro, Eduerj, 1996.

_____. *Globalização e desnacionalização*. Rio de Janeiro, Paz e Terra, 1999.

_____. & POMAR, Valter. *O Brasil endividado*. São Paulo, Fundação Perseu Abramo, 2000.

GORENDER, Jacob. "A Revolução Burguesa e os comunistas". In: D'INCAO, Maria Angela (org.). *O saber militante: Ensaios sobre Florestan Fernandes*. São Paulo/ Rio de Janeiro, Unesp/Paz e Terra, 1987.

GRAMSCI, Antonio. *Concepção dialética da história*. 3. ed., Rio de Janeiro, Civilização Brasileira, 1978.

_____. *Maquiavel, a política e o Estado moderno*. 5. ed., Rio de Janeiro, Civilização Brasileira, 1984.

_____. *Os intelectuais e a organização da Cultura*. 6. ed., Rio de Janeiro, Civilização Brasileira, 1988.

GRASSI, Estela; HINTZE, Susana & NEUFELD, María Rosa. *Políticas sociales: Crisis y ajuste estructural*. Buenos Aires, Espacio Editorial, 1994.

GRINDLE, Merilee S. & THOMAS, John W. *Public choices and policy change: The political economy of reform in developing countries*. Baltimore e Londres, Johns Hopkins University Press, 1991.

GRUPPI, Luciano. *O conceito de hegemonia em Gramsci*. Rio de Janeiro, Graal, 1978.

GUIMARÃES, Juarez. "Modernização conservadora". Jornal *Em Tempo*, n. 288. São Paulo, maio de 1996.

GUSMÃO, Rute. "A ideologia da solidariedade". Rio de Janeiro, FSS/UERJ, 1998. Monografia do Curso de Especialização em Políticas Sociais.

HADDAD, Fernando. "50 Anos em 5". *Praga — Estudos Marxistas*, n. 6. São Paulo, Hucitec, 1998.

HAGGARD, Stephan & KAUFMAN, Robert R. *The politics of economic adjustment: International constraints, distributive conflicts, and the state*. New Jersey, Princeton University Press, 1992.

HARVEY, David. *Los límites del capitalismo y la teoria marxista*. México, Fondo de Cultura Económica, 1990.

_____. *Condição pós-moderna*. São Paulo, Loyola, 1993.

HEALD, David. *Public expenditure*. Martin Robertson, Oxford, 1983.

HELD, David. "A democracia, o Estado-nação e o sistema global". *Lua Nova — Revista de Cultura e Política*, n. 23. São Paulo: Cedec, mar. 1991.

_____. *Modelos de democracia*. Belo Horizonte, Paidéia, 1994.

HIRST, Paul. *A democracia representativa e seus limites*. Rio de Janeiro, Zahar, 1992.

HUSSON, Michael. "Estado e mundialização". In: *Inprecor — América Latina*. Abr. 1994.

_____. *Miséria do capital — Uma crítica do neoliberalismo*. Lisboa, Terramar, 1999.

IAMAMOTO, Marilda. *Trabalho e indivíduo social: Um estudo sobre a condição operária na agroindústria canavieira paulista*. São Paulo, PUC-SP, 2001. Tese de doutorado em Ciências Sociais.

_____. "Projeto profissional, espaços ocupacionais e trabalho do assistente social na atualidade". In: CFESS. *Atribuições privativas do (a) assistente social em questão*. Brasília, CFESS, 2002.

IANNI, Octávio. "A dialética da história". In: D'INCAO, Maria Angela (org.). *História e ideal: Ensaios sobre Caio Prado Júnior*. São Paulo, Unesp/Brasiliense, 1989.

_____. *A idéia de Brasil moderno*. São Paulo, Brasiliense, 1992.

INESC. "A execução orçamentária no primeiro ano do acordo do Governo com o FMI". *Nota técnica*. Brasília, 2000.

_____. *Informativo Observatore*. Ano III, n. 31, Brasília, maio 2001.

_____. "Governo impõe arrocho maior que o exigido pelo FMI". *Nota Técnica*, n. 51. Brasília, ago. 2001.

_____. "Proposta de lei orçamentária para 2002 prioriza o pagamento da dívida". *Nota Técnica*, n. 54. Brasília, set. 2001.

_____. "Execução orçamentária da União — 2001". *Nota Técnica*, n. 58. Brasília, jan. 2002.

IPEA. *Boletim Políticas Sociais: Acompanhamento e Análise*, n. 4. Brasília, MPOG/Ipea, 2001.

JAKOBSEN, Kjeld; MARTINS, Renato & DOMBROWIKI, Osmir. *Mapa do trabalho informal — Perfil socioeconômico dos trabalhadores informais na cidade de São Paulo*. São Paulo, CUT/Fundação Perseu Abramo, 2000.

JAMESON, Fredric. *Pós-modernismo — A lógica cultural do capitalismo tardio*. São Paulo, Ática, 1996.

JOFFILY, Bernardo. "Uma revolução que desafia". *De Fato — Revista da CUT*. São Paulo, CUT, 1993.

JORDÃO, Rogério Pacheco. *Crime (quase) perfeito: Corrupção e lavagem de dinheiro no Brasil*. São Paulo, Fundação Perseu Abramo, 2000.

KONDER, Leandro. *A derrota da dialética*. Rio de Janeiro, Campus, 1988.

_____. "A façanha de uma estréia". In: D'INCAO, Maria Angela (org.). *História e ideal: Ensaios sobre Caio Prado Júnior*. São Paulo, Unesp/Brasiliense, 1989.

KOSIK, Karel. *Dialética do concreto*. 4. ed., Rio de Janeiro, Paz e Terra, 1986.

KUCINSKY, Bernardo & BRANDFORD, Sue. *A ditadura da dívida — Causas e conseqüências da dívida latino-americana*. 2. ed., São Paulo, Brasiliense, 1987.

LAPA, José Roberto do Amaral. "Formação do Brasil Contemporâneo". In: MOTA, Lourenço Dantas (org.). *Introdução ao Brasil. Um banquete no trópico*. 2. ed., São Paulo, Senac, 1999.

LANDER, Edgardo. "Limites atuais do potencial democratizador da esfera pública não-estatal" In: BRESSER PEREIRA, Luís Carlos & CUNILL GRAU, Nuria (orgs.). *O público não-estatal na reforma do Estado*. Rio de Janeiro, CLAD/FGV, 1999.

LESSA, Carlos; SALM, Claudio; TAVARES, Laura & DAIN, Sulamis. "Pobreza e política social: a exclusão nos anos 90". *Praga — Estudos Marxistas*, n. 3. São Paulo, Hucitec, 1997.

LIPIETZ, Alain. *Miragens e milagres: Problemas da industrialização no Terceiro Mundo*. São Paulo, Nobel, 1988.

LÖWY, Michael. *As aventuras de Karl Marx contra o barão de Münchausen. Marxismo e positivismo na sociologia do conhecimento*. São Paulo, Busca Vida, 1987.

_____. (org.). *O marxismo na América Latina. Uma antologia de 1909 aos dias atuais*. São Paulo, Fundação Perseu Abramo, 1999.

LUKÁCS, Georg. *Ontologia do ser social: Os princípios ontológicos fundamentais de Marx*. São Paulo, Ciências Humanas, 1979.

_____. *História e consciência de classe*. Porto, Elfos, 1989.

MANDEL, Ernest. *O capitalismo tardio*. São Paulo, Nova Cultural, 1982.

_____. *A crise do capital*. São Paulo, Ensaio/Unicamp, 1990.

MANNHEIM, Karl. *Ideologia e utopia*. 3. ed., Rio de Janeiro, Zahar, 1976.

MARICATO, Ermínia. "Política urbana e de habitação social". *Praga — Estudos Marxistas* nº 6. São Paulo, Hucitec, 1998.

MARSHALL, T. H. *Cidadania, classe social e status*. Rio de Janeiro, Zahar, 1967.

MARTINS, Luciano. *Estado capitalista e burocracia no Brasil pós-64*. Rio de Janeiro, Paz e Terra, 1985.

MARX, Karl. *O 18 de Brumário de Luís Bonaparte*. Portugal, Editorial Estampa, 1976.

_____. *Para a crítica da economia política*. São Paulo, Abril Cultural, 1982.

_____. *O Capital: Crítica da economia política*. 3. ed., São Paulo, Nova Cultural, 1988.

MARX, Karl & ENGELS, Friedrich. *Manifesto do Partido Comunista*. São Paulo, Cortez, 1998.

MATTOSO, Jorge. *A desordem do trabalho*. São Paulo, Scritta, 1996.

_____. *O Brasil desempregado — como foram destruídos mais de 3 milhões de empregos nos anos 90*. São Paulo, Fundação Perseu Abramo, 1999.

McGEARY, Johanna. "Death stalks a continent". *Time*. Latin American Edition, 12 de fevereiro de 2001.

MENDES, Eduardo. "As políticas de saúde no Brasil nos anos 80: A conformação da reforma sanitária e a construção da hegemonia do projeto neoliberal". In: *Distrito sanitário: O processo social de mudança das práticas sanitárias do Sistema Único de Saúde*. São Paulo/Rio de Janeiro, Hucitec/Abrasco, 1994.

MENEGAT, Marildo. *Depois do fim do mundo. A crise da modernidade e a barbárie*. Rio de Janeiro, Instituto de Filosofia e Ciências Sociais — UFRJ, 2001. Tese de doutorado.

MIRANDA, José Carlos & TAVARES, Maria da Conceição. "Brasil: Estratégias de conglomeração". In: FIORI, José Luís (org.). *Estados e moedas no desenvolvimento das nações*. 3. ed., Petrópolis, Vozes, 2000.

MONTAÑO, Carlos. *"Terceiro setor" e "questão social" na reestruturação do capital — O canto da sereia*. Rio de Janeiro, ESS/UFRJ, 2001.Tese de doutorado.

MONTES, Pedro. *El desorden neoliberal*. Madri, Editorial Trotta, 1996.

MOORE Jr., Barrington. *As origens sociais da ditadura e da democracia: Senhores e camponeses na construção do mundo moderno*. São Paulo, Martins Fontes, 1983.

MORHY, Lauro (org.). *Reforma da Previdência em questão*. Brasília, Editora UnB, 2003.

MOTA, Ana Elizabete. *Cultura da crise e seguridade social. Um estudo sobre as tendências da previdência e da assistência social brasileira nos anos 80 e 90*. São Paulo, Cortez, 1995.

_____. "A cultura da produtividade e da insegurança no novo mundo do trabalho". *Revista Inscrita* n. 3. Brasília, CFESS, nov. 1998a.

_____. (org.) *A nova fábrica de consensos*. São Paulo, Cortez, 1998b.

_____. "O Serviço Social na contemporaneidade: A 'questão social' e as perspectivas ético-políticas". Texto elaborado para exposição no XXIX Encontro Nacional CFESS/Cress, Maceió/AL, set. 2000. Mimeo.

_____. & AMARAL, Angela Santana do. "Reestruturação do capital, fragmentação do trabalho e serviço social". In: MOTA, Ana Elizabete (org.) *A nova fábrica de consensos*. São Paulo, Cortez, 1998.

MOTA, Lourenço Dantas (org.). *Introdução ao Brasil. Um banquete no trópico*. 2. ed., São Paulo, Senac, 1999.

NETTO, José Paulo. *Capitalismo e reificação*. São Paulo, Ciências Humanas, 1981a.

_____. (org.) *Lukács*. Col. Grandes Cientistas Sociais. São Paulo, Ática, 1981b.

NETTO, José Paulo. "A recuperação marxista da categoria de revolução". In: D'INCAO, Maria Angela (org.). *O saber militante: Ensaios sobre Florestan Fernandes*. São Paulo/Rio de Janeiro, Unesp/Paz e Terra, 1987.

_____. *Ditadura e Serviço Social. Uma análise do Serviço Social no Brasil pós-64*. São Paulo, Cortez, 1991.

_____. *Crise do socialismo e ofensiva neoliberal*. São Paulo, Cortez, 1993.

_____. "A construção do projeto ético-político do Serviço Social frente à crise contemporânea". In: *Crise contemporânea, questão social e Serviço Social. Capacitação em Serviço Social e política social*. Brasília, CFESS/ABEPSS/CEAD-UnB, 1999.

NOGUEIRA, Marco Aurélio. *As possibilidades da política. Idéias para uma reforma democrática do Estado*. Rio de Janeiro, Paz e Terra, 1998.

_____. "Paulo Prado: retrato do Brasil". In: MOTA, Lourenço Dantas (org.). *Introdução ao Brasil: um banquete no trópico*. 2. ed., São Paulo, Senac, 1999.

O'CONNOR, James. *USA: A crise do Estado capitalista*. Rio de Janeiro, Paz e Terra, 1977.

ODÁLIA, Nilo. "Um marco na historiografia brasileira". In: D'INCAO, Maria Angela (org.). *O saber militante: Ensaios sobre Florestan Fernandes*. São Paulo, Unesp/Paz e Terra, 1987.

O'DONELL, Guillermo. "Democracia delegativa?" *Novos Estudos Cebrap*, n. 31, São Paulo, out. 1991.

OLIVEIRA, Francisco de. *A economia da dependência imperfeita*. 4. ed., Rio de Janeiro, Graal, 1984.

_____. *Os direitos do antivalor — A economia política da hegemonia imperfeita*. Petrópolis, Vozes, 1998.

PAULANI, Leda Maria. "A dança dos capitais". *Praga — Estudos Marxistas*, n. 6. São Paulo, Hucitec, 1998.

PEREIRA, Potyara A. P. *A assistência social na perspectiva dos direitos — Crítica aos padrões dominantes de proteção aos pobres no Brasil*. Brasília, Thesaurus, 1996.

_____. & BRAVO, Maria Inês de S. *Política social e Democracia*. São Paulo, Cortez, 2001.

PIRES, Hindenburgo Francisco. "Globalização, privatizações e fluxos financeiros na era do real". *Advir*, n. 12. Rio de Janeiro, Asduerj, set. 1999.

PISCITELLI, Roberto Bocaccio & SALVADOR, Evilásio. *A dívida e a vulnerabilidade do Brasil*. Brasília, 2002. Mimeo.

PRADO Jr., Caio & FERNANDES, Florestan. *Clássicos sobre a revolução brasileira*. São Paulo, Expressão Popular, 2000.

PRATA, José. "Previdência Social ameaçada. É a contra-reforma neoliberal". *Inscrita* n. 1. Brasília, CFESS, nov. 1997.

PRATA, José. *Como ficou a Previdência dos segurados do INSS*. 2ª ed. revista e amplia-da. Belo Horizonte, Bis Editora, 2000.

RAICHELIS, Raquel. *Esfera pública e conselhos de assistência social: Caminhos da cons-trução democrática*. São Paulo, Cortez, 1998.

RAMONET, Ignacio. *Geopolítica do caos*. Petrópolis, Vozes, 1998.

REILLY, Charles A. "Redistribuição de direitos e responsabilidades — Cidadania e capital social". In: BRESSER PEREIRA, Luís Carlos & CUNILL GRAU, Nuria (orgs.). *O público não-estatal na reforma do Estado*. Rio de Janeiro, CLAD/FGV, 1999.

RIBEIRO, João Ubaldo. *Viva o povo brasileiro*. Rio de Janeiro, Nova Fronteira, 1984.

RICUPERO, Bernardo. *Caio Prado Jr. e a nacionalização do marxismo no Brasil*. São Paulo, Editora 34/Fapesp/DCP-USP, 2000.

RIZEK, Cibele Saliba. "A greve dos petroleiros". *Praga — Estudos Marxistas*, n. 6. São Paulo, Hucitec, 1998.

ROCHA, Paulo (org.). *Políticas públicas sociais — Um novo olhar sobre o orçamento da União 1995/1998*. Distrito Federal, Inesc, 1999.

ROCHA, Sônia. "Pobreza e desigualdade no Brasil: O esgotamento dos efeitos distributivos do Plano Real". *Texto para Discussão* n. 721, IPEA, Rio de Janeiro, abr. 2000.

RODRIGUES, José Albertino. "Uma síntese original". In: D'INCAO, Maria Angela (org.). *O saber militante: Ensaios sobre Florestan Fernandes*. São Paulo/Rio de Janeiro, UNESP/Paz e Terra, 1987.

SABÓIA, João. "Regulação, crises e relação salarial fordista". *Texto para Discussão* n. 177, IEI/UFRJ, 1988.

_____. "Salário e produtividade na indústria brasileira: Os efeitos da política sala-rial no longo prazo". *Pesquisa e planejamento econômico*, v. 20, n. 3, Rio de Janei-ro, 1990.

SADER, Emir. *A transição no Brasil: Da ditadura à democracia?* São Paulo, Atual, 1990.

_____. "Globalização: da resistência à alternativa" (2000). In: *Correio da Cidadania* 220. http://www.correiodacidadania.com.br/ed220/internacional.htm

SALAMA, Pierre & VALIER, Jacques. *Pobrezas e desigualdades no 3° Mundo*. São Pau-lo, Nobel, 1997.

SALES, Mione Apolinário. *Marxismo, ética e socialismo*. Rio de Janeiro, ESS/UFRJ, 1993. Dissertação de mestrado.

SALGADO, Sebastião. *Êxodos*. São Paulo, Companhia das Letras, 2000.

SALVADOR, Evilásio da Silva & BOSCHETTI, Ivanete. *A reforma da Previdência So-cial no Brasil e os impactos sobre o mercado de trabalho*. Brasília, 2002. Mimeo.

SAMPAIO Jr., Plínio de Arruda & SAMPAIO, Plínio de Arruda. "Apresentação". In: PRADO Jr., Caio & FERNANDES, Florestan. *Clássicos sobre a revolução brasileira*. São Paulo, Expressão Popular, 2000.

SANDRONI, Paulo. *Dicionário de economia*. 3. ed., São Paulo, Nova Cultural, 1992.

SANTOS, Boaventura de Sousa. *Pela mão de Alice: O social e o político na pós-Modernidade*. 2. ed., São Paulo, Cortez, 1996.

SANTOS, Milton. *Por uma outra globalização. Do pensamento único à consciência universal*. Rio de Janeiro, Record, 2000.

SANTOS, Wanderley Guilherme dos. *Cidadania e justiça*. 2. ed., Rio de Janeiro, Campus, 1987.

SCHUMPETER, Joseph. *Capitalismo, socialismo e democracia*. Rio de Janeiro, Zahar, 1984.

SCHWARZ, Roberto. *Ao vencedor as batatas: Forma literária e processo social nos inícios do romance brasileiro*. São Paulo, Duas Cidades, 1977.

_____. *Um mestre na periferia do capitalismo — Machado de Assis*. São Paulo, Duas Cidades, 1990.

SILVA, Luiz Inácio Lula da (coord.); MANTEGA, Guido & VANUCHI, Paulo. *Cu$to Brasil: Mitos e realidades*. Petropólis, Vozes, 1997.

SIMIONATTO, Ivete. "Reforma do Estado ou modernização conservadora? O retrocesso das políticas sociais públicas nos países do Mercosul". *Ser Social — Revista do Programa de Pós-Graduação em Política Social DSS/UnB*, n. 7, Brasília, DSS/UnB, 2000.

SLAUGHTER, Jane. "O novo local de trabalho e os trabalhadores". Jornal *Em Tempo*, n. 286. São Paulo, Aparte, 1997.

SOARES, Laura Tavares. *Os custos sociais do ajuste neoliberal na América Latina*. São Paulo, Cortez, 2000.

_____. *Retomando o debate da reforma da Previdência Social*. 2003. Mimeo.

SOLA, Lurdes. *Estado, mercado e democracia*. Rio de Janeiro, Paz e Terra, 1993.

TAVARES, Maria da Conceição & FIORI, José Luis. *(Des) ajuste global e modernização conservadora*. Rio de Janeiro, Paz e Terra, 1993.

TAVARES, Maria da Conceição. *Destruição não criadora*. Rio de Janeiro, Record, 1999.

_____. "Uma gestão socialista da crise". *Praga — Estudos Marxistas*, n. 9. São Paulo, Hucitec, 2000.

TAUILLE, José Ricardo. *Microeletrônica, automação e desenvolvimento econômico*. Rio de Janeiro, IEI/UFRJ, 1988. Mimeo.

TCU. *Documento: Principais Trabalhos do Tribunal de Contas da União na Década 1990 — 1999*. Brasília, Tribunal de Contas da União, 2000.

TEIXEIRA, Aloisio. *Do seguro à seguridade: A metamorfose inconclusa do sistema previdenciário brasileiro*. Rio de Janeiro, UFRJ/IEI, 1990.

TEIXEIRA, Aloisio. *O ajuste impossível — Um estudo sobre a desestruturação da ordem econômica mundial e seu impacto sobre o Brasil*. Rio de Janeiro, Ed. UFRJ, 1994.

_____. *O ajuste impossível, seis anos depois — Uma reapresentação*. Rio de Janeiro, IEI/UFRJ, 2000. Mimeo.

TELLES, Vera. "Pobreza e cidadania: Precariedade e condições de vida". In: *Terceirização: Diversidade e negociação no mundo do trabalho*. São Paulo, Hucitec/Cedi-Nets, 1994.

_____. "A 'nova questão social' brasileira". *Praga — Estudos Marxistas*, n. 6. São Paulo, Hucitec, 1998.

THOMPSON, E. P. *A miséria da teoria ou um planetário de erros*. Rio de Janeiro, Zahar, 1981.

TOLEDO, Caio Navarro de. "Balanços e perspectivas". *Praga — Estudos Marxistas*, n. 6. São Paulo, Hucitec, 1998.

TOUSSAINT, Eric. *Deuda externa en el Tercer Mundo: Las finanzas contra los pueblos*. Caracas/Venezuela, Editorial Nueva Sociedad, 1998.

VÁSQUEZ, Adolfo S. *Ciência e revolução*. Rio de Janeiro, Civilização Brasileira, 1980.

VELASCO e CRUZ, Sebastião C. *Estado e economia em tempo de crise — Política industrial e transição política no Brasil nos anos 80*. São Paulo/Rio de Janeiro, Unicamp/Relume Dumará, 1997.

_____. "Alguns argumentos sobre reformas para o mercado". *Lua Nova — Revista de Cultura e Política*, n. 45. São Paulo, Cedec, 1998.

VERÍSSIMO, Érico. *Incidente em Antares*. 42. ed., São Paulo, Globo, 1994.

VIANNA, Luiz Werneck. *Liberalismo e sindicato no Brasil*. 3. ed., Rio de Janeiro, Paz e Terra, 1978.

VIANNA, Maria Lúcia Teixeira Werneck. *A americanização (perversa) da Seguridade Social no Brasil. Estratégias de bem-estar e políticas públicas*. Rio de Janeiro, Revan/Iuperj/Ucam, 1998.

VIANNA Jr., Aurélio *et alii*. *A execução orçamentária no primeiro ano do acordo do Governo com o FMI (1999)*. Brasília, Inesc, 2000. Mimeo.

VVAA. *Revista Temporalis*, n. 3. Rio de Janeiro, Abepss, jan.-jun. 2001.

WEBER, Max. "As três formas de dominação legítima". In: COHN, Gabriel (org.). *Max Weber*. Col. Grandes Cientistas Sociais. São Paulo, Ática, 1984.

WHITAKER, Francisco. "Fórum Social Mundial: Origens e objetivos" (2000). *Correio da cidadania*, n. 222. http://www.correiodacidadania.com.br/ed222/politica.htm.

YAZBEK, Maria Carmelita. "Terceiro setor e despolitização". *Revista inscrita*. Brasília, CFESS, julho de 2000.

_____. *Classes subalternas e assistência social*. São Paulo, Cortez, 1993.

Jornais e Boletins

Carta de Conjuntura FEE, ano 9, n. 8, novembro de 1999.

Cliping. A Privatização da Vale. Volumes 1 e 2. Rio de Janeiro, Aval, 1996/1997.

Folha de S. Paulo, 2/5/98, 3/6/98, 28/2/99, 9/5/99, 6/6/99, 20/8/99, 22/10/00, 1º/4/01, 27/10/01, 13/1/02, 20/1/02, 8/6/02.

Jornal do Brasil, 20/11/97, 30/11/97, 23/3/98, 24/3/98, 28/3/98, 24/9/98, 16/10/98, 8/11/98, 20/2/99, 14/3/99, 21/5/99, 23/5/99, 14/11/99, 4/10/00, 27/5/01, 3/6/01, 1º/7/01.

Jornal do DIAP, agosto de 1998.

O Dia, 28/7/98.

O Globo, 28/3/99, 25/11/01, 13/6/02, 18/7/02.

Revista *Isto É*, 1º/4/98.

Documentos Oficiais Públicos e Privados

Plano plurianual 2004-2007 — Orientação estratégica de governo Um Brasil para Todos: Crescimento sustentável, emprego e inclusão social. Ministério do Planejamento, Orçamento e Gestão, maio 2003.

Política econômica e reformas estruturais. Ministério da Fazenda, abril 2003.

Informação ao Conselho Nacional de Saúde a respeito da proposta de criação das organizações sociais — maio 1997. Grupo de Trabalho do Conselho Nacional de Saúde.

Posição do Conselho Nacional de Saúde a respeito da proposta de criação das Organizações Sociais — maio 1997. Conselho Nacional de Saúde.

Documento Efetivação da acessibilidade e humanização da atenção à saúde no SUS. Conselho Nacional de Saúde, 2000.

Documento Sistema Único de Saúde — A aprovação da PEC e: o compromisso da eficiência do SUS; o compromisso da eficácia do SUS. Conselho Nacional de Saúde, julho 2000.

Nota Técnica — junho de 1997. Ministério da Administração e da Reforma do Estado.

Relatório anual 1994 — Companhia Siderúrgica Nacional.

Relatório final da Comissão Mista Especial destinada a estudar as causas estruturais e conjunturais das desigualdades sociais e apresentar soluções legislativas para erradicar a pobreza e marginalização e reduzir as desigualdades sociais e regionais. Congresso Nacional, Brasília, mimeo, 1999.

Plano diretor da Reforma do Estado. Ministério da Administração e da Reforma do Estado, Brasília, 1995.

Relatório sobre a prestação de contas do Governo Federal de 1995 (10/6/96). TCU.

Relatório sobre a prestação de contas do Governo Federal de 1996 (10/6/97). TCU.

Relatório sobre a prestação de contas do Governo Federal de 1997 (16/6/98). TCU.

Relatório sobre a prestação de contas do Governo Federal de 1998 (15/6/99). TCU.

Relatório sobre a prestação de contas do Governo Federal de 1999 (13/6/00). TCU.

Voto em separado da oposição na Comissão Mista Especial destinada a estudar as causas estruturais e conjunturais das desigualdades sociais e apresentar soluções legislativas para erradicar a pobreza e marginalização e reduzir as desigualdades sociais e regionais. Congresso Nacional, Brasília, mimeo., 1999.

Programa de desligamento voluntário do Servidor Público Federal. Mare, 1995.